全国高等教育自学考试指定教材
教育管理专业(独立本科段)

教育经济学

Jiaoyu Jingjixue

(含:教育经济学自学考试大纲)

(2018年版)

全国高等教育自学考试指导委员会　组编
主　编　靳希斌

高等教育出版社·北京

图书在版编目(CIP)数据

教育经济学 / 靳希斌主编;全国高等教育自学考试指导委员会组编. --北京:高等教育出版社,2018.4
ISBN 978-7-04-049734-2

Ⅰ.①教… Ⅱ.①靳… ②全… Ⅲ.①教育经济学-高等教育-自学考试-教材 Ⅳ.①G40-054

中国版本图书馆 CIP 数据核字(2018)第 089023 号

策划编辑 雷旭波　　责任编辑 孙 杰　　版式设计 范晓红　　责任校对 刘娟娟

出　　版	高等教育出版社	咨询电话	400-810-0598
社　　址	北京市西城区德外大街 4 号	网　　址	http://www.hep.edu.cn
邮政编码	100120		http://www.hep.com.cn
印　　刷	北京瑞德印刷有限公司		
开　　本	787mm×1092mm　1/16	版　　次	2018 年 5 月第 1 版
印　　张	22.75	印　　次	2019 年 4 月第 2 次印刷
字　　数	530 千字	定　　价	48.00 元

官方淘宝网　网址:http://shop136348527.taobao.com

组编前言

21世纪是一个变幻莫测的世纪，是一个催人奋进的时代。科学技术飞速发展，知识更替日新月异。希望、困惑、机遇、挑战，随时随地都有可能出现在每一个社会成员的生活之中。抓住机遇，寻求发展，迎接挑战，适应变化的制胜法宝就是学习——依靠自己学习、终身学习。

作为中国高等教育组成部分的自学考试，其职责就是在高等教育这个水平上倡导自学，鼓励自学，帮助自学，推动自学，为每一个自学者铺就成才之路。组织编写供读者学习的教材是履行这个职责的重要环节。毫无疑问，这种教材应当适合自学，应当有利于学习者掌握和了解新知识、新信息，有利于学习者增强创新意识、培养实践能力、形成自学能力，也有利于学习者学以致用，解决实际工作中所遇到的问题。具有如此特点的书，我们虽然沿用了“教材”这个概念，但它与那种以“教”为中心（教师讲、学生听，教师不讲、学生不懂）的教科书相比，已经在内容安排、编写体例、行文风格等方面大不相同了。希望读者对此有所了解，以便从一开始就树立起依靠自己学习的坚定信念，不断探索适合自己的学习方法，充分利用自己已有的知识基础和实际工作经验，最大限度地发挥自己的潜能，达到学习的目标。

欢迎读者提出意见和建议。

祝每一位读者自学成功。

全国高等教育自学考试指导委员会

2018年1月

目　录

教育经济学自学考试大纲

教育经济学

全国高等教育自学考试
教育管理专业（独立本科段）

教育经济学自学考试大纲

全国高等教育自学考试指导委员会　制定

出版前言

为了适应社会主义现代化建设事业的需要，鼓励自学成才，我国在 20 世纪 80 年代初建立了高等教育自学考试制度。高等教育自学考试是个人自学、社会助学和国家考试相结合的一种高等教育形式。应考者通过规定的专业考试课程并经思想品德鉴定达到毕业要求的，可获得毕业证书；国家承认学历并按照规定享有与普通高等学校毕业生同等的有关待遇。经过 30 多年的发展，高等教育自学考试为国家培养造就了大批专门人才。

课程自学考试大纲是国家规范自学者学习范围、要求和考试标准的文件。它是按照专业考试计划的要求，具体指导个人自学、社会助学、国家考试、编写教材、编写自学辅导书的依据。

随着经济社会的快速发展，新的法律法规不断出台，科技成果不断涌现，原课程自学考试大纲中有些内容过时、部分知识陈旧。为更新教育观念，深化教学内容和方式、考试制度、质量评价制度改革，使自学考试更好地提高人才培养的质量，各专业委员会按照专业考试计划的要求，对原课程自学考试大纲组织了修订或重编。

修订后的大纲，在层次上，本科参照一般普通高校本科水平，专科参照一般普通高校专科或高职院校的水平；在内容上，力图反映学科的发展变化，增补了自然科学和社会科学近年来研究的成果，对明显陈旧的内容进行了删减。

全国高等教育自学考试指导委员会教育类专业委员会组织制定了《教育经济学自学考试大纲》，经教育部批准，现颁发施行。各地教育部门、考试机构应认真贯彻执行。

全国高等教育自学考试指导委员会

2018 年 1 月

I　课程性质与课程目标

一、课程性质和特点

教育经济学是教育管理专业的一门专业必修课程。开课目的是为了提高学员的教育经济学基本理论素养,学会运用经济学观点和方法分析教育问题,提高认识和解决教育经济问题的能力。本课程主要任务是使学生理解教育经济学的基本知识与理论,系统掌握教育经济现象的一般规律,为考生今后的学习、工作提供有效的知识与实践能力,使学生能够学以致用。

二、课程目标

通过本课程学习,使学生掌握教育经济学的基本概念、原理,以及分析教育成本、教育效率和教育收益的方法;理解教育的社会经济价值;正确认识处理教育发展与经济发展的关系,科学确定教育投资比例,建立与社会主义市场经济相适应的教育投资体制,不断提高宏观教育收益和微观教育效率的重要意义;为学习其他教育学科奠定知识基础,为今后参与教育研究或改革提供理性支撑。

三、与相关课程的联系与区别

本课程需要一定的经济学和教育学的知识和方法作为学科基础。

四、课程的重点和难点

本课程的重点是掌握教育经济学的理论基础(包括马克思主义教育经济思想和人力资本理论),教育与经济发展关系,教育需求与供给的分类及供需关系的调整,教育投资的主体、来源及其比例结构,教育成本的类型、计算方法及其研究价值,教育服务的本质特征及其价值,教育消费的特点、影响因素、问题及其解决对策;次重点是教育经济学学科产生的条件、发展的历史阶段及其不同阶段的特征,教育结构与经济结构的相互关系,教育在经济发展中的作用,教育财政体制的含义,影响教育效率的因素,教育收益的表现、影响的因素及其提高策略,教育服务产品的提供与生产基本原理,教师劳动特点、管理制度与确定教师报酬的原则;一般掌握的有教育经济学性质、研究的对象、内容与方法,教育产权的结构、类型及其研究意义,教育产权与教育体制改革的关系,国际教育服务贸易提供模式,教育成本的负担原则,教育投资的分配类型,教育对经济增长贡献的计算方法,教师劳动效率及其提高的方法等。

本课程的难点是围绕教育与经济的关系,分析其理论要点、现实具体表现,提出改进的对策。

Ⅱ　考核目标

本大纲在考核目标中,按照识记、领会、简单应用和综合应用四个层次规定其应达到的能力层次要求。四个能力层次是递进关系,各能力层次的含义是:

识记(Ⅰ):要求自学考生能够识别和记忆本课程的有关概念和原理的主要内容,并能够根据考核的不同要求,做出正确的表述、选择和判断。

领会(Ⅱ):要求自学考生能够领悟和理解本课程的有关概念和原理的内涵及外延,理解教育经济学基础知识,并能够根据考核的不同要求对教育经济学的基本问题进行逻辑推理和论证,做出正确的解释和说明。

简单应用(Ⅲ):要求自学考生能够根据已知的教育经济学理论与实践,对某一教育经济学原理或某一教育领域中的经济问题进行分析和论证,有正确的结论或正确的判断。

综合应用(Ⅳ):要求自学考生在熟悉和深入理解一些重要概念、基本原理和方法的基础上,能够综合相关的知识点,计算、分析和解决比较复杂的问题。

Ⅲ　课程内容与考核要求

第一章　绪　论

一、学习目的与要求

1. 识记教育经济学的含义及其学科的基本概念；
2. 理解教育经济学的学科性质、研究对象；
3. 分析比较教育经济学研究方法；
4. 掌握教育经济学学科发展中的关键事件、代表人物及其主要思想；
5. 综合分析教育经济学学科产生的条件；
6. 明确教育经济学研究的主要任务；
7. 列举出研究和学习教育经济学意义的案例。

二、课程内容

1. 教育经济学概述

1.1　学科性质

1.1.1　关于教育经济学学科性质的主要观点

(1) 经济学分支说；

(2) 教育学分支说；

(3) 交叉学科说。

1.1.2　明确教育经济学学科性质的意义

对学科的建设与发展有重要理论意义；

对学科人才培养和持续发展的实践意义。

1.2　研究对象

1.2.1　关于教育经济学研究对象的争论

国外的主要观点：欧美学者，苏联、东欧学者，日本学者的不同观点。

国内主要观点：

(1) 宏观说；

(2) 微观说；

(3) 综合说。

1.2.2 确立教育经济学研究对象的依据

以辩证唯物主义为指导思想,以其学科性质为基本依据,做到主客观统一、历史与逻辑统一、形式逻辑与辩证逻辑统一。

1.3 学科概念体系

1.3.1 学科核心概念

教育经济学:研究教育与经济关系以及教育领域内的经济现象和规律的学科。

1.3.2 学科相关概念

经济;

教育;

教育投资;

教育收益;

教育效率。

2. 教育经济学研究的内容与方法

2.1 教育经济学研究的内容

2.1.1 国外教育经济学的研究内容

西方教育经济学发展的三个阶段。

西方教育经济学的学科内容和理论体系是建立在人力资本理论和价值理论基础上的,把教育过程与物质生产过程完全等同起来。

2.1.2 我国教育经济学的研究内容

第一,"二元"说;

第二,"三元"说;

第三,多元说。

我国教育经济学体系结构特点:(1) 以马克思主义经济学与教育理论为学科理论基础,吸取西方人力资本理论合理内核;(2) 将教育过程与物质生产过程看作是既有联系又有区别的两个不同过程;(3) 紧密结合中国经济和教育改革的实际。

2.2 教育经济学研究的方法

教育经济学的研究方法层次:一是方法论层次,二是具体方法。

马克思、恩格斯确立的辩证唯物论和历史唯物论,是教育经济学研究的世界观和方法论;教育经济学的具体研究方法是运用经济学的方法。

2.2.1 教育经济学研究的方法论

第一,坚持思想性和科学性相结合;

第二,坚持理论联系实际;

第三,坚持批判与吸收相结合。

2.2.2 教育经济学研究的具体方法

主要方法:定性分析、定量分析、实证分析、规范分析

相关方法:经济分析法、教育研究法、经济计量法和教育统计法、比较研究法、概算法等。

3. 教育经济学的形成与发展

3.1 国外教育经济学学科的产生与发展

在西方萌芽于20世纪20年代,产生于50年代,形成于60年代,20世纪70年代后又有

了新的发展。

3.1.1 学科产生的条件

时代背景:科学技术和社会生产力高度发展以及世界各国激烈竞争;苏美争霸形势下对教育的重视和发展中国家教育投资的高涨;对不同国家经济发展速度的研究和比较结果。

理论根源:人力资本理论、计量经济学。

3.1.2 学科发展的阶段

萌芽阶段:时间、代表人物。

形成阶段:时间、代表人物。

平稳发展阶段:时间、代表人物、研究方法。

3.2 中国教育经济学的形成与发展

中国教育经济思想产生于古代,形成于20世纪70年代末80年代初。

3.2.1 中国教育经济学的形成

(1) 古代朴素的教育经济价值观;

(2) 近代洋务派的教育经济意识;

(3) 民国时期政治家和教育家的教育经济思想;

(4) 各阶段的代表作。

3.2.2 中国教育经济学学科的发展阶段

(1) 初创阶段:时间、主要事件;

(2) 繁荣阶段:时间、研究方法、主要影响;

(3) 深化阶段:时间、主要特点。

3.2.3 中国教育经济学学科发展现状

中国教育经济学研究的主要成就;

中国教育经济学研究的显著特点;

中国教育经济学研究存在的主要问题。

4. 教育经济学研究的意义与任务

4.1 研究与学习的意义

4.1.1 理论价值

(1) 有助于丰富和发展教育科学和经济科学;(2) 为教育改革提供理论依据;(3) 建立教育的经济价值观。

4.1.2 实践意义

(1) 有助于政府教育规划、决策的科学化;(2) 有助于学校提高管理水平,提高资源的使用效率;(3) 有助于受教育者个人及其家庭做出合理的教育决策。

4.2 教育经济学研究的主要任务

4.2.1 丰富教育经济学的基本理论

4.2.2 科学解释教育经济现象与问题

4.2.3 预测教育发展的经济条件

4.2.4 加强教育经济学学科自身建设

三、考核知识点与考核要求

1. 教育经济学概述

识记:① 教育经济学的含义;② 教育经济学的研究方法;③ 教育经济学学科发展中的关键事件,主要代表人物及其观点。

领会:① 教育经济学的学科性质;② 教育经济学的研究对象。

简单应用:① 确立教育经济学研究对象的依据;② 明确教育经济学学科性质的意义。

2. 教育经济学的研究内容与方法

识记:① 西方教育经济学的学科内容建立的理论基础;② 我国教育经济学内容的三种观点;③ 教育经济学研究的具体方法。

领会:① 教育经济学研究的方法论;② 我国教育经济学结构体系的特点。

简单应用:① 比较定性分析与定量分析法;② 比较实证分析与规范分析。

3. 教育经济学的形成与发展

识记:① 国内外教育经济学形成的时间;② 国外教育经济学发展的阶段及其主要特点;③ 中国教育经济学发展阶段及其主要特点。

领会:① 国外教育经济学学科的产生条件;② 中国教育经济学研究的显著特点。

简单应用:中国教育经济学研究存在的主要问题。

4. 教育经济学研究的意义与任务

识记:① 学习和研究教育经济学的理论价值;② 学习和研究教育经济学的实践意义。

领会:教育经济学研究的主要任务。

四、本章重点、难点

重点:教育经济学学科的产生的条件及其发展阶段。

难点:教育经济学的学科性质及其价值。

第二章　马克思主义教育经济思想

一、学习目的与要求

1. 识记生产劳动与非生产劳动理论的基本观点;
2. 理解教育在劳动力再生产中的作用;
3. 评价"复杂劳动具有较高经济价值";
4. 阐述教育对科学形态生产力的具体作用;
5. 分析教育对社会经济价值形成的影响;
6. 分析马克思劳动价值学说的价值;
7. 叙述毛泽东、邓小平教育经济思想;
8. 评价邓小平教育经济思想的实践价值。

二、课程内容

马克思主义是我国教育经济学的基本指导思想和理论基础。

1. 教育劳动学说

1.1 从简单生产劳动意义上观察：生产劳动，是指可直接生产使用价值的物质生产劳动。

1.2 从社会关系角度观察：无论是物质生产或是非物质生产，只要创造交换价值，带来剩余价值，就都是生产劳动。

1.3 从扩大了的概念上观察：劳动者可以远离劳动对象，但却是物质生产劳动的参加者，属于生产劳动者的范畴。

根据马克思、恩格斯关于生产劳动与非生产劳动理论，关于生产劳动概念范畴，观察教育劳动以及教育投资的性质，得出的主要结论。

2. 社会再生产中的教育

马克思、恩格斯的社会再生产理论是确立教育社会经济价值的理论基础。

2.1 劳动力再生产中的教育

教育是劳动力再生产的手段。教育对劳动力再生产主要功能表现。

2.1.1 教育会生产劳动能力

2.1.2 教育可以改变人的劳动能力的性质和形态

2.2 科学知识形态生产力再生产中的教育

教育是科学知识形态生产力再生产的重要手段。主要体现在：

2.2.1 教育具有生产和再生产科学的社会功能

2.2.2 教育具有把科学转化为生产技术的中介作用

2.2.3 教育是科学知识再生产的最有效形式

3. 劳动价值学说中的教育

马克思、恩格斯的劳动价值学说的价值。

3.1 劳动力价值构成中包括教育费用

3.2 复杂劳动具有较高的经济价值

3.3 教育劳动影响社会经济价值的形成

4. 马克思主义教育经济思想在中国的发展

4.1 毛泽东教育经济思想

4.1.1 毛泽东教育经济思想的发展阶段

4.1.2 毛泽东教育经济思想的主要内容

4.1.3 毛泽东教育经济思想的特点及其价值

4.2 邓小平教育经济思想

4.2.1 邓小平教育经济思想的产生背景

4.2.2 邓小平教育经济思想的内容

4.2.3 邓小平教育经济思想的实践价值

三、考核知识点与考核要求

1. 教育劳动学说

识记:① 生产劳动、非生产劳动概念;② 生产性投资、消费性投资概念;③ 科教兴国的内涵。

领会:① 怎样理解教育劳动是一种劳务性或服务性的劳动;② 教育经济学的研究对象;③ 教师劳动的直接生产性质与间接生产性质。

简单应用:关于教育投资性质的不同观点及其理由。

综合应用:运用马克思主义关于生产劳动和非生产劳动的理论阐述教育劳动的性质。

2. 社会再生产中的教育

识记:① 劳动力再生产的含义;② 人的劳动能力的含义。

领会:① 现代意义上劳动能力的含义;② 教育可以改变人的劳动能力的性质和形态;③ 教育在科学知识形态生产力再生产中的作用。

简单应用:运用马克思、恩格斯的社会再生产理论分析教育在社会生产力再生产中的地位和价值。

3. 劳动价值学说中的教育

识记:① 简单劳动与复杂劳动的含义;② 劳动简化比的不同形式。

领会:① 教育费用包括在劳动力总价值中;② 复杂劳动具有较高的经济价值;③ 教育劳动能够创造社会经济价值。

简单应用:运用马克思主义复杂劳动的原理分析教育劳动的社会经济价值及其形成原因。

4. 马克思主义教育经济思想在中国的发展

识记:① 毛泽东教育经济思想的含义;② 教育先行;③ 毛泽东教育经济思想的主要内容。

领会:① 毛泽东教育经济思想的特点及其价值;② 毛泽东关于教育为经济服务的基本主张;③ 邓小平教育经济思想的内容及其价值。

简单应用:为什么说毛泽东和邓小平教育经济思想是对马克思主义教育经济思想的继承和发展?

四、本章重点、难点

重点:毛泽东教育经济思想、邓小平教育经济思想的价值。

难点:邓小平关于教育先行主张和教育要适应经济发展的思想。

第三章　西方人力资本理论及其发展

一、学习目的与要求

1. 掌握人力资本的概念和特点;
2. 领会人力资本理论的主要内容;
3. 了解人力资本理论代表人物的观点;
4. 深入理解教育与人力资本的关系及其应用;

5. 理解人力资本产权的内容及其价值实现。

二、课程内容

1. 人力资本理论综述

1.1 基本概念

1.1.1 人力资本的含义

“人力资本”是美国经济学家沃尔什(J. R. Walsh)在1935年发表的《人力的资本观》中首次提出了“人力资本”的概念。

人力资本的基本内涵是指凝聚在劳动者身上的知识、技能及其所表现出来的能力。这种能力是生产增长的主要因素。它是一种具有经济价值的资本。

1.1.2 人力资本和物力资本的辨析

第一,人力资本和物力资本的共性;

第二,人力资本与物力资本的区别。

1.2 人力资本的主要内容

1.2.1 人力资本分类

人力资本具有不同的分类方法,根据美国学者T. W. 舒尔茨区分了五种具有经济价值的人类能力,分别为:学习能力、完成有意义工作的能力、进行各项文娱体育活动的能力、创造力和应付非均衡的能力。

教育经济学一般将其划分为基础能力、技术研究能力和领导能力等三种,并据此把人力资本区分为典型的三种类型:一般型人力资本、技术研究型人力资本、企业家型人力资本。

1.2.2 人力资本投资

(1) 人力资本投资的定义:人力资本投资是指用于提高人的知识、能力和健康的存量水平,实现预期收益最大化,降低磨损与贬值风险而进行的投资。

舒尔茨将人力资本投资分为五部分:影响人的预期寿命、体力和耐力、精力和活力的全部开支;在职培训,包括商社组织的旧式学徒制培训方式;正规的初等、中等和高等教育;非商社组织的成人教育计划,特别是农业方面的校外学习计划;个人和家庭进行迁移以适应不断变化的就业机会。

(2) 人力资本投资的内容主要包括:

第一,用于教育和训练的费用,以培养和提高在职或未来劳动力的工作能力、技术水平和劳动熟练程度;

第二,用于医疗卫生保健的费用,以保证劳动力的必要数量和在职劳动力的健康水平;

第三,用于劳动力国内交流流动的费用,以利于调剂和合理配置各地区各部门劳动力的余缺,以利于充分发挥各种劳动力的专业技术特长;

第四,用于国外移民入境、智力引进、国际人才劳动力吸流的费用,以增加本国劳动力和专门人才的数量,提高吸入国的人才智力水平;

第五,提高企业能力,增强企业精神,以便使经营管理者具有对错综复杂的经济动态格局做出最佳决策的能力,增强企业的竞争实力。

1.3 人力资本理论的主要观点

1.3.1 人力资本理论的基本观点

第一,人口质量重于人口数量;

第二,人力资本投资作用大于物力资本投资的作用;

第三,教育投资是人力资本的核心;

第四,教育投资收益率是可以测算的。

1.3.2 人力资本理论主要代表人物的观点

第一,舒尔茨的主要观点;

第二,丹尼森的主要观点;

第三,贝克尔的主要观点。

2. 人力资本理论的发展

2.1 筛选假设理论

产生于20世纪70年代初,主要代表人物是美国的经济学家迈克尔·斯宾塞。

2.1.1 主要观点

第一,劳动力市场的不完全信息带来投资的不确定性;

第二,教育的经济价值在于提供信息以实现对人们的能力筛选;

第三,教育水平是反映一个人能力大小的有效信号和装置。

2.1.2 对人力资本理论的贡献

第一,筛选假设理论和人力资本理论都认为求职者的教育水平与工资高低是呈正比的,并在分析中都采用了简化法;

第二,筛选假设理论把教育看作一个信息,以此说明教育的经济价值在于能为劳动力市场提供信息的重要功能;

第三,人力资本理论强调教育的经济价值和功能,筛选假设理论强调教育的信号功能以解释教育的外在经济功能、特点、作用和价值;

第四,筛选假设理论还解释了文凭泛滥的成因。

2.2 劳动力市场划分理论

代表人物——20世纪70年代初期出现的理论流派,其主要代表人物有斯特·瑟罗,彼得·多林格尔,迈克尔·皮奥里等人。

2.2.1 主要观点

第一,教育程度与工资水平成正比例关系是有条件的。有主要劳动力市场和次要劳动力市场之分。

第二,劳动力市场划分是由个人受教育的程度决定的。教育的作用不在于提高个人的知识技能,而在于它是决定个人是在主要劳动力市场,还是在次要劳动力市场上工作。

2.2.2 对于人力资本理论的贡献

2.3 社会化理论

代表人物——社会化理论20世纪70年代中期出现于西方国家。代表人物是美国的经济学家萨缪·鲍尔斯和赫伯特·金迪斯。

2.3.1 主要观点

第一,教育的经济功能源于它的社会功能,而教育的社会功能,远比教育提高知识技能对经济的影响更重要;

第二,在现代化的社会里,教育的经济功能便是通过种种途径及手段,使学生社会化,使不同的学生经教育培养,形成经济结构所需要的种种个性特征。

2.3.2 对于人力资本理论的贡献

将社会再生产理论引入人力资本理论,研究教育如何培养训练劳动力的个性特征,从而为生产服务,为发展经济服务,也是对人力资本理论的突出贡献。

2.4 人力资本理论的评析

2.4.1 人力资本理论的价值及贡献

第一,人力资本理论在经济理论上,改变了以物质资本投资为主导的理论格局,为经济学开辟了新的研究领域;

第二,人力资本理论中"全资本"的概念,指出了人的作用胜过物的作用;

第三,人力资本理论十分重视劳动力质量的提高,对于探讨人口问题、劳动力结构性就业和人才质量问题具有指导意义;

第四,人力资本理论把教育投资作为人力资本的核心的观点,促进了各国教育投入,促进了教育的发展和国力的增强。

2.4.2 社会历史局限性

第一,人力资本理论的泛资本论抹杀了劳动创造价值的事实;

第二,过于强调教育程度对劳动者工资收入水平的影响;

第三,从方法论上过于强调量化;

第四,过度强调教育的经济功能。

3. 人力资本理论扩展与实践应用

3.1 人力资本产权概述

3.1.1 人力资本产权的定义

3.1.2 人力资本产权的特征:个体专有性;使用的最终控制权;可分解性和交易性。

3.2 人力资本产权的实现

第一,通过给予劳动者自主择业和流动的权利实现人力资本产权权能;

第二,通过明显的收入和效益实现人力资本产权权益;

第三,通过人力资本产权考核促进人力资本产权权责实现。

三、考核知识点与考核要求

1. 人力资本理论综述

识记:① 人力资本的含义;② 人力资本与物力资本的区别与联系;③ 人力资本的类型,人力资本投资的含义及内容;④ 人力资本理论的基本观点,主要代表人物的观点。

领会:① 人力资本的积累是社会经济增长的主要源泉;② 教育也是使个人社会收入分配趋于平等的因素;③ 在职培训是人力资本的重要内容,也是人力资本投资的主要形式。

简单应用:① 人力资本投资的主要内容;② 举例说明人力资本类型。

综合应用:应用人力资本理论解释经济增长的原因。

2. 人力资本理论的发展

识记:① 筛选假设理论主要观点;② 社会化理论主要观点;③ 劳动力市场划分理论主要观点。

领会:① 筛选假设理论、社会化理论、劳动力市场划分理论,对人力资本理论的贡献;

② 人力资本理论的合理性和局限性。

简单应用:① 劳动力受教育程度与工资水平的关系,在不同劳动力市场的不同表现?② 社会化理论关于教育培养训练劳动力个性特征的应用。

综合应用:① 应用筛选理论、社会化理论、劳动力市场理论分析实际中的问题;② 客观评价西方人力资本理论。

3. 人力资本理论扩展与实践应用

识记:① 人力资本产权;② 人力资本产权的特征与功能。

领会:① 人力资本与人力资本产权的关系;② 人力资本产权权能、权益、权责。.

简单应用:① 人力资本产权权能的实现;② 人力资本产权权益的实现;③ 人力资本产权权责的实现。

综合应用:结合人力资本产权理论分析教师流动。

四、本章重点、难点

重点:人力资本理论的主要观点以及主要代表人物的观点。

难点:人力资本产权的实现。

第四章　教育与经济发展

一、学习目的与要求

1. 识记教育与经济关系的类型;
2. 理解教育与经济发展的互动关系;
3. 分析经济发展对教育发展的制约作用;
4. 阐述教育发展对经济发展的作用方式和机制;
5. 理解教育对经济发展的特殊作用。

二、课程内容

1. 教育与经济发展的一般关系

1.1　教育与经济的关系系统

从系统论的观点来看,教育与经济的关系就是教育系统与经济系统的相互联系和相互影响。

从广义上看,这种关系可以具体分解为教育系统与经济系统的要素关系、结构关系和功能关系。

从狭义角度看,教育经济的关系就是功能关系。

1.1.1　教育与经济的要素关系

从教育学观点看,教育的基本要素包括教育者、受教育者、教育中介;从经济学观点来看,教育的基本要素包括教育物力资本、教育人力资本、教育财力资本。教育人力资本既是经济发展提供的结果,也是经济系统中的生产力要素。

1.1.2　教育与经济的结构关系

第一,教育结构;

第二,经济结构;

第三,教育与经济的结构关系。

1.1.3 教育与经济的功能关系

第一,研究教育与经济的功能关系的意义;

第二,教育对经济的影响;

第三,教育经济功能实现的机制。

1.2 经济发展对教育发展的影响

1.2.1 经济发展是教育发展的物质基础和先决条件

第一,经济发展包括四层含义:(1) 经济量的增长;(2) 经济结构的改进和优化;(3) 经济体制的完善;(4) 经济质量的改善和提高。

第二,经济发展是教育发展的物质基础:经济不仅为教育发展提供了物质技术条件,而且也给教育发展提出了客观需求。

1.2.2 经济决定着教育的权利、培养目标、教育内容和手段

第一,经济决定着教育的权利;

第二,经济决定着培养目标;

第三,经济决定着某些教育内容和手段。

1.2.3 经济发展影响教育发展的规模和速度

第一,经济发展水平与受教育人口数量具有依存关系;

第二,经济发展水平与教育程度、教育年限具有依存关系;

第三,经济发展水平与教育投入也具有依存关系;

第四,经济发展水平制约着教育体系和教育结构的发展。

1.2.4 经济发展水平制约着教育体系和教育结构的发展

教育体系和结构对经济实力的依存性。一定社会的教育体系和结构主要是由其经济发展水平决定的。

1.3 教育对经济发展的作用

1.3.1 教育对经济发展的直接作用

第一,教育是劳动力再生产的重要内容与主要手段;

第二,教育是缩短社会必要劳动时间、提高劳动生产率的重要途径;

第三,教育是科学生产、再生产,以及使科学转化为直接生产技术的重要途径;

第四,教育是提高经济管理水平的重要条件。

1.3.2 教育对经济发展的间接作用

第一,教育对人具有全面的影响作用;

第二,教育通过培养非物质生产部门的人才,即上层建筑、意识形态各个领域的人才,对社会生产力增强发生作用;

第三,教育通过陶冶劳动者的思想和道德,提高劳动者的精神文明程度,从而提高他们的劳动主动性、积极性和创造精神,对经济发展发生作用。

1.3.3 教育对经济、社会发展的战略作用

第一,教育对实现经济增长目标的作用;

第二,教育在社会与经济协调发展中的作用;

第三,教育在满足人们自身发展需要和逐步实现人的全面发展中的作用;

第四,教育在使人们在经济上、社会上有安全感、保障感等方面的作用;

第五,教育在使社会具有良好道德风尚中的作用。

1.4 全面理解教育与经济发展的关系

1.4.1 对教育与经济发展关系认识

教育先行论,同步发展理论,滞后论。

1.4.2 教育与经济发展动态关系

教育与经济发展虽然具有间接关系和直接关系,但它们之间的关系除表现为相互影响、相互作用之外,还表现为相互制约的关系。

2. 教育与经济增长的关系

2.1 经济增长的相关理论

2.1.1 经济增长的含义

国民财富或社会财富的增长,即国民收入或人均国民收入及国民生产总值的提高。衡量经济增长的常用指标有:国民生产总值(GNP)及其增长率、国内生产总值(GDP)及其增长率、国民收入(NI)及其增长率、人均国民收入及其增长率。

2.1.2 经济增长理论的演化

经济增长理论的主要流派包括:

第一,古典经济增长理论;

第二,新古典经济增长理论;

第三,新经济增长理论。

2.2 教育与经济增长的相互关系

2.2.1 教育在经济增长中的特殊作用

在提高劳动生产率中起着关键性作用。

2.2.2 现代教育对现代经济增长作用的机制

第一,教育通过产学研合作,促进经济转型发展;

第二,教育通过提高人力资本质量,提高劳动生产率;

第三,教育通过促进科学技术应用和发展,推动经济增长方式转变;

第四,教育通过拉动内需,直接促进经济增长。

2.3 教育与经济增长的实证研究

基本结论有:

第一,教育与经济增长存在正相关关系;

第二,教育促进经济增长发展具有国家差异、地域差异、教育层次差异;

第三,教育对经济增长的贡献测算有一定的误差。

三、考核知识点与考核要求

1. 教育与经济的一般关系

识记:① 教育与经济关系概念;② 教育的基本要素;③ 教育结构的含义;④ 经济结构的含义。

领会:① 经济发展对教育发展的影响;② 教育对经济发展的作用;③ 教育与经济的功

能关系。

简单应用:① 为什么教育具有经济价值;② 怎样理解教育的对经济发展的直接作用。

综合应用:运用教育与经济发展的关系原理,全面分析目前我国教育与经济关系。

2. 教育与经济增长

识记:① 经济增长概念;② 衡量经济增长的常用指标;③ 经济增长理论的主要流派。

领会:① 新增长理论的主要贡献;② 教育与经济增长存在正相关关系;③ 教育促进经济增长发展的时空差异性。

简单应用:① 新增长理论的主要贡献;② 现代教育促进现代经济增长的机制。

综合应用:运用教育与经济增长关系原理论述现代教育的重要性。

四、本章重点、难点

重点:教育对经济发展作用的机制。

难点:教育与经济的多维关系。

第五章　教育结构与经济结构

一、学习目的与要求

1. 识记并理解结构、教育结构、经济结构概念,以及教育结构、经济结构的基本内容;
2. 理解教育结构与经济结构的辩证关系;
3. 运用教育结构与经济结构关系的基本原理分析并解决实际问题。

二、课程内容

1. 教育结构和经济结构的含义

结构的含义

任何一个“结构”或“结构概念”都由三部分组成:(1) 结构的构成要素或元素;(2) 各构成要素或元素之间的比例关系;(3) 各要素或各元素之间的衔接方式或结合方式。

1.1　教育结构

1.1.1　教育结构的含义

教育结构是指构成教育总体系各部分之间的比例关系及其衔接方式。由三个部分构成:第一,构成要素包括各级各类学校教育、各级各类成人教育、家庭教育、社会教育;第二,各要素的比例关系;第三,各构成要素的衔接方式。

合理的教育结构,主要是指它与经济结构相适应,能充分发挥教育的经济效益,能积极而有力地促进经济的发展。不合理的教育结构,主要是与经济结构不相适应,对国民经济的发展起延缓或阻碍作用的教育结构。

1.1.2　教育结构的分类

(1) 教育程度结构

教育程度结构又称为教育级别结构,是指各级教育之间的比例关系及其衔接方式。

影响教育程度结构的因素主要有两个:第一,实际升学人数直接影响教育的程度结构。

第二,合格生源间接影响教育程度结构。

(2) 教育专业结构

教育专业结构,是指中等以上学校中各类专门学校数或专业数与总校数之间的比例关系,或者指中等以上学校中各类专门学校数或专业数与总人数之间的比例关系。

(3) 禅传结构

禅传结构又称师范教育结构,是指各级各类师范院校的学校数和人数之间的比例关系,以及师范教育与整个教育体系之间的比例关系。

(4) 教育形式结构

教育形式结构是指正规教育与非正规教育形式之间的比例关系与衔接方式。

(5) 教育体制结构

教育体制结构是指各教育机构的主办者各自所管理的教育规模之间的比例关系。主办者主要包括:国家、集体、企事业单位、社团和个人。

(6) 教育布局结构

教育布局结构是指在地理空间上所分布的教育机构数量与人口密度或学径之间的比例关系。

1.2 经济结构

经济结构主要指国民经济各部门之间的比例关系或各产业之间的比例关系。

1.2.1 经济体制结构

主要通过生产资料所有制结构来表现,即生产资料所有制之间的比例关系。我国的经济体制结构呈以公有制为主体,多种经济成分并存的形态。

1.2.2 经济部门结构

经济部门结构是指物质生产部门和非物质生产部门之间,以及各部门内部各产业、行业或系统之间的比例关系。

1.2.3 社会再生产结构

社会再生产结构主要包括产业结构、分配结构、交换结构与消费结构。其中产业结构指生产资料生产和生活资料生产两大部类之间,以及农业、轻工业、重工业之间的比例关系。分配结构指积累资金与消费资金之间的比例关系,以及二者内部各部门占有量之间的比例关系。

1.2.4 经济技术结构

经济技术结构指各行各业所拥有技术的现代化程度之间的比重,或者是指各行各业技术装备的进步程度之间的比重。

2. 经济结构对教育结构的制约

国民经济各部门之间的比例关系及其有机结合的程度、技术水平,制约着教育所培养的人才的数量、规格、层次,即制约着教育的各种结构;经济结构对教育结构的制约是一个动态过程,随一定时间、地点、条件和速度而变化。

2.1 经济部门结构和产业结构制约教育专业结构

国民经济各部门各产业之间的数量关系和质量要求,决定着教育机构(如各级各类学校)的数量和质量。

2.2 经济技术结构制约教育程度结构

经济技术结构包括各行业各产业技术装备的进步程度结构和科学技术现代化程度结

构。在整个社会范围内,不同技术装备的层次比重,要求操作各层次技术装备的劳动者数量有不同比例;现代化程度不同的技术,要求教育提供掌握了不同技术水平的人才。

2.3 分配和消费结构制约教育财政支出

我国财政教育经费来自分配结构中的消费资金,它随国民收入中消费和积累资金之间比率的变化而表现为增多或减少,同时,消费资金内部分配结构也制约着教育财政投资量,从而影响教育结构的调整和专门人才的培养。

2.4 经济地区结构制约教育布局结构

各国各地区经济发展不平衡,带来教育发展的不平衡,主要体现在教育布局的不均衡。

2.5 经济体制结构制约教育管理体制结构

我国以公有制为主体、多种经济成分并存的经济体制结构决定了我国教育的办学体制呈现出以公立学校为主体,私立学校、集资办学或公办民助、民办公助等多种办学形式并存的形态。

2.6 经济结构的发展变化制约教育结构的发展变化

这种变化表现在两个方面:一是产业结构变化改变就业结构,要求教育专业结构、程度结构相应发生变化。教育在结构性就业中起着重要作用,并且是解决结构性就业的唯一途径。二是技术结构变化要求劳动者受教育程度结构变化。

3. 教育结构与经济结构的适应

教育结构适应经济结构,表现为教育所培养人才的规格、类型、质量和数量能够满足并适应国民经济各部门发展的需要,同时又影响经济发展的速度和质量。

3.1 教育专业结构适应产业结构

教育专业结构要力求与生产部门、国民经济其他部门对各种人才的需要相适应。

3.2 教育程度结构适应经济技术结构

着眼于未来我国经济技术结构的变化发展,教育程度结构必须进行调整和改革。教育结构的调整与变革必须有预见性和超前性。

3.3 教育布局结构适应经济地区结构

我国经济社会发展不平衡,东西部之间、农村与城市之间以及同一区域不同地区之间都存在差异。教育规划布局一定要考虑当地的经济社会发展水平,并与之相适应。

3.4 教育体制结构适应经济体制结构

三、考核知识点与考核要求

1. 教育结构和经济结构的含义

识记:① 结构概念;② 教育结构概念;③ 经济结构概念。

领会:① 教育结构的分类;② 经济结构内容。

2. 经济结构对教育结构的制约

领会:① 经济部门结构和产业结构对教育专业结构影响;② 技术结构对教育程度结构影响;③ 分配和消费结构对教育财政支出影响;④ 经济地区结构对教育布局结构影响;⑤ 经济体制结构对教育管理体制影响。

简单应用:① 经济结构对教育结构的制约作用;② 经济结构与教育结构的动态关系。

3. 教育结构与经济结构的适应

领会:① 教育专业适应产业结构;② 教育程度适应经济的技术结构;③ 教育的地区布局结构适应经济的地区结构;④ 教育的体制结构必须适应社会经济结构。

简单应用:教育结构对经济结构的适应表现。

综合应用:目前我国教育结构不适应经济结构的表现、原因及其治理对策。

四、本章重点、难点

重点和难点:教育结构与经济结构的内在联系及其相互作用机制。

第六章 教育需求与供给

一、学习目的与要求

1. 识记教育需求、教育供给、过度教育的概念;
2. 理解影响教育需求、教育供给的因素;
3. 简要分析教育供求的矛盾的表现;
4. 综合分析我国目前教育供给和需求矛盾及其解决对策。
5. 综合分析过度教育现象产生的原因及解决对策。

二、课程内容

教育的需求与供给关系是教育与经济关系的具体体现,或者说反映了政府、市场、学校和教育消费者之间的基本关系,是教育的基本经济规律。

1. 教育需求

1.1 教育需求的含义与分类

1.1.1 教育需求的含义与特点

国家、企业、家庭和个人对教育有支付能力的需要。教育需求不等于教育主观需要,它属于一种投资需要,需求者必须有支付能力,还需要付出机会成本。

教育需求特点

(1) 教育需求主体多元性和重叠性;(2) 教育需求对象的双重性;(3) 教育需求满足的预期性和过程性。

1.1.2 教育需求的分类

按照教育需求主体划分,可以分为教育的社会需求和教育个人有支付能力的需求。

1.2 影响教育需求的因素

1.2.1 影响教育个人需求的因素

(1) 个人天赋能力;(2) 家庭的社会经济背景;(3) 学杂费的高低;(4) 个人教育未来收益,即个人教育投资收益率。

1.2.2 影响教育社会需求的因素

(1) 社会人口状况;(2) 经济和科学技术发展水平;(3) 政策导向。

2. 教育供给

2.1 教育供给的含义

教育供给指在某一时期内，一个国家或地区的各级各类教育机构提供给受教育者的机会和教育服务。有狭义与广义之分。

2.2 影响教育供给的因素

2.2.1 师资状况

2.2.2 劳动力需求状况

2.2.3 国家经济实力

2.2.4 教育投资体制

2.2.5 教育的单位成本

2.2.6 社会对教育的认识和态度

对教育是否有正确的认识，决定了投资选择中的偏好，对教育供给影响极大。

3. 教育供求矛盾及其调节

3.1 教育供求的矛盾

3.1.1 教育总需求和总供给之间的矛盾

从总体上看，目前我国教育供需的主要矛盾是人们对有质量的公平教育的需求与不平衡不充分的教育发展之间的矛盾。

(1) 由于教育经费短缺等原因而导致国家整体的教育需求与供给总量上的矛盾；(2) 不同层级教育的供给与需求的矛盾；(3) 教育发展过程中，教育供给滞后于教育需求，具有非均衡性。

3.1.2 教育供求的结构性矛盾

教育供给过剩与供给不足或两种情况同时存在。

3.1.3 不同主体的教育需求矛盾

个体之间、地域之间、个体与社会之间对同一教育机会的需求的矛盾。其中主要表现为教育的个人需求与社会需求之间的矛盾。

3.2 教育供求矛盾的调节

3.2.1 市场调节

用学费这一“教育价格”进行调节。

3.2.2 政府调节

为教育供求双方提供信息；制定和调整教育规划；对教育机构的财政拨款，必要的行政手段进行质量监控，教育立法等。

3.2.3 市场与政府联动调节

义务教育应以政府调节为主；非义务教育在政府调节为主的同时，可更多地通过市场调节。

3.2.4 教育机构的自主调节

教育机构可以通过教育政策学习、教育市场预测、教育信息的交流与沟通，自主筹措教育经费、创新教育管理模式等，有效扩大教育的供给，满足多元化的教育需求。

3.3 目前我国教育供求的主要矛盾及其调节原则

3.3.1 我国教育供求的主要矛盾

教育需求无限膨胀与教育资源短缺矛盾；教育供求关系中的结构性矛盾。

3.3.2 调节我国教育供求矛盾的原则

第一,政府宏观调节和市场调节相结合;

第二,以教育供给侧改革为重点;

第三,政府积极引导教育需求,使教育需求符合教育供给。

4. 过度教育

4.1 过度教育的产生背景

自20世纪50、60年代以来,许多国家出现教育投资增加,高等教育大众化,知识性失业人数增加,社会普遍追求高学历等现象。

4.2 过度教育的含义

过度教育是指个人和社会所拥有的教育超过了其需要的现象。有宏观和微观意义上的区别。

4.3 过度教育的判定

三个标准;四种表现;四种判定方法。

4.4 过度教育的负面影响

4.4.1 造成教育资源浪费

4.4.2 降低部分劳动者收入

4.4.3 扭曲就业市场

4.4.4 扩大社会不公平

4.5 过度教育的成因

4.5.1 教育供给与社会需求错位

4.5.2 教育投资者对劳动力市场的错误认识

4.5.3 企业盲目追求自身形象

4.5.4 制度性障碍

4.5.5 就业观念与现实的矛盾

4.5.6 选人用人过程中的非公平性因素

4.6 过度教育的治理对策

4.6.1 调整产业结构,创造更多的就业机会

4.6.2 加大高等教育供给侧改革

4.6.3 创造良好的就业制度环境

4.6.4 引导大学生建立合理的就业期望值

三、考核知识点与考核要求

1. 教育需求

识记:① 教育需求概念;② 教育个人需求概念;③ 教育社会需求概念。

领会:① 教育需求分类;② 社会经济和科学技术发展水平影响教育的社会需求的表现。

简单应用:① 影响教育个体需求的因素;② 影响教育社会需求的因素。

2. 教育供给

识记:① 教育供给概念;② 教育的单位成本的概念。

领会:① 教育机会和服务提供的主体及其方式;② 教师因素在教育供给中的地位和作

用;③ 教育投资体制与教育供给的关系。

简单应用:影响教育供给的因素。

3. 教育供求矛盾及其调节

识记:① 供求矛盾的含义;② 教育供求的结构性矛盾。

领会:① 教育供求矛盾的数量表现及其原因;② 教育供求的结构性矛盾表现及其原因;③ 不同主体的教育需求矛盾的表现形式。

简单应用:① 教育供求矛盾调节的四种方式;② 在不同类型教育供求矛盾调节中政府调节和市场调节如何结合。

综合应用:① 目前我国教育供求的主要矛盾及其调节原则;② 联系实际谈我国教育供给侧的主要问题、原因及其改革趋势。

4. 过度教育

识记:① 过度教育概念;② 判定过度教育的标准与方法。

领会:① 过度教育现象产生的背景;② 过度教育的负面影响。

简单应用:分析过度教育现象产生的原因。

综合运用:联系实际提出解决我国过度教育的解决对策。

四、本章重点、难点

重点:教育供求关系矛盾的表现及其调节的方式。

难点:过度教育产生的原因、负面影响及治理对策。

第七章 教育投资

一、学习目的与要求

1. 掌握教育投资的含义、特点和类型;
2. 理解不同教育投资主体的投资动机;
3. 掌握教育投资的各种来源;
4. 理解教育投资外部分配和内部分配。

二、课程内容

1. 教育投资的含义与类型

1.1 教育投资的含义

1.1.1 教育投资的内涵

教育投资是投资者为获取未来的教育收益,而投入到教育领域中的人力、物力和财力等资源的货币表现。

理解教育投资的内涵需要把握:

第一,教育投资的主体是政府、社会和个人;

第二,教育投资具有生产性质;

第三,教育投资是教育活动的经济基础和经济条件;

1.1.2 教育投资的特点

第一,周期长;

第二,增值性;

第三,高效性;

1.2 教育投资的类型

按照不同的标准,教育投资可以有以下分类。

1.2.1 按照投资主体分类

(1) 公共教育投资;

(2) 私人教育投资。在我国,根据《中国教育经费统计年鉴》,教育投资的来源包括国家财政性教育经费,民办学校中举办者投入,捐赠投入,事业收入等。

1.2.2 按照投资是否直接发生分类

(1) 直接教育投资;

(2) 间接教育投资。

1.2.3 按照投入要素分类

(1) 物质投资;

(2) 人力投资。

2. 教育投资的动机和来源

2.1 教育投资的动机

2.1.1 政府教育投资动机

政府教育投资是指各级政府部门用于教育的经费和资源。

政府教育投资的动机包括:(1) 对未成年人的保护;(2) 获得教育的正外部收益;(3) 寻求共同价值;(4) 教育可以促进经济发展。

2.1.2 个人教育投资动机

个人(含家庭)对教育的投资,包括个人直接教育投资和间接教育投资。个人直接教育投资指的是个人直接投资于教育的货币(如学费)。个人间接教育投资指的是个人间接投资于教育的时间资源和经济价值。

个人教育投资的动机主要是获取未来的经济收益和社会地位等。

2.1.3 社会教育投资动机

社会教育投资一般是指除政府之外的社会团体、企业对教育的投资。社会教育投资动机主要有:(1) 为企业获取利润而对企业职工教育进行投资,如企业职工专业培训投资;(2) 为提高企业及社会知名度,树立良好社会形象;(3) 获得经济回报及其他社会收益。

2.2 教育投资的来源

教育投资来源于公共投资和私人投资。公共投资主要指公共部门的教育投资。在我国,公共投资即财政性教育经费;私人投资主要指社会教育投资,包括民办学校投资、教育捐赠和学生学杂费等投入。

2.2.1 公共教育投资

2.2.2 民办学校举办者投入

2.2.3 教育捐赠收入

2.2.4 教育事业收入

2.2.5 其他教育经费收入

3. 教育投资分配

教育投资分配包括教育投资外部分配和教育投资内部分配。教育投资外部分配，反映国家财富分配给教育的比例，以及政府财政资金分配给教育的比例问题。教育投资内部分配，反映在教育内部，分配给不同区域、不同层级、不同学校、不同群体教育资源的比例，以及在不同教育项目、学校内部不同教育要素间分配资源的比例。

3.1 教育投资外部分配

指国家在教育系统外部作为一个总体分配给教育的规模，以及政府作为一个投资主体对教育所需资源的分配，它衡量的是教育投资总规模的指标。

3.1.1 衡量教育投资外部分配的指标

衡量教育投资外部分配的指标主要有：教育投资占国内生产总值（即 GDP）的比例、公共教育投资占财政总支出的比例、公共教育投资与私人教育投资的比例、生均教育支出或人均教育经费等。

3.1.2 影响教育投资外部分配的因素

经济因素、人口因素、科学技术因素等。

3.1.3 教育投资外部分配的原则

总量原则、比例分配原则。

3.1.4 教育投资外部分配的依据

一是依据相关法律法规确定教育投资水平；二是参照国际组织教育投资相关指标；三是根据教育投资的边际收益率；四是考虑国家的市场化程度。

3.1.5 教育投资不足的后果

教育外部投资分配影响教育投资总规模，教育投资不足直接影响教育外部性实现，导致一系列经济、社会问题，甚至危及国家安全。

3.2 教育投资内部分配

教育投资内部分配是指在教育内部，资源在不同区域、不同层级、不同学校、不同群体之间，以及在不同教育项目、学校内部不同教育要素之间的分配。

3.2.1 教育投资内部分配结构包括：教育投资在各级教育间的分配；教育投资在区域间的分配；教育投资在学校间的分配；教育投资在经常性和资本性支出活动间的分配；教育投资在不同教育服务间的分配。

3.2.2 确定教育投资内部分配的依据

第一，依据教育投资利益归宿进行分配；

第二，依据影响教育投资决策的相关信息进行分配。

对于在学校内部不同教育要素间资源的分配比例，应当兼顾公平和效率。

3.2.3 教育投资内部分配对教育产生的影响

教育投资内部分配，影响着教育的公平和效率。

从公平的角度看，教育投资在教育层级间、区域间、群体间、学校间的分配应以公平为主要原则。

从效率的角度看，教育投资在学校内部不同教育要素间，以及不同教育服务间的合理配置,应以有效产出教育服务为原则。

三、考核知识点与考核要求

1. 理解教育投资

识记:① 教育投资概念;② 教育投资特点;③ 教育投资分类。

简单应用:理解教育投资的内涵。

2. 教育投资来源

识记:① 政府教育投资;② 个人教育投资;③ 社会教育投资。

领会:① 政府教育投资动机;② 个人教育投资动机。

简单应用:① 教育投资的动机;② 教育投资来源。

综合应用:① 理解社会教育投资动机;② 如何理解社会资本投入教育领域。

3. 教育投资分配

识记:① 教育投资分配;② 教育投资外部分配;③ 教育投资内部分配。

领会:① 教育投资外部分配的依据;② 教育投资内部配置的依据。

简单应用:① 教育投资总规模的内容;② 确定教育投资总规模的依据;③ 教育投资在各级教育间的分配。

综合应用:① 教育投资外部分配如何配置;② 教育投资内部分配的影响。

四、本章重点、难点

本章重点:教育投资分配。

难点:教育投资分配结构。

第八章　教育消费

一、学习目的与要求

1. 掌握教育消费的概念以及与教育投资的关系;
2. 认识教育消费的性质;
3. 把握我国居民教育消费支出分类和支出现状、特点;
4. 明确我国居民教育消费的误区和教育权益保护;
5. 把握我国教育消费的发展趋势;
6. 分析激发和引导我国教育消费的策略。

二、课程内容

1. 教育消费概述

1.1　教育消费概述

1.1.1　教育消费概念

教育消费指用于教育物化产品和教育劳务上的开支,既包括政府教育消费,也包括私人教育消费,是社会总消费的重要组成部分。其消费者包括国家、个人或家庭、企业用人的部门。

居民教育消费是指受教育者本身与家庭,通过教育方面的各种货币支出获取知识与技能的过程。包括居民子女教育支出,以及为提高自身业务竞争能力的培训及继续教育支出,属于私人消费领域。

1.1.2 教育消费与教育投资

第一,教育投资和教育消费即是投资也是消费。

第二,教育消费与教育投资的关系。联系:教育消费与教育投资都以教育生产为载体,互相依存,相互作用,是辩证统一的关系。区别:主体和目的不同;对象不同;性质不同。

1.2 教育消费的性质

1.2.1 教育消费是一种高层次的文化消费;

1.2.2 教育消费是一种投资性消费;

1.2.3 教育消费是一种贯穿消费者一生的消费;

1.2.4 教育消费是个人消费与社会消费相结合的一种消费。

2. 我国居民教育消费

2.1 我国居民教育消费支出

2.1.1 我国居民教育消费支出分类包括:第一,子女教育消费支出;第二,成人继续教育消费支出;第三,再就业培训教育消费支出。

2.1.2 现阶段我国教育消费支出分析:第一,我国教育服务价格总体呈上涨态势;第二,居民教育消费支出占总消费比例偏高;第三,子女教育消费是主要家庭教育消费支出;第四,成人继续教育、再就业培训教育消费支出。

2.1.3 现阶段我国居民教育消费支出的特点包括:第一,内容的多样性和层次性;第二,选择的个性化和多元化。

2.2 我国居民教育消费的误区

2.2.1 教育消费目的的功利性体现在:第一,教育消费的工具理性取向;第二,攀比型教育消费。

2.2.2 教育消费决策的盲目性体现在:一是不计成本的高额教育费用支出;二是对教育消费风险判断不足。

2.2.3 教育消费行为的非理性体现在:第一,教育消费与收入水平失衡;第二,不计成本的高层次消费;第三,过度教育带来的教育浪费。

2.2.4 教育消费支出的单一性表现在:第一,支出来源单一;第二,费用支出主体单一。

2.3 居民教育消费权益保护

2.3.1 树立学生消费者的消费理念

2.3.2 明确教育消费者享有的权利

2.3.3 强化从教育消费的权益保护

3. 我国教育消费的发展

3.1 我国教育消费趋势

3.1.1 国内教育消费空间巨大,表现在:第一,人口基数大、中产家庭快速增加;第二,教育消费的多元化需求日益扩展;第三,教育培训市场繁荣。

3.1.2 信息技术开拓了新的教育消费领域,主要体现为:

第一,互联网技术发展使互联网教育成为大众普遍接受的教育方式;

第二,信息技术将建构新的教学模式,带动教育消费成为经济新增长点;

第三,教育消费金融成为的消费中介渠道。

3.1.3 国际教育消费市场持续扩张,主要表现在一是海外游学旺盛;二是留学市场空间广阔。

3.2 激发我国教育消费的策略

第一,引导家庭理性消费;

第二,加大政府对教育的投入;

第三,健全教育消费资助体系;

第四,提高教育服务质量。

三、考核知识点与考核要求

1. 教育消费概述

识记:教育消费。

领会:居民教育消费的内涵。

简单应用:① 教育消费与教育投资的区别和联系;② 教育消费的性质。

2. 我国居民教育消费

识记:我国居民教育消费支出分类。

领会:现阶段我国居民教育消费支出的特点。

简单应用:① 我国居民教育消费的误区;② 居民教育消费权益保护。

综合应用:现阶段我国教育消费支出分析。

3. 我国教育消费的发展

领会:我国教育消费的主要趋势。

综合应用:激发我国教育消费潜力的策略。

四、本章重点、难点

重点:理解教育消费的概念与性质,居民教育消费支出。

难点:教育消费与教育投资的辨析。

第九章 教育成本

一、学习目的与要求

1. 掌握教育成本的含义、分类以及研究意义;
2. 理解教育成本估算的程序和方法;
3. 理解影响教育成本变动的原因;
4. 掌握教育成本分担的理论;
5. 简单分析教育成本分担的现状。

二、课程内容

1. 教育成本及其类别

1.1 教育成本概念

1.1.1 教育成本概念的提出

1958年英国学者韦锥出版了名为《教育成本》的专著中第一次提出了教育成本的概念。

1.1.2 教育成本的含义

教育成本是为了培养学生所耗费资源的货币表现。

第一,教育成本是与培养学生有关的成本;

第二,教育成本是全部教育成本;

第三,教育成本可以优化,但不能消除;

第四,教育成本不等于公共教育支出;

第五,教育成本与教育经费是有区别的。

1.2 教育成本的分类

依据不同的标准,教育成本可分为不同类型。

1.2.1 个人教育成本与社会教育成本

1.2.2 经常性教育成本和资本性教育成本

1.2.3 直接教育成本和间接教育成本

1.2.4 物质教育成本与人员教育成本

1.2.5 教育总成本、单位教育成本和边际教育成本

1.3 研究教育成本意义

教育成本研究可以为家长和学生教育投资提供重要依据;可以为确定合理的学费及拨款标准提供依据;可以为正确处理政府、社会和个人教育成本分担提供重要依据;可以为计量和测算劳动者报酬提供重要依据。

2. 教育成本的估算

2.1 教育成本估算研究

2.1.1 国外教育成本估算的研究进展

20世纪60年代,教育成本核算就已经被作为一个理论问题提出,而且,英美等国也开始重视包括学校在内的非营利性组织的成本核算问题。

2.1.2 国内教育成本的研究

国内学术界对教育成本核算的研究始于20世纪90年代。

从研究内容和对象看,我国教育成本的研究范围在不断扩大;教育成本研究在理论和实践方面都取得了很大进展。

2.2 教育成本估算方法与步骤

准确估算教育成本,需要了解相应的方法和步骤。

2.2.1 教育成本估算的方法

(1) 统计调查法;

(2) 会计调整法;

(3) 会计核算法。

2.2.2 学校教育成本估算的步骤

(1) 收集资料;

(2) 归集计算培养学生的直接成本;

(3) 计算培养学生的间接成本;

(4) 计算总教育成本和生均教育成本;

(5) 计算各级学校毕业生教育成本现值。

2.2.3 个人教育成本的估算

(1) 估算个人直接教育成本

(2) 估算个人间接教育成本

(3) 分析个人教育成本并折现

2.2.4 教育成本行为的特点

第一,教育总成本不断上升;

第二,人员成本是教育成本的主要成分;

第三,教育单位成本不断上升;

第四,高层次教育往往意味着高成本,随着资源利用效率的提高,不同层次的教育成本差别会从稳定变为逐步缩小;

第五,在未达到规模经济临界值之前,单位教育成本随着规模的扩大而降低;

第六,高等学校总成本中,间接教育成本构成了主要部分,反映了个人接受高等教育在短期内损失是较大的。

2.3 影响教育成本变动的因素

第一,通货膨胀;

第二,教育供求状况;

第三,学校竞争;

第四,新的教育技术应用;

第五,制度因素;

第六,鲍莫尔教育成本病。

3. 教育成本分担

3.1 教育成本分担理论

3.1.1 教育成本分担概念

由国家、地方政府、企事业单位、家庭及个人分别承担教育资源的耗费。这一概念最早是由美国教育经济学家约翰·斯通于1986年提出的。随后,同一范畴和含义的“教育成本分摊”“教育成本补偿”等概念被广泛使用。

3.1.2 教育成本分担的原则

一是受益原则;二是能力原则。

3.1.3 教育成本分担的理由

第一,受益视角;第二,财政公平;第三,效率视角;第四,财政所迫。

3.1.4 教育成本分担的主体

第一,政府;第二,学生家长;第三,学生;第四,社会团体和个人。

3.2 教育成本分担的状况

3.2.1 教育成本分担模式

第一种是政府主导模式;

第二种是学生主导模式;

第三种是均衡分担模式,这种模式在不同的国家、不同的教育级次有不同的表现。

3.2.2 分析教育成本分担视角

包括义务教育和高等教育的成本分担情况;公立教育和私立教育的成本分担情况;政府和私人教育成本分担情况;发展中国家和发达国家各级各类教育成本分担的情况。

三、考核知识点与考核要求

1. 教育成本及其类别

识记:① 教育成本概念;② 教育成本的主要类别。

领会:教育成本的意义。

简单应用:教育成本的应用。

2. 教育成本的估算

识记:① 教育成本估算的方法;② 教育成本行为特点。

领会:教育成本估算的程序和方法。

简单应用:① 学校教育成本估算的步骤;② 个人教育成本的估算。

综合应用:影响教育成本变动的因素。

3. 教育成本分担

识记:① 教育成本分担概念的提出;② 教育成本分担的原则。

领会:① 教育成本分担的主体;② 教育成本分担的状况。

简单应用:教育成本分担的理由。

综合应用:结合实际,谈谈你所了解的教育成本分担情况,并进行评析。

四、本章重点、难点

重点:教育成本及其类别教育成本分担。

难点:教育成本的估算。

第十章 教育收益

一、学习目的与要求

1. 掌握教育收益的概念、特点和分类;
2. 理解计量教育收益的主要方法;
3. 了解计量教育对国民经济增长贡献的方法。

二、课程内容

1. 教育收益的理论

1.1 教育收益的含义

1.1.1 教育收益的概念

教育收益,也称教育投资收益,是指教育通过培养和提高劳动者的知识技能给个人和社会带来的种种有益效果。这种有益效果可以是经济的,也可以是非经济的。

1.1.2 教育收益的特点

第一,间接性;

第二,迟效性;

第三,长效性;

第四,多效性;

第五,流动性;

第六,风险性;

第七,近似性。

1.2 教育收益的类别

1.2.1 教育个人收益

第一,教育个人收益含义:指受教育者个人因接受教育增加了知识、提高了能力,从而在经济上获得的收益。具体又可分为个人直接收益和个人间接收益两个部分。

第二,教育个人直接收益,受过较多教育的人与受过较少教育的人相比,在一生中可以获得更多的收入。

第三,教育个人间接收益。受过较多教育的人与受过较少教育的人相比,在其一生中可以得到许多非货币形式的种种好处,具体表现:(1) 就业机会的增加;(2) 消费支出的节省;(3) 更好的健康状况;(4) 代际影响。

1.2.2 教育社会收益

(1) 教育投资的社会收益,教育社会收益可以分为直接收益和间接收益;

(2) 教育的社会直接收益;

(3) 教育的社会间接收益。

2. 教育收益的计量

计量教育收益的方法一般有:简单的相关方法、收入函数方法、成本-收益分析方法和教育对经济增长贡献的计量方法。

2.1 简单的相关方法

相关性的统计与分析是经济学中常用的一种方法。相关性是指当两个因素之间存在联系,一个典型的表现是:一个变量会随着另一个变量变化。

公式:

$$Y = A + BX$$

2.2 收入函数方法

收入函数方法,因为它始于美国学者明瑟 1958 年所进行的开创性研究,其基本公式是:

$$\text{In}Y = a + bS + cEX + dEX^2 + \varepsilon$$

2.3 成本—收益分析方法

对教育的成本和收益进行计算和比较,用以评价某级(项)教育投资收益(率)的大小,从而形成了教育的成本-收益分析方法。

2.3.1 教育投资收益净现值

教育投资收益的净现值是教育投资的全部收益现值与其全部成本现值之差,它表示教育投资是否有收益,以及收益的大小。

2.3.2 教育投资收益率

教育投资收益率是教育投资的全部收益现值与其全部成本现值的比例,它表示教育投资是否有收益,以及收益率的高低。

2.3.3 教育投资内部收益率

教育投资内部收益率是教育投资的全部收益现值与其全部成本现值相等时的贴现率。

3. 教育对经济增长的贡献

3.1 余数分析法

3.1.1 余数分析法的含义

以美国经济学家舒尔茨为代表的西方教育经济学研究者计量教育对国民收入增长所做贡献的一种方法。

3.1.2 余数分析法的基本步骤

计算余数;计算教育资本存量和教育投资收益率;计算教育对国民收入增长的贡献。

3.1.3 对余数分析法的评价

舒尔茨用以解释余数的人力资本理论,说明了劳动者素质的提高在经济增长中的重要地位和作用。舒尔茨对美国经济增长因素中余数的数量化分析,有力地证明了教育是促进国民经济增长的一个重要因素。

3.2 因素分析法

3.2.1 因素分析法提出

美国经济学家丹尼森对教育在美国经济增长中的作用进行了因素分析法。

3.2.2 丹尼森的方法与舒尔茨的方法的主要区别

第一,丹尼森估算的是教育在国民收入增长率中所做的贡献,而舒尔茨估算的是教育在国民收入增长额中所做的贡献。

第二,丹尼森对国民收入增长中起作用的各种因素都做了数量化分析,而舒尔茨的研究则集中于教育的贡献。

第三,丹尼森是通过计算不同受教育程度劳动者的劳动质量系数来推算教育的作用的,而舒尔茨是通过计算教育投资的平均收益率来推算教育的作用的。相对来说,丹尼森对经济增长因素的数量化分析比较全面,也比较细致。

3.3 劳动简化法

3.3.1 劳动简化法提出

苏联教育经济学研究者计量教育对国民收入增长的贡献的方法,被称为劳动简化法。斯特鲁米林于1924年在他的《国民教育的经济意义》一文中首次提出的。

3.3.2 确定劳动简化比方法

第一,以不同受教育程度者的工资差别为依据来确定劳动简化比;

第二,以受教育年限的长短为依据来确定劳动简化比;

第三,以不同受教育程度劳动者所花费的教育费用的多少为依据来确定劳动简化比。

3.3.3 对劳动简化法的评价

这种计算方法,以马克思的劳动价值论为理论基础,用数量化分析的方法论证了教育是促进国民收入增长的一个重要因素。但是,在某些环节上,还有待进一步研究。

三、考核知识点与考核要求

1. 教育收益的理论

识记:① 教育收益概念;② 教育个人收益的概念;③ 教育社会收益的概念。

领会:① 教育收益的特点;② 教育收益的分类;③ 教育收益研究在教育经济学研究中的地位和作用。

简单应用:① 丹尼森的方法与舒尔茨的方法的主要区别;② 简介教育个人收益与社会收益的表现。

综合应用:全面分析教育的经济收益和非经济收益。

2. 教育收益的计量

识记:① 简单的相关方法;② 收入函数方法;③ 成本—收益分析方法;④ 教育收益率;⑤ 教育投资收益净现值;⑥ 教育投资内部收益率。

简单应用:① 计量教育收益的主要方法;② 萨卡罗普洛斯对教育投资的私人收益率和社会收益率的研究结论。

3. 教育的经济增长贡献率的计量

识记:① 教育对国民经济增长的贡献计量研究的代表人物及其贡献;② 劳动简化比法;③ 确定劳动简化比的方法。

领会:教育的经济增长贡献率计算方法的优劣。

简单应用:① 列举教育对国民经济增长的贡献量化研究的主要方法;② 在因素方法分析运用上,丹尼森与舒尔茨的主要区别。

四、本章重点、难点

重点:教育收益的类型及其具体表现。

难点:教育收益的计量方法。

第十一章　教育效率

一、学习目的与要求

1. 领会教育效率的含义、计量教育成本和成果时应注意的问题;
2. 了解研究教育效率的目的、意义;
3. 了解计量教育效率的主要方法;
4. 掌握学校规模经济理论和学校规模经济形成的条件;
5. 理解提高教育效率的主要途径。

二、课程内容

1. 研究教育效率的意义

1.1　教育效率的含义

教育效率就是为实现一定的教育目标所花费的教育成本和所取得的教育成果之间的比

率,用公式表示:

$$教育效率=\frac{教育成果}{教育成本}$$

在评价学校教育效率时,计量一所学校的教育成果,应该只计算学校一年内耗费的教育经常性支出和固定资产折旧;计量一所学校的教育成果,必须从数量和质量统一的角度来考虑。

1.1.1　教育成本的计算

教育成本是为培养学生所耗费的资源的货币表现。在评价学校教育效率时,应该只计算学校一年内耗费的教育经常性支出和固定资产折旧。

教育成本=工资福利支出+商品和服务支出+(对个人和家庭补助支出-离休费-退休费-退职费-助学金费用)+[(资本性支出+固定资产原值)×折旧率]

1.1.2　教育成果的计算

第一,教育成果的数量指数

反映中小学教育成果的数量指标是在校学生人数。考虑到一年内学生的流动情况,计算年初和年末在校学生的平均数,用公式表示:

在校学生人数=(年初人数+年末人数)÷2

教育成果数量指数=初中在校生人数+高中在校生人数×X

式中:X 为高中学生与初中学生的换算比例

第二,教育成果的质量指数

1.2　研究教育效率的方法

在教育效率的微观分析中,可以采用纵向比较和横向比较两种方法。

一般采用微观分析中的横向比较方法。

1.3　研究教育效率的目的和意义

1.3.1　研究教育效率的目的

第一,确立考核教育效率的指标,并把它作为评价一所学校的标准之一,以便敦促教育管理干部提高教育的效率;

第二,通过研究影响教育效率的因素,找出提高效率的途径,改进学校管理。其根本目的是为了提高教育效率,多出人才,出好人才。

1.3.2　研究教育效率的意义

第一,有利于提高学校管理干部的管理水平,从而使他们合理配置教育资源;

第二,有利于促进学校管理的科学化和合理化;

第三,促进学校管理者优化教育资源的配置和提高教育效率。

2. 教育效率的相关研究

2.1　计量教育效率的理论框架研究

北京大学厉以宁教授,提出了计量教育效率的理论框架。理论性指标包括:

2.1.1　能力工资

2.1.2　知识与技能标准分

2.1.3　专业改变率和专业人员缺员率

2.1.4　培养周期

2.1.5　知识转化滞后期

2.1.6 毕业生发展潜力

2.1.7 知识废旧率或知识更新率

2.2 教育改革方案效率的研究

2.2.1 改革方案的选择

该研究选择了以下四种教育改革方案作为教育效率分析的对象：

第一，小先生制；

第二，计算机辅助教学；

第三，缩小班级规模；

第四，增加教学时间。

2.2.2 教育改革的效率分析

第一，教育成果的测量

对于教育改革方案的效果，是用教育统计中的标准分来测定的。即用实验组（实施教育改革方案的班级）和控制组（未实施教育改革方案的班级）的学生平均测验成绩之差除以控制组测验成绩的标准差。用公式表示：

$$\text{教育改革方案的效果} = \text{标准分 } Z = \frac{X_1 - X_2}{S}$$

第二，教育成本的测量

第三，计算教育成果与教育成本比率

2.3 普通中学教育效率的实证研究

2.3.1 教育成本的计算

根据学校预算内和预算外的教育经费支出账目计算学校的经常性成本，用以代表教育成本。

$$\text{教育成本} = \text{工资} + \text{补助工资} + \text{职工福利费} + \text{公务费} + \text{业务费} + \text{公办教职工福利、奖励} + \text{公务业务费} + \text{抵人员}$$

2.3.2 教育成果的计算

第一，教育成果的数量指数

反映一所普通中学教育成果的数量指标是在校学生人数。考虑到一年内学生的流动情况，计算年初和年末在校学生的平均数，即：

$$\text{在校学生人数} = (\text{年初人数} + \text{年末人数}) \div 2$$

$$\text{教育成果数量指数} = \text{初中在校生人数} + \text{高中在校生人数} \times 1.3$$

第二，教育成果的质量指数计算步骤：(1) 以区政府督学室给定的被督导学校的学生质量评价分数为原始数据 X；(2) 计算各校学生质量评价分数的平均数和标准差 S；(3) 计算各校各项指标的标准分 Z；(4) 计算教育成果 T 分数；(5) 计算学生质量系数。

第三，教育成果的计算。在计算出学生质量系数之后，用各校教育成果数量指数分别乘以该校的学生质量系数，我们就得到了各校数量与质量统一的教育成果指数。

2.3.3 教育效率的计算

评价教育效率的指标是按学生质量系数调整后的每万元培养学生数。在计算了各校的教育成本和教育成果之后，可以依据下列公式计算各校的教育效率：

$$教育效率 = \frac{教育成果}{教育成本} = \frac{教育成果数量指数 \times Q}{教育成本} \times 10\,000 元$$

这个指标的计算结果就是,按学生质量系数调整的每万元培养学生数,即普通中学教育效率指数,其数值越大,意味着教育效率越高。

2.3.4 剔除各校生源质量的差别

该研究采用的办法是,根据各校历年招生的状况,按一定比例调整教育效率。

2.3.5 教育效率评价结果

3. 学校规模经济

3.1 规模经济理论

规模经济是指厂商采用一定生产规模而能获得的经济上的利益,即当所有生产要素同时增减时,即整个生产规模变动时,所发生的收益的变动。

1959 年英国学者马克西和西尔伯斯绘制了汽车工业生产线的长期平均费用曲线图。即马克西—西尔伯斯通曲线。

3.2 教育的生产成本函数

3.2.1 总成本、平均成本、边际成本

3.2.2 教育生产成本函数的含义及计算公式

教育生产成本函数是表示教育成本对教育产出或规模的依赖关系,并说明总成本、平均成本和边际成本之间变化规律的一种实用方法。

3.2.3 边际成本、平均成本与学校规模的关系

第一,学校规模不变,平均成本与边际成本相等,不管学生数量多少,平均成本保持不变;

第二,学校规模经济,由于边际成本低于平均成本,平均成本随学生数量上升而下降;

第三,学校规模不经济,边际成本高于平均成本,因而平均成本随学生数量增加(或减少)而上升。

3.3 学校规模经济

3.3.1 学校规模经济的形成的条件:

第一,教育资源利用的充分性;

第二,教育资源使用的适当性;

第三,学校规模扩大的有限性。

3.3.2 学校规模扩大的有限性

即规模扩大但不衍生不经济的缺陷。我国著名经济学家厉以宁教授将规模过大而衍生的缺陷概括为以下六个方面:

① 规模过大,使得管理不方便,降低了管理效率;

② 规模过大,使得内部通讯联系费用增加,从而增加了成本支出;

③ 规模过大,需要增设若干中间机构,增添若干工作人员,这也增大了成本支出;

④ 规模过大并因此增设若干中间机构之后,机构与机构之间的摩擦可能增加。这不仅会降低效率,而且还可能产生工作中相互推诿、相互扯皮现象;

⑤ 规模过大,人员过多,可能将增加人事方面的纠纷,而且人员之间的凝聚力也可能降低;

⑥ 规模过大,为适应客观形势变化而需要的灵活性也会降低,也就是说,它较难随客观形势变化而做出调整,以适应新的形势。

4. 提高教育经济效率的途径

第一,完善教育投资宏观决策;

第二,合理配置学校的人力资源;

第三,合理配置学校的物力资源;

第四,确定合理的学校规模和布局;

第五,提高学校的管理水平;

第六,实行人才培养的成本核算。

三、考核知识点与考核要求

1. 研究教育效率的意义

识记:① 教育经济效率的含义;② 教育成本的计算;③ 教育成果的计算。

领会:研究教育效率的方法。

简单应用:研究教育效率的意义。

2. 有关教育效率的研究

识记:① 能力工资;② 知识与技能标准分;③ 专业改变率和专业人员缺员率;④ 培养周期;⑤ 知识转化滞后期;⑥ 毕业生发展潜力。

领会:① 教育改革的效率分析;② 教育成本的计算;③ 教育成果的计算;④ 教育效率的计算。

简单应用:教育效率评价结果。

综合应用:普通中小学教育效率的实证研究。

3. 学校规模经济

识记:① 规模经济;② 教育规模经济的含义;③ 教育规模经济形成的条件。

领会:① 学校生均成本与学校规模的关系;② 边际成本、平均成本与学校规模之间存在的关系;③ 教育的生产成本函数。

简单应用:教育规模过大缺陷及对策。

综合应用:① 结合实例分析我国中小学教育规模现状及对策;② 结合实例分析我国高等教育规模及对策。

4. 提高教育经济效率的途径

综合应用:提高教育经济效率的途径。

四、本章重点、难点

重点:教育经济效率概念及其构成、教育规模经济含义及形成条件、影响教育经济效率的因素提高教育经济效率的途径。

难点:教育效率的计量、教育生产成本函数。

第十二章　教育服务与教育服务贸易

一、学习目的与要求

1. 掌握教育服务和教育服务贸易的概念和特征;

2. 理解并领会教育服务的产品提供和生产的过程；
3. 领会教育服务供给侧的问题、成因及对策；
4. 充分认识学校教育形成国际教育贸易的优势；
5. 了解加入 WTO 后我国加入服务贸易的方式和类别。

二、课程内容

1. 教育服务概述

1.1 教育服务的基本内涵

1.1.1 教育服务的定义

教育服务定义为教育提供主体向受教育者提供知识技能性劳务,促进受教育者身心发展的服务性过程。

教育服务是以教育活动的产品或者说是一种服务形态的产品来体现的。包括教育物质产品服务、教育信息服务、教育技术服务、教育(服务产品)服务等。

作为一种服务形态的产品,也具有商品价值、使用价值和交换价值。

1.1.2 教育服务的属性

第一,教育服务的无形属性;

第二,教育服务具有商品属性;

第三,教育服务具有消费属性。

1.2 教育服务的特征

1.2.1 教育服务具有基础产业性

1.2.2 教育服务具有交换性、市场性

1.2.3 教育服务具有生产和消费的同时性、复杂性

1.2.4 教育服务产品消费者具有多层次性、多元性

1.3 教育服务的现实价值

1.3.1 拓展了教育经济学理论研究

1.3.2 促进了教育观念转变

1.3.3 推动基于服务的教育体制改革

1.3.4 促进国际教育服务贸易发展

2. 教育服务的提供与生产

2.1 教育服务产品的提供

2.1.1 教育服务的产品性质

按照教育服务产品的教育服务性质划分为公共教育服务、准公共教育服务和私人教育服务。

2.1.2 教育服务的供给主体

2.1.3 教育服务与市场接轨

第一,教育服务与市场接轨的方式;

第二,教育服务市场的蓬勃发展。

2.2 教育服务的生产

学校教学过程是生产教育服务产品的主要方式。教育服务产品生产过程也是教育服务

产品消费的过程。教师是教育服务产品的生产者,学生是积极参加者,教学在教与学、生产与消费活动过程中进行。

2.2.1 教育服务生产要素

教育服务产品的生产过程就由生产者、消费者、物质资料、服务对象四要素构成。教育服务生产区别于实物生产最显著的特点是消费者(学生与家长)介入生产过程。

2.2.2 教育服务优势形成

教育服务的竞争就是教育服务质量和水平的竞争、教育服务特色和服务品牌的竞争。表现为:

第一,优质教育服务是形成学校教育服务优势的核心;

第二,创造特色学校是形成学校教育服务优势的重要举措;

第三,打造学校经营品牌是形成教育服务优势的有力手段。

2.3 教育服务供给侧的改革

2.3.1 我国教育服务中的问题及成因

第一,教育服务供给主体职能模糊;

第二,教育服务需求与供给严重脱节;

第三,教育服务供给结构不合理;

第四,教育服务供给资源不均衡。

2.3.2 教育服务供给侧改革的对策

3. 教育服务贸易及其在我国的发展

我国于 2001 年 12 月 11 日成为 WTO 成员。整体接受所有的 WTO《服务贸易总协定》(GATS)及其附件关于服务贸易的基本规则。

3.1 教育服务贸易概述

3.1.1 国际教育服务贸易的概念

国际教育服务贸易是指发生在国家(地区)与国家(地区)之间的教育服务的交易活动和交易过程。也可看成是国家之间相互提供的作为教育服务的特殊作用价值。这种贸易在实践中表现为以留学为主要标志、兼有教育产品或教育物资进口与出口的服务贸易。

3.1.2 国际教育服务贸易形成

标志:1994 年乌拉圭回合谈判达成的《服务贸易总协定》(GATS)正式将教育纳入“服务贸易”的范畴,并在谈判的最后文本中规范了教育服务的范畴,其中包括教育服务贸易市场开放和准入的规则。

3.1.3 国际教育服务贸易服务提供模式

跨境提供、境外消费、商业存在和自然人流动。

3.1.4 教育服务贸易服务范畴

高等教育服务、成人教育服务及其他教育服务(包括英语语言培训);不包括特殊教育服务,如军事、警察、政治和党校教育,国家义务教育。

3.2 我国国际教育服务贸易及发展

3.2.1 我国国际教育服务贸易的范畴

3.2.2 我国国际教育服务贸易的发展

主要表现:留学教育服务品质提升;中外合作办学发展呈现有序增加;以接受或聘请外籍专家或教师为主的自然人流动快速发展;跨境交付贸易有所突破。

三、考核知识点与考核要求

1. 第一节教育服务概述

识记:① 教育服务的定义;② 教育服务的属性。

领会:① 教育服务特征;② 教育服务的现实价值。

2. 第二节教育服务的提供与生产

识记:① 教育服务的产品性质;② 教育服务优势。

领会:① 教育服务的供给主体;② 教育服务的生产要素。

简单应用:教育服务与市场接轨的方式。

综合应用:① 教育服务产品生产过程;② 如何在教育实际中形成教育服务优势;③ 我国教育服务供给侧改革的问题、成因及对策。

3. 教育服务贸易及其在我国的发展

识记:① 我国 WTO《服务贸易总协定》(GATS)的时间节点;② 国际教育服务贸易的概念;③ 国际教育服务贸易服务提供的四种方式。

领会:① 国际教育服务贸易的发展状况;② 我国国际教育服务贸易的发展趋势。

简单应用:① 我国国际教育服务贸易的范畴;② 我国国际服务贸易的发展。

四、本章重点、难点

教育服务的提供和生产的过程。

第十三章　教育财政体制

一、学习目的与要求

1. 理解教育财政体制的内涵;
2. 掌握教育财政体制的分析框架;
3. 理解我国各级各类教育的财政体制;
4. 理解世界主要国家的教育财政体制。

二、课程内容

1. 教育财政体制相关概念

1.1　财政体制的概念

广义的财政体制是指处理政府与市场以及政府间财政关系的制度安排。

狭义的财政体制仅指处理政府间财政关系的制度安排,其中,政府间事权与财权关系处理是核心问题。

1.2　教育财政体制分析框架

教育财政体制是处理政府与市场、政府间教育事权与教育财政支出责任关系的制度安排。

一个国家是什么样的教育财政体制，主要是以教育事权与教育财政支出责任在政府间及政府与市场间如何划分为标准来界定的。

1.2.1 教育事权与财政支出责任

教育事权是指教育服务的提供（举办）权，以及对教育服务提供的监管与调控权。教育事权界定主要依据教育服务的公共产品属性、外部性、教育管理的有效性三个因素。

教育财政支出责任的界定：教育财政支出责任是指政府与市场、政府间为某一类和层次教育提供经费的责任。包括① 政府与市场教育财政支出责任界定。② 政府间教育财政收支责任界定。

1.2.2 教育财政转移支付

政府间分担教育财政支出责任目的是提供与教育事权相匹配的财力；政府与市场教育财政支出责任分担，主要是营利性与非营利性教育机构的界定。

政府间分担教育财政支出责任的方式，即教育财政转移支付。

教育财政转移支付是指以实现各地公共教育服务水平均等化为根本目标，以政府之间存在的财政能力、收支差异为基础实行的一种财政资金的相互转移或财政平衡制度。

教育财政转移支付的模式包括：① 纵向转移支付；② 横向转移支付；③ 纵向与横向结合的转移支付。

教育转移支付的类型：① 教育一般性转移支付；② 教育专项转移支付。

第一，教育一般性转移支付是指上级政府对下级政府教育财政财力性补助。

第二，教育专项转移支付是指上级政府为矫正辖区间教育效用的外溢以及对特殊因素进行调节的一种财政资金支付，它通常是上级政府根据特定的教育财政政策目标，针对具体项目，对下级政府的财力性教育资金补助。一般要求专款专用。

2. 我国教育财政体制

2.1 学前教育财政体制

2.1.1 政府间学前教育事权

2.1.2 政府间学前教育财政支出责任

学前教育财政支出责任主体包括政府、社会及家庭，其中，政府承担主要的财政支出责任。政府间学前教育财政支出责任划分是县级政府承担主要财政支出责任。

2.2 义务教育财政体制

2.2.1 政府间义务教育事权

义务教育实行国务院领导，省、自治区、直辖市人民政府统筹规划实施，县级人民政府为主管理的体制。

从政府间义务教育事权划分来看，义务教育属于中央、省、县政府的共同事权。

2.2.2 政府间义务教育财政支出责任

义务教育财政支出责任经历三个发展阶段：

第一阶段是农村税费改革前，政府和受教育者个人共同分担；

第二阶段是农村税费改革后县级政府主要承担；

第三阶段是农村义务教育经费保障新机制实施后中央和地方政府共同分担。

2.2.3 政府间义务教育财政分担的关系

包括(1)我国政府间义务教育财政的分担关系;(2)我国政府间义务教育财政分担的具体比例关系。

2.3 高中教育财政体制

2.3.1 政府间高中教育事权划分是县级政府承担教育主要事权,地市级及省级政府承担部分教育事权。由于高中教育不属于义务教育,市场具有部分高中教育事权(举办权)。

2.3.2 政府间高中教育的财政支出责任:县级政府承担主要财政支出责任,地市级及省级政府承担部分教育财政支出责任;受教育者通过缴纳学费、住宿费等,承担支出责任,同时,政府制定了高中阶段学生资助制度。

2.4 高等教育财政体制

2.4.1 政府间高等教育事权

两个阶段:(1) 改革开放初期,高等教育事权由中央政府统管到部委办学、地方政府办学的“条块”分割模式;(2) 1997 年后,国家政策指导层面下的省级人民政府管理为主,高校面向社会独立自主办学的事权结构,中央与地方政府分级管理、分工负责。

2.4.2 政府间高等教育财政支出责任

1999 年之后,高等教育财政支出责任是中央与地方政府共同分担高校办学经费、并以地方政府财政拨付为主,初步形成了以“政府财政负担为主、多渠道筹资”的高等教育财政支出基本格局。

2.4.3 政府间高等教育财政分担关系

高等教育政府间财政分担关系主要表现为中央对地方政府及高等学校的专项转移支付。

2.5 民办教育财政体制

民办教育财政体制主要是界定政府与市场之间教育事权与支出责任,以 2017 年 9 月 1 日实施的《中华人民共和国民办教育促进法》为依据进行界定。

2.5.1 民办教育的事权划分

2.5.2 民办教育财政支出责任

2.6 我国教育财政体制问题与改革

2.6.1 我国教育财政体制问题

第一,教育事权与教育支出责任有待明确界定和调整;

第二,教育事权、财政收支责任与财政能力错位。

2.6.2 我国教育财政体制改革

第一,进一步规范政府间教育财政关系,其目的是要实行教育的事权、财权与财力统一,更重要的是教育事权与财力匹配;

第二,建立规范政府间教育财政转移支付制度;

第三,《分担方案》新规定。

3. 世界主要发达国家教育财政体制

在教育事权、财政收支责任、财政供给能力相匹配的教育财政体制下,美国、法国、英国、中国的教育财政体制具有不同特色。

3.1 美国教育财政体制

美国的财政分权与教育地方自治形成教育财政体制特色。美国是联邦制的政府体制,政府间实行是分权管理，州政府享有较大的管理自主权。

3.2 法国教育财政体制

法国是由中央集权的政治体制决定的集权制教育财政体制。

3.3 英国教育财政体制

英国实行也是中央集权与地方分权相结合教育财政体制。

三、考核知识点与考核要求

1. 第一节教育财政体制相关概念

识记：① 教育财政体制；② 教育事权；③ 教育一般性转移支付；④ 教育专项转移支付。

领会：① 财政体制；② 教育财政体制；③ 教育事权与财政支出责任。

简单应用：① 政府与市场教育财政收支责任界定；② 政府间教育财政收支责任界定；③ 教育财政转移支付模式。

综合应用：教育财政转移支付类型选择。

2. 我国教育财政体制

领会：① 学前教育财政体制；② 义务教育财政体制；③ 高中及高等教育财政体制；④ 民办教育财政体制。

简单应用：政府间义务教育事权及财政支出责任。

综合应用：结合实际分析中国教育财政体制问题及改革。

3. 世界主要国家教育财政体制

识记：① 我国义务教育的管理体制；② 民办教育的事权划分。

领会：① 美国教育财政体制；② 法国教育财政体制；③ 英国教育财政体制。

简单应用：运用教育财政体制分析框架分别分析美国、法国、英国教育财政体制。

四、本章重点、难点

重点：教育财政体制分析框架。

难点：教育事权与财政支出责任。

第十四章 教育产权

一、学习目的与要求

1. 理解产权的内涵与特征；
2. 识记产权的基本类型；
3. 简单分析产权的结构与功能、产权界定与保护的价值；
4. 理解教育产权的含义、结构与类型；
5. 识记教育产权研究的意义；
6. 简单分析我国教育产权存在的主要问题；
7. 综合分析教育产权与教育体制改革。

二、课程内容

1. 产权理论概述

产权制度是对人类产权关系和产权行为的规则界定,是保障人类社会实现秩序、效率的基础性制度。产权理论与交易费用理论是新制度经济学核心和基础。

1.1 产权的含义、类型与特点

1.1.1 产权含义

第一,马克思关于产权的基本解释。

第二,西方学者关于产权的定义。

第三,马克思的产权理论与西方现代产权理论比较。共同点:产权的本质看成人与人之间的关系,把经济利益问题作为产权的核心问题进行研究;区别:研究的目的不同;研究方法不同;产权变革的动因不同。

第四,产权的基本特征

1.1.2 产权类型

第一,私有产权;

第二,共有产权;

第三,国有产权。

1.2 产权的结构与功能

1.2.1 产权结构

产权是由终极所有权、占有权、支配权、使用权、处置权和收益权等构成的权利束。

1.2.2 产权功能

第一,外部性的内部化功能;

第二,激励和约束功能;

第三,资源配置功能;

第四,减少不确定性的功能;

第五,收益分配功能。

1.3 产权的界定与保护

1.3.1 产权界定

第一,产权界定是指在一定的成本约束条件下确认财产权利的行为。

第二,产权界定的过程就是界定产权的交易费用和收益的比较过程。界定产权有两种方式,一是诉诸法律,二是私下交易。

1.3.2 产权的保护

保护意义:为了避免资源的过度自由使用。

保护方式:在无国家社会中(没有正式的政府机构和立法者、法官、政治家、检察官和行政官员等专门职位的原始社会),主要依靠自我强制、习惯法和价值体系阻止自由使用和有害掠夺财富的活动。而在有国家社会中,政府对产权的保护主要是通过法庭和警察来实施。

2. 教育产权的概念、内容与研究意义

2.1 教育产权的概念

2.1.1 教育产权的含义

教育产权是指举办教育机构拥有的财产权利,即人们围绕着教育财产所结成的权利关系。教育机构主要是指学校、幼儿园及各种培训机构等。教育产权主要是指学校及其他教育机构的财产权,简称学校产权或教育组织和机构的财产权利。教育产权具有一般产权所包含的全部内涵。教育产权指完整意义上的财产权利,也称广义所有权,即包括归属权、占有权、使用权、支配权等,以及伴随上述各项权能而产生的收益权。

2.1.2　教育产权与企业产权的异同

第一,相同点:① 产权形式的法律的权威性和强制性;② 产权结构的整体性和可分割性的统一;③ 产权主体的责任与权利的统一;④ 产权主体行为的自由和限制的统一。

第二,区别:① 产权运营追求目标不同;② 产权重组的方式不同;③ 产权的稳定和持续性程度不同;④ 产权结构不同。

2.1.3　教育产权的特殊性

第一,产业性和公益性;

第二,强制性和排他性;

第三,产权结构差异性。

2.2　教育产权的内容

2.2.1　教育产权分类

产权结构:在特定范围内产权的构成因素及其相互关系和产权主体的构成情况。教育产权结构主要是指教育机构的产权结构,即国家和地方在学校产权权能上的分配关系。

教育产权类型:个人教育产权、国家教育产权、学校教育产权和其他投资者教育产权。个人教育产权可以看成是教育人力资本产权,如教师人力资本产权、校长人力资本产权、管理者人力资本产权等。教育人力资本产权是教育人力资本所有者在现有法律及其他制度规定的范围内对其财产所享有的占有、使用、收益和处分的权利。国家教育产权就是国家对教育财产的最终所有权。学校教育产权,或学校产权是指学校对其财产的拥有、支配、收益等权利。

2.2.2　我国教育机构产权的结构

第一,公立学校产权结构;

第二,私立学校产权结构;

第三,教育股份制学校产权结构;

第四,教育集团的产权结构。

2.3　教育产权研究的意义

2.3.1　产权分析是教育研究的一种新方法

2.3.2　改革产权是教育制度创新的突破口

3. 教育产权与教育改革

3.1　目前我国教育产权的主要问题

3.1.1　公立学校产权问题

第一,产权主体单一,产权依附于行政管理权,造成产权主体行政化、产权行为行政化、资产运营方式行政化、产权客体的行政化;

第二,产权权能缺失,造成产权激励不足与约束无力同时存在;

第三,产权结构残缺,如高校人力资本产权界限模糊,剩余控制权和剩余索取权虚位现象;

第四,产权资源配置效率不高,如资产闲置、浪费,导致办学普遍缺乏缺乏活力,教育效率低下,教育成本虚高,甚至教育寻租现象大量产生。

3.1.2 民办学校产权问题

民办教育的产权界定和保护还缺乏有效的制度安排。

3.1.3 独立学院产权问题

第一,产权结构不清晰;

第二,独立学院与母体学校的无形资产产权收益分割问题。

3.1.4 集团化办学的产权问题

第一,不具有完全独立法人地位,政府往往充当了主要的角色,国家作为国有资产所有者与教育集团之间的产权关系和国家作为社会经济管理者对它们的管理关系不清;

第二,集团内各主体责权利不对等,政府的国有资产产权、社会投资的收益权、集团内部学校经营的决策权等没有清晰界定,教育集团内部学校之间的产权不清,发展过多依靠政策和名校,对学校缺乏持续的激励,活力不足。

3.2 教育产权与教育体制创新

3.2.1 教育产权与教育体制创新理论

3.2.2 教育产权与教育行政管理体制改革和创新

第一,要明确义务教育三级行政管理体制中教育产权各自的有限责任制度,使义务教育行政管理体制逐步实现教育产权国家主体多极化的管理体制;

第二,职业技术教育的行政管理体制改革分两步走;

第三,高等教育的行政管理体制要逐步实现学校与政府脱离,使学校成为办学法人实体,拥有教育产权,学校自主办学,或者运用委托—代理制度办学,政府只是对学校起宏观政策指导与监督作用。

3.2.3 教育产权与办学体制改革和创新

第一,"国有民办"办学模式;

第二,"民办学校"或称"私立学校"办学模式;

第三,"教育股份合作制学校"办学模式;

第四,"中外合资"办学模式;

第五,"教育产业集团"办学模式。

3.2.4 教育产权与学校组织内部管理体制改革和创新

运用制度经济学理论,特别是产权理论、交易成本理论,实行校长负责制,实行教师聘用制,建立绩效工资制度等。

三、考核知识点与考核要求

1. 产权理论概述

识记:① 产权、产权结构、产权界定、产权保护、产权制度的概念;② 界定产权的方式;③ 产权的类型;④ 产权保护的意义和方式。

领会:① 西方学者关于产权的不同观点;② 产权的基本特征;③ 教育产权的外部性。

简单应用:① 产权的主要功能;② 马克思的产权理论与西方现代产权理论比较。

2. 教育产权的意义与内容

识记:① 教育产权,教育产权结构,公立学校产权,私立学校产权,民办学校产权的概念;② 公立学校产权结构;③ 私立学校的产权结构。

领会:① 教育产权的特殊性;② 教育产权研究的价值;③ 教育产权的结构。

简单应用:教育产权与企业产权的异同。

3. 教育产权与教育改革

领会:① 公立学校产权问题;② 民办学校产权问题;③ 独立学院产权问题;④ 集团化办学的产权问题;⑤ 教育产权与教育体制创新理论的关系。

简单应用:① 教育产权与教育行政管理体制改革和创新;② 教育产权与办学体制改革和创新;⑧ 教育产权与学校组织内部管理体制改革和创新。

综合应用:联系实际,运用教育产权理论论述教育体制创新的必要性及策略。

四、本章重点、难点

重点:教育产权的含义及其内容。

难点:教育产权与教育改革。

第十五章 教师劳动与报酬

一、学习目的与要求

1. 理解教师劳动的特点;
2. 掌握教师资格证书制度、教师专业标准和教师工作量的规定;
3. 了解教师工资制度的变迁和确定教师劳动报酬的基本原则。

二、课程内容

1. 教师劳动与管理

1.1 教师劳动的特点

1.1.1 独立性和自主性

教师管理要注重提高教师的素质,注重调动教师的主观能动性,而不能简单地运用管、卡、压等手段。

1.1.2 复杂性和创造性

第一,教师劳动的复杂性;

第二,教师劳动的创造性。

1.1.3 迟效性和长效性

1.2 教师劳动管理

1.2.1 建立教师资格证书制度

教师资格是国家对专门从事教育、教学工作人员的基本要求,它规定着欲从业者的专业水平、教育水平、道德水平和身体素质等基本标准。教师职业证书制度是推进教师专业化的重要标志。

1.2.2 构建教师专业标准体系

教师专业标准是国家对幼儿园、小学和中学合格教师专业素质的基本要求,是教师实施教育教学行为的基本规范，是引领教师专业发展的基本准则，是教师培养、准入、培训、考核等工作的重要依据。

2012 年 2 月 20 日教育部研究制定了《幼儿园教师专业标准（试行）》《小学教师专业标准（试行）》和《中学教师专业标准（试行）》。并要求各学校要将《专业标准》作为教师管理的重要依据。

1.2.3　确定教师工作量标准

第一，教师工作量。

第二，实行教师工作量制度的意义：① 有利于加强教师管理；② 有利于提高师资队伍的质量；③ 有利于贯彻按劳分配原则，提高教师劳动的积极性、主动性和创造性。

第三，规定教师工作量的主要原则：① 全面贯彻教育方针的原则；② 学校以教学工作为主的原则；③ 以社会必要劳动时间为依据的原则。

1.3　教师劳动效率

1.3.1　教师劳动效率含义：教师和学生花费一定的劳动时间所取得的教育成果。它可以用教师和学生单位劳动时间内取得的教育成果大小来衡量，也可以用为了取得单位教育成果教师和学生所花费的劳动时间的长短来衡量。

1.3.2　提高教师劳动的效率的途径

第一，采用现代化教学手段和设施装备学校；

第二，提高教师的政治业务素质；

第三，加强教育教学管理工作；

第四，改善教师的物质生活条件。

2. 教师劳动报酬

2.1　中小学教师工资制度的变迁

2.1.1　1956 年教师工资制度改革

建立了统一的货币工资制度，逐步缩小中学教师工资的地区差异。

2.1.2　1985 年教师工资制度改革

本次工资制度改革，最重要的变化是废除了等级工资制，使中学教师逐步实行由基础工资、职务工资、工龄津贴和奖励工资四部分组成的结构工资制。

2.1.3　1993 年教师工资制度改革

此次改革的贡献主要在于使中学建立起了独立的具有教师职业特点的工资制度，教师工资水平大幅度提高。同时，确立定期晋级增资制度，设立津贴工资，特别是教龄津贴。

2.1.4　义务教育学校实施绩效工资制度

第一，义务教育学校教师绩效工资制度提出。2006 年年底全国事业单位工资改革启动，明确了教师工资的结构是岗位工资、薪级工资、绩效工资和津贴补贴四部分。2008 年年底国务院颁布了《关于义务教育学校实施绩效工资的指导意见》，决定从 2009 年 1 月 1 日起，义务教育学校实施绩效工资制。

第二，绩效工资制的主要内容。

第三，绩效工资制的实施效果。进一步体现了按劳分配原则和同工同酬原则，在一定程度上调动了广大教师的劳动积极性。同时，伴随着国民经济的发展，综合国力的增强，教师的平均收入不断提高。

2.1.5　乡村教师支持计划

2015 年 6 月 1 日国务院办公厅颁布了《乡村教师支持计划(2015—2020 年)》。

第一,《乡村教师支持计划》的工作目标。

第二,《乡村教师支持计划》的主要举措。① 全面提高乡村教师思想政治素质和师德水平;② 拓展乡村教师补充渠道;③ 提高乡村教师生活待遇;④ 统一城乡教职工编制标准;⑤ 职称(职务)评聘向乡村学校倾斜;⑥ 推动城镇优秀教师向乡村学校流动;⑦ 全面提升乡村教师能力素质;⑧ 建立乡村教师荣誉制度。

第三,《乡村教师支持计划》的重要意义。实施乡村教师支持计划,对于解决当前乡村教师队伍建设领域存在的突出问题,吸引优秀人才到乡村学校任教,稳定乡村教师队伍,带动和促进教师队伍整体水平提高,促进教育公平、推动城乡一体化建设、推进社会主义新农村建设、实现中华民族伟大复兴的中国梦具有十分重要的意义。

2.2　确定教师劳动报酬的基本原则

2.2.1　按劳分配的原则

按劳分配包括三层含义:① 劳动是分配的前提;② 劳动是分配的尺度;③ 按照劳动的数量和质量进行分配。

2.2.2　遵循市场经济规律

2.2.3　教师工资应该由财政拨款来保证

2.2.4　确保教师实际工资不受通货膨胀的影响

三、考核知识点与考核要求

1. 教师劳动与管理

识记:① 教师资格概念;② 教师专业标准体系;③ 教师劳动效率。

领会:① 教师劳动独立性、自主性、复杂性、创造性、长效性的特点;② 我国教师资格证书制度主要内容;③ 确定教师工作量的意义。

简单应用:① 如何根据教师的劳动特点进行科学管理;② 列举与教师管理的相关制度。

综合应用:① 联系实际论述如何根据教师的劳动特点进行科学管理;② 教师劳动效率的影响因素及其提高措施。

2. 教师劳动报酬

识记:① 中小学职务(技术)等级工资制实施中出现的问题;② 义务教育学校实施绩效工资提出及其主要内容。

领会:① 我国中小学教师工资制度的变迁过程;② 从等级工资制到绩效工资制度的意义;③ 合理确定教师劳动报酬的意义。

简单应用:① 确定教师劳动报酬的基本原则;② 乡村教师支持计划提出的背景、内容和价值。

综合应用:联系实际思考义务教育教师绩效工资制度实施的困境、原因及其改进对策。

四、本章重点、难点

重点:确定教师劳动报酬的意义和基本原则。

难点:根据教师劳动特点进行科学管理和制度创新。

Ⅳ　关于大纲的说明与考核实施要求

一、自学考试大纲的目的和作用

“教育经济学”课程《自学考试大纲》是根据专业考试计划的要求，结合自学考试的特点而确定的。其目的是对个人自学、社会助学和课程考试命题进行指导和规定。

“教育经济学”课程《自学考试大纲》明确了本课程学习的内容以及深广度，规定了课程自学考试的范围和标准。因此，它是编写自学考试教材和辅导书的依据，是社会助学组织进行自学辅导的依据，是自学者学习教材、掌握课程内容知识范围和程度的依据，也是进行自学考试命题的依据。

为了使本大纲的规定在个人自学、社会助学和考试命题中得到贯彻和落实，特对有关问题作如下说明，并进而提出具体实施要求。

考试目标的说明

为使考试内容具体化和考试要求标准化，本大纲在列出考试内容的基础上，对各章规定了考核目标，包括考核知识点和考核要求。明确考核目标，使考生能够进一步明确考试内容和要求，更有目的地系统学习教材；使考试命题能够更加明确命题范围，更准确地安排试题的知识能力层次和难易度。

二、课程《自学考试大纲》与教材的关系

课程《自学考试大纲》是进行学习和考核的依据，教材是学习掌握课程知识的基本内容与范围，教材的内容是大纲所规定的课程知识和内容的扩展与发挥。课程内容在教材中可以体现一定的深度或难度，但在大纲中对考核的要求一定要适当。

大纲与教材所体现的课程内容应基本一致；大纲里面的课程内容和考核知识点，教材里一般也要有。反过来教材里有的内容，大纲里就不一定体现。

三、关于自学教材

《教育经济学》，全国高等教育自学考试指导委员会组编，靳希斌主编，高等教育出版社，2018 年出版。

四、关于自学要求和自学方法的指导

（一）关于自学要求

为有效地指导个人自学和社会助学，本大纲已指明了课程的重点和难点，在章节的基本

要求中一般也指明了章节内容的重点和难点。

（二）自学方法指导

为使自学考生更好地学习“教育经济学”这门课程，在学习中可遵循以下几种方法：

1. 系统学习、深入重点

自学者首先应系统地学习各章内容，掌握要求识记的概念，深入理解和掌握基本理论和基本方法，在此基础上深入知识点，掌握重点。本课程内容涉及教育经济学学科各个方面，知识范围广泛，各章之间既有联系又有很大区别，有的还有相对独立性。考生应首先全面系统地学习各章，记忆应当识记的基本概念、名词，深入理解基本理论，弄清基本方法的内涵；其次，要认识各章之间的联系，注意区分相近的概念和相类似的问题，并掌握它们之间的联系；再次，在全面系统学习的基础上掌握重点，有目的地深入学习重点章节，但切忌在没有全面学习教材的情况下孤立地去抓重点。

2. 科学学习方法，明确相关概念、方法之间的关系

自学考生在学习中紧扣教材和大纲进行学习，既可以全面地掌握教育经济学的基本原理，同时也可以抓住该课程的重点内容和考点。考试前梳理已经学习过的内容，搞清楚一些基本概念、理论及方法之间的关系，便于记忆、加深理解，从而掌握分析计算方法。学习教育经济学，要把理论和应用结合起来。本课程的内容既有理论又有方法及计量公式，考生应在学习教育经济学基本理论的同时掌握其方法。首先，要弄清各种方法（如计算公式）所包含的基本内容和各组成要素之间的客观联系；其次，要学会正确运算和应用这些方法去分析和解决有关的教育经济问题。

3. 深入理解教材案例，注意理论与实践相结合

通过案例导入和理论学习分析教育领域的经济现象及问题，以提高分析问题和解决问题的能力，使得自学者做到学以致用。本课程阐述的内容来源于教育经济实践，与教育实践密切相关。考生在学习中应把课程的内容同我国现实教育问题联系起来，进行对照比较，分析研究，以增强感性认识，更深刻地领会教材的内容，将知识转化为能力，提高自己分析问题和解决问题的能力。

4. 自学考生必须保证有必要的自学时间和良好的情绪状态。自学考生应根据该课程的特点和自身的实际情况，合理安排自学时间。在学习和应考中消除焦虑，树立自信，考出自己的真实水平，早日实现自己的大学梦。

五、对社会助学的要求

1. 社会助学者应根据本大纲规定的考试内容和考核目标，认真钻研指定教材，明确本课程与其他课程不同的特点和学习要求，对考生进行切实有效的辅导，引导他们防止自学中的各种偏向，把握社会助学的正确导向。

2. 要正确处理基本原理、基本知识、基本概念同应用能力的关系，努力引导自学考生将基础理论知识转化为认识、分析和解决实际问题的能力，提高自学考生的教育经济学理论的认识水平。

3. 要正确处理系统学习与掌握重点之间的关系。教育经济学作为一门新兴学科，理论性较强，内容较广泛，同时自考命题的题型也多样化，覆盖面比较广。社会助学者应根据该课程内容及考试命题的特点，指导自学考生全面系统地学习教材，掌握课程内容和考核目

标。在对自学考生进行全面辅导的基础上，突出重点章节和重点问题，把重点辅导和系统学习有机地结合起来。

六、对考核内容的说明

1. 本课程要求考生学习和掌握的知识点内容都作为考核的内容。课程中各章的内容均由若干知识点组成，在自学考试中成为考核知识点。因此，课程《自学考试大纲》中所规定的考试内容是以分解为考核知识点的方式给出的。由于各知识点在课程中的地位、作用以及知识自身的特点不同，自学考试将对各知识点分别按四个认知（或叫能力）层次确定其考核要求。

2. 在考试之日起6个月前，由全国人民代表大会和国务院颁布或修订的法律、法规都将列入相应课程的考试范围。凡大纲、教材内容与现行法律、法规不符的，应以现行法律法规为准。命题时也会对我国经济建设和科技文化发展的重大方针政策的变化予以体现。希望个人自学者、社会助学组织在学习过程中给予关注。

七、关于考试命题的若干规定

1. 本课程的考试采用闭卷笔试形式，考试时间为150分钟；满分100分，60分及格；本课程可能涉及简单的数学计算，因此可以携带无通讯功能、无记忆存储功能的计算器进入考场。

2. 本大纲各章所规定的基本要求、知识点及知识点下的知识细目，都属于考核的内容。本课程的命题考试，应根据本大纲所规定的考试内容和考试目标来确定考试范围和考核要求，不要任意扩大或缩小考试范围，提高或降低考核要求。考试命题要覆盖到各章，并适当突出重点章节，体现本课程的内容重点。

3. 命题不应有超出大纲中考核知识点范围的题，考核目标不得高于大纲中所规定的相应的最高能力层次要求。命题应着重考核自学者对基本概念、基本知识和基本理论是否了解或掌握，对基本方法是否会用或熟练。不应出与基本要求不符的偏题或怪题。试题量以中等学习水平的自学者在规定时间内可以答完全部试题为宜。

4. 本课程在试卷中对不同能力层次要求的分数比例大致为：识记占20%，领会占35%，简单应用占25%，综合应用占20%。

5. 试题要合理安排难度结构。试题难易度可分为易、较易、较难、难四个等级。每份试卷中，不同难易度试题的分数比例2∶3∶3∶2，必须注意，试题的难易度与能力层次有联系也有区别，在各能力层次中都会存在不同难度的问题，切勿混淆。

6. 本课程考试命题的主要题型一般有单项选择题、辨析题、名词解释题、简答题、论述题、案例分析题等题型。

7. 为使自学者能够详细了解试题的有关情况，特附参考样卷及答案各一份，仅供参考。

附录　参考样卷

一、单项选择题：本大题共15小题，每小题2分，共30分。在每小题列出的备选项中只有一项是最符合题目要求的，请将其选出。

1. 教育经济学学科在西方开始逐步形成的时间是

A. 20世纪30年代　　B. 20世纪40年代

C. 20世纪50年代　　D. 20世纪60年代

2. 社会和个人对教育有支付能力的需要称为

A. 教育需求　　B. 教育供给

C. 教育投资　　D. 教育效益

3. 在市场机制作用下，学费与教育供求的变化呈

A. 正比　　B. 同方向变动

C. 反方向变动　　D. 平行变动

4. 教育布局结构必须适应经济的

A. 地区结构　　B. 消费结构

C. 部门结构　　D. 分配结构

5. 教育程度结构必须适应经济的

A. 价格结构　　B. 体制结构

C. 技术结构　　D. 流通结构

6. 在校学生每增加一个单位所导致的总成本增加的量是

A. 生均教育成本　　B. 教育边际成本

C. 教育外部成本　　D. 教育经常性成本

7. 劳动者因受教育而增长的知识和能力，能够在很长时期内发挥作用。这说明教育收益具有

A. 间接性的特点　　B. 迟效性的特点

C. 长效性的特点　　D. 多效性的特点

8. 下列公式中，用于计算教育投资内部收益率的公式是

A. $\ln Y=a+bS+cEX+dEX^2+\varepsilon$

B. $\sum_{t=0}^{n} B_t/(1+r)^t=\sum_{t=-m}^{-1} C_t/(1+r)^t$

C. $r=\sum_{t=0}^{n} B_t(1+i)^{-t}/\sum_{t=-m}^{-1} C_t(1+i)^{-t}$

D. $V_0=\sum_{t=0}^{n}B_t/(1+i)^t-\sum_{t=-m}^{-1}C_t/(1+i)^t$

9. 估算出美国1929—1957年间教育对国民收入增长的贡献是33%的学者是

A. 舒尔茨　　B. 丹尼森

C. 斯特鲁米林　　D. 萨卡罗普洛斯

10. 当一所学校的边际成本低于平均成本，平均成本随学生数量上升而下降时，表明

A. 学校规模过大　　B. 学校规模过小

C. 学校规模不经济　　D. 学校规模经济

11. 学校的有些资源必须同时投入与运用，说明

A. 教育资源具有不可分性　　B. 教育资源具有充分性

C. 教育资源具有整体性　　D. 教育资源具有适当性

12. 教育事权是指

A. 教育举办权　　B. 教育举办权、监督权

C. 教育监督权　　D. 以上都不是

13. 子女上幼儿园及上学期间，家庭支付的学校规定必须交纳的各种费用，属于

A. 基本教育支出　　B. 扩展性教育支出

C. 选择性教育支出　　D. 义务教育支出

14. 中国高等教育财政支出责任主要是

A. 县级政府　　B. 省级政府　　C. 中央政府　　D. 省级和中央政府

15. 根据2014年11月颁布的《关于统一城乡中小学教职工编制标准的通知》，将县镇、农村小学教职工编制标准统一到城市标准，即小学教职工与学生比为

A. 1∶22　　B. 1∶21　　C. 1∶20　　D. 1∶19

二、辨析题：本大题共5小题，每小题3分，共15分。判断正误并给予简要说明。

16. 复杂劳动比简单劳动具有较高的经济价值。

17. 物力资本存在于人体之中，与其承载者不可分离。

18. 各级学校在校生人数及其比例关系反映的是教育专业结构。

19. 公共教育投资主要是投资于公立机构（如公立学校），不能投资于私立学校。

20. 教育个人间接收益表现为：受过较多教育的人与受过较少教育的人相比，在一生中可以获得更多的收入。

三、名词解释题：本大题共2小题，每小题5分，共10分。

21. 人力资本

22. 教育投资

四、简答题：本大题共4小题，每小题5分，共20分。

23. 毛泽东教育经济思想的主要内容有哪些？

24. 影响个体教育需求的因素有哪些？

25. 教育消费的性质有哪些？

26. 如何理解教育财政转移支付的含义？

五、论述题：本大题共1小题，每小题12分，共12分。

27. 论述题：结合教育供给侧改革，论述我国教育服务中存在的问题、成因及解决策略。

六、案例分析题：本大题共 1 小题，每小题 13 分，共 13 分。

28.《枣庄日报》2008 年 9 月 10 日报道：山亭区原有 181 所小学、16 所初中和 4 所高中，学校布点分散，办学效益不高，教育教学质量和教育均衡发展受到严重制约。该区经过广泛的调研、论证和全面分析，理出了“高中向城区集中、初级向城镇集中、完小扩大服务范围、教学点逐步取消”的打造优质教育总体思路，实施了中小学布局调整规划方案。

今年 2 月份，将北庄中学和半湖中学合并到枣庄七中。在暑假期间将枣庄三十四中、枣庄三十八中、英达中学三校合一；将桑村镇辖区内枣庄四十七中与枣庄三十一中初中部合并同时，在东城区启动建设高标准新高中工程。在小学布局调整上，该区完成了冯卯镇中心小学异地新建搬迁工作和城头镇新建下庄明德小学建设工程，将下庄小学、苑庄小学、石沟小学、房庄小学 4 校合一，服务于 8 个自然村，10 个乡镇（街道）撤并 26 所小学。

山亭区通过实施学校布局调整，优化了师资队伍结构；缓解了乡镇小学结构性缺编问题，提高了教育效率。

试对上述案例进行分析，说明为什么山亭区通过学校布局调整，提高了教育效率。

参考样卷答案

一、单项选择题

1. D	2. A	3. C	4. A	5. C
6. B	7. C	8. B	9. A	10. D
11. C	12. B	13. A	14. D	15. D

二、辨析题

16. 答：这种说法正确。

复杂劳动力比简单劳动力需要较高的教育费用，具有较高的价值，因此也必须相应地付与较高的工资报酬。

17. 答：这种说法不正确。

人力资本存在于人体之中，与其承载者不可分离。

18. 答：这种说法不正确。

各级学校在校生人数及其比例关系反映的是教育程度结构或级别结构。

19. 答：这种说法不正确。

私立教育也是公共教育的组成部分，公共教育投资也需要资助私立学校。公共教育投资资助私立学校可以采取多种形式，如直接的财政补贴，政府购买公共服务的形式等。

20. 答：这种说法不正确。

教育个人间接收益表现为：受过较多教育的人与受过较少教育的人相比，在其一生中可以得到许多非货币形式的种种好处。

三、名词解释题

21. 人力资本是指凝聚在劳动者身上的知识、技能及其所表现出来的能力。这种能力是生产增长的主要因素。它是具有经济价值的一种资本。

22. 教育投资是投资者为获取未来的教育收益，而投入到教育领域中的人力、物力和财力等资源的货币表现。

四、简答题

23. 答：

(1) 科学地揭示了教育与经济之间的辩证关系；

(2) 明确地提出了教育为经济服务的思想；

(3) 大力提倡两条腿走路，多方面筹措教育经费。

24. 答：

(1) 个人天赋能力；

(2) 家庭的社会经济背景；

(3) 学费高低；

(4) 收益预期。

25. 答：

(1) 教育消费是一种高层次的文化消费；

(2) 教育消费是一种投资性消费；

(3) 教育消费是一种贯穿消费者一生的消费；

(4) 教育消费并不完全体现为个人消费，是个人消费与社会消费相结合的一种消费。

26. 答：

(1) 教育财政转移支付是教育财政体制的重要组成部分；

(2) 教育财政转移支付是以实现各地公共教育服务水平均等化为根本目标，以政府之间存在的财政能力、收支差异为基础实行的一种财政资金的相互转移或财政平衡制度；

(3) 这一制度的基本目的和功能在于对落后地区的教育财政和教育资源进行补助，以促进教育均衡发展，实现教育公平。

五、论述题

27. 存在问题的成因：

(1) 教育服务供给主体职能模糊；

(2) 教育服务需求与供给严重脱节；

(3) 教育服务供给结构不合理；

(4) 教育服务供给资源不均衡。

解决策略：

(1) 促进教育多样化发展，鼓励学校办出特色；

(2) 发展民办教育，给学生提供更多选择机会；

(3) 建立学校联盟，扩大优质教育服务的供给；

(4) 允许第三方或优质的民办机构“托管”公办学校。以“双创”为契机，鼓励教育创业投资，促进创业创新型教育企业快速成长。

要求结合实际展开分析。

六、案例分析题

28. 答：

山亭区通过实施学校布局调整，必然能够提高教育效率，因为：

（1）撤销教学点，合并学校，有利于实现学校规模经济。

（2）有利于合理配置学校的人力资源，严格按照有关教职工编制的规定配备教职工，推进教师专业化建设，优化教师队伍结构，提高教师的素质。

（3）有利于合理配置学校的物力资源，做到既能保证实现教育目标又能使资源得到充分和适当的利用。

（4）有利于建设高标准学校，推进基础教育的均衡发展。

（5）有利于加强学校领导班子的建设，提高学校的管理水平。

后　记

2017 年 1 月由全国高等教育自学考试指导委员会办公室召开了全国高等教育自学考试大纲、教材编前会，会上确定了《教育经济学自学考试大纲》（后简称大纲）编写的指导思想、基本原则和要求。

本大纲由北京师范大学靳希斌教授负责编写。大纲完成后，北京大学丁小浩教授，北京师范大学杜育红教授、胡咏梅教授参加审稿工作，全国考委教育类专业委员会审定。

全国高等教育自学考试指导委员会
教育类专业委员会
2018 年 1 月

全国高等教育自学考试指定教材
教育管理专业（独立本科段）

教育经济学

全国高等教育自学考试指导委员会　组编
主　编　靳希斌

编者的话

这本《教育经济学》是高等教育自学考试教育管理专业所用教材，上一版已经使用了多年，需要随着时代发展进行重新编写修改，本版教材在重编过程中参考了全日制高等学校所使用的新教材，同时紧密结合了自考学员自学的特点。

本教材在编写修改中，坚持以马克思主义的经济学说和教育理论为指导，紧密结合国内外教育改革与发展的实际，吸纳了关于教育与经济发展新常态的关系、关于教育与科学技术发展的关系、教育与知识经济以及人力资本的关系等众多新的理论与观点，并采纳了教育经济学微观研究及数量化计算的新进展所取得的新成果。这些修改力争反映新时代的特点和要求，做到了概念明确、内容全面、观点新颖，同时重视学科的基础知识与基本理论，便于学员更好地自学。

由于该学科涉及许多数据及计量问题，所以本次重新修改编写把原有数据全部更新为近期的数据资料，对原有的计量公式与计量模型进行了扩充，力争把理论分析与实证研究及数据资料支撑结合起来，努力做到宏观理论阐述与微观实证研究相结合。有些章节还做了一些国际比较分析研究，从而寻求对研究中国问题的启迪。

本教材共由十五章组成，分别由田汉族教授（第一章、第二章、第四章、第六章、第十四章）、魏真教授（第三章、第八章、第十二章）、栗玉香教授（第七章、第九章、第十三章）、张素蓉教授（第五章）、王玉崑教授（第十章、第十一章、第十五章）同志撰写，最后由靳希斌教授主编统稿。由于本教材供高等教育自学考试学员自学使用，为适应学员的需要，故在修改撰写过程中参阅并引用了许多同行们的著作、论文、教材中的内容与观点，特表示深深谢意，由于修改教材要求时间比较紧迫，可能会有些不妥当之处甚至错误，请批评指正。

靳希斌

2018 年 1 月

第一章　绪论

【案例导入】

教育经济学研究与教育学研究有何不同?

陈小华是一位聪明好学的大学生,大二时选修了《教育经济学》课程,第一堂课他就向老师提问:“教育经济学属于教育学科还是经济学科?”老师表扬小华问题提得好,并反问:“确定一门学科是否成熟的标志是什么?”小华根据已掌握的知识立即回答:“学科的研究对象、方法及其概念体系等。”老师肯定了他的回答,又引导他深入思考:教育学的研究对象、方法和基本概念是什么? 并介绍了希腊教育经济学家萨卡罗普洛斯的观点:教育经济学从三个方面拓展了教育学的视野和研究范围①。第一,在学生入学前:教育学家关心的是选择什么样的学生进入学校,例如通过考试还是其他方式。教育经济学则关注教育成本和收益的归宿。第二,在学生接受教育期间:教育学家最关心如何提高学生的学业成就,特别是学习成绩。而教育经济学则要在不同的方式之间做出选择:在相同的成本下,哪一种方式能够最大限度地提高学生成绩? 或者,为了提高相同幅度的成绩,哪一种方式的成本最小? 第三,在学生完成教育之后:通常情况下,除了教育社会学家关心教育对社会分层的影响,教育学家不太关心学生离开学校之后的事情。而教育经济学家非常关注受教育行为完成后的收益(包括对受教育者个人的收益和社会收益),特别是经济收益,并且结合教育成本的信息分析教育带来的净收益。

听完老师的介绍后,小华若有所思,对这门学科的兴趣更浓了。

教育经济学是一门怎样的学科? 为什么要学习这门学科? 怎样学好这门学科? 用经济学的基本原理和方法来研究教育问题,将化解我们心中的许多困惑,并引导我们寻找准确解决教育问题的方法。

【教师导读】

本章是教育经济学学科发展的概述,首先阐述了教育经济学学科性质、研究对象和学科的基本概念,然后分析了教育经济学的内容与方法,接着介绍了教育经济学学科发展的历史,最后提出了教育经济学研究的意义和任务。

【学习目标】

1. 识记教育经济学的含义及其学科的基本概念;

---

① Psacharopoulos G Economics of Education à la Euro. *European journal of Education*, 2000, 35(1): 81-95.

2. 理解教育经济学的学科性质、研究对象；
3. 比较教育经济学研究方法；
4. 掌握教育经济学学科发展中的关键事件、代表人物及其主要思想；
5. 综合分析教育经济学学科产生的条件；
6. 明确教育经济学研究的主要任务；
7. 列举出研究和学习教育经济学意义的案例。

【课时分配】

6 课时

教育经济学是研究教育与经济关系以及教育领域内经济现象和规律的学科，有着相对独立的概念体系、研究方法和独特的学科价值。教育经济学思想自古就有，作为学科产生于20世纪60年代欧美，经过70年代和80年代的迅速发展，已经成为比较成熟学科。在我国，教育经济学产生于20世纪80年代，经过引进、移植、改造和创新，中国教育经济学学科开始成熟。

第一节　教育经济学概述

科学地界定教育经济学的研究对象与方法，可以使其成为区别于其他学科的独立学科的基本依据。学科性质及其研究对象、方法构成学科的边界，是一门学科是否独立的标志。学科性质和研究对象越明确，边界越清晰，学科的独立性就越强，研究的框架与逻辑就越清晰，学科发展就越成熟。反之，学科性质模糊，研究对象不确定，学科独立性就差。

一、学科性质

教育经济学的学科性质及其研究对象的认识，经历了比较长的过程，目前基本上达成了共识。

（一）关于教育经济学学科性质的主要观点

教育经济学是从教育学和经济学这两门社会科学中分化出来具有交叉性质的一门新兴社会科学。在西方，主要是美国学者对教育经济学的界定，他们认为教育经济学更具有经济学的性质，教育经济学是研究在资源约束条件下，有效利用稀缺资源，合理地将资源在个人和团体中进行分配的理论与实践的一门学科，属于非生产领域的经济学。就国内来说，大致可归纳为三种意见：

1. 经济学分支说

该观点认为教育经济学属于经济科学体系中的一个新领域，是经济学的一个分支，称之为部门经济学。其理由是教育经济学主要是运用经济学的规律和理论，以及经济学的计算模式和方法，观察研究教育部门中的经济问题与经济现象，使经济理论和经济规律在教育部门得到具体运用与实现，不必过多地考虑和运用教育本身的理论与规律。但教育部门经济学又与其他物质生产领域的部门经济学，如工业经济学、农业经济学、商业经济学等有所不同，它是属于建构在物质生产部门之中的非物质生产领域里的部门经济学。

2. 教育学分支说

该观点认为教育经济学是教育科学群体中的一个新领域，是一门新兴的教育学科。其理由是，这门学科从经济学的角度观察研究教育的规律和作用，从中揭示出教育与经济之间相互联系中的规律性问题，以及教育本身一些带经济性的规律。因此，研究这门学科不仅要运用经济学的理论和计量方法，而且还要运用教育学的理论和研究方法。

3. 交叉学科说

该观点对上述两种看法表示疑义，认为确定教育经济学科性质不应该从抽象的定义出发，应该从学科的全部内容出发；不应该是封闭式的，应该是开放式的，既可以从经济学角度研究，吸取经济学的研究成果，又可以从教育学的角度研究，吸取教育学的研究成果，也还可以吸收其他学科的研究成果，它是经济学、教育学、数学、管理学等多种学科相互交叉的科学。因此，该观点认为教育经济学既不是部门经济学，也不是教育科学分支。它是一门新兴的独立学科。因为，在教育经济学中，不仅有经济学的规律和教育学的规律在起作用；而且还有经济与教育相重合部分的特殊规律在起作用。

上述三种看法目前仍没有取得共识。从事教育研究的学者大多认为，它属于教育科学的分支学科，从事经济学研究的学者多认为它属于经济学的分支学科。国务院学位办在 1998 年前，曾将教育经济学列入教育科学，1998 年在调整学位分类中，又将教育经济学和教育管理学合并，归入管理学中的公共管理的二级学科。但从这门学科实际情况和发展趋势来看，多数学者认为，它隶属于经济科学体系，属于部门经济学性质的学科。

本书认为教育经济学属于经济学的分支学科。首先，它是从经济学分化出来的，教育经济学发端于经济学中人力资本理论的形成。20 世纪 50 年代中期以来，美国经济学家舒尔茨、明瑟、贝克尔等人，根据发达国家的经济统计，在探讨经济增长与收入分配之谜的过程中创立了人力资本理论。贝克尔则认为人类一切行为都可以诉诸经济学分析，将新古典经济学的基本工具应用于人力投资分析，提出人力资本理论框架，以人力资本理论为基础形成了教育经济学。其次，教育经济学研究的现象是教育中的经济现象和问题，所用的基本工具，是经济学的理论与方法，因此，教育经济学就其性质来说，应是经济学的分支学科，属于非物质生产领域的经济学。同时，也可以认为教育经济学是教育科学与经济科学的交叉学科。因为，其研究对象和方法互相交叉，它研究教育中的现象和问题，也部分地、少量地运用了教育科学的理论与方法。

（二）明确教育经济学学科性质的意义

明确教育经济学的学科性质，对于该学科的建设与发展有重要理论意义。因为学科性质关涉学科研究边界的界定，学科内容与体系的构建，学科的发展空间的扩展。教育经济学研究的是教育与经济相关的领域，所以它的研究更多地应用经济学的原理和方法。由于教育经济学紧紧围绕着教育与经济的相互关系与相互作用进行研究，所以它是一门理论性、实践性很强的学科。① 因此，对教育经济学研究者来说，“不仅需要有教育科学的理论与知识，更需要掌握经济学的理论与方法，这样才能够对教育中的经济运动规律做出科学的探索。”②尤其是微观经济与宏观经济学、公共经济学、劳动经济学、计量经济学、经济统计学、

① 范先佐，郭清扬. 中国教育经济学研究：成就、问题及趋势[J]. 中国教育科学，2014(1)：49-65.

② 王善迈. 关于教育经济学对象与方法的思考[J]. 北京师范大学学报(社会科学版)，2006(1)：28-32.

制度经济学等学科知识。否则,研究难以深化,更难以对教育中的经济运动规律做出科学的探究。

从实践来说,学科性质关系着人才培养和学科持续发展。因为任何科学发展都经历了从逐步形成到发展、日趋成熟和完善的历史过程。这一历史过程也是科学在代际之间不断继承和创新的过程,它需要一代又一代的学者持续不断的探究和努力,在继承基础上不断创新。相对稳定的明确的学科性质会影响到学科地位、学科管理、学科队伍建设、学术交流、学科作用的发挥等问题。明确的学科性质有利于学科的发展。教育经济学作为一门新兴的学科,自20世纪60年代产生以来,受到许多国家政府的重视,不仅学科发展迅速,而且为政府教育决策提供了重要支撑。改革开放以来,我国学术界越来越清醒地认识到教育经济学的学科重要性,研究在广度和深度上有了长足的发展,对政府、学校、企业乃至家庭的教育决策产生了深远的、与日俱增的影响。

二、研究对象

由于人们对教育经济学学科的性质持有不同的理解与看法,因此,在确定学科研究对象上,也就存在着不同的看法与表述。

(一)关于教育经济学研究对象的争论

1. 国外的主要观点

欧美学者将西方经济学研究对象移植到教育经济学对象研究之中。西方经济学是研究既定制度下稀缺资源的有效配置,作为经济学的分支学科,教育经济学的研究对象是稀缺教育资源的有效配置。如英国教育经济学家布劳格认为:"教育经济学是经济学的一个分支。"①《简明不列颠百科全书》则认为:"教育经济学是关于社会,或就这整体以及个人在正规教育上的投资与收益的研究:它研究教育上的经济投入和产出的一般特征,教育服务(人员)的需求与供给以及对教育进行经济计划时的各种着手方法。"②美国教育经济学家科恩认为:"教育经济学研究的是在不管使用货币与否的条件下,人和社会是如何选择使用紧缺的生产性资源在各种社会成员和集团中进行(特别是通过正规教育)各类训练,发展知识、技能、智力和品德等。"③

苏联、东欧学者认为,教育经济学是研究生产关系与生产力相互作用的表现特点,阐明社会主义经济规律在国民经济的一个部门——教育中作用的特点,是属于部门经济学——非生产领域的部门经济学。日本学者认为,教育经济学是试图从投资的角度来研究教育,是着重研究教育发展与经济发展关系的一门学科。

2. 国内主要观点

(1)宏观说。这是我国教育经济学早期研究中的一种最普遍的观点。主张从社会经济发展角度研究教育经济,认为教育经济学的研究对象是教育与经济的相互关系。教育与经济的相互关系是双向的,既包括教育对经济的作用,也包括经济对教育的作用。这种观点指

---

① 布劳格.教育经济学导论[M].韩云,等,译.北京:春秋出版社,1989:1.

② 中国大百科全书出版社和美国不列颠百科全书公司.简明不列颠百科全书[M].北京:中国大百科全书出版社,1985:379.

③ 科恩.教育经济学[M].王玉崑,等,译.上海:华东师范大学出版社 1989:2.

向的是宏观上教育与教育的外部即经济的相互关系。

(2) 微观说。这种观点将教育经济研究的对象指向教育领域的经济问题,认为教育经济学是研究教育的投入与产出、成本与效益的学科,研究的是稀缺的教育资源如何配置的问题①。持这样观点的一般都是经济学家或是经济学家出身的教育经济学者,他们对教育经济学研究对象的观点,反映了教育经济学的基本内容,也是将西方微观经济学,尤其是投资经济学移植到教育经济学中的表现。同人类的经济活动一样,教育需要一定的人、财、物资源投入,教育也可获得一定的产出,表现为受教育者知识、技能、能力的增进,价值观的形成等,这种资源投入与产出也就是教育的成本与效益。

(3) 综合说。到20世纪90年代,更多学者采取融合的观点,认为教育作为人类社会活动的一部分,同经济活动密不可分。教育作为一个系统,既与外界发生着联系,进行着能量交换,同时其内部也存在着纷繁复杂的经济问题。因此,教育经济学的研究对象无外乎包含两方面内容,即教育与外界环境的经济关系、教育领域内的经济现象及其规律。

总之,由于教育经济学是一门新兴的学科,所研究的是关于教育与经济社会发展的问题,涉及的范围相当广泛而复杂,同其他学科有很多交叉。对教育经济学的研究对象,尚无一个统一的精确的表述,这也反映了教育经济学学科不断深化的过程。从未来发展趋势看,教育经济学既要从宏观角度研究教育与经济的相互关系与相互作用的规律,也要从理论与实际结合的角度探讨教育与经济相互作用的各个方面,同时还要研究教育领域发生的经济现象及其规律,为促进教育目的的实现和经济发展服务。

(二) 确立教育经济学研究对象的依据

确定教育经济学的研究对象是以辩证唯物主义为指导思想,以其学科性质为基本依据的,是主客观的统一、历史与逻辑的统一、形式逻辑与辩证逻辑的统一。

教育是人类社会运动的一部分,它既不同于自然界的物质运动,也有别于人类社会运动的其他形式,其本质的规定性在于传承和传播人类在生产和社会实践中积累起来的生产知识和社会知识,以促进人的发展和社会的发展。教育作为人类活动的一部分,同人类社会其他运动形式,诸如政治、经济、社会、文化、科学技术、管理乃至儿童和青少年的身心发展有着密不可分的关系。这些与教育相关的人类各种社会活动,都有其独特的运动形式与规律。与此相适应,与教育相关的学科,诸如教育政治学、教育经济学、教育社会学、教育技术学、教育管理学、教育心理学等随之逐渐形成。

在人类社会各种活动或运动形式中,经济活动是最基本的活动,它是人类一切活动的物质基础。教育作为人类社会活动的一部分,同经济活动密不可分。从教育的外部关系看,经济是教育发展的基础,教育的需求与供给、教育的结构与规模、教育的增长速度,最终是由经济决定的。同时,教育对经济也具有与日俱增的作用。从教育的内部来看,教育中也存在着经济活动。教育的拓展需要一定的人力、物力、财力等资源投入,也可获得一定的产出,如受教育者知识、技能、能力的增进,社会所要求的价值观、品质、道德的形成等。教育中同样存在着稀缺资源的有效配置问题,需要考虑成本与收益的关系,追求教育收益的最大化是教育的基本价值取向。但教育中的经济活动,既有经济活动中的一般规律,也有其不同于一般经济活动的特殊的运动规律。可见,教育经济学研究对象既包括教育系统与经济系统的关系,

---

① 王善迈.关于教育经济学对象与方法的思考[J].北京师范大学学报(社会科学版),2006(1):28-32.

也包括教育中的经济活动及其规律。这是教育经济学区别于其他教育学科或经济学科的基本标志之一。

三、学科概念体系

一门学科能够确立起来,除了有特定的性质和学科研究对象表述之外,还必须有自己特有的概念体系与专门术语。

(一) 学科核心概念

学科的核心概念就是教育经济学的定义。主要是从学科的性质和研究对象、研究方法来规范的。

教育经济学是研究教育与经济的关系以及教育领域内的经济现象和规律的一门学科。其基本内涵包括:(1) 经济科学总的研究对象是生产关系,是生产过程中的人与人的关系;(2) 教育系统与经济系统的关系;(3) 教育系统内部资源配置效率;(4) 运用数量化统计和计算方法问题。

(二) 学科相关概念

教育经济学目前所使用的高层次概念主要有以下几个:

1. 经济

教育经济学研究中所使用的"经济"概念,涉及三种解释:一是指社会生产方式运动。把经济理解为社会生产方式运动,不仅包括了社会生产关系,也包括了社会生产力。因为生产力诸因素中含有劳动力因素,而劳动力则属于经济的范畴。二是指物质资料生产以及相应的交换、分配和消费。把"经济"理解为物质资料生产过程,指生产过程中的生产、交换、分配和消费四个环节的相互关系与相互作用,也是指劳动力在物质生产过程中所创造的社会物质财富及经济实力。三是把"经济"理解为节约,是说劳动时间的节约可以发展生产力,因为提高劳动生产率归根结底是劳动时间的节约。

2. 教育

从一般意义上来说,"教育"是指在一定的社会条件下,依据社会的需要,有组织、有目的、有计划地对受教育者进行系统的教育和训练,开发其体力和智力的活动。相对于古代教育而言,现代教育是建立在现代化大生产基础上的,与现代经济、现代科技紧密相关,对现代生产具有重要影响作用与重要功能。

3. 教育投资

教育投资又称为教育投入、教育资本、教育经济条件、教育资源等。其含义是指一个国家或地区和单位,根据教育事业发展的需要,向教育领域内投入的人力、物力和财力的总和及其货币表现。

4. 教育效率

又称教育经济效力、教育机构内部效能、教育资源利用效率、教育投资效率等。其含义是指教育投入与教育产出之比,即在一定的社会条件下,为取得同样的教育成果,教育资源占用和消耗的程度。

5. 教育收益

又称教育社会经济效益、教育社会经济价值、教育经济收益、教育经济收效等。其含义是指教育领域内劳动耗费同教育所得到的经济报酬在数量上的对比。或者通俗地说:把社会向教育的投资和依赖这种投资所得到的国民收入加以比较，所得的国民收入抵偿教育投资的余额。

除了上述的这些基本的与主要的学科概念外，有时也常常使用对称格式的概念，如教育投入—教育产出，教育成本—教育收益，教育需求—教育供给、教育生产—教育消费等。对于"教育资本"这个概念，西方教育经济学是经常使用的。它是西方"人力资本"的一个部分，是从资本可以创造利润的角度，把教育当作一种可以带来剩余价值的资本概念使用的。随着教育经济学的发展，学科的概念体系将会更加完整，含义更加科学与确切。

第二节　教育经济学研究的内容与方法

一、教育经济学研究的内容

由于国内外学者对该学科的性质、研究对象以及理论基础等，有着不同的理解与认识，因而在学科的内容和体系结构上，也各有不同。

（一）国外教育经济学的研究内容

西方教育经济学的发展经历了三个阶段，研究内容也有三次大的变化①。

第一阶段是依据人力资本理论来论证教育的经济价值。它的研究范围有两个：(1) 利用经济学的方法证实教育的经济价值，分析"接受教育—提高劳动生产率—提高工资"的关系。(2) 教育的需求和供给，分析"需求—价格—供给"的关系，如 20 世纪 60 年代末，对教育供给的研究导致了一个新的研究领域——教育规划理论的产生。这个阶段的教育经济学研究完全依赖于微观经济学，使用了价格、需求、供给、个人偏好、市场均衡等概念和分析方法，是西方微观经济学在教育领域中的应用。

第二阶段是西方教育经济学"激进派"的产生。随着教育尤其是高等教育普及化，教育的个人收益也受到影响。教育不可能消除贫困，它将人们按照教育程度分配到不同劳动力市场中，维持着社会的不平等；受教育并不直接导致生产率的提高，受教育水平只是劳动力在市场上的一个重要信号，是雇主选择雇员的标准之一，教育的信号功能会促使人们追求越来越高的教育文凭，它直接导致文凭的泛滥。教育经济学中激进派的贡献在于它提供了认识教育价值的另一角度，把教育经济学的研究范围从教育与生产率的关系，扩展到教育与社会的关系。

第三阶段是对教育投资和生产过程的研究。教育经济学在对教育过程的研究中，遇到两个难以克服的困难：教育的价格更多地受政策而非市场的影响；教育产出，尤其是质量的度量非常困难。有关教育经济价值的讨论和对劳动力市场选择过程与内部结构等方面的研究已变得不合时宜。随着时间的推移，世界范围内的教育经费短缺，迫使教育经济学把研究的范围扩展到教育过程。以世界银行和 OECD② 为代表，采取了一些新的

---

① 曲恒昌，曾晓东. 西方教育经济学研究[M]. 北京：北京师范大学出版社，2000：6-8.

② 经济合作与发展组织，简称"经合组织"，英文全名为 Organization for Economic Co-operation and Development，本书使用其英文简称"OECD"。

方法对学生的认知成绩、教育与就业率、办学成本等进行测量，对就业实践的指导作用加强。

归纳起来，西方教育经济学的学科内容和理论体系是建立在人力资本理论和价值理论基础上的，是把“教育可以带来价值增值”作为出发点的，它的整个学科内容和体系结构是以“投资—生产—利润”过程为系统的，是把教育过程与物质生产过程完全等同起来。大致包括以下内容：(1) 教育的需求和供给；(2) 教育的资源与投入；(3) 教育的个人与社会收益；(4) 教育的效益与效率；(5) 教师的供给与需求；(6) 教育与社会经济的相互关系；(7) 教育计划与教育决策。

苏联及东欧的教育经济学著作，一般是从教育与经济的关系，从教育与劳动力、与干部专家培养的关系上确定学科内容和体系的。他们的内容和体系结构一般来说涉及的范围比较广泛，组成部分也较繁多。大体由以下几个部分组成：(1) 教育经济学的对象和方法；(2) 社会再生产体系中的教育；(3) 国民教育计划的制订和预测；(4) 培养专家和使用专家的问题；(5) 教育干部和教育工作人员的劳动和报酬问题；(6) 教育的物质技术基础和教育经费问题；(7) 教育的经济效率问题；(8) 对西方教育经济理论的评析。

(二) 我国教育经济学的研究内容

我国的教育经济学研究内容的观点主要有以下几种：

1. “二元”说

所谓“二元说”，是指部分学者认为教育经济学的研究内容归根结底可以归纳为教育与外部关系的经济问题，以及教育内部的经济问题两大部分。如王善迈教授认为教育经济学的基本内容是：第一部分是微观或学校教育经济学，探讨教育自身的经济效率和效益问题；第二部分是宏观教育经济学，主要是研究教育与社会、经济之间的相互关系，即社会能够为教育提供的资源总量，社会与个人在既定的社会经济条件下，对教育的需求总量和需求结构，以及教育在推动社会经济发展中的作用以及作用机制、作用程度等。

2. “三元”说

这是一种更为宏观的观点，认为教育经济学除了研究教育与外部经济关系的经济问题以及教育内部的经济问题外，对教育经济学学科本身的探索和研究也应该纳入到教育经济学的研究内容中来。如李星云教授对教育经济学学科成立以来的研究内容进行了统计分析，提出教育经济学的研究内容包括三大部分：教育经济学学科建设、教育发展与经济发展的关系、教育内部经济效益。①

3. 多元说

有一部分学者将教育的经济功能及其重大问题的类型作为教育经济学研究的基本内容。如范先佐认为教育经济学理论体系应该包括以下八方面内容：教育投资的经济价值理论、教育的社会经济功能理论、教育投资短缺问题研究、教育资源合理配置问题研究、教育的生产理论、教育经济效益问题研究、教师劳动报酬问题、教育同经济社会发展相协调的问题。②

总的来看，教育投资、教育成本、教育资源利用效率和教育社会经济效益是中西方教育

---

① 李星云.我国教育经济学研究的回顾与分析[J].江苏教育学院学报(社会科学版)，2004(6)：76-78，82.

② 范先佐.20世纪中国教育经济学发展的回顾与前瞻[J].华中师范大学学报(人文社会科学版)，1999(1)：19-25.

经济学的主体结构和核心内容。与西方不同的是,我国在建立教育经济学体系结构初期就是以苏联的结构体系为蓝本的,并注意突出自己的特点,概括起来有以下三点:(1) 以马克思主义经济学与教育理论为学科理论基础,吸取西方人力资本理论合理内核;(2) 将教育过程与物质生产过程看作是既有联系又有区别的两个不同过程,把"教育投入—教育资源利用—提高劳动力素质和发展科学技术—创造物质财物,促进经济增长"当作整个系统构建学科体系;(3) 紧密结合中国经济和教育改革的实际,研究现实中的问题,运用中国的数据资料和实例,力求建立适合中国社会主义现代化建设需要的学科体系,使教育经济学体系具有中国特色。①

(三) 本教材的内容体系

本书作者综合国内外的教育经济学研究成果,根据从历史到现实,从宏观到微观,从理论到实践,从基础研究到创新研究等维度,设计了本教材的内容和体系结构:

第一部分,教育经济学学科历史和理论基础,包括第一章、第二章、第三章。第一章介绍学科研究的对象、内容和方法以及该学科产生、形成和发展的历史过程,阐述该学科的性质、对象、内容及方法、意义和任务。第二章和第三章分别介绍了马克思主义教育经济学思想和人力资本理论,它们是该学科的理论基础。

第二部分,教育经济学的基本理论。包括:第四章教育与经济发展、第五章教育结构与经济结构、第六章教育需求与供给、第七章教育投资、第八章教育消费、第九章教育成本、第十章教育经济效益、第十一章教育效率。它是整个学科体系结构的核心部分和学科基本内容。

第三部分,教育经济学的发展研究,包括宏观方面研究:第十二章教育服务与教育服务贸易;中观层面的研究:第十三章教育财政体制、第十四章教育产权,微观方面的研究:第十五章教师劳动与报酬。这些是教育经济学研究的最新成果。

二、教育经济学研究的方法

学科的研究方法是指人们认识世界和改造世界的方法、技术和手段。任何科学理论都是人们运用一定的方法与手段所达到的对客观世界抽象的系统的认识。任何科学理论都需要人们运用一定的研究方法与手段探究客观规律。教育经济学的研究方法包括两个层次:一是方法论层次,二是具体方法。研究的具体对象和问题不同,采用的方法也不尽相同。

(一) 教育经济学研究的方法论

作为方法论,马克思、恩格斯确立的唯物论和历史唯物论是教育经济学研究的世界观和方法论;以辩证唯物主义为基础,必须坚持下面几个原则:

第一,坚持思想性和科学性相结合。思想性是指教育经济学研究要坚持马克思主义的思想指导,运用马克思主义的基本原理阐明学科的概念、原理和规律;科学性是指在研究过程中,立论要正确,论证要科学,数理模式和公式要严谨,数据资料要可靠无误。

第二,坚持理论联系实际。教育经济学的研究要注意从中国实际出发,努力解决现实中反映出来的问题,要注意深入细致地调查研究,从收集实际的有关资料入手,在掌握大量实

① 靳希斌.教育经济学[M].人民教育出版社,2001:8-9.

际数据资料的基础上,逐步建立完善的学科体系。

第三,坚持批判与吸收相结合。这门学科在欧美和日本建立得比较早,发展也比较迅速。我们一方面要找出某些带有共同规律性的东西,以资借鉴研究;另一方面又要反对不加分析地全套搬用,要注意比较分析,洋为中用,批判吸收。不仅在学科理论基础、内容方面应这样,就是一些具体的研究方法、计算方法以及数理公式和资料,由于各国统计口径不同、指标数据不同,计算方法不完全相同,也不能机械地套用。否则,就有可能出现这样或那样的问题。

(二)教育经济学研究的具体方法

教育经济学基本研究方法是经济学的方法。一般都采用定性分析和定量分析方法、实证分析与规范分析方法。这两种方法在教育经济学研究中,一般是结合起来使用。

1. 定性分析与定量分析方法

定性分析是为了确立教育经济认识对象的性质或类型而进行的分析,主要解决“是不是”“是什么”等问题。如教育产品的性质是什么?定性分析是我们认识教育经济现象的起点,能够帮助我们从质上划清教育经济问题与其他教育问题的界限。

定量分析是为了确定教育经济认识对象的规模、速度、范围、程度等数量关系而进行的教育领域内数量关系的分析,主要解决“是多大”“有多少”等问题。要运用数学模式、计算公式以及数量指标。定量分析使我们认识教育经济现象的深化和精确化,能够帮助我们更深刻地把握教育经济问题的规定性。

2. 实证分析与规范分析方法

实证分析是指企图超脱或排斥一切价值判断,只研究教育经济本身的内在规律,并根据这些规律,分析和预测人们教育经济行为的效果。它要回答的“是什么”的问题,而不对事物的好坏做出评价。它着眼于确认事实的真实性,其一般研究步骤是:归纳现象,对现象做出某种因果关系的假设性解释,证明这一假设以确认事实的真实性。

规范分析是指以一定的价值判断为基础,提出某些分析处理教育经济问题的标准,建立教育经济理论的前提,作为制定教育经济政策的依据,并研究如何才能符合这些标准。它要回答的是“应该是什么”的问题。

除此之外,教育经济学还运用了下列具体的研究方法。

经济分析法。即对社会经济现象进行比较分析、平衡分析和综合分析等。

教育研究法。这种方法主要是通过教育调查和教育实验的途径,描述、测量和测验教育变量与其他变量之间的关系。

经济计量法和教育统计法,简称数量方法。这两种方法在学科研究中得到了大量使用,它是使学科数量化的主要方法。其中包括有许多具体计算方法,如相关计算、水平计算、累计计算、回归计算等。

比较研究法。包括水平比较、垂直比较、因素比较、标准化比较、平均值比较等。

概算法,也称估算法。这种方法多采用简化比的形式,因此,有时也称为简化法。从大的方面说有经济简化比和劳动简化比,具体说有劳动生产率简化比、教育经费简化比、工资简化比、教育年限简化比等。这些简化法都是将教育与经济相互关系及作用,在变动中去概算和估算,使其数量化。

第三节 教育经济学的形成与发展

一、国外教育经济学学科的产生与发展

教育经济学作为一门新兴的交叉学科，它是现代经济和现代教育结合的产物。在西方萌芽于20世纪20年代，产生于50年代，形成于60年代，20世纪70年代后又有了新的发展。

（一）学科产生的条件

1. 学科产生的时代背景

从学科发展的社会动因来看，西方教育经济学是科学技术和社会生产力高度发展，以及世界各国激烈竞争的产物。首先是发达国家科技进步的强有力推动。第二次世界大战以后，由于科学技术日新月异地发展，新兴的产业部门不断涌现，一些发达国家的国民经济结构发生了重大变化，要求劳动者具有更扎实的理论知识、更专业的能力、有更高的文化程度和素质。要解决这些棘手问题，必须大力发展国民教育。其次是苏美争霸形势下对教育的重视和发展中国家教育投资的高涨。随着社会生产的国际竞争加剧，知识生产力成为经济成就的关键，知识经济已经成为首要的产业，要想在激烈的经济竞争中取胜，必须重视教育、培养人才。再次是对不同国家经济发展速度的比较和研究。二战后日本和德国在经济上重新崛起，而战后的一些独立国家却发展异常缓慢，这种现象引起世人的关注。经过分析研究发现：这两个国家的国民经济之所以在战后迅速恢复，其中一个重要原因就在于战前两个国家都非常重视教育，拥有人数众多的人力资本。总之，教育经济学作为现代化大生产发展的产物，是国际政治竞争、经济竞争、科技竞争的必然反映。

2. 学科产生的理论根源

西方教育经济学是经济增长和经济发展新理论影响下的产物。第二次世界大战后，西方出现了经济增长和经济发展的新的理论。经济增长是以社会总产值、净产值或国民收入的增长为标志，包括物质资源、人力资本、货币资金的有效增长与合理配置理论；经济发展理论，则不仅包括社会经济增长的内容，还包括社会经济结构及制度变更的内容，即经济和社会发展目标理论以及实现目标的经济和社会条件。那么，为什么说这一新的理论是教育经济学产生的理论依据呢？主要是因为现代社会，促进经济增长、协调经济与社会发展，以及实现经济和社会发展目标的内容与措施，都必然要涉及教育问题。其具体理论根源主要表现在两个方面：

其一，世界经济发达国家的经济增长和经济发展的经验研究。世界发展中国家如何追赶经济发达国家？许多经济理论家对这些问题进行了理论分析与思考，提出了“人力资本理论”。他们认为，经济发达国家之所以经济增长和经济发展那么快，主要是重视人力资本投资，开发人力资源，重视教育投资；重视人口质量提高和智力开发。发展中国家要使自己的经济更快发展，追赶上经济发达国家的水平，必须吸收和效仿经济发达国家的经验，重视人力资本投资，重视教育投资。如日本与西德都是第二次世界大战的战败国，但它们都在战后不太长的时间内，使国民经济得到迅速恢复与发展，并进入世界经济发达国家的行列。然而，战后独立的原殖民地国家，虽然得到了经济发达国家的“经济援助”，却没有达到所期望

的经济增长和经济发展。分析其原因,主要在于日本和西德注重人力资本投资,重视人力资源开发,注重发展教育,拥有强大人力资源和教育储备。这说明物力资本必须与人力资源开发相结合、相协调,才能促进国民经济迅速起飞与迅猛发展。因此,从这个意义上说,西方"人力资本理论"是教育经济学产生和形成的直接理论来源。

其二,计量经济学的发展。20世纪初叶到中叶(1929—1957年),美国运用传统的计量经济增长的方法,计算国民经济增长额,出现了剩余因子。这个历史时期美国国民经济大幅度增长,当时经济理论学者仍运用传统的经济计量方法,即"集合生产函数分析法",分析美国经济出现剩余因子的原因。所谓"集合生产函数分析法"是把生产的增长看作由三个因素决定的,即土地、人力、资本增长的集合表现。在土地不变的情况下,或将土地含在资本中,其具体公式:

$$Y = AK^{\alpha}L^{1-\alpha}$$

若 $\beta = 1 - \alpha$,则为

$$Y = AK^{\alpha}L^{\beta}$$

式中:Y 为产出;A 为科技、管理(常量);K 为资本投放量;L 为劳动投入量(劳动者人数);α 为资金产出弹性;β 为劳动产出弹性

即:　　　生产的增长=人力增长×工资比重+资本增长×物质投资比重

在一般情况下,这个计算公式大致可以计算出国民经济的增长额。但是到了分析美国1929—1957年的国民经济增长时,只能求得物质投资增加和劳动力人数增加,所获得总产值的67%,而剩余的33%的余额,不知是由于什么因素造成的,出现了剩余因子。因此,许多经济学家尽力寻找这一未知的因素,其中有人就想到了,在分析劳动投入增长方面,应该有劳动力质量因素,因而也就应该有教育因素,发现了教育是剩余因素中的一个重要组成部分,并在此基础上提出了国民经济"剩余因素分析法""经济增长多因素分析法"等。因此,可以说计量经济学的进步与发展,直接导致了西方教育经济学的诞生。

(二)学科发展的阶段

教育经济学学科的形成与发展经过了萌芽阶段、形成阶段和平稳发展阶段三个历史阶段。

1. 萌芽阶段

教育经济学萌芽于20世纪20年代初至50年代末。教育具有经济意义的思想,源远流长,从广义的政治经济学角度说,很早就有人论述,但这只是思想,或称思想渊源,而没有确立为学科。标志着现代教育经济学学科萌芽起点的研究,是苏联C. T. 斯特鲁米林于1924年撰写的《国民教育的经济意义》学术论文。这篇论文比较系统地研究了年龄、工龄、教育程度对劳动技能的影响:年龄、工龄和教育程度均影响劳动技能的高低;随着教育程度的提高,其劳动技能(包括体力和脑力劳动技能)也随之相应提高;劳动者个人和国家的经济收益,远远超过对教育的投资。借助劳动简化比,斯特鲁米林首创了计算教育经济效益的方法,最早测算了教育所带来的个人或社会的经济收益。这篇论文是世界上最早用数量统计的方法,用数量化、定量化的语言专门阐述教育的国民经济意义的教育经济学论文,曾破例被收入到为1963年国际经济学会年会编辑的教育经济学文集里,受到同行们的一致好评,称之为"令人瞩目的先驱性论文"。尽管他所确定的简化比率的客观准确性尚值得进一步研究,但是,他以马克思主义的劳动价值理论、生产劳动与非生产劳动划分的理论和社会再

生产的理论为基础，沿着“教育—复杂劳动—经济价值”的脉络去探索和计算教育的经济效益。这种计算方法在理论上有依据，在方法、原则上也是很有借鉴意义的。

美国哈佛大学教授 J. R. 沃尔什于 1935 年撰写的《人力的资本观》一文，被西方认为是教育经济学的第一篇论文。他主要采用的是“现值折算法”，从个人教育成本现值和收益现值的比较入手，试图论证教育支出符合一般投资的原则；从学生达到可以入大学的年龄算起，认为只有大学教育及其他专业教育，才具有资本的特征。大学教育及其他专业教育可以取得能力，但又要付出代价，然后偿还代价后，可以带来利润或经济收益。与斯特鲁米林从分析教育对社会的全部贡献入手相比，算法更加细致一点。

以后又有许多有关教育经济学方面的论文，而且数量在不断增加。据有人从 M. 布劳格的《教育经济学著作选注目录》统计，到 1960 年增加到 53 份，其中较早的论文和著作有：《教育费用》（1958，韦锥）、《教育与投资增长》（1959，奥斯克尔斯特）、《教育与收入》（1959，豪赛克）、《人力上的投资》（1959，舒尔茨）等。

萌芽时期有两个明显的特点，第一是有论文及专著，而且数量在不断增加。在这些著作与文章中虽然有了数量化的计算方法，但都还没有使用“教育经济学”名称；第二是从观察从业劳动者身上论述与讨论教育的经济意义和价值，还没有更多更深入地涉及教育规划、教育结构、教育计划以及财政问题等方面。值得一提的是，在 20 世纪 50—60 年代的特殊社会历史环境下，由于指导思想不同，教育经济学在两个不同的方向上发展：西方教育经济学和马克思主义教育经济学。

2. 形成阶段

20 世纪 60 年代，在经济增长和经济发展理论的推动下，教育经济学研究著作大量出现，开始于美国，而后扩展到世界其他各国，涌现了一大批专门研究教育经济学的学者，学科研究对象、内容、范围和体系基本上确立起来。在 20 世纪 60、70 年代，西方教育经济学达到第一次高峰。据伦敦大学教育经济学教授 M. 布劳格统计，截止到 20 世纪 70 年代末，全世界教育经济学的著作已近万种。

关于学科形成的标志，目前仍无统一说法。有人认为是 1963 年国际经济学会对教育与经济关系的专题讨论。还有人认为是 1966 年出版的具有一定体系结构的《教育经济学选集》。也有人认为，英国韦锥 1962 年写了一本正式使用“教育经济学”名称的著作，才是教育经济学初步形成的标志。还有的学者认为，一批“人和著作”的出现，才是教育经济学形成的标志。虽然众说纷纭，但这门学科初步形成于 20 世纪 60 年代的看法是一致的。

教育经济学初步形成时期，主要代表人物及著作都比较多。其中，对教育经济学形成做出重大贡献的首推美国学者 T. W. 舒尔茨和 F. 丹尼森。

【链接阅读】

舒尔茨与丹尼森简介

T. W. 舒尔茨是美国芝加哥大学教授，“人力资本”理论的创立者，经济学诺贝尔奖获得者。主要著作有：《由教育形成的资本》（1960）《人力资本投资》（1961）《教育与经济增长》（1961）《教育的经济价值》（1961）等。舒尔茨的基本理论及观点是重视人力资本投资，教育投资是人力资本的重要源泉。他认为教育经济学研究的基本问题是延长人的寿命，提高人的能力，从而提高劳动生产率。教育投资的最大特点是对人的劳动不是从量的侧面去判断，而是从质的侧面去衡量,即把人的劳动看作是教育装备的结果。劳动者的教育装备率高,劳动生产率也就高,从而增强创造收入的能力。同时他还认为教育投资是土地、人力、物力资本之外的另一个生产因素,在一定条件下,教育投资可以转化为经济收入。并且具体提出并设计了教育利润率计算公式与“经济增长余数分析计算法”。

F. 丹尼森,美国芝加哥大学经济学教授。他于1962年著有《美国经济增长的资料和我们的选择》。他与舒尔茨所不同的地方,是把教育因素算在人力资本因素之中,没有把人力看作是独立的因素,而是从人力因素中找教育因素,并提出有形教育与无形教育的区别,并在此基础上提出“经济增长多因素分析法”,细致地计算了教育的经济价值。他把经济增长的原因,凡是能分析出来的都尽量分析出来。他对西方教育经济学形成的主要贡献,则是在具体计算方法上,更加的细致和确切,对教育经济学进一步数量化、定量化做出了重要贡献。

这个时期的有影响的著作还有:[美国]S. J. 慕石金著《高等教育经济学》(1962年);[英国]J. E. 韦锥著《教育经济学》(1962年);[日本]文部省发表了《日本的成长和教育》白皮书,(1962年);[美国]W. 汉森著《学校教育投资的全部与个人收入》(1963)年);[荷兰]索洛著《资本理论与收益率》(1963年);科里阿著《人力资源的经济》(1963年);[美国]鲍曼著《舒尔茨、丹尼森和教育对国家成长的贡献》(1964年);鲍恩著《对于教育之经济贡献的价值;F. 哈比森》和C. A. 迈尔斯合著《教育,人力和经济增长》(1965年);G. S. 贝克尔著《人力资本》(1965年);[美国]M. 布劳格著《教育经济学书目选注》(1966年)、《教育经济学选读》(1968、1970年);[苏联]冉明著《教育经济学》(1968年)。

同时,其他一些国家政府及国际组织也都发表了许多有关教育经济学方面的著作与文章,并且,国际经济学会还在这个时期召开学术会议,会议上宣读了一些教育经济学论文。

总之,教育经济学形成时期,表现出许多特点,例如出现了以“教育经济学”命名的专著;出现了评价教育经济学研究成果的著作;出现了这门学科理论基础的著作;出现了较为细致的计算方法的著作及评价;出现了关于这门学科的选编书目和资料。学科研究的范围与内容也有了很大的扩展,大量涉及了教育与规划、财政等方面的关系;同时也涌现了一大批教育经济学学者和专家,为教育经济学的进一步发展奠定了基础。

3. 平稳发展阶段

进入20世纪70年代以后,国际教育经济学研究由高潮转入平稳发展时期,有关教育经济学的著作及论文明显地增多,由60年代中期的800多种发展到70年代增加了1 300多种,总数达到2 000多种。主要代表人物及著作有:[英国]希恩著《教育经济学》(1972年);[苏联]科斯坦扬著《国民教育经济学》(1979年);[英国]布劳格著《教育经济学选读》(Ⅱ)(1970年),《教育经济学选注书目》(第三版)(1978年),《教育经济学导论》(1970年);[美国]罗杰斯、鲁什林著《经济与教育》(1973年);罗杰斯著《教育经济学》(1974年);罗德里格斯、戴维斯著《教育经济学》(1974年);[英国]施伊汉著《教育经济学》(1974年);[美国]寇恩著《教育经济学》(1975年);[英国]韦锥著《教育经济学》(大英百科全书辞目)(1977年)。

该时期主要有以下一些特征:

其一,研究的内容及范围有了很大拓展,从最初研究在职职工的教育经济意义,发展到了研究如何充分地利用经济条件，提高教育计划与建立合理的教育结构，以及如何提高教育机构内部的效能。

其二，出现了许多新的研究课题，重视研究教育对社会需求和职业岗位的适应问题。如：人口增长与普及义务教育问题，经济发展与人才需求问题，毕业生失业原因分析研究，教育计划与经济计划关系问题，国际人才流动分析研究等。

其三，在研究工作组织方面，国际性研究组织与机构不断增加，许多国家还在高等学校设立专题性研究组织、学会及机构，如联合国教科文组织设立了“国际教育计划研究所”，重点研究教育结构与职业结构的关系；法国有几所大学专门设立“教育经济学研究所”等。

其四，在具体计算方法研究方面，数量化、定量化以及数学模型设计等计算方法继续被重视并且有了计算方法方面的专著，如《教育的经济计量模式》《各国教育与经济增长数理分析比较》。

其五，国际上许多国家大学里开设了“教育经济学”课程，如英国伦敦大学开设的“教育经济学”、美国哥伦比亚大学开设的“教育与经济”课程等。

总之，到20世纪70年代中期，教育经济学已经有了长足发展，为国际学术界公认为独立学科。各国都十分重视这门学科的建设与发展，使得教育经济学在世界范围内有了一定的地位。

二、中国教育经济学的形成与发展

（一）中国教育经济学的形成

教育经济学作为一门独立学科出现于世界学术之林，是随着科学技术和社会生产的不断发展，教育经济思想的逐步演变和系统化的结果。中国的教育经济思想产生于古代，形成于20世纪80年代。

1. 古代朴素的教育经济价值观

在我国古代，人们很早就认识到发展教育是使经济发展、国家富强的条件之一，就有教育经济思想的萌芽。如管仲认为教育是富国强兵之道，他说：“一年之计，莫如树谷；十年之计，莫如树木；终身之计，莫如树人”。孔子阐明了人口、经济、教育之间的相互关系，提出“庶—富—教”的思想，强调经济发展应先于教育的发展。墨翟强调教育直接为经济服务，其关于“籍设而天下不知耕，教人耕，与不教人耕而独耕者，其功孰多？”“教人耕者，其功多……”①这种认识“是世界上表述教育具有经济意义的思想的最早记载。”②明末清初的教育家颜元一方面继承了孔子“先富后教”的思想，另一方面又进一步阐明了教育对社会的稳定、经济的发展起着巨大的反作用。他说：“有人才则有政事，有政事则有太平”③“人才为政事之本，而学校尤为人才之本也”④“天下之学校皆实才实德之士，则他日列之朝廷者，皆经济臣”“天下之学校皆无才无德之士，则他日列之朝廷者，皆庸碌臣。”⑤具体阐述了教育对社会、政治、经济的发展的影响。

---

① 出自《墨子・鲁问》。
② 李少元. 教育经济学纵横谈[M]. 南京：江苏教育出版社. 1987：98.
③ 钟錂. 颜习斋先生言行录（卷下）[M]. 北京：商务印书馆，1939.
④ 李塨. 颜习斋先生年谱[M]王源，订. 北京：中华书局，1985.
⑤ 出自清代《习斋记余（卷一）》.

2. 近代洋务派的教育经济意识

帝国主义列强入侵中国,使中国沦为半殖民地半封建社会以后,为了维护封建统治,魏源、龚自珍等也看到了教育对改良社会、国家富强的作用,认为教育不良是中国软弱的主要原因。张之洞等洋务派代表提倡"新教育"——"西学",提倡学"西艺",主张"中学为体,西学为用","自强"和"求富",尽管是为半殖民地半封建社会服务,但在客观上反映了一定的社会生产发展的需要。清末康有为、梁启超、谭嗣同等维新运动的领导人也认为教育是国家富强的根本,教育不良是中国软弱的主要原因。梁启超认为:"中国之衰弱,由于教之未善。"①康有为在《请开学校折》中建议,仿照德、日学制,把书院、祠堂的公产作为学校的公费,提出国家也应大量筹集教育经费,并"鼓励绅民,捐创学堂"。由于历史和阶级原因,维新运动以失败告终。

3. 民国时期政治家和教育家的教育经济思想

20世纪初,资产阶级民主革命运动对教育提出了新的要求。孙中山、蔡元培、黄炎培等人都提出了发展教育促进国家富强的主张,提出了"实利教育""实业教育""普及教育""职业教育"等主张。孙中山提出"凡在自治区域之少年男女,皆有受教育之权利,学费、书籍,以及学童之衣食,当由公家供给"②。蔡元培于1912年把实利主义教育列为宗旨之一,认为:"实利主义之教育,以人民生计为普通教育之中坚。……固以当务为急者也"③。黄炎培等教育家们把职业教育作为解决生计问题的根本,看到了职业教育在发展生产和解决生计上的作用。

五四运动和马列主义传入中国后,给中国的教育注入了新鲜血液,使中国教育理论和实践出现了新的契机。不少革命家、思想家、教育家,如李大钊、鲁迅、陶行知等对教育与经济的作用、教育与生产发展等都发表了有价值的论述。特别是中国早期的马克思主义教育理论家杨贤江关于教育与经济关系的论述。在《新教育大纲》中,他提出了教育是"社会所需要的劳动领域之一,是给予社会的劳动力一种特殊的资格的"。杨贤江还认识到教育"受制于经济""受制于政治",并大声呼吁"要力争增加教育经费,使学校各项教育设备臻于完备,反对军阀官僚以任何名义减少或挪移教育经费"。这些精辟论述是很值得我们深思和借鉴的。

这一时期,我国教育经济研究的代表作有:古楳的《中国教育之经济观》、邰爽秋的《教育经费问题》、陈友松的《中国教育财政改造》。但在积贫积弱的半殖民地半封建的旧中国,教育经济学不可能作为一门独立的学科形成和发展起来,教育经济学研究也不可能得到很好的开展。

(二)中国教育经济学学科的发展阶段

新中国成立后,由于复杂的国际因素和国内特殊的政治环境、经济原因,教育的政治化和简单化,导致教育经济学研究的停滞。20世纪70年代末80年代初,随着国内工作重心转移到经济建设上来,教育经济学迎来了发展的春天。通过对国外教育经济学研究成果的译介,我国的教育经济学科逐步建立起来。中国教育经济学的发展分为以下几个阶段:

---

① 梁启超.梁启超文选(上)[M].北京:中国广播电视出版社,1992:25.

② 孙中山.孙中山全集(第五卷)[M].北京:中华书局,1985:220.

③ 高平叔.蔡元培教育论著选[M].北京:人民教育出版社,1991:2.

1. 初创阶段

20世纪70年代末至80年代初是我国教育经济学的创立时期。党的十一届三中全会后，教育被确定为经济和社会发展的战略重点之一，为教育经济学的研究和发展创造了极为有利的社会环境。1977年到1979年的三年间，全国各类报刊发表了数以百计关于教育与经济发展、经济增长的关系的文章、译著，介绍了国外教育经济学的一些材料。在1979年全国教育科学规划会议上正式提出了要建立我国的教育经济学。1984年9月中国教育经济学会在黄山正式成立，1985年学会与华中师大联合创办的《教育与经济》杂志正式出版。随后，北京大学、北师大、华东师大、华中师大等几十所高等院校相继开设了教育经济学课程，并相继设立了该学科的硕士点，培养研究生。总之，教育经济学的研究活动在全国范围内已经有计划、有组织地开展起来。①

这一阶段的主要特点是：初步建立了中国特色的教育经济学学科理论体系；研究重点是教育与国民经济的关系、教育的经济价值；研究内容主要集中介绍西方与苏联教育经济学，引进人力资本观应该是这阶段最重要的成果；研究主要借用西方经济学理论和辩证唯物主义方法论。但具体内容划分不够细致，研究不够深入。

2. 繁荣阶段

20世纪80年代末至90年代初是教育经济学的迅猛发展时期。中国教育经济学研究会成为全国最活跃的学术研究组织之一，每年一次的学术年会达到数百人，涌现出一大批专门研究教育经济学的专家和学者，出版了大量的专著、教材和学术论文，教育经济学研究成果受到社会的广泛关注。厉以宁主编的《教育经济学研究》获得全国教育科学优秀成果一等奖，提出的关于财政性教育经费占GDP②4%的政策建议，对国家的教育政策产生了重要的影响。③ 邱渊的《教育经济学导论》，杨葆焜的《教育经济学》，王善迈的《教育投资与财务改革》《教育经济学概论》，薛伯英与曲恒昌的《西方教育经济学流派》等都是这一时期的重要成果。

该阶段的主要特点是：研究领域扩展，研究也更深入和具体，如关于多元化教育筹资的研究、关于公共教育支出在国内生产总值中合理比例的研究等。在研究方法上开始运用规范分析和实证分析相结合的方法分析我国教育经济方面的现实问题；研究的成果对教育决策和实践开始产生影响。这一时期关于教育投资问题的研究，关于教育财政体制问题的研究，关于教育与社会主义"有计划的商品经济"关系的研究，关于教育产品属性的研究，关于教师工资问题的研究等，出现了一批优秀的研究成果。④

3. 深化阶段

从20世纪90年代中期一直到现在，伴随着知识经济的到来、中国市场经济改革和教育改革的深入，中国教育经济学迎来了发展的春天，无论是学科建设，还是人才培养，都得到快速的发展。全国近20家单位具有教育经济与管理专业博士授予权并招收教育经济方向博士研究生，有100多家单位具有硕士学位授予权。北京大学、北京师范大学的教育经济学成为国家重点学科。这一阶段在各类教育学与经济学学术期刊上发表的教育经济方面的学术

---

① 范先佐. 我国教育经济学发展的回顾与展望[J]. 高等函授学报(哲学社会科学版)，1997(2)：27-32.

② 国内生产总值，指一个国家在一定时期生产商品和劳务的市场价格的总和，英文全称Gross Domestic Product，简称"GDP"。

③ 杜育红. 中国教育经济学三十年回顾与展望[J]. 清华大学教育研究，2008(6)：10-13.

④ 杜育红. 中国教育经济学三十年回顾与展望[J]. 清华大学教育研究，2008(6)：10-13.

论文快速增长，一批优秀的教材、学术专著与译著纷纷涌现。如靳希斌教授的《教育经济学》、范先佐教授的《教育经济学》均再版3次，发行数万册。这一时期关注的主要问题有：人力资本理论、教育与劳动力市场关系、教育收益问题、教育财政问题、学校效率与教育生产问题、教育成本计量与教育成本函数、转型经济发展过程中教育问题、新制度经济学在教育研究中的应用。①

这个时期的显著特点：第一，研究领域不断拓展，研究内容不断深入，从宏观的教育与经济关系，拓展到区域教育与经济的关系、不同类型的教育与经济的关系以及不同阶段教育的生产效率，出现了"高等教育经济学""职业教育经济学""成人教育经济学""教育制度经济学"等学科研究方向。第二，研究选题具有现实针对性。为适应社会变革与发展，特别是教育变革的需要，我国教育经济学研究选题和内容以教育财政体制、教育产业化、教育市场与就业、教育与收入分配、教育公平与效率、弱势群体和贫困地区的教育差异等紧贴教育现实的重大的理论问题和现实问题为主。第三，研究方法更加规范与完善，开始运用规范分析和实证分析相结合的方法、制度经济学方法来分析我国教育经济学方面的现实问题，理论基础扩展到了社会学、管理学等相关领域。第四，理论创新成果、个性化著作或论文大量涌现。有一些研究人员进入了国际教育经济学的前沿领域，能够与国际同行进行平等的学术交流。有一些研究机构和研究者承担了来自世界银行、联合国机构、亚洲开发银行、国外基金会以及国外高等学校和研究机构的研究项目，并取得了具有国际水平的、令人瞩目的研究成果。②

（三）中国教育经济学学科发展现状

1. 中国教育经济学研究的主要成就

尽管我国教育经济学这一学科形成较晚，但发展迅速，取得了丰硕成果。

（1）学科属性日益明确。越来越多的学者认为，从学科性质来看，应当将教育经济学定位为教育学与经济学的交叉学科。

（2）研究对象逐步确立。教育经济学研究对象大致有两种代表性的观点：教育与经济的外部联系、教育内部的经济现象与规律。

（3）研究的主要问题日益清晰。不同时期面临的教育经济问题不同，中国教育经济学研究的重点也不尽相同。20世纪90年代以前，中国教育面临的突出问题就是教育投入不足，中国教育经济学研究的主要内容是教育投资的价值、比例、机制问题。20世纪90年代以后，教育呈现多元化、民营化、规模扩大趋势，研究围绕教育投资短缺问题、来源问题、教育资源合理配置、教育规模效应等问题展开。进入2000年后，教育公平和教育质量成为教育改革的关键词，研究主题转化为教育财政公平与效率、学生资助、教育投资质量、教育产权与学校制度等，同时中国教育经济学的学科建设意识逐渐加强。

（4）研究方法体系不断完善。20世纪90年代以来，教育经济学的研究方法已呈现出多样化的态势。逐渐从价值研究的方法拓展到实证研究，运用调查、统计、数学模型等方法探索教育经济学领域的各个现象与规律。实证分析与规范分析、定量分析与定性分析、静态分析与动态分析、宏观分析与微观分析等均广泛应用于教育经济学的研究中，构成了较为完

---

① 杜育红. 中国教育经济学三十年回顾与展望[J]. 清华大学教育研究，2008(6)：10-13.

② 侯怀银，王雪娟. 20世纪教育经济学学科建设的本土探索[J]. 山西师大学报(社会科学版)，2008(6)：99-104.

整的教育经济学研究的方法论体系。社会科学研究的其他方法,如国际比较法、统计分析法、相关分析法、调查研究法等,也运用到中国教育经济学研究之中。

2. 中国教育经济学研究的显著特点

中国教育经济学研究工作者在学习国外教育经济学理论的基础上,紧密联系中国教育与经济发展的实际,提出了一些有探索性的理论和方法,形成了自身鲜明的特点。

(1) 强烈的本土意识和问题意识。我国教育经济学者在理论体系建设一开始就关注到西方社会与中国社会的本质区别,注意以马克思主义经济学和教育学为理论指导,吸取西方人力资本的合理内核,把教育过程和物质过程看作是既有联系又有区别的两个不同过程,紧密结合中国经济和教育改革实际,把"教育投入、教育资源利用、提高劳动力素质和发展科学技术、创造物质财富、促进经济增长"当作整个系统来尝试构建具有中国本土特色的学科体系。中国的教育经济学自产生之日起也有强烈的问题意识,始终密切关注现实问题。如教育与生产力、经济发展的关系,教育投资的比例,教育是否可以市场化、产业化,学校是否可以经营、如何解决教育经费短缺问题,如何解决教育供需矛盾问题,如何处理扩大教育规模与提高教育质量关系,如何处理教育公平与效率问题等,涉及教育发展与教育改革的各个层次和各个方面,其成果有许多在决策与管理中得到运用,产生了重大的经济效益和社会效益。

(2) 多元化的学术队伍。早期的研究群体主要由教育学和经济学出身的学者构成。随着 20 世纪 90 年代末期学科目录的调整,教育经济学与教育管理学合并为教育经济与管理,归于管理学中公共管理的二级学科。一大批具有管理学、统计学、社会学等专业背景的学者因此加盟了这个学科,扩展了中国教育经济学的研究力量,使学术队伍呈现多元化的态势。

(3) 多元化的研究领域。随着经济学、教育学、管理学、社会学等学科的理论被大量引进到教育经济学领域之中,教育经济学理论由此也就变得丰富起来,如人力资本理论、筛选假设理论、劳动力市场分割理论、社会化理论、劳动价值理论、公共产品理论、社会资本理论、制度经济学理论、内生增长理论、过度教育理论等,使得教育经济学呈现出多元化的研究领域。

(4) 多样化的研究方法。越来越多的研究者采用了规范研究、实证研究以及比较研究的方法,运用计量经济学进行实证分析。注重实证研究和规范分析等多种方法的综合运用,逐渐成为中国教育经济学研究的又一个明显特点。

3. 中国教育经济学研究存在的主要问题

尽管中国教育经济学研究已经取得了相当大的成就,但还存在着许多突出问题,亟待解决。

(1) 学科的理论基础和体系建设相对薄弱。体现在研究对象和边界比较模糊,缺乏独立的范畴和相对严密科学的逻辑体系,没有较为完整、独立的理论等方面。

(2) 学科的研究方法尚欠严谨和规范。教育学出身的研究者往往对经济学方法的掌握有一定的欠缺,而经济学出身的研究者往往对教育问题本身的特性又把握不太准确,因而在教育经济学研究方法的运用上,"无论是规范研究还是实证研究都有待于完善"①。

(3) 原创性的研究特别是理论上的创新相对缺乏。研究存在大量翻译、介绍、诠释和运

① 王善迈.加强教育经济学学科建设[J].教育与经济,2004(3):1-2.

用外国的理论,普遍存在追随、模仿和验证的问题,缺乏原创性的发现和创新性的理论,重复劳动的现象较为普遍,国外理论与方法的适切性很少被怀疑或讨论。

总之,从学科建设来看,教育经济学作为新兴交叉学科还不够成熟,学科地位还不高,学科作用的发挥还不充分。

第四节　教育经济学研究的意义与任务

每门学科都有自己特定的研究任务和研究的意义,这是学科存在的价值和发展的动力。

一、研究与学习的意义

教育经济学作为一门应用性较强的科学,学习和研究它,无论在理论上,还是在实践上都有着重要的意义。

(一)理论价值

1. 有助于丰富和发展教育科学和经济科学

通过教育经济学的研究,运用经济学的原理和方法,深入揭示教育与经济的关系、教育内部的一些经济规律,可以丰富教育学科群的教育世界观和方法论,促进教育科学的量化研究,形成教育科学的整体认识。通过教育经济学的研究,深入分析教育与人力资本、经济发展的本质联系,寻找经济发展的教育动因,可以拓展经济学研究的教育维度,丰富经济学的教育实践价值。

2. 为教育改革提供理论依据

如何使教育事业的发展与国民经济的发展相适应;如何使教育改革与社会主义市场经济体制相适应;如何使教育结构适应经济体制结构,如何使教育内部构成具有合理的最佳比例,使社会熟练劳动力与专门人才的教育、培养与社会经济发展的需求,保持相对的平衡,使教育投资取得最佳经济效益,这些课题,正是教育经济学的研究的主要领域,其研究成果将进一步论证教育改革和发展的资源约束性,教育偏好、教育制度及其成本对教育改革成效的影响,进而为建立合理的教育体系、结构以及投资比例提供理论根据。

3. 建立教育的经济价值观

教育经济学以定性和定量相结合的方法充分地论证了教育的经济价值和教育与经济之间的相互关系及其运动规律。学习这些研究成果,明确现代教育与生产力具有直接关系,现代教育具有生产性,教育投资是生产性投资,可以使人们深入理解“百年大计,教育为本”的学理内涵;改变人们把教育仅仅看作为“消费事业”“福利事业”“行政事业”等陈腐观念。树立起教育发展经济效益与成本等新观念,充分认识教育对“智力开发”“智力投资”所具有的特殊意义。

(二)实践意义

1. 有助于政府教育规划、决策的科学化

科学地制定教育发展战略及规划与决策,需要教育经济学研究提供依据。世界上不少国家的经验证明,教育投资不足和教育事业滞后,会因教育所培养的劳动力和专门人才的数量不足或质量不高而影响经济与社会的发展;反之,教育投资膨胀和教育发展过度,会因教育过多的占用社会劳动和物质资源而影响国民经济其他部门的发展,并造成其他一些不良后果。在我国社会主义现代化建设中,一条重要的经验教训就是曾经一度没有处理好教育发展与经济发展之间的比例关系。因此,在政府的宏观教育决策制定中,诸如在一定经济发展水平下,政府应为教育分配多少财政资金,在三级教育中应如何分配这些资金,采取何种制度、政策才能有效地使用这些资金,以及如何协调教育和经济社会发展的关系等,都依赖于教育经济学的相关研究和结论。并且教育经济学的有关对策性研究还可以根据不同的客观条件,给出可供选择的各种方案,供决策择优。这些不仅为政府的教育和教育投资规划、决策提供了理论依据,还有助于决策的科学化,减少决策的随意性和盲目性,提高教育投资效率。

2. 有助于学校提高管理水平,提高资源的使用效率

从我国的实际情况看,一方面,各级各类教育投资短缺,尤其是中小学教育经费不足;另一方面,在各级各类教育中也存在着教育投资利用效率不高,人力、物力、财力浪费的现象。因此,优化教育资源的配置,提高办学效益,力求用较少的教育投资,培养出数量更多、质量更好的人才,是摆在广大教育管理者面前的一项重要任务。而教育经济学揭示了经济规律在教育领域中的作用及其特点,阐述了影响教育投资利用效率的因素、提高办学效益的途径以及计量、评价教育投资利用效率的方法。深入学习这些理论和进一步研究将有助于提高学校管理者的管理水平,加强教育资源的经济核算,节省有限的教育投资,从而提高学校的办学效益。

3. 有助于受教育者个人及其家庭做出合理的教育决策

个人与家庭应该花费多少资金用于教育活动？应该选择接受什么类型和层次的教育？这些问题可以从教育经济学中找到答案。教育经济学通过分析教育或专业的成本与未来收益,指导人们在就业与受教育之间,在接受何种程度与何种专业类型的教育之间做出合理的选择。

二、教育经济学研究的主要任务

教育和经济的发展,不断地向教育经济学提出新的研究课题和任务,推动着教育经济学的发展。其主要任务是:

(一) 丰富教育经济学的基本理论

深入研究教育的经济价值的多种表现形式及其实现机制,揭示教育领域内基本经济规律所起的作用和所表现的特点,教育领域内各种经济现象与经济因素相互作用的特点及其规律;计算不同教育程度的劳动力对国民经济增长的贡献,以及劳动力的经济报酬。要使教育经济学向着经济学与教育学日益紧密结合的方向发展,成为名副其实的交叉学科,是教育经济学研究的一项长期而艰巨的任务。

(二) 科学解释教育经济现象与问题

运用教育投资、教育效率和教育收益的定理、原则、计算模式和数量指标,以及具体计量模式和方法,解释教育改革与发展过程中的经济现象与问题,如教育产业化、择校热、学区房、上学难、上学贵、大学生就业难、社会补习热、考研热等现象,回答国家教育与国民经济发展、区域教育与区域经济关系问题,评价作为企业性质的教育机构的生产与经营的合理性与合法性,评价相关的教育经济政策、教育财政体制的效率。这是目前教育经济学研究的主要任务。

（三）预测教育发展的经济条件

教育经济学的研究不仅解释教育经济现象与问题，更重要的是要科学预测教育发展所需要的经济条件，如教育经济资源、教育经济制度、教育经济环境的需求与供给等，并从教育与经济社会发展互动的角度，预测教育的经济贡献与经济效率，教育的成本与风险。这是当前教育经济学研究的难点，也是未来学科为现实服务的重要理论任务。

（四）加强教育经济学学科自身建设

教育经济学的发展需要加强学科的自我反思，进一步明确学科研究的对象与边界，不断吸取经济学、社会学、教育学、管理学、财政学等学科的研究成果和方法，形成独立的学科概念体系，形成更加规范的学科研究方法和研究范式，不断深化和拓展学科的研究领域并走向社会科学发展前沿。

本章小结

教育经济学的学科性质的认识，存在经济学分支学科说、教育学分支学科说和新的交叉学科说，比较一致的看法是交叉学科说；教育经济学的研究对象存在宏观说、微观说和综合说，目前学界基本认同了综合说；教育经济学研究内容观有二元说、三元说、多元说，其基本的内容包括了宏观教育经济学研究和微观教育经济学研究。国外教育经济学形成于20世纪60年代，其发展经历了萌芽、形成和发展三个阶段；中国的教育经济学形成于20世纪80年代，开始从国外引进和移植，经过初创，不断走向繁荣。目前已初步形成中国特色的教育经济学研究体系，但与国外还有较大差距。研究与学习教育经济学具有重要的理论价值和实践意义。

关键概念及术语

教育经济学　教育经济学学科性质　教育经济学研究对象　中国教育经济学研究会

引导性思考题

1. 教育经济学是一个怎样的学科？
2. 为什么教育经济学最早在西方产生？
3. 为什么说中国教育经济学学科发展还不够成熟？
4. 教育经济学研究方法具有哪些特点？
5. 为什么要研究和学习教育经济学？

文献选读

1. 邱渊. 教育经济学的形成、发展与现状[J]. 教育研究（丛刊），1979(1).
2. 王善迈. 加强教育经济学学科建设[J]. 教育与经济，2004(3).
3. 王善迈. 关于教育经济学对象与方法的思考[J]. 北京师范大学学报（社会科学版），

2006(1).

4. 陈平水,王雪娟.中国教育经济学教材内容体系现状研究[J].教育研究,2006(7).

5. 肖利宏.我国教育经济学研究的特点及主要理论贡献[J].教育与经济,2006(04).

6. 钱林晓.教育经济学方法论研究[D].华中师范大学博士论文,2007.

7. 范先佐,郭清扬.中国教育经济学研究:成就、问题及趋势[J].北京:中国教育科学,2014(1).

第二章　马克思主义教育经济思想

【案例导入】

教师劳动是否属于生产劳动?

某大学正在进行辩论赛。辩论的主题是教师的劳动是否属于生产性劳动,是否直接创造价值。正方观点是:按照马克思主义关于劳动价值学说,教师劳动的过程是劳动力再生产的过程,是一种服务性的劳动,它不以创造价值为目的,是一个纯粹的价值消耗过程,教师劳动不具有生产性,不能算做生产劳动。反方观点认为:“服务性劳动属于非生产劳动”的命题是错误的;教师劳动的生产性是一个历史的概念,在自然经济阶段,其劳动的属性主要体现为满足以统治和从属关系为特征的生产关系即上层建筑需要的非生产性;在商品经济条件下,教师的服务性劳动所创造的价值,同其他一切商品的价值增殖过程的一样,因而也具有生产性。这两种观点似乎都有道理。

如果你作为辩论赛的评委,该如何点评?

如何正确理解马克思的劳动学说和劳动价值理论?如何运用马克思主义的观点和方法来理解教师劳动的特点和教育的性质、地位与作用?马克思主义的教育经济学思想将给我们新的启发。

【教师导读】

马克思主义教育经济思想是中国教育经济学建立的理论基础之一。本章介绍了马克思、恩格斯等经典作家提出的生产劳动和非生产劳动学说、劳动价值学说、社会再生产理论,这对于理解教育劳动的性质、教育投资的性质、教育劳动的价值具有重要的理论价值。本章还介绍了毛泽东、邓小平的教育经济学思想,即马克思主义教育经济思想在中国的继承和发展。

【学习目标】

1. 识记生产劳动与非生产劳动理论的基本观点;
2. 理解教育在劳动力再生产中的作用;
3. 评价“复杂劳动具有较高经济价值”;
4. 阐述教育对科学形态生产力的具体作用;
5. 分析教育对社会经济价值形成的影响;
6. 分析马克思劳动价值学说的价值;

7. 叙述马克思主义教育经济思想在中国的发展；

8. 评价邓小平教育经济思想的实践价值。

【课时分配】

4 课时

在马克思恩格斯整个理论学说中，有着十分丰富的教育经济思想。马克思恩格斯的教育经济思想是社会主义教育经济学的理论基础，是教育经济学学科确立的基本理论依据。

第一节　教育劳动学说

教育经济学研究遇到的首要问题，就是关于教育劳动是否具有生产性因素，教育投资是否是生产性投资。马克思、恩格斯的生产劳动与非生产劳动理论，是马克思主义学说的一个重要组成部分。它是科学地区分社会各种劳动性质的基本依据，因此，也是我们研究探讨教育劳动性质的理论基础。

一、从简单生产劳动意义上观察

从最初定义上观察，也可以说是从简单生产劳动意义上观察，即从抽象的、生产劳动的各种历史形态相对独立的、当作人类与自然之间的联系的过程中观察。马克思、恩格斯认为，所谓生产劳动，是指可直接生产使用价值的物质生产劳动，都属于生产劳动范畴。包含有两层意思：第一，生产的是使用价值，是为了维护社会生产劳动继续进行的劳动，维护劳动能力再生产的劳动；第二，是物质生产劳动，是人与自然间的过程，是人以自身的活动来引起、调整和控制人与自然的相互作用，其内容是物质变换，其结果是物质产品。这正如马克思所说："如果整个劳动过程从其结果的角度加以考察，那么劳动资料和劳动对象二者表现为生产资料，劳动本身则表现为生产劳动。"①

总之，凡是直接从事物质生产的劳动，才属于生产劳动的范畴。

二、从社会关系角度观察

从社会形态上观察生产劳动的范畴，主要是从生产关系的角度观察。仅从简单意义上观察，它适合于一切社会形态，只是一种历史的抽象，还不能完全说明问题。如马克思所说："这个从简单劳动过程的观点得出的生产劳动的定义，对于资本主义生产过程是绝对不够的。"②因此，还必须从生产关系和社会形态上观察。从资本主义生产关系和社会形态上观察，"只有直接生产剩余价值的劳动是生产劳动。"③也就是说，只有生产资本，生产剩余价值的劳动才是生产劳动。如果劳动力只创造自己消费的价值，不创造剩余价值的生产，不是生产劳动；反过来说，无论是物质生产或是非物质生产，只要创造交换价值，带来剩余价值，就

① 马克思，恩格斯. 马克思恩格斯全集（第 44 卷）[M]. 北京：人民出版社，2001：581.

② 马克思，恩格斯. 马克思恩格斯全集（第 44 卷）[M]. 北京：人民出版社，2001：581.

③ 马克思，恩格斯. 马克思恩格斯全集（第 49 卷）[M]. 北京：人民出版社，1982：99.

都是生产劳动。他们说："一个教员只有当他不仅训练孩子的头脑，而且还为校董的发财致富劳碌时，他才是生产工人。校董不把他的资本投入香肠工厂，而投入教育工厂，这并不使事情有任何改变。"①他们还说："在学校中，教师对于学校老板，可以是纯粹的雇佣劳动者，这种教育工厂在英国多得很，这些教师对学生来说虽然不是生产工人，但是对雇佣他们的老板来说却是生产工人。老板用他的资本交换教师的劳动能力，通过这个过程使自己发财。"②

三、从扩大了的概念上观察

随着生产力的发展和科学技术的进步，生产劳动的概念也随之发生变化，它的内涵、外延也在变化，它所包括的范围不断扩大。马克思说："劳动过程把脑力劳动和体力劳动结合在一起了。后来它们分离开来，直到处于敌对的对立状态。产品从个体生产者的直接产品转化为社会产品，转化为总体工人即结合劳动人员的共同产品。总体工人的各个成员较直接地或者较间接地作用于劳动对象。因此，随着劳动过程的协作性质本身的发展，生产劳动和它的承担者即生产工人的概念也就必然扩大。为了从事生产劳动，现在不一定要亲自动手；只要成为总体工人的一个器官，完成他所属的某一种职能就够了。上面从物质生产性质本身中得出的关于生产劳动的最初的定义，对于作为整体来看的总体工人始终是正确的。但是，对于总体工人的每一单个成员来说，它就不再适用了。"③还说："所有以这种或那种方式参加商品生产的人，从真正的工人到（有别于资本家的）经理、工程师，都属于生产劳动者的范围"。④

这些论述集中阐述了随着社会劳动过程本身协作性质的发展，生产劳动的概念扩大了，劳动者可以远离劳动对象，但却是物质生产劳动的参加者，属于生产劳动者的范畴，如工程师、经理、工艺师、设计师和技术人员、管理人员等。

根据马克思恩格斯关于生产劳动与非生产劳动理论，关于生产劳动概念，观察教育劳动，以及教育投资的性质，可以得出如下几个主要论点：

第一，教育劳动是一种劳务性或服务性的劳动。这种劳务性或服务性的劳动，可以为社会提供特殊的使用价值，所谓特殊的使用价值就是只提供活动性服务，而且这种活动直接加入生产过程，是生产上非有不可的一种劳动。这种劳动应该说具有一定的生产性。正如马克思所说："有一些服务是训练、保持劳动能力，使劳动能力改变形态等等的。总之，是使劳动能力具有专门性，或者仅仅使劳动能力保持下去的，例如学校教师的服务（只要他是"产业上必要的"或有用的）、医生的服务（只要他能保护健康，保持一切价值的源泉即劳动能力本身）——购买这些服务，也就是购买提供'可以出卖的商品等等'，即提供劳动能力本身来代替自己的服务，这些服务应加入劳动能力的生产费用或再生产费用。"⑤"服务这个名词，一般地说，不过是指这种劳动所提供的特殊使用价值，就像其他一切商品也提供自己的特殊使用价值一样；但是，这种劳动的特殊使用价值在这里取得了'服务'这个特殊名称，是因为

① 马克思，恩格斯. 马克思恩格斯全集（第 44 卷）[M]. 北京：人民出版社，2001：582.
② 马克思，恩格斯. 马克思恩格斯全集（第 26 卷，第 1 分册）[M]. 北京：人民出版社，1972：443.
③ 马克思，恩格斯. 马克思恩格斯全集（第 44 卷）[M]. 北京：人民出版社，2001：582.
④ 马克思，恩格斯. 马克思恩格斯全集（第 26 卷，第 1 分册）[M]. 北京：人民出版社，1972：147.
⑤ 马克思，恩格斯. 马克思恩格斯全集（第 26 卷，第 1 分册）[M]. 北京：人民出版社，1972：159.

劳动不是作为物，而是作为活动提供服务的，可是，这一点并不使它例如同某种机器（如钟表）有什么区别。”①因此，从教育具有劳务性或服务性这一特殊使用价值角度，可以说教育劳动具有生产性因素，教育投资具有生产性投资的性质。

第二，从扩大了的生产劳动概念角度来看，教育劳动不一定要亲自动手，可以远离劳动对象的生产管理人员、工程师、工艺师、设计师和技术人员。这也可以说教育具有间接的生产性质。

第三，教育劳动对物质生产过程中劳动者的劳动能力的生产和科学知识形态生产力的发展，具有直接生产性质。因此，教育劳动的生产性，主要反映在教育能直接生产劳动者的劳动能力和直接生产科学技术。

但由于教育劳动的性质比较复杂，目前国内教育界和世界其他国家的学者仍有不同的观点。我们认为就某种意义上，或者说在一定的条件下，教育劳动具有生产性质。因为教育是一种服务，是一种服务性或劳务性的劳动。这种“服务”和“劳务”，依据马克思的观点，是物质生产上非有不可的劳动，有的部分是属于生产劳动的范畴。同时，还因为生产劳动有多种多样形式，所提供的可能是物质活动形式，也可能是非物质形式表现的活动。教育这种“服务”和“劳务”既可以提供以物的形式表现，又可以提供非物的形式表现；既可以表现为生产性质，又可以表现为非生产性质。总之，对于教育劳动的性质，要作具体的分析，要注意在现代化生产的条件下，教育劳动性质正在发生深刻变化。

此外，与之相关联的对于教育投资的性质，国内也有各种不同的理解和看法，也都要到马克思的著作中找根据。投资分为生产性投资和消费性投资。所谓生产性投资是指用于生产部门的投资；所谓消费性投资是指用于非物质生产部门的投资，也叫非生产性投资。由于人们对教育是否属于生产部门、教育劳动是否属于生产性劳动，还没有取得共识，因此，关于对教育投资的性质认识有个历史过程和不同看法。

20 世纪 20 年代人们普遍认为教育投资是一种纯消费的事业、消费型投资，在教育领域也不使用“投资”这个概念。从 20 世纪 40 年代开始，随着对教育生产性的不断认识，人们开始把经济学中常用的“投资”这一概念引入教育领域，便产生了“教育投资”这一新提法。但是人们对教育投资的性质，仍然有不同的看法和主张。概括起来主要有三种意见：第一种意见，认为教育是非物质生产部门，教育劳动是非生产性的劳动，因此教育投资应是非生产性的投资，是消费性投资；第二种意见，认为教育劳动是生产上非有不可的劳动，是一种劳务性的劳动，它可以生产人的劳动能力和科学知识形态上的生产力，从这个特定意义上说，教育具有生产性质，教育投资是生产性投资；第三种意见，认为教育投资既具有生产性，又具有消费性。除了上述这些较大的分歧之外，还有一些不同的看法，如有人主张教育投资是消费性的生产投资；有人主张是生产性的消费投资；还有人认为教育投资以生产性为主，同时又具有消费性。从目前情况来看，坚持教育投资是“纯消费性”的观点的人不多了，但把教育投资完全说成是生产性投资，没有消费性因素，也有很多人不赞成，持否定态度。大多数人认为教育投资既有生产性，又有消费性，具有双重性比较切合实际，也比较科学。

① 马克思，恩格斯. 马克思恩格斯全集（第 26 卷，第 1 分册）［M］. 北京：人民出版社，1972：435.

第二节 社会再生产中的教育

马克思、恩格斯的社会再生产理论，是马克思主义的重要组成部分，是研究教育在社会再生产中的地位和功能，论述教育与社会物质生产关系，确立教育具有社会经济价值的理论基础。

马克思说："社会生产过程既是人类生活的物质生存条件的生产过程，又是一个在历史上经济上独特的生产关系中进行的过程，是生产和再生产着这些生产关系本身，因而生产和再生产着这个过程的承担者、他们的物质生存条件和他们的互相关系即他们的一定的社会经济形式的过程。"①也就是说，社会物质生产过程在生产物质生活资料的同时，再生产着生产关系，再生产着生产力，再生产着劳动的承担者，即劳动力。我们运用马克思、恩格斯的社会再生产理论着重研究教育在社会生产力再生产中的地位和价值，即教育在劳动力再生产中的功能和教育在科学知识形态生产力再生产中的功能。

一、劳动力再生产中的教育

马克思、恩格斯关于社会再生产的理论告诉我们，社会再生产是物质资料的再生产，同时也是劳动力的再生产。只有当物质资料再生产与劳动力再生产在整个生产过程中，数量上比例协调、质量上相互适应时，社会物质再生产才能得以实现。因此，劳动力再生产是社会物质资料再生产的必要条件。所谓劳动力再生产，一是指恢复、保持现有劳动力；二是延续和培养新的劳动力。培养和训练新的劳动力必须通过教育才能实现，因此，教育是劳动力再生产的手段。教育对劳动力再生产主要功能表现如下：

（一）教育会生产劳动能力

马克思说过："教育会生产劳动能力"②，"工人阶级的再生产，同时也包括技能的世代传授和积累。"③这些科学论断概括说明了教育是劳动力再生产的重要手段。那么什么是人的劳动能力？教育又是如何促进人的劳动能力发展的呢？马克思在《资本论》中指出："我们把劳动力或劳动能力，理解为一个人的身体即活的人体中存在的，每当他生产某种使用价值时就运用体力和智力的总和。"④具体来说，劳动能力的含义及其特征可以从这些方面考察：

人的劳动能力的含义：其一，从一般意义上说，劳动能力是指人征服自然或客观世界的能力，是人劳动的能力，是人的体力和智力的总和。其二，马克思说："整个'商品'世界可以分为两大部分：第一，劳动能力；第二，不同于劳动能力本身的商品。⑤ 这是从资本主义意义上考察的，是说劳动力也是商品。它是属于工人自己的商品，是雇主和厂商购买的对象。在西方社会里，劳动力这个商品同其他物的商品相对立，雇主和厂商主要依靠工人劳动能力创造的剩余价值获取高额利润。其三，从现代意义上说，发展人的劳动能力，提高人的劳动能力，主要是指开发人的劳动能力的含义。

---

① 马克思，恩格斯. 马克思恩格斯全集（第 25 卷）[M]. 北京：人民出版社，1974：925.

② 马克思，恩格斯. 马克思恩格斯全集（第 26 卷，第 1 分册）[M]. 北京：人民出版社，1972：210.

③ 马克思，恩格斯. 马克思恩格斯全集（第 44 卷）[M]. 北京：人民出版社，2001：662.

④ 马克思，恩格斯. 马克思恩格斯全集（第 44 卷）[M]. 北京：人民出版社，2001：195.

⑤ 马克思，恩格斯. 马克思恩格斯全集（第 26 卷，第 1 分册）[M]. 北京：人民出版社，1972：159.

从这一含义中可以得出劳动能力有这样几个基本特征：一是它是人的活的劳动力，并且存在于人的活动中，是同劳动者本身分不开的；二是它只有在一定的产业部门中，在劳动中，在生产某种使用价值时才能发挥出来；三是它除了生产自身的价值之外还有差额，别的商品不具备这一特征，正如马克思所说的："劳动能力所以是生产的，是由于它的价值和它创造的价值之间有差别。"①教育可以使人的劳动能力充分发挥出来，使其特征充分显示出来，发展起来，这主要是因为人的劳动能力生产、发展和提高，是在后天社会实践活动中实现的，是通过教育和训练获得的。因为教育与人的劳动能力的发展之间有着内在的必然联系，教育对于人的劳动能力的发展和提高，有着直接的影响和作用。

（二）教育可以改变人的劳动能力的性质和形态

马克思在《资本论》中指出："为改变一般的人的本性，使它获得一定劳动部门的技能和技巧，成为发达的和专门的劳动力，就要有一定的教育和训练。"②人的劳动能力的性质，也称质量和素质，主要是指提高体力劳动者的智力水平，把一个非熟练的劳动力提高成为一个熟练的劳动力。而体力劳动者的智力水平主要指其教育程度和生产技术水平，其中受教育程度和教育水平又是主要的。所以，可以得出结论说，通过教育可以把非熟练劳动力，培养训练为熟练劳动力，改变人的劳动能力的性质，提高人的劳动能力质量。人的劳动能力形态，主要是指劳动力所从事的劳动，是以体力形态为主，还是以脑力形态为主，也可以说是从事简单劳动，还是从事复杂劳动，是从事一般性劳动还是从事专门劳动。马克思指出教育作为一种服务形式，它可以"使劳动能力改变形态"，"使劳动能力具有专门性"③。教育可以把一个简单的劳动力，一般性质的劳动力，加工训练为一个复杂的和专门的劳动力，即科学家、工程师、技术人员等。因为通过教育可以把以体力劳动经验和劳动技能为特征的劳动力，改变培养成以科学知识形态为特征的劳动力，增加物质生产过程中的脑力劳动者的成分，使劳动力从只有简单劳动形态的能力，发展改变为具有复杂劳动形态能力的劳动力，复杂和专门的劳动力。他们的科学知识和专门技术，虽然有一部分也来自直接的社会生活和生产实践，但绝大部分主要是来自专门的教育和训练。随着时代的发展，教育在这方面的作用愈来愈显著。

二、科学知识形态生产力再生产中的教育

马克思说过："生产力里面也包括科学在内"④，生产力的发展也"来源于智力劳动特别是自然科学的发展。⑤"还说，资本主义大生产在于"整个生产过程不是从属于工人的直接技巧，而是表现为科学在工艺上的应用"。"资本是以生产力的一定的现有的历史发展为前提的——在这些生产力中也包括科学"。⑥ 还说："自然界没有造出任何机器，没有造出机车、铁路、电报、自动走锭精纺机等等。它们是人的产业劳动的产物，是转化为人的意志驾驭自然界的器官或者说在自然界实现人的意志的器官的自然物质。它们是人的手创造出来的人脑的器官；

---

① 马克思，恩格斯．马克思恩格斯全集（第 26 卷，第 1 分册）[M]．北京：人民出版社，1972：422.
② 马克思，恩格斯．马克思恩格斯全集（第 44 卷）[M]．北京：人民出版社，2001：200.
③ 马克思，恩格斯．马克思恩格斯全集（第 26 卷，第 1 分册）[M]．北京：人民出版社，1972：159.
④ 马克思．政治经济学批判大纲（草稿）第 3 分册[M]．北京：人民出版社，1963：350.
⑤ 马克思，恩格斯．马克思恩格斯全集（第 25 卷）[M]．北京：人民出版社，1974：97.
⑥ 马克思，恩格斯．马克思恩格斯全集（第 31 卷）[M]．北京：人民出版社，1998：94.

是物化的知识力量。固定资本的发展表明:一般社会知识,已经在多么大的程度上变成了直接的生产力,从而社会生活过程的条件本身在多么大的程度上受到一般智力的控制并按照这种智力得到改造。"①马克思这些精辟的论述,集中说明了在机器大工业生产条件下,自然科学本身就是社会生产力,是一种一般社会生产力,科学知识形态的生产力,也可称为一种潜在的生产力。因为,马克思认为生产力的表现形态是多种多样的,有"有用的具体的劳动生产力",也有"一般社会生产力";有物质形态的生产力,也有知识形态的生产力:有由劳动者的社会结合生产的生产力,也有个人生产力。科学则属于知识形态的生产力。这种生产力在应用于现实生产过程以前,既不是特定的劳动资料,也不是用于现实生产过程,只有渗透到生产力诸要素中,才能转化为直接的物质生产力。因此,这种生产力一般都有渗透性、潜在性和馈赠性。现代化生产过程是"驱使自然力为自己服务并使它为人类的需要服务的过程。"②随着时代的进步,随着新兴科学技术领域的不断开发和应用,马克思的这一伟大观点,将愈来愈显得重要。有人认为"新的技术革命时代,劳动技能主要不是靠体力,是以知识和智力为基础","知识的生产力已成为决定性生产力、竞争力、经济成就的关键因素"。还有的学者认为,未来的社会将是"高级知识社会""智力社会""信息社会"。在这样的社会里,物质生产主要靠领先科学技术、领先知识形态的生产力来发展生产。这一方面将进一步证明马克思关于科学知识是生产力的论断是无比正确的,另一方面也说明了教育将是适应和实现这一发展趋势的重要途径,是科学知识形态生产力再生产的重要手段。主要体现在以下几个方面:

(一) 教育具有生产和再生产科学的社会功能

恩格斯曾指出:科学的发展是"同前一代人遗留下的知识量成正比例"③。马克思也说过:"每一项发现都成了新的发明或生产方法的新的改进的基础。"④马克思、恩格斯的这些论断说明了科学的发展具有很大的继承性。传递、积累和借鉴前人的科学成果,是科学本身发展和再生产的前提条件。因为无论社会科学或自然科学,都不是某一个历史时代的产物,而是人类社会整个历史发展过程的结晶,是一个不断传递、积累、发展和再生产的历史过程。而教育在这一过程中具有特殊的功能。教育一方面要加强基础学科教学,使人类先前所积累起来的基本科学知识,得以世代相传,继承下去,传递下去,为新的科学发明打下基础。另一方面教育还要不断发展科学,再生产新的科学,创造和开拓新的科学领域。例如,据有关材料介绍,美国70%的科学研究单位和课题都在名牌大学里。美国许多新的科研成果是在高等院校取得的。以美国旧金山南部的"硅谷"为例,这里有一群半导体公司,专门从事生产先进的集成电路微型硅片、电脑和软件,在全世界半导体市场贸易额中,"硅谷"约占1/5。之所以出现这种局面,其重要原因,就是凭借斯坦福大学及研究院的科研力量,其中有些就是学院科研人员创办的,并且获得了许多新的科研成果。

(二) 教育具有把科学转化为生产技术的中介作用

马克思在《资本论》第一卷第十三章中,在论述机器和大工业发展历史过程中,论述了

---

① 马克思,恩格斯.马克思恩格斯全集(第31卷)[M].北京:人民出版社,1998:102.
② 马克思,恩格斯.马克思恩格斯全集(第31卷)[M].北京:人民出版社,1998:95.
③ 马克思,恩格斯.马克思恩格斯全集(第1卷)[M].北京:人民出版社,1956:621.
④ 马克思,恩格斯.马克思恩格斯全集(第47卷)[M].北京:人民出版社,1979:570.

由于产业革命而创立了许多职业技术学校和工艺学。职业技术学校和工艺学，是使科学变为技术，变为直接生产力和现实生产力的重要途径。通过职业技术教育和工艺学，可以使手工工具转化为机器，完善生产工具、发展生产工具，改进生产技术，提高社会生产力。这正如恩格斯曾经说过的，“教育可使年轻人很快就能够熟悉整个生产系统。”①现实中许多情况都说明了这一问题。例如，从国外引进一批新的机器设备和技术，国内技术力量受到限制，不会使用新机器，不懂新技术。这样，实际上科学还没有转化为现实生产技术，没有转化为生产的一般条件，没有形成直接生产力。在这种情况下，由一些专家和技术人员创办的一个短期技术教育培训班，使许多人很快地就学会使用并进行推广，使已有的先进生产工具和先进技术投入生产过程，就可以直接提高劳动生产力。目前，我国把科学转化为生产技术，仍是一个薄弱环节。一般较为发达国家，技术进步在整个国民经济增长率中占 40%～60%，而我国技术进步在国民经济增长中的作用，据有关方面估计还不到 10%。其根本原因，是我国科学研究成果转化为生产技术，转化为直接生产力的效率太差。要想改变这种局面，很重要的一个条件，就是加强教育事业的发展，重视教育在科学转变为生产技术中的重要功能。特别是各种职业技术教育，需要有更大的发展。

（三）教育是科学知识再生产的最有效形式

马克思说：“对脑力劳动的产物——科学——的估价，总是比它的价值低得多，因为再生产科学所必要的劳动时间，同最初生产科学所需要耗费的必要的劳动时间是无法相比的，例如学生在一小时内就能学会二项式定理。”②因为教育是把人类长期所积累的科学知识，经过有目的的选择、提炼、加工、概括并进行传递的，同时在传递过程中，又有科学的讲授、传递方法和手段，因此效率比较高。所以说，教育是科学知识传递和再生产的最有效形式。通过教育可以大大缩短科学知识再生产的必要劳动时间。目前，世界各国特别重视发展高等教育，因为高等专业技术教育是再生产科学知识的重要阵地，它起着发展科学，推广技术，推动生产力发展的重要作用。高等教育机构内有许多科研单位和科研条件，它本身就是传递科学知识的场所，具有较好的图书资料和实验设备，具有一支既能从事教学、又能从事科学研究并且承担国家重大科研项目的师资队伍。同时高等教育机构内系科专业和学科门类比较全，学术和科研气氛也很浓厚，再加之科研与教学可以相互促进，因此，十分有利于科学研究和创造发明，把高校办成教学、科研中心，是符合教育规律的，也是有利于科学发展的。

当代科学技术迅猛发展，产生了一系列新兴的科学技术，如微电子技术、生物工程、激光、光纤技术、空间技术、海洋技术等，并且正在逐步形成一个新的科技群体。这些新的科学技术的产生，都是同教育密不可分的，有的就是在大学里产生的。同时，这些新的科技群体有的已经运用于物质生产过程，已经形成了生产技术，形成了直接生产力；有的可能在今后几年或几十年内，也将运用于物质生产领域。新的科学技术之所以能够较快地应用于物质生产过程，教育在中间起着十分重要的作用。这些新的情况，马克思并没有预见到，也不可能论及得那样具体。但马克思关于教育在科学知识再生产中的功能，以及在科学变为生产技术中的作用等，这些基本原理是永恒的，是具有普遍理论意义的。

---

① 马克思，恩格斯. 马克思恩格斯全集（第 4 卷）[M]. 北京：人民出版社，1958：370.

② 马克思，恩格斯. 马克思恩格斯全集（第 26 卷，第 1 分册）[M]. 北京：人民出版社，1972：377.

第三节 劳动价值学说中的教育

马克思、恩格斯的劳动价值学说,其核心是社会物质财富是由劳动者的劳动创造的。因此,与此相关联的是劳动者报酬,应该等价交换,按劳取酬等。这些理论中包括有许多关于教育的社会经济价值的思想和观点。因此,可以说马克思、恩格斯的劳动价值学说,以及等价交换、按劳分配原则,是研究计量教育投资、教育投资经济效益的理论基础。

马克思、恩格斯的劳动价值学说中,包括许多关于教育的社会经济价值思想和观点。他们在论述劳动价值规律时,也涉及了教育领域内的一些经济现象和经济规律。其中关于教育费用是劳动力价值构成部分的观点;关于教育在形成复杂劳动力较高经济价值的作用的论述;关于教育对社会物质和经济增长的价值的思想更为突出。

一、劳动力价值构成中包括教育费用

马克思曾说:“为改变一般人的本性,使它获得一定劳动部门的技能和技巧,成为发达的和专门的劳动力,就要有一定的教育或训练,而这又得花费或多或少的商品等价物。劳动力的教育费用随着劳动力性质的复杂程度而不同。因此,这种教育费用——对于普通劳动力来说是微乎其微的——包括在生产劳动力所耗费的价值总和中。”[①]恩格斯也说,劳动力价值包括三项(1)“维持自己生活所必需的一定量生活资料”;(2)“还需要有一定量的生活资料来养育子女”;(3)“此外,还需要花费一定数量的价值,使工人能够发展自己的劳动力和获得一定的技能”[②]。这说明劳动力总价值是由三部分构成的,即劳动力本人所必需的生活资料费用;劳动力子女所必需的生活资料费用;劳动力所受教育和训练的费用。教育和训练的费用,是劳动力价值总和的重要组成部分。就是说劳动力除了依靠消费生活资料维持和延续其再生产之外,还要依靠生产消费,依靠教育费用、训练费用和学习费用,形成自己的生产技能。马克思曾说:“任何时候,在消费品中,除了以商品形式存在的消费品以外,还包括一定量的以服务形式存在的消费品。因此,消费品的总额,任何时候都比没有可消费的服务存在时要大。其次,价值也大了,因为它等于维持这些服务的商品的价值和这些服务本身的价值。”把教育看作一种服务形式,对于教育费用也应该采取相应的态度。“要知道,在这里就像每次商品和商品相交换一样,是等价物换等价物。”[③]随着时代的发展和科学技术的进步,教育费用在劳动力总价值中的地位,将愈来愈重要,愈来愈提高。资本主义初期,在运用蒸汽机时代,劳动力具有初等教育程度,就能基本上满足生产的需要。到了电气时代,劳动力的教育费用,就需要增加,必须达到中等教育程度,才能满足生产的需求。进入以电子计算机为代表的新时代,对劳动力的教育程度提出了更高的要求。要求花费更多的教育费、训练费和学习费,培养高中和大专教育程度的劳动力,才能满足生产的需要。因此,可以看出一个趋势,随着科学技术的发展和在生产中的广泛应用,劳动力总价值中的三个构成因素的比例结构,将发生深刻变化,教育和训练费用在其中将占有较大的比重。衡量劳动力的

---

① 马克思,恩格斯.马克思恩格斯全集(第44卷)[M].北京:人民出版社,2001:200.

② 马克思,恩格斯.马克思恩格斯全集(第16卷)[M].北京:人民出版社,1964:145.

③ 马克思,恩格斯.马克思恩格斯全集(第26卷,第1分册)[M].北京:人民出版社,1972:160-161.

价值,主要看教育和训练费用所占的比重大小。

二、复杂劳动具有较高的经济价值

复杂劳动是相对于简单劳动而言的。根据马克思的劳动价值学说,生产商品的劳动有简单劳动和复杂劳动之分。所谓简单劳动,是指一般人类劳动,是简单劳动力的耗费。“它是每个没有任何专长的普通人的有机体平均具有的简单劳动力的耗费。简单平均劳动本身虽然在不同的国家和不同的文化时代具有不同的性质,但在一定的社会里是一定的。”①所谓复杂劳动,则需要经过一定的专门的教育和训练,使劳动者具有一定的劳动技能和知识的劳动。正如马克思所说:“比较复杂的劳动只是自乘的或不如说多倍的简单劳动。因此,少量的复杂劳动等于多量的简单劳动。”②一般来说,劳动者在生产中所运用的生产规模愈大,效能愈高,它的劳动复杂程度就愈大。具体来说,劳动复杂程度是由具体劳动性质决定的,是由生产活动的目的、劳动对象、劳动手段以及劳动结果所决定的。具体劳动性质不同,要求从事不同性质劳动的劳动者的教育和训练程度也不同。因此,劳动者的劳动复杂程度与他的教育训练程度是密切相关的,是这样一种劳动力的表现,“这种劳动力比普通劳动力需要较高的教育费用,它的生产要花费较多的劳动时间,因此,它具有较高的价值。既然这种劳动力的价值较高,它也就表现为较高级的劳动,也就在同样长的时间内物化为较多的价值。”③这充分说明,劳动力的劳动复杂程度与它的教育费用,所花费的时间以及它自身的价值和所创造的价值等,都是成正比例关系的。

由于复杂劳动需要一定的教育和训练形成的,所以,复杂劳动必然需要较高的教育费用。培养劳动力的费用,是随着劳动力的复杂程度不同而不同的。马克思说:“因为总体工人的各种职能有的比较简单,有的比较复杂,有的比较低级,有的比较高级。所以他的器官,即各个劳动力,需要极不相同的教育程度,从而具有极不相同的价值。”④有学识的劳动力一般要比普通工人的劳动力贵得多。这是因为训练有学识的劳动者要耗费较多的时间和金钱,所以,有学识的劳动力必然有较高的价格。这说明复杂劳动“包括着需要耗费或多或少的辛劳、时间和金钱去获得技巧和知识的运用”,所以,“一小时复合劳动的产品同一小时简单劳动的产品相比,是一种价值高出两倍或三倍的商品。”⑤由于复杂劳动力比简单劳动力需要较高的教育费用,具有较高的价值,因此也必须相应地付与较高的工资报酬。复杂劳动力的工资报酬应该是简单劳动力工资报酬的多倍或自乘。这正如恩格斯所说:“现在怎样解决关于对复合劳动支付较高工资的全部重要问题呢?在私人生产者的社会里,培养熟练的劳动者的费用是由私人或其家庭负担的,所以熟练的劳动力的较高的价格也首先归私人所有:熟练的奴隶卖得贵些,熟练的雇佣工人得到较高的工资。在按社会主义原则组织起来的社会里,这种费用是由社会来负担的,所以复合劳动的成果,即所创造的比较大的价值也归社会所有。工人本身没有任何额外的要求。”⑥随着社会生产发展的科学进步,复杂劳动

---

① 马克思,恩格斯.马克思恩格斯全集(第44卷)[M].北京:人民出版社,2001:58.

② 马克思,恩格斯.马克思恩格斯全集(第44卷)[M].北京:人民出版社,2001:58.

③ 马克思,恩格斯.马克思恩格斯全集(第23卷)[M].北京:人民出版社,1972:223.

④ 马克思,恩格斯.马克思恩格斯全集(第44卷)[M].北京:人民出版社,2001:405.

⑤ 马克思,恩格斯.马克思恩格斯选集(第3卷)[M].北京:人民出版社,1995:542.

⑥ 马克思,恩格斯.马克思恩格斯选集(第3卷)[M].北京:人民出版社.1995:545.

的社会经济价值将愈来愈高，费用也愈来愈大，因此，复杂劳动者的工资报酬，也应该相应地增加。

目前人们普遍认为，由于科学技术的迅猛发展及其在物质生产中的广泛应用，使得生产过程中的简单劳动因素，即体力劳动因素，在日益减少；复杂劳动因素，即脑力劳动因素，在日益增加。出现了复杂劳动因素愈来愈重要，社会物质劳动过程智力化、科学化和复杂化的趋势。增加复杂劳动力与简单劳动之间的比重，扩大复杂劳动力的成分，同时还必须进一步提高对复杂劳动力具有较高价值的认识，逐步增加复杂劳动力的工资报酬，实现马克思所说的复杂劳动力应该有较高的工资报酬。在社会主义条件下，劳动力的工资报酬，应按多劳多得的原则分配。劳动力报酬之所以有差别，是由许多原因形成的，但主要是因为复杂程度不同，是因为先前所花费的教育费用不同造成的。就是说，劳动力受教育的时间愈长，投入的教育费用愈多，他的劳动复杂程度就愈高，为社会创造的价值就愈多，社会给他的报酬，即工资待遇就应该愈多。这完全符合马克思价值理论学说。

三、教育劳动影响社会经济价值的形成

教育劳动能够创造社会经济价值，主要是指教育劳动成果，即培养智力劳动力、熟练劳动力和再生产科学，与物质生产资料结合，创造出物质财富。也有人把它分为直接社会经济价值，即再生产新的劳动力和科学；最终社会经济价值，即新的社会物质财富，这是一种间接的社会经济价值。这也说明教育劳动不会直接创造社会物质财富，它必须通过培养训练劳动力和再生产科学来实现。其中特别是培养和训练劳动力更为突出，因为集中到一点上说，劳动力，即人的劳动能力是创造社会物质财富的源泉和力量。马克思在论述资本主义条件下劳动力作用时说："这个商品具有一种独特的特性：它是创造价值的力量，是价值的源泉，并且——在适当使用的时候——是比自己具有的价值更多的价值的源泉。"[①]这充分说明劳动力，而且只有劳动力才是社会物质财富的创造力。但是劳动力能创造新价值，绝不是自然形成的价值，也不是一个自然过程，它是与劳动力的教育程度密切相关的，劳动力创造的社会物质财富多少，在一般情况下，是与劳动力的教育程度成正比例的。加强对劳动力的教育和训练，延长劳动力的教育年限，提高劳动力的教育程度，那么劳动力就会再生产出更多的新的价值，社会物质财富就会不断增加，经济就会不断增长。

马克思关于教育将影响经济价值形成的思想，在当时只是从理论上进行了科学阐述，得出了科学结论，还没有对这一理论进一步从数量方面加以论证，没有使教育的经济价值定量化和数量化。但是，马克思对教育具有经济价值的定性分析，为其定量分析奠定了理论基础，特别是马克思的劳动价值学说、复杂劳动与简单劳动理论以及按劳分配的原则等，都为从数量上研究确立计算教育的社会经济价值，提供了理论依据。例如，计算教育经济价值的劳动简化比方法就依据了马克思的基本价值学说原理。

第四节　马克思主义教育经济思想在中国的发展

自从马克思主义传入中国后，不仅成为了中国革命和建设的指导思想，而且对教育理论

---

① 马克思，恩格斯．马克思恩格斯选集（第1卷）[M]．北京：人民出版社，1995：328.

和实践也产生了深刻的影响。其中马克思主义教育经济思想在中国的到广泛传播和具体运用。许多马克思主义者,如毛泽东、邓小平等都有许多继承和发展。尽管他们没有提出教育经济学这个名称,也没有建立起一个完整的教育经济体系,但他们在把马克思列宁主义普遍原理同中国革命和建设的其体实践相结合的过程中,对教育与经济的关系问题做了一系列科学的论述,形成了独具中国特色的教育经济思想。认真学习和研究他们的教育经济思想,对于指导我们今天加快教育改革,促进教育事业的迅速发展,具有极其重要的现实意义。

一、毛泽东教育经济思想

(一) 毛泽东教育经济思想的发展阶段①

毛泽东教育经济思想,是以毛泽东同志为主要代表的中国共产党人,运用马克思主义的基本原理,在中国革命和建设的长期实践中形成的,对教育与经济相互关系和教育领域经济运动过程及其规律的认识。其发展过程可分为三个阶段:

1. 初步形成阶段(从1921年中国共产党的诞生到中国共产党七届二中全会)。毛泽东同志根据马克思主义的历史唯物主义观点和中国共产党领导的革命根据地办教育的经验,从宏观上分析了教育与经济的关系。

2. 发展阶段(从中国共产党七届二中全会开始,一直到“文化大革命”前夕)。这个阶段是中国共产党领导全国人民从新民主主义到社会主义的转变和全面建设社会主义的时期。由于中国共产党亲自领导了国民经济恢复、“三大改造”和社会主义建设等工作,对教育在经济建设中的作用有了更明确的认识。如周恩来同志提出的科学技术在现代化建设中具有关键作用的观点;刘少奇同志提出的并得到毛泽东同志赞同的两种劳动制度、两种教育制度的观点等,都代表了毛泽东教育经济思想达到了一个新的高度。

3. 新发展阶段(中国共产党十一届三中全会至今)。粉碎“四人帮”以后,邓小平同志首先提出要“尊重知识,尊重人才”。中国共产党十一届三中全会前后,他反复强调说:“我们要实现现代化,关键是科学技术要能上去。发展科学技术,不抓教育不行”“抓科技必须同时抓教育”“不抓科学、教育,四个现代化就没有希望,就成为一句空话”。中国共产党的十三大又正式确立了我国教育的战略地位。邓小平同志继承、发展了毛泽东教育经济思想,使毛泽东教育经济思想向科学化、体系化迈进了一大步,进入了一个新的发展阶段。

(二) 毛泽东教育经济思想的主要内容

毛泽东同志虽然没有教育经济学专著,但在他的著作中,关于教育经济思想方面的论述却极其丰富。

1. 科学地揭示了教育与经济之间的辩证关系

马克思主义认为,教育与经济之间具有相互依存、相互制约的关系。马克思说:“物质生活的生产方式制约着社会的社会生活、政治生活和精神生活的过程。”②恩格斯也说:“政治、法律、哲学、宗教、文学、艺术等的发展是以经济发展为基础的。但是,它们又都互相影响并对经济基础发生影响。”③毛泽东同志继承了马克思主义创始人的这一历史唯物主义的观

---

① 成国辉.毛泽东教育经济思想初探[J].武汉教育学院学报(哲学社会科学版),1994(6):25-29.

② 马克思,恩格斯.马克思恩格斯全集(第13卷)[M].北京:人民出版社,1962:8(目录部分的“第十三卷说明”).

③ 马克思,恩格斯.马克思恩格斯全集(第39卷)[M].北京:人民出版社,1974:199.

点，并把它作为认识和处理教育与经济之间关系的理论基础和出发点，认为首先是经济制约着教育。1942年12月，毛泽东在陕甘宁边区高级干部会议上所做的报告《经济问题与财政问题》中指出，在目前陕甘宁边区的条件下，就大多数同志说来，经济工作与教育工作（理论教育，政治教育，军事教育，文化教育，技术教育，业务教育，国民教育均在内）是中心的或第一位的工作，其他工作都是“围绕着这两项工作而有其意义”。并且在教育与经济这两项工作中，“教育（或学习）是不能孤立地去进行的，我们不是处在‘学也，禄在其中’的时代，我们不能饿着肚子去‘正谊明道’，我们必须弄饭吃，我们必须注意经济工作。离开经济工作而谈教育或学习，不过是多余的空话”。[①] 同时他还认为教育也并不是被动地受制于生产活动，它对社会的经济发展具有十分重要的影响和促进作用。“一定的文化（当作观念形态的文化）是一定社会的政治和经济的反映，又给予伟大影响和作用于一定社会的政治和经济；而经济是基础，政治则是经济的集中的表现。这是我们对于文化和政治、经济的关系及政治和经济的关系的基本观点”。[②]

2. 明确地提出了教育为经济服务的思想

毛泽东关于教育服务于经济的思想内容是十分丰富的。归纳起来有以下几个方面：

第一，教育要为党和国家的总路线、总政策服务。毛泽东同志认为，我党在不同时期规定了中国革命的总路线和总政策，又规定了各项具体的工作路线和各项具体的政策，在我们执行具体工作路线和具体政策的时候，就不能忘记总路线和总政策，具体工作要为总路线服务。新中国成立以后，在全国第一次教育工作会议上，他提出，教育必须为国家建设服务，学校必须为工农开门。“团结全国各族人民进行一场新的战争——向自然界开战，发展我们的经济。”[③]1958年，中共中央、国务院又制订了“教育必须为无产阶级政治服务，必须与生产劳动相结合”的教育方针。中共十一届三中全会以后，提出了教育必须为社会主义现代化建设服务的方针。

第二，教育要为经济发展培养更多的、全面发展的劳动力。现代教育是劳动力再生产的重要内容和主要手段。毛泽东同志充分认识到了这一特征，非常重视教育和知识分子在经济发展中的作用。他曾指出，我国已进入了一个从事思考和钻研社会主义工业化、社会主义改造、现代化国防，并且开始钻研原子能的历史时期，所以必须有自己的科技干部队伍，必须有自己的教授、教员、科学家、文学家、艺术家和马克思主义理论家的队伍。并且告诫说：“无产阶级没有自己的庞大的技术队伍和理论队伍，社会主义是不能建成的。”[④]这些知识分子从哪里来呢？一方面是利用原来的老知识分子；另一方面，也是更重要的一方面，是通过自己的教育来培养新一代的知识分子。

第三，教育与生产劳动相结合。教育与生产劳动相结合，是培养全面发展的劳动者的根本方法，也是教育为经济服务的重要机制。毛泽东历来重视教育与生产劳动相结合，并对旧教育制度和教育方法之理论脱离实际的种种弊端深恶痛绝。在1919年，毛泽东曾针对旧学校学生“与社会之实际不相一致”，造成“学生不熟谙社会内情，社会亦嫌恶学生”的弊端，提

① 毛泽东. 毛泽东著作选读（下册）[M]. 北京：人民出版社，1986：565-566.
② 毛泽东. 毛泽东选集（第二卷）[M]. 北京：人民出版社，1991：663-664.
③ 毛泽东. 毛泽东著作选读（下册）[M]. 北京：人民出版社，1986：770.
④ 毛泽东. 毛泽东文集（第7卷）[M]. 北京：人民出版社，1999：309.

出了“工读并行”和重视体力生产劳动及减少学校教授的时间，使学生多自发研究及工作的主张，并且具体阐述了通过养成乐于农村生活习惯的途径，解决旧学校教育与生产劳动相脱离的问题，使学生“一边读书，一边工作”，以实现教育与生产劳动相结合。毛泽东在大革命时期创办农民夜校和农民运动讲习所的理论和实践，更是把教育与生产劳动相结合的典范。在抗日战争时期，毛泽东不仅为“抗大”作了“一面学习，一面生产”的题词，而且还经常提醒教育工作人员和广大师生注意从事生产，参加劳动。在社会主义改造基本完成后，毛泽东进一步强调了教育必须同生产劳动相结合，“劳动人民要知识化，知识分子要劳动化”的思想。

3. 大力提倡两条腿走路，多方面筹措教育经费

教育经费的主要来源是国家。但是，由于我国是一个经济落后、人口众多的国家，所以国家给予教育的经费，很难满足教育的需要，很难完成提高全民族素质的任务。针对这种实际情况，毛泽东同志一贯提倡两条腿走路，多方面筹措教育经费，号召全国人民采取多种形式办学，提倡勤工俭学和半工半读。1958 年，中共中央、国务院《关于教育工作指示》中，正式提出了“两条腿走路”的办学方针和“三结合，六并举”的具体原则。再一次强调了“多种形式、多种级别办学，免费教育与不免费教育并举”，为教育事业的发展起到了保障作用。

毛泽东教育经济思想的内容是十分丰富的，除了上面谈的以外，毛泽东同志还十分重视教育投资的效益，强调教育的实用性，强调理论联系实际等。

（三）毛泽东教育经济思想的特点及其价值

毛泽东不是就教育论教育，而是着眼于宏观，以“大教育观”来看待教育，尤其注重从教育与政治经济的关系，从教育与革命和建设的关系来把握和论述教育。毛泽东教育经济思想既具有重要的理论价值，也具有具体的现实的指导意义。

1. 毛泽东继承和发展了马克思主义教育经济思想

马克思主义认为：人类的生产活动是最基本的实践活动，是决定其他一切活动的东西。教育活动作为社会实践活动的内容，归根结底是受生产活动支配的，这是历史唯物主义的一条基本原理。毛泽东所阐述的教育与经济、生产活动与教育活动的辩证关系，是完全符合马克思主义教育学说基本原理的。

毛泽东继承和发展了马克思主义教育与生产劳动相结合的基本原理，并根据中国具体的国情，不仅提出了教育与生产劳动相结合的思想，而且进一步阐述了二者结合的原则、内容和形式，其中实行“半工半读”“以生产养学校”“勤工俭学”“开门办学”、自力更生发展教育和调动群众办学积极性等思想，为马克思主义教育与生产劳动结合理论增添了新鲜内容。

2. 毛泽东教育经济思想在中国革命和经济建设、教育发展中发挥了重要指导作用

毛泽东关于教育经济思想，是在中国革命和建设的各个历史时期，紧紧围绕每个时期的革命和建设的中心任务，并为当时的经济建设服务而提出来的，因而它不仅具有鲜明的时代特点，而且成为经济发展和教育发展的行动指南。如新中国成立后的知识分子政策，重视自己培养人才，强调教育与生产劳动结合，缩短学制，强调多方筹集教育经费等，促进了我国教育与经济的良性发展。

二、邓小平教育经济思想

邓小平同志阐述了一系列教育经济思想，这些理论和观点是我国社会主义教育经济学的成果之一。

(一) 邓小平教育经济思想的产生背景

邓小平围绕社会主义市场经济这一命题来对我国教育与经济中的一些重大现实问题进行理论分析,对教育与经济关系作了精辟论述,提出了许多极为重要的思想。邓小平同志教育经济思想是我们党几十年领导教育工作中集体智慧的结晶,它的形成和发展,是马克思主义教育经济思想和中国革命具体实践相结合的过程。邓小平同志这一思想,充分体现了建设有中国特色社会主义现代化的理论特征。

(二) 邓小平同志教育经济思想的内容

邓小平教育经济思想内容广博、深刻、富于创新,具有自己鲜明的特色,其基本观点有:

1. 教育是经济发展的基础

(1) 教育在国民经济发展和现代化建设中的基础性战略性地位。邓小平认为:"教育是一个民族最根本的事业。四化建设的实现要靠知识、靠人才,政策上的失误是很容易纠正过来的,而知识不是立即就能得到的,人才也不是一天两天就能培养出来的,这就要抓教育,要从娃娃抓起。"①他认为教育和科学事业是我国国民经济发展所必需的智力投资与技术保障。而农业、能源和交通业以及国民经济其他各部门,其发展的条件除了必要的物质投入外,仍然必须依靠知识和人才。"没有人才不行,没有知识不行,……现在要抓紧发展教育事业。"②1985 年他在全国教育工作会议上讲话指出:"我们的国家,国力的强弱,经济发展后劲的大小,越来越取决于劳动者的素质,取决于知识分子的数量和质量。一个十亿人口的大国,教育搞上去了,人才资源的巨大优势是任何国家比不了的。有了人才优势,再加上先进的社会主义制度,我们的目标就有把握达到"。③ 1992 年南方谈话更明确指出:"经济发展得快一点,必须依靠科技和教育。"④他说:"战略重点,一是农业,二是能源和交通,三是教育和科学。搞好教育和科学工作,我看这是关键。"⑤"全党全国工作重点的转移,……本来就应当包括教育。"⑥这就确立了教育在国民经济发展中的基础地位和战略地位。

(2) 科学技术是第一生产力、发展科学技术必须抓教育。马克思曾经说过:"生产力中也包括科学。⑦"邓小平在 1978 年提出了"科学技术是生产力"的观点,但他后来感到这样的概括还不够。1988 年 9 月 5 日,在会见捷克斯洛伐克总统胡萨克时首次提出"科学技术是第一生产力"的观点。过了几天,他在听取汇报时又说,"马克思讲过科学技术是生产力,这是非常正确的,现在看来这样说可能不够,恐怕是第一生产力。"⑧"从长远看,要注意教育和科学技术。否则,我们已经耽误了二十年,影响了发展,还要再耽误二十年,后果不堪设想。""四个现代化,关键是科学技术的现代化。没有现代科学技术,就不可能建设现代农业、现代工业、现代国防。没有科学技术的高速度的发展,也就不可能有国民经济的高速度发展。"⑨"我们要实现现代化,关键是科学技术要上去。发展科学技术,不抓教育不行。"

① 邓小平. 邓小平论教育(第 3 版)[M]. 北京:人民教育出版社,2004:176.
② 邓小平. 邓小平文选(第 3 卷)[M]. 北京:人民出版社,1993:9.
③ 邓小平. 邓小平文选(第 3 卷)[M]. 北京:人民出版社,1993:120.
④ 邓小平. 邓小平文选(第 3 卷)[M]. 北京:人民出版社,1993:377.
⑤ 邓小平. 邓小平文选(第 3 卷)[M]. 北京:人民出版社,1993:9.
⑥ 邓小平. 邓小平文选(第 3 卷)[M]. 北京:人民出版社,1993:121.
⑦ 马克思,恩格斯. 马克思恩格斯全集(第 46 卷,下册)[M]. 北京:人民出版社,1980:211.
⑧ 邓小平. 邓小平文选(第 3 卷)[M]. 北京:人民出版社,1993:274-275.
⑨ 邓小平. 邓小平文选(第 2 卷)[M]. 北京:人民出版社,1994:86.

“抓科技必须同时抓教育。从小学抓起，一直到中学、大学。”①他还说，“科学技术人才的培养，基础在教育。”②

邓小平指出：“我们国家要赶上世界先进水平，从何着手呢？我想，要从科学和教育着手。”③邓小平的这一思想，可以归结为“科技—知识人才—教育”这样一个公式。其中，科技是关键，教育是基础，知识和人才既是掌握和创造科技的主体，又是教育的产出和结果。教育是经济发展的基础，是邓小平教育经济思想的理论基石。邓小平认为教育不仅与经济互为基础，还与科技互为基础的思想，既是对马克思历史唯物主义的最新发展，同时也为我国社会主义经济发展模式的变革与开拓提供了理论依据。

2. 经济发展须教育先行

邓小平认为振兴科技和繁荣经济，必须坚持教育为本。教育是社会主义现代化建设的根本大计，应该把教育摆在优先发展的战略位置。

(1) 要发展经济、实现现代化，首先要优先发展教育。1977 年邓小平就指出：“我们要实现现代化，关键是科学技术要能上去。发展科学技术，不抓教育不行。”④邓小平把教育看作是现代化的基础，认为“不抓科学、教育，四个现代化就没有希望，就成为一句空话”，所以“教育要狠狠地抓一下，一直抓它十年八年。我是要一直抓下去的。”⑤“我国的经济，到建国一百周年时，可能接近发达国家的水平。我们这样说，根据之一，就是在这段时间里，我们完全有能力把教育搞上去，提高我国的科学技术水平，培养出数以亿计的各级各类人才。”“只有教育发展了，生产出大量新的知识，才能促进经济的发展。⑥

(2) 领导必须高度重视教育。邓小平告诫说：“我们要千方百计，在别的方面忍耐一些，甚至牺牲一点速度，把教育问题解决好。”⑦教育优先发展，绝不是一句口号，而要落实在“抓紧发展、大力兴办教育事业”上。“中央提出要以极大的努力抓教育，并且从中小学抓起，这是有战略眼光的一着。如果现在不向全党提出这样的任务，就会误大事，就要负历史的责任。”他希望各级领导“要像抓经济工作那样抓教育工作”，批评“还有相当一部分同志，包括一些高级干部，对于发展和改革教育的必要性，认识不足，缺乏紧迫感，或者口头上承认教育重要，要解决实际问题时又变得不那么重要了。”⑧并严肃指出：“一个地区，一个部门，如果只抓经济，不抓教育，那里的工作重点就是没有转移好，或者说转移得不完全。忽视教育的领导者，是缺乏远见的、不成熟的领导者，就领导不了现代化建设。”⑨

(3) 教育先行必须增加教育经费投入。邓小平基于对教育是经济发展的基础和战略重点的认识，特别重视教育投资问题。1977 年他刚恢复工作时就提出：“我个人认为，科研教育经费应该增加。”⑩1988 年他又强调要重视科技、农业、教育方面的投入。邓小平强调：

---

① 邓小平. 邓小平文选(第 2 卷)[M]. 北京：人民出版社，1994：40.
② 邓小平. 邓小平文选(第 2 卷)[M]. 北京：人民出版社，1994：95.
③ 邓小平. 邓小平文选(第 2 卷)[M]. 北京：人民出版社，1994：48.
④ 邓小平. 邓小平文选(第 2 卷)[M]. 北京：人民出版社，1994：40.
⑤ 邓小平. 邓小平文选(第 2 卷)[M]. 北京：人民出版社，1994：70.
⑥ 邓小平. 邓小平文选(第 3 卷)[M]. 北京：人民出版社，1993：120-121.
⑦ 邓小平. 邓小平文选(第 3 卷)[M]. 北京：人民出版社，1993：275.
⑧ 邓小平. 邓小平文选(第 3 卷)[M]. 北京：人民出版社，1993：120-121.
⑨ 邓小平. 邓小平文选(第 3 卷)[M]. 北京：人民出版社，1993：121.
⑩ 邓小平. 邓小平文选(第 2 卷)[M]. 北京：人民出版社，1994：57.

“科学技术方面的投入,农业方面的投入要注意,再一个就是教育方面。我们要千方百计,在别的方面忍耐一些,甚至于牺牲一点速度,把教育问题解决好。”①“无论如何要逐年加重这方面,否则现代化就化不了。”“我们非要大力增加教科文卫的费用不可。”②“要增加智力投资。”③

他特别对我国长期计划体制下在教育方面舍不得花钱的现象给予了严厉批评。邓小平指出:“我们过去长期搞计划,有一个很大的缺点,就是没有安排好各种比例关系。”其中一个重要的“就是经济发展和教育、科学、文化、卫生发展的比例失调,教科文卫的费用太少,不成比例。”④

【知识拓展】

教育先行

教育先行,是指在一定社会物质生产发展条件之下,为了经济发展,必须首先发展教育,就是要求教育要面向未来,使教育在适应现存生产力和政治经济发展水平的基础上,适当超前于社会生产力和政治经济的发展。包括两层意思:一是在教育事业的发展过程中,教育投资的增长速度应超过经济增长的速度;二是在教育活动的进行过程中,要为未来的经济发展需要培养人才,兼顾经济建设近期与远期需要,目标、内容等方面适当超前。

3. 教育要适应经济的发展

1978年,邓小平在全国教育工作会议上提出,教育事业必须同国民经济发展的要求相适应。他认为现代经济和技术的迅速发展,要求教育质量和教育效果的迅速提高,要求人们在教育与生产劳动结合的内容上、方法上不断有新的发展,以适应经济的发展。教育与经济发展之间存在着对立统一的辩证关系,他认为:“整个教育事业必须同国民经济发展的要求相适应”⑤。为此,他提出:

(1) 教育计划成为国民经济计划的一个重要组成部分。教育是全社会的事业,必须树立整体发展观。邓小平反复强调:“国家计委、教育部和各部门,要共同努力,使教育事业的计划成为国民经济计划的一个重要组成部分。”“我们的国民经济是有计划按比例发展的,我们培养训练专门家和劳动后备军,也应该有与之相适应的周密的计划。”⑥要求各级党政部门制订社会发展计划时必须制订相应的人才培养和教育发展计划,抓经济必须同时抓教育。制订教育发展计划,“不但要看到近期的需要,而且必须预见到远期的需要;不但要依据生产建设发展的要求,而且必须充分估计到现代科学技术的发展趋势”;还必须“切实考虑劳动就业发展的需要。”⑦

(2) 教育的改革和发展必须适应经济体制、经济结构、产业结构、劳动就业结构调整与

---

① 邓小平.邓小平文选(第3卷)[M].北京:人民出版社,1993:275.
② 邓小平.邓小平文选(第2卷)[M].北京:人民出版社,1994:250.
③ 邓小平.邓小平文选(第2卷)[M].北京:人民出版社,1994:361.
④ 邓小平.邓小平文选(第2卷)[M].北京:人民出版社,1994:250.
⑤ 邓小平.邓小平文选(第2卷)[M].北京:人民出版社,1994:107.
⑥ 邓小平.邓小平文选(第2卷)[M].北京:人民出版社,1994:108.
⑦ 邓小平.邓小平文选(第2卷)[M].北京:人民出版社,1994:108.

变化的要求。他说:“我们制订教育规划应该与国家的劳动计划结合起来,切实考虑劳动就业发展的需要。”“这个计划,应该考虑各级各类学校发展的比例,特别是扩大农业中学、各种中等专业学校、技工学校的比例;要研究发展什么样的高等学校,怎样调整专业设置、安排基础理论课程和进行教材改革。要制订加速发展电视、广播等现代化教育手段的措施,这是多快好省发展教育事业的重要途径,必须引起充分的重视。”“必须考虑集中力量加强重点大学和重点中小学的建设,尽快提高它们的教学水平和教学质量。”①“现代经济和技术的迅速发展,要求教育质量和教育效率的迅速提高,要求我们在教育与生产劳动结合的内容上、方法上不断有新的发展。”②

(3) 教育必须与生产劳动相结合。邓小平不仅继承而且发展了马克思主义教劳结合思想,他说:“为了培养社会主义建设需要的合格的人才,我们必须认真研究在新条件下,如何更好地贯彻教育与生产劳动相结合的方针。”他认为,第一,现代经济和科技的迅猛发展,要求提高教育质量和教育效率,出好人才,快出人才;要求教育与生产劳动相结合的内容、方法不断有新的改革和发展;要求教育不但要依据生产建设发展的要求,而且必须充分估计到现代科学技术的发展趋势。第二,学用结合。“各级各类学校对学生参加什么样的劳动,怎样下厂下乡,花多少时间,怎样同教学密切结合,都要有恰当的安排。”“不然,学生学的和将来要从事的职业不相适应,学非所用,用非所学,岂不是从根本上破坏了教育与生产劳动相结合的方针?”“生产劳动、科学实验和科学研究在学校教育中怎样组织得更有计划,使之更符合于经济计划和教育计划的需要,应该加以深入的研究。”③就是要求文化课教学与实践训练相结合、学校专业学习与社会就业需要相结合,生产劳动与科学实验相结合。第三,更重要的是整个教育事业同国民经济发展的要求相适应。在邓小平看来,教育与生产劳动相结合,在现代社会条件下,就是教育与经济发展和现代化建设的客观要求相结合。这就要求教育根据经济发展的产业结构、技术结构、层次结构以及运行机制等调整变化的特点,改革教育思想、教育体制、教育结构、教育内容、教育方法。

(三) 邓小平教育经济思想的实践价值

邓小平同志系统地提出了教育与经济相互关系的思想,依靠科技进步和提高劳动者素质来推动经济发展的思想,这些教育经济思想继承和发展了马克思主义、毛泽东的教育经济思想,具有重要的理论意义,对我国经济社会,特别是对教育发展产生了深远的影响。

1. 优先发展成为全社会的共识

虽然教育对经济发展作用具有周期性长、时效性迟缓的特点,但人是生产力中最活跃的因素,应该用发展的眼光看待教育对经济增长的作用,坚持教育先行。同时,必须考虑经济发展水平,实事求是地增加教育经费,使教育与经济协调发展。在我国经济发展水平较低、财政困难的条件下,邓小平提出,要处理好重点与非重点的关系,必要时宁可牺牲一点其他方面的发展速度,也要把科技和教育这个重点的问题解决好。邓小平教育优先的战略思想,得到了全党的认可,成为我党制定国民经济发展战略的指导思想。党的十二大把教育和科学作为国民经济发展的战略重点之一,十三大提出“百年大计,教育为本”,十四大进一步明

---

① 邓小平. 邓小平文选(第2卷)[M]. 北京:人民出版社,1994:108.

② 邓小平. 邓小平文选(第2卷)[M]. 北京:人民出版社,1994:107.

③ 邓小平. 邓小平文选(第2卷)[M]. 北京:人民出版社,1994:107-108.

确提出“必须把教育摆在优先发展的战略地位。”

2. 服务经济建设成为教育改革与发展的出发点

邓小平同志强调，在社会主义这个漫长的历史阶段，应当始终把经济建设放在一切工作的中心位置，“要把经济建设当作中心”，“其他一切任务都要服从这个中心，围绕这个中心，决不能干扰它，冲击它。”如果“离开了经济建设这个中心，就有丧失物质基础的危险”。①以经济建设为中心，成为邓小平教育经济思想的逻辑前提，也成为全党全国考虑教育的出发点，成为衡量教育指导思想是否明确、办学方向是否端正的重要标准。

3. 教育成为实施科教兴国战略的基础和前提

邓小平站在世界的高度，对国内外的经济发展状况作了综合全面的考察，还从科技、教育、人才的角度深刻地指出了教育和科技的内在关系，认为教育不仅与经济互为基础，还与科技互为基础。教育在发挥科技为第一生产力作用，在实施科教兴国战略中也起着极为关键的作用。邓小平认为，要实现现代化，关键是科学技术要上去。发展科学技术，不抓教育不行。抓科技必须同时抓教育。从小学抓起，一直到中学、大学。这一系列论述充分反映了科技是关键、教育是基础的重要思想。这就使人们对教育与经济关系的认识进一步深化了，从而为我党确立把教育摆在优先发展的战略地位奠定了思想和认识基础。党的十四届三中全会提出了“实施科教兴国战略，促进科技、教育与经济紧密结合”的战略方针。目前，依靠科技进步和提高劳动者素质来推动经济发展，已成为中国经济转型和发展的模式。

4. 重教尊师成为社会的良好风尚

邓小平同志多次强调各级党政领导应当少讲空话，多为教育发展做些实实在在的事情，坚信“靠空讲不能实现现代化，必须有知识，有人才”②，必须在我们党内形成“尊重知识，尊重人才”的共识和风气。邓小平对知识和人才的重视，并不仅仅停留在观念上和思想上，而且还真正地落实到现代化建设的实践过程中。早在“文革”期间，邓小平就坚决顶住了当时不利的政治环境的巨大压力，提出“科技人员应当受到重视”，并为他们努力“创造比较好的条件，使他们能够专心致志地研究一些东西”③。他要求切实提高广大知识分子尤其是“真正有本领的人，对国家贡献很大的人”的工资与待遇。“还要给他们创造条件，切切实实地帮助他们解决一些具体问题”④。在邓小平的呼吁下，尊师重教，提高教师的社会地位和物质待遇的相关政策陆续出台，教育迎来了发展的春天。

本章小结

马克思主义教育经济思想是马克思恩格斯等创立的经济学理论的重要组成部分，是以马克思恩格斯关于生产劳动与非生产劳动理论为基础提出的，主要体现为教育劳动学说、教育在劳动力在市场和科学知识形态生产力再生产中的作用、教育工作者劳动价值等方面。其基本观点是：教育劳动是一种劳务性或服务性的劳动；从简单劳动意义上看，教育劳动具

① 邓小平. 邓小平文选(第2卷)[M]. 北京：人民出版社，1994：250.
② 邓小平. 邓小平文选(第2卷)[M]. 北京：人民出版社，1994：40.
③ 邓小平. 邓小平文选(第2卷)[M]. 北京：人民出版社，1994：27.
④ 邓小平. 邓小平文选(第2卷)[M]. 北京：人民出版社，1994：56.

有间接的生产性质,教育投资具有消费性;从社会关系角度和社会整体生产的角度看,教育劳动具有生产性,教育投资是一种生产性投资。毛泽东、邓小平等结合中国的国情,继承和发展了马克思主义教育经济思想。

关键概念及术语

生产劳动理论　非生产劳动理论　社会再生产理论　劳动价值学说　教育先行　毛泽东教育经济思想　邓小平教育经济思想

引导性思考题

1. 用马克思主义观点说明教育劳动的性质。
2. 论述教育在社会再生产中的作用。
3. 概述教育对科学知识再生产的功能。
4. 为什么说复杂劳动具有较高的经济价值?
5. 毛泽东教育经济思想的主要内容有哪些?
6. 毛泽东、邓小平教育经济思想与马克思恩格斯教育经济思想的内在联系有哪些?
7. 如何评价邓小平教育经济思想的价值?

文献选读

1. 王焕勋. 马克思教育思想研究[M]. 重庆:重庆出版社,1988.
2. 孟明义,曾子达. 马克思主义教育经济思想的形成和发展[J]. 教育理论与实践,1986(3).
3. 杨吉兴. 论毛泽东的教育经济思想及其现实意义[J]. 怀化学院学报,1993(3).
4. 郭华. 邓小平教育经济学思想探析[M]. 西安:陕西人民教育出版社,1989.
5. 刘俊. 教育经济学与邓小平教育经济思想探析[J]. 江西师范大学学报(哲学社会科学版),2000(4).

第三章　西方人力资本理论及其发展

【案例导入】

人力资本与战后复苏

第二次世界大战末期，广岛所遭受的原子弹袭击使得该城市70%的建筑物被摧毁，30%的人口在爆炸中死亡。幸存者在爆炸的余波中纷纷逃离城市，然而，仅仅在24小时内，一些人就开始返回该城市；同样地，德国的汉堡在1943年的夏季是一个拥有150万人口的大城市，在经过盟军10天的狂轰滥炸之后，这座城市大约有一半的建筑物被摧毁，3%的人口被炸死。尽管该城市的供水系统受到严重破坏，但是在最后一次的空袭过后，电力和煤气供应就全面恢复，电报系统在4天内恢复了运营，邮政服务在空袭后12天也恢复了工作。根据《美国战略轰炸调查》的估计，生产量占广岛工业生产四分之三的工厂可能在30天以内就已经恢复正常运行了；德国汉堡也仅仅在5个月内，其生产力水平就已经恢复到轰炸前的80%。

广岛和汉堡复苏的事例说明人力资本是一个国家或者地区重要的财富。人力资本蕴含着的巨大能量，一旦具有特殊的条件，这些能量就会被释放出来，就会创造出惊人的奇迹，带来超过其成本的收益。由此说明有劳动能力的人才是一个社会的关键所在，他们才是社会的真正财富。如果一个人能进行高质量、高附加值的劳动，就更是如此。人力资本投资的意义由此彰显。

什么是人力资本？教育发展与人力资本有着怎样的关系？大力发展教育对一国经济发展来说意味着什么？本章将从人力资本理论的视角予以阐述。

【教师导读】

人力资本是与物质资本相对而存在的一种资本形式，教育是人力资本形成的主要途径，教育通过人力资本的形成而对经济增长以及个人收入产生持久的作用。本章主要论述了人力资本的概念、性质和特点，西方人力资本理论的渊源、主要理论观点、理论价值，以及人力资本理论的价值、发展和应用等。

【学习目标】

1. 掌握人力资本的概念和特点；
2. 领会人力资本理论的主要内容；
3. 了解人力资本理论代表人物的观点；
4. 深入理解教育与人力资本的关系及其应用；
5. 理解人力资本产权的内涵及其实现。

【课时分配】

6 课时

人力资本理论是现代西方经济学的一个理论派别，也是西方教育经济学的理论基础。它产生于 20 世纪 50 年代中期，盛行于 60 年代、70 年代；自 20 世纪 80 年代中期以来，随着新经济增长理论的兴起，人力资本理论在当代获得了新的突破和发展，人力资本投资则成为解释经济持续增长的一个具有长期主导性的重要变量，人力资本理论不仅对教育经济学的产生和发展起到积极的推动作用，而且对促进许多国家经济和社会发展起到重要的影响和作用。各个国家都把人力资本理论作为振兴和发展经济，制定经济发展政策、国家发展战略和教育发展政策的理论基础。

第一节　人力资本理论综述

一、基本概念

（一）人力资本的含义

“人力资本”是美国经济学家沃尔什在 1935 年发表的《人力的资本观》（直译为《把资本的概念应用到人的身上》）一文中首次提出了“人力资本”的概念；美国经济学家舒尔茨认为人力资本是与物力资本相对应的概念，人力资本是“通过投资形成并由劳动者的知识、技能和体力所构成的资本”。贝克尔认为“人力资本投资是通过增加人的资源而影响未来的货币和物质、收入的各种活动”。2001 年经济合作和发展组织（OECD）对人力资本的定义是：个人所拥有的能促进个人创造、社会和经济福利的知识、技能和能力。

综上可知，人力资本的含义是指凝聚在劳动者身上的知识、技能及其所表现出来的能力。这种能力是经济增长的主要因素，是具有经济价值的一种资本。

（二）人力资本和物力资本的辨析

按照舒尔茨的观点，全资本的概念应当包括人力资本与物力资本两个方面。

其中人力资本与物力资本有着它们作为资本的共同特性，也有着其自身的独特性。

1. 共同点

人力资本与物力资本有其资本的同源性和共生性，主要表现在：第一，人力资本和物力资本作用的结果相同，都能使个人收入增加和国民收入增加；第二，人力资本和物力资本都是通过投资形式实现的，对人投资形成人力资本，对物投资形成物力资本；第三，人力资本和物力资本均具有资本的性质，均具有带来利润的作用，均可带来剩余产品。

2. 主要区别

主要表现在：其一，人力资本存在于人体之中，与其承载者不可分离。这是区别于物力资本等其他形式最本质的特点，如每个人习得的知识和技能都是属于自身的人力资本。其二，人力资本的所有权不能直接转让或买卖，不能被继承。而物力资本的所有权可以被转让或被继承，如房产和财物的继承、资产的转让等。其三，人力资本要经过较长的人力培养周期，才能收到经济效益和社会效益。物力资本投入则能够收到立竿见影的效果。其四，人力资本的形成及其发挥的程度，与人的年龄变化，与人的体力、能力及生命周期直接相关。而物力资本的发挥与自身的属性相关。其五，人力资本具有易流失性的特点，具有迁移性和流动性；如人才流动就体现了这一特性。而物质资本具有固态性，便于垄断。

二、人力资本的主要内容

（一）人力资本分类

人力资本具有不同的分类方法，根据美国学者 T. W. 舒尔茨在“应付非均衡能力的价值”一文中的分析，区分了五种具有经济价值的人类能力，分别为：学习能力、完成有意义工作的能力、进行各项文娱体育活动的能力、创造力和应付非均衡的能力。国内学者李忠民在此基础上，将人类能力分为四种：一般能力，即基础性能力；完成特定工作的能力，如生产技能；组织管理能力；资源配置能力。实际上，这种分类区分了一般型、技能型、管理型和专家型四种不同类型的人力资本。体现了人力资本在生活和工作中最直接的表现就是多样化的能力。能力的划分有许多标准，教育经济学一般将其划分为基础能力、技术研究能力和领导能力三种，并据此把人力资本区分为典型的三种类型①：

1. 一般型人力资本。它指一般劳动者通过人力资本投资形成的，具有简单的分析、判断和完成程序性工作等能力的人力资本。这种类型的人力资本具有社会平均的知识存量和一般能力水平，通常所需完成的工作及步骤事先已经确定，不需要他们创新。对应的社会分工角色是一般劳动者。

2. 技术研究型人力资本。它是指具有某项特殊技能的人力资本。拥有此类人力资本的人能够从事科学研究和技术开发或指导工作，通常具备解决新问题的能力，其社会角色是专业技术人才。

3. 企业家型人力资本。它是指拥有管理知识与技能的人力资本，拥有此类人力资本的人能够在特定条件下，组织协调人力资源和物质资源在一定范围内的最优配置，对应的社会分工角色是各级各类管理人员。

这三种类型的人力资本相互依托，缺一不可。

其中一般型人力资本是经济发展的基础，技术研究型人力资本是经济发展的动力，企业家型人力资本是经济发展的灵魂②。

（二）人力资本投资

1. 人力资本投资的含义

人力资本投资是指用于提高人的知识、能力和健康的存量水平，实现预期收益最大化，降低磨损与贬值风险而进行的投资。③

舒尔茨将人力资本投资分为五部分：影响人的预期寿命、体力和耐力、精力和活力的全部开支；在职培训，包括商社组织的旧式学徒制培训方式；正规的初等、中等和高等教育；非商社组织的成人教育计划，特别是农业方面的校外学习计划；个人和家庭进行迁移以适应不断变化的就业机会。④

---

① 王玉崑主编. 教育经济学(第 2 版)[M]. 华文出版社,2005:4.

② 邱风. 可持续发展的人力资本投资研究[D]. 东北师范大学,2000(06).

③ 王玉崑主编. 教育经济学(第 2 版)[M]. 华文出版社,2005:4.

④ 舒尔茨. 教育的经济价值[M]. 长春:吉林人民出版社,1982:130.

2. 人力资本投资的内容

人力资本投资的内容主要包括：

(1) 用于教育和训练的费用,以培养和提高在职或未来劳动力的工作能力、技术水平和劳动熟练程度；

(2) 用于医疗卫生保健的费用,以保证劳动力的必要数量和在职劳动力的健康水平；

(3) 用于劳动力国内交流流动的费用,以利于调剂和合理配置各地区各部门劳动力的余缺,以利于充分发挥各种劳动力的专业技术特长；

(4) 用于国外移民入境、智力引进、国际人才劳动力吸流的费用,以增加本国劳动力和专门人才的数量,提高吸入国的人才智力水平；

(5) 提高企业能力,增强企业精神,以便使经营管理者具有对错综复杂的经济动态格局做出最佳决策,增强企业的竞争实力。①

随着人力资本理论的发展,其内容还会不断拓展。随着知识经济时代的到来和信息技术的飞速发展,知识资本、信息资本、社会资本的形成,一些以知识成果、信息技术、制度改善为载体的投入也被纳入到了人力资本投资中。

人力资本投资是用来形成人力资本的投资,而人力资本的形成是借助于家庭、教育和医疗卫生等人类自身再生产活动来实现的。但人力资本投资绝不等同于日常生活消费。任何以个人自身为对象的活动,都既有为实现当前消费的目的而进行的支出,也有为将来收益进行的投入;这些活动中有的是满足消费偏好,有些活动主要是为了提高生产能力。如一日三餐、休息睡眠、急病救治、网上购物、文化娱乐等支出主要是为了满足当前的直接欲望,属于消费;而学校教育、在职培训、卫生保健、迁移流动等支出则主要是为了将来长期获利或受益,因而应被看作人力资本投资。对于一个人来说,日常消费和人力资本投资在时间上、数量上存在着某种替代、互补或相融的关系,一个人在对自己的人生进行规划时如何处理二者的关系,实际上是一个如何处理眼前利益和长远利益动态关系的价值取向、人生选择问题,这是人力资本投资决策需要解决的关键问题②。

三、人力资本理论的主要观点

舒尔茨、丹尼森、贝克尔等分别从不同的角度对人力资本理论进行了探索,奠定了现代人力资本理论的基本理论体系。

(一) 人力资本理论的基本观点

1. 人口质量重于人口数量

人力资本理论基本出发点是提高人口质量,增强人口素质。这一理论批评了古典经济学家李嘉图、马尔萨斯等人只重视土地和人口数量的作用,而看不到人口质量的经济价值;提出了当今世界经济发展的关键在于人口的质量。

2. 人力资本投资的作用大于物力资本投资的作用

人力资本投资与物力资本投资都是经济发展不可缺少的生产性投资。在当今社会经济发展中,物力资本固然是经济发展的基础,而最终决定一个国家或地区发展的力量来自于人

① 杨葆焜.教育经济学[M].华中师范大学出版社,1989:451.

② 王玉崑主编.教育经济学(第2版)[M].华文出版社,2005:4.

力资本的集聚。例如,战后日本经济的迅速起飞正是得益于重视人力资本的投资,通过不断追加教育经费而提高人的素质的结果。美国经济学家丹尼森认为,1961—1971 年日本高速发展时期经济增长的 1/4 源于重视教育而带来的知识进步①。

3. 教育投资是人力资本的核心

教育是提高人力资本最基本的手段,因此教育投资通过对人力投资实现人力资本的积聚。主要原因在于:

(1) 教育投资是一种生产性投资。教育投资是使隐藏在人体内部的能力得以发展的一种生产性质活动。即通过接受教育潜在的劳动力被训练成为现实的劳动力。

(2) 教育投资是提高人口质量的关键。因为各国人口的先天素质和潜在能力基本上是均衡的,或者说是相近似的,但是后天获得的知识、技能和能力,却是有差别的,人口质量与素质是不完全相同的,其根本原因是各国教育投资水平不同,社会平均教育程度不同。

(3) 教育投资对人力资本形成的贡献作用最大。世界范围的资料表明,第二次世界大战以来,由于人力资源开发,教育投资增长,使经济增长的比例,达到占国民经济增长总额的 41%,有的国家达到 60%以上。2016 年中国人力资本指数显示教育对于劳动力人口的人力资本形成的贡献作用最大,1995 年之后效果呈增加趋势②。

(4) 教育投资收益率高于物力投资的收益率。教育投资比物力投资更有利,会带来更多的利润。例如,美国 1900 年到 1957 年五十多年间,教育投资增长速度远远超过物力资本增长速度,其所获利润结果为:物力资本投资所赚回的利润增长了 3.5 倍,同时,教育投资增加的利润则达到 17.5 倍。因此,资本积累的重点应从物力资本转移到人力资本,要追加教育投资总量。

4. 教育投资收益率是可以测算的。基本上同物力形态投资收益率的测算相同。其基本公式为:教育收益率=教育收益÷教育成本

(二) 人力资本理论主要代表人物的观点

20 世纪 50—60 年代是人力资本理论的形成时期,主要代表人物有美国的西奥多·舒尔茨、爱德华·丹尼森和加里·贝克尔。以下分别阐述了各个代表人物的理论观点:

1. 舒尔茨的主要观点③

西奥多·舒尔茨,美国经济学家,1979 年诺贝尔经济学奖获得者。自 20 世纪 50 年代从研究农业经济起,舒尔茨就提出并倡导了人力资本论,被西方资产阶级经济学界称为“人力资本概念之父”。

他的主要观点包括:

(1) 人力资本的积累是社会经济增长的主要源泉。第一,人力资本投资收益率超过物力资本投资的收益率。第二,教育形成的人力资本在经济增长中会更多地代替其他生产要素。现代经济发展已经不能单纯依靠自然资源和人的体力劳动,生产中必须提高体力劳动与智力水平,增加脑力劳动者的成分,以此来代替原有的生产要素。例如,在农业生产中,对农民的教育和农业科学研究、推广、应用,可以代替部分土地的作用,促进经济的增长。第

① 张兴,等. 从日本经济发展角度看现代化理论的兴衰[J]. 外国中小学教育,2003(11):28-31.

② 2016 年中国人力资本指数发布平均受教育年限提升[EB/OL]. http://edu.qq.com/a/20161211/005282.htm.

③ 舒尔茨. 人力资本投资:教育和研究的作用[M]. 蒋斌,张衡,译. 北京:商务印书馆,1990:22-40.

三，舒尔茨运用自己创造的“经济增长余数分析法”进行具体数量化计算，进一步加以证明人力资本是经济增长的源泉。他估计测算了美国1929年至1957年国民经济增长额中，约有33%是由教育形成的人力资本做出的贡献。

（2）教育促进经济增长是通过提高人们处理不均衡状态的能力的具体方式实现的。这种处理不均衡状态的能力，指的是人们对于经济条件的变化、更新所做出的反应及其效率，也就是人们根据经济条件的变化，重新考虑合理分配自己的各种资源，如财产、劳动、金钱及时间等。舒尔茨称这种“分配能力”，即为处理不均衡能力。这种能力的取得与提高，主要是由于教育形成的人力资本的作用。这种“分配能力”可以带来“分配效益”，从而促进个人或社会经济增长，增加个人和社会经济收入。如通过教育改变个人的生活境遇和提高未来生活质量、社会阶层等。

（3）人类时间是人力资本的组成部分。有效地合理使用与分配时间的能力，也是人力资本的构成部分。舒尔茨列举了学生在学校学习时间的经济价值。他认为，随着经济的增长，学生求学期的“机会成本”的价值也愈来愈高，并将在学生培养费即教育成本中占有相当大的份额。据统计，1956年，美国中等学校的机会成本占全部费用的60%，高等学校占59%。随着生产现代化，生活节奏的加快，人们科学分配时间，有效地使用时间，注意节约时间，可能获得经济效益。从一定意义上讲，时间就是金钱，是舒尔茨的命题。

（4）教育也是使个人社会收入分配趋于平等的因素。人力资本可以使经济增长，增加个人收入，因此使个人收入、社会分配的不平等现象趋于减少。因为，通过教育可以提高人的知识和技能，提高生产的能力，从而增加个人收入，使个人工资和薪金结构发生变化。

舒尔茨对人力资本理论的贡献在于他第一次明确地阐述了人力资本的概念和理论，进一步研究了人力资本形成的方式与途径，并对教育投资的收益率和教育对经济增长的贡献做了定量的研究，使人力资本理论成为经济学的一个门类，奠定了人力资本理论发展的基础。

2. 丹尼森的主要观点

爱德华·丹尼森，美国经济学家，布朗大学经济学博士，曾在美国布朗大学、加州大学布克莱校区、商业部经济处及经济发展委员会任职，担任过美国布鲁金斯研究所高级研究员和美国商务部经济分析司副司长。因其在经济学领域的贡献，被称之为“增长核算或增长原因分析之父”。丹尼森在其1962年出版的《美国经济增长的源泉以及我们面临的选择》一书中，利用柯布—道格拉斯生产函数来估计劳动和资本对国民产出的贡献，促进了人力资本数量研究和实证研究。

丹尼森关于人力资本理论的基本观点，除与舒尔茨有相同的地方之外，他还有自身突出的贡献和区别于舒尔茨的一些观点。主要体现在：

（1）教育不是生产中的单独因素，是生产中人力因素的一个组成部分；相对于舒尔茨把教育作为生产过程的单独因素，丹尼森的计算方法要比舒尔茨更加严密精确；

（2）教育因素和教育投资指的是受正规教育年限的多少和投入；

（3）“知识增进”是人力资本组成部分。所谓人的“知识增进”，主要包括，学生在校学习期间的学习质量和毕业后自学、进修所获得的知识；人的知识扩大的存量；知识应用延续时间的减少等；

（4）正规教育因素对经济增长的作用，只有其中的3/5在起作用。他认为各级教育程度就业者的工资差别，对经济增长贡献的差别，并非由受教育因素起作用的，教育只有其中的 3/5 在人力资本中起作用,因为,除教育因素外,还有其他因素的作用,如天赋、才能、工作经验等因素。他借用了英国经济学家布劳格的观点,即将正规教育的 3/5,作为一个系数,定名为阿尔法系数(α),作为计算个人收入的修正因素。

(5) 1974 年,他通过精细的分解计算论证出 1929 年至 1969 年间的美国经济增长中有 21.7%的份额要单独归因于美国教育的发展。他测算的美国劳动者教育水平的提高(仅指受正规教育年限增加),对 1929—1957 年美国经济增长的贡献为 23%①。

丹尼森的研究为舒尔茨的理论提供了有力的证据,并引发了从 20 世纪 60 年代开始长达十多年的全球各国教育经费的猛增②。

3. 贝克尔的主要观点③

加里·贝克尔,美国著名的经济学家和社会学家,1992 年诺贝尔经济学奖得主。他对人力资本理论的贡献在于他对人力资源的微观经济分析上。其代表作《人力资本》被认为是"人力资本革命"的起点,集中反映了他的人力资本的观点:

(1) 人力资本不仅意味着才干、知识和技能,而且还意味着时间、健康和寿命。贝克尔认为人力资本首先是一种人格化的资本,表现为人的能力与素质,与人本身不可分离。同时他也提出身心健康在世界各地日益作为决定收入的重要因素,保健投资与在职培训有同样的影响。通过对健康的投资获得健康的生活,使身体更健康、寿命更长,也是一种人力资本。

(2) 首次用传统的微观均衡分析方法建立了人力资本投资均衡模型。对正规学校教育和在职培训在人力资本形成中的地位和作用、教育和培训投资的收入效应和收益率计量,以及人们在这方面的决策行为进行了深入的理论和经验分析,指出只有教育、培训的预期收益的现值至少等于其支出的现值时,符合人们对教育培训的收益预期,他们才愿意接受教育、培训。

(3) 人力资本投资的目的,既要考虑当前的经济收益,又要考虑未来的经济收益。贝克尔认为人力资本与物质资本投资一样,与个人未来收入之间是存在着紧密联系的。人力资本的价值是由人力资本的各项开支所构成,但是人力投资的成本计量除这些实际费用支出外,还必须计算"放弃收入",即"机会成本"。如某人在校学习或在企业接受培训,显然某人就没有时间来从事商品或劳务。

(4) 通过对接受教育年限的不同,比较了 1939 年不同年龄阶段的收入状况,得出了不同年龄收入曲线分布。(见图 3-1)年龄收入曲线表明:第一,人力资本的存量越高,收入将会越高;当其他因素相同时,一个人的收入水平因年龄的增加而增加;在同年龄组人口中,一个人受教育程度愈高,其收入水平也就愈高。受较高教育的人,未来的收益较多,给父母带来的效用或满足也较大。第二,人的收入随着年龄的增长而发生变化。员工收入在达到一个峰值后,即大约在 55 岁以后,收入呈下滑趋势。

(5) 在职培训是人力资本的重要内容,也是人力资本投资的主要形式。他还较细致地分析研究了在职培训,提出受过培训的人在培训期间将得到较低的收入,因为在这段时间要为培训付出代价。而在以后的年龄中可得较高的收入,因为受过培训的人的年龄收入曲线比没有受过培训的人的年龄收入曲线更加倾斜,投资成本与从投资中得到的收益越大,这种

---

① 刘志民. 教育经济学[M]. 北京:北京大学出版社,2007. 9:118-119.

② 王明杰,郑一山. 西方人力资本理论研究综述[J]. 中国行政管理,2006(8):92-95.

③ 贝克尔. 人力资本[M]. 梁小民,译. 北京:北京大学出版社,1987.

差别也越大。而且，一般培训不仅使曲线倾斜也使曲线更凹，这说明："培训对青年时的收入增加率比对老年时的收入增加率的影响更大。"①

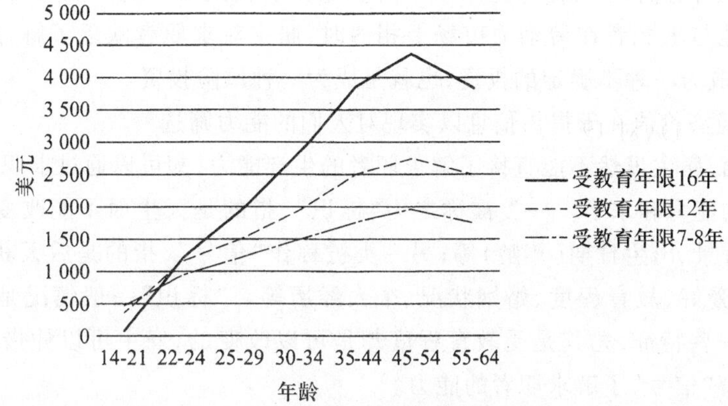

图 3-1　年龄-收入曲线图

资料来源：贝克尔.人力资本[M].陈耿宣，等，译.北京：机械工业出版社，2017(05)：198.

(6) 收集信息、情报资料也是人力资本内容之一，同样具有经济价值。这一观点在信息和知识经济时代，意义重大。

此外，贝克尔还对家庭人力资本投资问题进行了经典的理论实证研究和应用研究，并提出了个人的文化收入、心理收入，以及生育行为经济决策等。

第二节　人力资本理论的发展

在 20 世纪 50、60 年代，许多国家把人力资本理论作为制定国家发展策略以及经济、教育发展政策的理论基础，并大力发展教育事业，追加教育投资。到了 20 世纪 60 年代末 70 年代初，西方各国经济的不景气，人们开始发现，教育投资并没有收到预期的效果，反而带来大量的受教育人口的失业，并引发了许多社会、经济、教育问题。那么，教育是否能够提高人的能力？由此引起了教育经济学界人士对人力资本理论的反思，并逐渐认识到人力资本理论的局限性以试图摆脱它的束缚，因此采用了不同的研究方法及途径去分析教育与经济的关系，重新评估教育的经济价值。其中有代表性的主要有筛选假设理论、劳动力市场划分理论、社会化理论。西方人士把这三派理论并称为第二代人力资本理论。在第二代人力资本理论的推动下，教育经济学被开拓了新的研究方向，教育经济学的发展进入了一个新的时代。

一、筛选假设理论

该理论的主要代表人物是美国的经济学家迈克尔·斯宾塞，2001 年因其在不对称信息市场分析方面所做出的开创性研究而和斯蒂格利茨共同获得诺贝尔经济学奖。1973 年斯宾塞发表《筛选假设——就业市场信号》，首次提出了筛选假设理论，筛选理论又称"文凭理论"。②

---

① 曹夕多.贝克尔人力资本理论框架下教师培训模型分析[J].教育与经济，2014(04)：57-63.

② 斯宾塞.筛选假设——就业市场信号[A].曾满超，曲恒昌，等，译.//西方教育经济学流派[M].北京：北京师范大学出版社 1990.212-231.

(一)主要观点①

1. 劳动力市场的不完全信息带来投资的不确定性

在劳动力市场上,雇主总是希望从众多的求职者中选拔出有适当能力的人去填补空缺位置,但是,当他与求职者在劳动力市场上相遇时,雇主对求职者缺乏了解,缺乏完全的信息,雇用的决定成为一种不确定的投资,也就是成为一种风险投资。

2. 教育的经济价值在于提供信息以实现对人们的能力筛选

该理论指出,雇主虽然不能直接了解求职者的生产能力,却可以通过求职者的两类信息来判断求职者的能力和水平。一类被称之为"标识",指的是天生而不能改变的信息,如性别、种族、家庭背景、出生日期(年龄)等;另一类被称作"信号",指的是后天获得、可以改变的信息,如兴趣爱好、教育程度、婚姻状况、个人经历等。"标识"一般情况是不会改变的。然而"信号"的一些特征,尤其是受教育程度却是可以改变的,雇主可以凭借"标识"和"信号",特别是教育"信号"了解求职者的能力。

学历是应聘者才能的"信号",雇主可以依据应聘者的学历来评定应聘者的能力。在招聘求职者时,筛选假设理论会让雇主们倾向性地认为,高学历求职者的劳动生产力比只有低学历求职者的更高。雇主在雇用求职者时,会对能力较高的求职者支付较高的工资,而对能力较低的求职者支付较低的工资。由于教育水平是反映求职者能力的有效信号,求职者接受的教育水平越高,其能力就越强②。

3. 教育水平是反映一个人能力大小的有效信号和装置

该理论指出教育不能提高一个人的能力,但却能反映一个人的能力。支付同样的成本,能力较高的人能够获得较高的教育水平,如同样接受中等基础教育,能力高的人就能够在高考竞争中脱颖而出,大学毕业后因其教育水平较高而被雇主认为更有生产效率,从而被支付较高的工资。能力较低的人就只能获得较低的教育水平,所以教育水平是反映一个人能力大小的有效"信号",并成为雇主鉴定求职者能力和安置他们工作岗位的一种装置。另一方面,由于雇主按教育"信号"来选择工人并支付相应的工资,又会促使个人投资教育,增加被雇佣的机会。这是导致"文凭膨胀"的主要原因。

【链接阅读】

人们的总体受教育水平都在提升,高学历者越来越多。可是,与过去相比,相同的学历却无法获得同等社会地位,随着教育扩张,文凭的含金量似乎在降低。

前不久,2017 年考研初试成绩陆续公布,此次报考人数首次破 200 万。

根据中国高校传媒联盟的调查数据显示,来自 300 多所高校 850 人的被调查群体中,76.71%的受访者表示已参加过研究生考试或打算考研。

中国高校传媒联盟的调查数据显示,23.29%的受访者在求职或实习面试时遇到过学历歧视,42.48%的受访者认为自己本科就读高校一般,希望通过读研改变"出身"。③

---

① 洪柳.筛选假设理论与现实问题研究[J].浙江教育科学,2012(06):25-27.

② 洪柳.教育与经济:从人力资本理论到筛选假设理论[J].教育评论,2012(06):144-146.

③ 韩妹.文凭热蔓延职场,中国在职硕士人数 5 年增 4 倍[EB/OL].(2010-07-22).http://learning.sohu.com/20100722/n273682135.shtml.

（二）对人力资本理论的贡献

筛选理论和人力资本理论都认为求职者的教育水平与工资高低是呈正比的,并在分析中都采用了简化法,二者具有相似之处。人力资本理论认为提高受教育程度就会直接提高一个人的劳动生产率,从而得到较高的工资;筛选假设理论把教育看作一个信息,着重研究在劳动力市场内雇主是怎样挑选工人的,研究雇主在劳动力市场上挑选工人的过程,以此说明教育的经济价值在于能为劳动力市场提供信息的重要功能。

另外,筛选假设理论还解释了文凭泛滥的成因。正因为受教育水平是劳动力市场上的重要信号,求职者纷纷提高自己的教育水平,以便在劳动力市场上占据有利地位,这就直接导致对文凭的过度追求。

二、劳动力市场划分理论

20 世纪 70 年代初期出现的理论流派,其主要代表人物有美国经济学家斯特·瑟罗,彼得·多林格尔,迈克尔·皮奥里等人。

（一）主要观点

1. 教育程度与工资水平成正比例关系是有条件的

该理论反对人力资本理论关于教育程度与工资水平成正比例关系的观点,提出教育程度与工资水平成正比例关系是有条件的。因为劳动力市场不是统一的市场,而是由主要劳动力市场和次要劳动力市场分割开来的市场。主要劳动力市场收入高、工作稳定、工作条件好、培训机会多、具有良好的晋升机制;而次要劳动力市场则与之相反,其收入低、工作不稳定、工作条件差、培训机会少、规章制度严苛、缺乏晋升机制。

对于主要劳动力市场的劳动者而言,教育和培训能够提高其收入,而对次要劳动力市场的劳动者而言,接受教育和培训对于提高其收入没有作用;并且,主要劳动力市场和次要劳动力市场之间的流动较少。在主要劳动力市场,人力资本理论的教育程度与工资水平的正相关性成立,而在次要劳动力市场,上述命题不成立。由此,教育被定位为进行劳动力分配的预备过程,要获得回报就要进入主要劳动力市场,接受高层次的教育。

2. 劳动力市场划分是由个人受教育程度决定的

教育的作用不在于提高个人的知识技能,而在于它是决定个人是在主要劳动力市场,还是在次要劳动力市场上工作。该理论认为之所以存在两类分割的劳动力市场,主要原因在于主要劳动力市场都是由大公司、大企业组成,只有具备家庭背景优越、学历高、资历好的劳动力才能够进入;那些资质为学历低、家庭背景差或居住于低收入社区的劳动力,就只能进入和适合在由小企业构成的次要市场工作。在种族方面,劳动力主要市场,由白人占据这个市场工资待遇较高,就业机会多,工作比较稳定;而次要市场则不然,次要市场大部分是黑人劳动力,工人工资待遇低,容易失业,没有工作保障,使他们能够进入主要市场获得就业机会的概率更小。该理论注重分析劳动力市场的内部结构,从而说明不同的劳动力在劳动力市场受到不同的待遇,也说明教育具有把人等级化的作用。

（二）对于人力资本理论的贡献

劳动力市场理论对于人力资本理论的贡献在于该理论为解释报酬差异、劳动力流动困难、失业等许多经济现象,提供了具有说服力的理论框架。劳动力市场分割理论并不否认教育的作用,它和人力资本理论最大的不同之处在于它除了将教育作为影响收入的一个重要内生变量之外,还将制度因素、雇主和雇主的工作态度因素等作为内生变量。可以说,劳动力市场分割理论是人力资本理论的补充和完善。

20 世纪 80 年代,在以上理论为代表的"第二代"人力资本理论之后,以知识经济为背景的"新经济增长理论"脱颖而出。他们强调知识和人力资本是经济增长的内在动力,建立了以人力资本为核心的经济增长模型,将人力资本内生化来解释增长问题等①,揭示了人力资本投资水平及其变化对各国经济增长率的影响,确立了人力资本及其投资在经济增长和经济发展中的作用,极大地推进了教育经济学发展的进程。

三、社会化理论

社会化理论在 20 世纪 70 年代中期出现于西方国家。代表人物是美国的经济学家萨缪·鲍尔斯和赫伯特·金迪斯。鲍尔斯和金迪斯从教育如何培养劳动者的个性特征等方面入手,进一步研究和论证教育与经济的相互关系。

(一)主要观点

1. 教育的经济功能源于它的社会功能,而教育的社会功能,远比教育提高知识技能对经济的影响更重要。他们否认教育具有提高劳动者生产率的功能,认为教育通过知识技能影响劳动生产率的观点是错误的;劳动者的表现和效益则源自他们自身所具有的种种非知识性的个性特征(即非认知能力)。但这些个性特征不是与生俱来的,是要通过教育系统地培养的。

2. 在现代化的社会里,教育的经济功能便是通过种种途径及手段使学生社会化,使不同的学生经教育培养形成经济结构所需要的种种个性特征。教育的作用首先不是在于提高劳动力的知识技能,或认知能力,而在于它的社会化作用。即传递社会文化并使个人形成社会所需要的性格特征,即着重培养和训练社会生产中需要的各种劳动力的个性特征。在现代化生产中,由于技术先进,有一部分工作并不需要有较高知识和技能的人去操作,教育的作用就在于培养劳动力喜欢这些低技术水平的工作,并且心甘情愿地做好这些工作,即培养劳动力的服从意识和吃苦、耐劳、坚强的个性品质。

(二)对于人力资本理论的贡献

该理论试图从结构和功能方面,分析美国教育维持美国资本主义制度存在的功能,阐述教育与社会经济之间的关系。将社会再生产理论引入人力资本理论,研究教育如何培养训练劳动力的个性特征,从而为生产服务,为发展经济服务,也是对人力资本理论的突出贡献。

【知识拓展】

新经济增长理论②

20 世纪 80 年代以来罗默、卢卡斯等将其发展为"以构建技术内生化增长模型为中心"的人力资本理论,即声名鹊起的新经济增长理论。该理论将劳动力划分成表现为"纯体力"的有形人力资本和表现为"劳动技能"的无形人力资本,认为只有后者才是经济增长的源泉。而人力资本积累的途径有二:一是通过脱离生产的正规和非正规教育;二是通过生产中的边干边学,工作中的实际训练和经验积累。经济增长的源泉和动力归结为人力资本内生

---

① 孟望生,刘发跃. 人力资本投资理论回顾与评述[J]. 生产力研究,2016(11):153-156.

② 阎淑敏. 人力资本理论评析及启示[J]. 西北农业大学学报,1999(10):89-93.

的积累和增长。1990 年卢卡斯又发表了《为什么资本不从富国流向穷国》，指明了人力资本对国际资本流动的重要影响。卢卡斯因倡导和发展了理性预期与宏观经济学研究的运用理论，深化了人们对经济政策的理解，荣获 1995 年诺贝尔经济学奖。

四、人力资本理论的评析

（一）人力资本理论的价值及贡献

1. 改变了以物质资本投资为主导的理论格局，开辟了经济学研究的新领域

传统的西方经济学从“古典”到“现代”已有三百多年的发展史，在这一漫长的历史发展过程中，劳动力质量问题被忽视，甚至被否定。其中李嘉图的“地租论”、马尔萨斯的“人口论”最为典型，具有时代性。李嘉图认为固定的土地面积与日益增长的人口之间的矛盾，主要靠提高土地质量，开拓土地资源来解决，一旦土地和资源枯竭，人们将陷入贫困。马尔萨斯的理论则认为，人口是以几何级数增长，物质资料是以算术级数量增长，因此，必然会出现人口过剩现象，这只有依靠战争来解决。第二次世界大战以后，出现了新马尔萨斯主义，公开宣扬种族优劣不平等、国家需要生存空间，并提出人种改良，依靠战争实现人种改良。

人力资本理论的出现对改进以实物投资为重心的传统西方经济学理论，具有划时代的意义。该理论突破了传统经济增长因素即土地、人口、物力资本的局限，强调对提高人的能力从而在经济增长中发挥作用，不但开拓了对“人”认识的理论新视野，而且破解了经济增长之谜。舒尔茨在他所著的《穷国的经济学》中明确指出“改进穷人的福利之关键因素不是空间、能源和耕地，而是提高人口质量，提高知识水平”。

人力资本投资理论使人们认识到“人力”和物质一样也是一种资本，进而自觉进行人力资本投资以提高自身素质。

2. 提出了“全资本”的概念，指出了人的作用胜过物的作用

打破了传统研究范式中将物质资本视为促进经济发展唯一动力的理论框架，将人力资本视为对经济发展同样具有促进作用的内生因素，提出对人的投资超过对物的投资的观点，促进了家庭教育投资和消费，激励了各国对教育事业的投入。

3. 十分重视劳动力质量的提高

这对于探讨人口问题、劳动力结构性就业和人才质量问题具有指导意义。人力资本理论对社会经济发展中的人力资源开发提供了理论根据、指明了具体内容和开发路径。人力资本理论有很强的应用价值，从不同的角度为企业提高核心竞争力、进行人力资本投资和人力资源管理奠定了基础。

4. 对提高各国教育投入产生了深刻的影响

人力资本理论把教育投资作为人力资本的核心的观点，促进了各国教育投入，促进了教育的发展和国力的增强。

【链接阅读】

世界历史上三次成功的经济追赶

第一次：美国对英国的追赶。从 19 世纪开始直到 1913 年，英国的生产力都居于欧洲所有国家水平之上，而这一时期英国的人均受教育年限也高于其他国家。1820 年，美国人均 GDP 相当于英国人均 GDP 的 73.3%，1870 年为 75.3%。而后美国经济开始起飞，1870—

1913 年 GDP 平均增长率为 3.9%，同期英国为 1.9%。1900 年，美国人均 GDP 相当于英国人均 GDP 的 89.2%，到 1913 年，美国人均 GDP 已超过英国 5.5 个百分点。与此同时，从 1870 年到 1913 年，也是美国人力资本和教育对英国加速追赶的时期。美国在 1820 年人均受教育年限相当于英国的 87.5%，1870 年提高到 88.3%，1913 年则进一步提高到 91.2%。

第二次：日本对美国的追赶。1950 年，日本人均 GDP 只相当于美国人均 GDP 的 19.6%。而 1953 年日本 GDP 增长指数超过了二战期间的最高水平，开始经济起飞。1953—1992 年，日本 GDP 年平均增长率为 6.5%，同期美国为 3.0%。1992 年，日本人均 GDP 相当于美国人均 GDP 的 90.1%。因此，日本被视为世界上最成功的"追赶"国家。与此同时，日本也成功地实现了人力资本和教育的追赶。1913 年，日本人均受教育年限相当于美国的 68.2%，1950 年就达到美国的 80.8%，随后大致保持着这一水平，1973 年为 82.9%，1992 年为 82.4%。

第三次：韩国对西欧国家的追赶。1965—1992 年，韩国 GDP 年平均增长率为 8.8%。1973 年，韩国人均 GDP 相当于西欧国家（12 个国家）人均 GDP 的 24.3%，1992 年上升到 57.5%。韩国之所以能够在相当长的时间内保持经济增长，加速发展中等教育和高等教育起了非常重要的作用。1960 年，韩国实现了普及全民小学教育。20 世纪 70 年代以后韩国开始大力发展高等教育，1957—1985 年，高等教育入学率从 10%提高到 30%，实现了高等教育大众化；1985—1995 年，高等教育入学率又从 30%提高到 50%。1980—1995 年中等教育入学率从 60%提高到 90%。

上述三次成功的经济追赶典型范例表明，每一次成功的经济追赶，都同时伴随着人力资本和教育的先行追赶。①

（二）社会历史局限性

与任何理论创新一样，人力资本投资理论的产生在成为学界发展重要突破的同时，也存在一些历史局限性。

人力资本理论具有突出的社会和阶级局限性，具体体现在以下四个方面：

1. 人力资本理论的泛资本论抹杀了劳动创造价值的事实

人力资本理论把一切资本化了。它用"人力资本"概念，掩盖了资产阶级阶级剥削的实质。按照马克思主义的劳动价值学说分析，只有劳动才能创造价值，人的劳动能力的发挥和运用，是社会一切财富的源泉，不是"资本"可以创造价值，而是劳动创造价值。人力资本理论抹杀了劳动创造价值的基本事实，重复了资本创造价值的老调，其实质上反映的是在资本雇佣劳动的这样一种社会经济关系下资本所有者的观念。因此舒尔茨所讲的"劳动者变成资本家"只是一种臆想。

2. 过于强调教育程度对劳动者工资收入水平的影响

人力资本理论认为大多数人的收入差异是由人力资本质量不同而造成的，其原因完全在于教育程度，这是不切实际的。实际上造成劳动者及其他社会成员工资差别的原因是多方面的，如社会地位、种族、年龄、工龄（劳动力经验积累）、健康水平等。

3. 从方法论上过于强调量化

人力资本理论力图用数理统计的方法建立自己的体系，证明自己的结论。这一方面有

① 中国教育与人力资源问题报告课题组. 从人口大国迈向人力资源强国[M]. 北京：高等教育出版社，2003：15-16.

其可取的地方，但同时也有其弱点。因为，对于任何经济现象，既需要从数量上说明，也需要从质量上进行分析。人力资本理论把数量分析完全脱离开生产关系的制约，证明它的数据在一切社会条件下都是有效的，这样就用纯粹的计算公式来代替其他社会因素，抹杀了人的本质是一切社会关系的总和这个基本观点，把人完全数量化，把人与物完全混同同样是不可取的。比如教育、培训和卫生保健等投资通过增加人力资本存量来提高产出效益。但是这种投入的产出效益无法直接表现为实物产值的增加，而是表现为知识、技能和健康存量的增加，这些存量很难定量和测度。

4. 过度强调教育的经济功能

人力资本理论强调教育投资所获得的经济收益，教育能够通过劳动者素质技能的提高，使劳动者获得更多的工资收益，认为“人的经济才能（即赚钱、创造财富的能力）都是通过带有投资性质的活动逐步发展起来的”，该理论虽然符合资本主义物质文明的发展，但却容易迷失了教育的本质和人的生命的真正目的，在教育实践中会弱化教育的文化道德传承的作用，忽视教育的社会功能。

第三节　人力资本理论扩展与实践应用

自以舒尔茨为代表的经济学家提出人力资本理论以来，经过几十年的研究与应用，该理论仍在持续不断发展，呈现出新的理论形态，被广泛用来解释人力资源开发、教育对解除贫困的作用、大学生就业、教师流动以及教育培训等问题。本节主要阐述人力资本理论扩展中的人力资本产权及其实现等问题。

一、人力资本产权概述

知识经济的兴起和蓬勃发展，使人力资本在经济发展中的作用日益凸现出来。合理地界定和分割人力资本的权能，以激励人力资本承载主体充分发挥潜能，创造更多的价值，成为一个现实问题。

（一）人力资本产权的定义

人力资本作为凝聚在人体中的无形资产，是生产活动中必不可少的要素，具有较高的使用效率和回报率，因此，人力资本在使用过程中必然产生一系列行为关系和产权关系。人力资本产权是在市场交易过程中，人力资本所有权及其派生的使用权、支配权和收益权等一系列权利的总称，是制约人们行使这些权利的规则，本质上是人们的社会经济生活中的反映。

（二）人力资本产权的特征

1. 个体专有性

从个体的角度出发，人力资本产权具有独一无二的所有权，天然归属于个人，即知识和技能凝聚在个体体内，主体无法转让，客体也无法通过遗产继承。人力资本的所有权仅限于使用它的人。这种性质决定了即使在个体和企业的契约达成以后，人力资本的供给仍然存在着不确定性，即履约风险。

2. 使用的最终控制权

正是因为人力资本产权天然归属于它的个体，即人力资本产权归人力资本投资者所有，所以其所有者在任何情况下都掌握着自身人力资本的供给。比如一个人受到不公正待遇，或者人们诉求其他权利得不到实现时，人们就会动用这种最终控制权，将自身人力资产"关闭"起来，以至于这种资产似乎从来就不存在，或者消极怠工。这充分体现了人力资本产权与物力资本的产权性质不同。

在人力资本处于计划生产、指令配置、禁止自由流动的环境中，国家并不具有充分理性和完全信息，也没有能力完全掌握人力资本所有者的个人偏好，使人力资本价值得到有效的利用，因此极易造成人力资本产权的残缺。产权残缺导致人力资本普遍自贬或关闭。

3. 可分解性和交易性

人力资本产权的可分解性是指人力资本产权的各项权能可以分属于不同主体，即人力资本的所有权、处分权、使用权和收益权可以分解开来，可以游离于人力资本承载者，分属于不同主体。例如教师人力资本的形成，一般是多元投资主体，包括国家、高校、社会组织、家庭和个人等。

人力资本交易过程就是人力资本产权的分解过程。通过分解和交易，承载者不享有完整的产权，只是行使人力资本所有权（即归属权），并不拥有所用权的主体，则可以通过某种方式，行使经由交易而得到的对人力资本的部分控制权。人力资本产权的这种可分解性具有重要意义。如教师可以以合约方式出让部分使用权和支配权，使国家、社会组织或家庭从正的外部性上得到补偿。这样能够鼓励高校对教师人力资本的持续投资，从而使教师争取更高的人力资本价值。人力资本产权的可交易性为人力资本的流动、配置和使用等创造了条件，将大大提高人力资本的使用效率。人力资本产权的可分解性，为人力产权的交易提供了可能。如教师的身份从计划经济体制下的"单位人"变成了市场经济条件下的"契约人"。这种变迁的本质是教师人力资本产权主体的转变，这种改革方式在一定程度上促进了教师乃至教育的良性发展。

二、人力资本产权的实现

人力资本产权的实现是赋予劳动者与其人力资本对等的产权权能、权益和权责，使人力资本与物力资本等要素共同参与收入分配和风险承担。人力资本产权是劳动者作为其劳动力的所有者拥有的一种特殊产权，是在一定企业合约和国家法规限制条件内，劳动者由于使用其拥有的劳动力"财产"而引起的受损或受益的权利，是劳动力所有者在权利界限范围内的行为权。这种特定的产权由三部分构成，分别是人力资本产权权能、人力资本产权权益和人力资本产权权责。三者是有机的统一体，共同构成了人力资本产权完整的概念。在实践中，通过人力资本产权的权能、权益和权责的保障和实施达到人力资本产权的实现。

（一）通过给予劳动者自主择业和流动的权利实现人力资本产权权能

人力资本产权权能是指人力资本产权主体对其劳动力的权利和职能，也就是劳动者对其劳动力的支配权和占有权。作为拥有完整的人力资本产权的劳动者，应具有自由支配自己劳动力的权能，即劳动力能在完善的劳动力市场上自主择业和自由流动，以实现劳动力的市场化均衡定价，满足其自身的效用需求。

首先劳动者有选择职业的权利。自主择业作为人力资本产权的实现方式之一，赋予人才更多的就业选择权与工作自主决定权。其次劳动者有流动的权利，也是人力资本产权实现的方式之一。劳动者向更有利于自己发展和发挥才能的企业、职业或地区流动，是人力资本投资的一种方式,也是劳动者的权利。通过流动,不仅可以实现人力资本产权权益的实现,同时通过政府导向的流动也可以实现人力资本的地区间发展均衡和社会公平。如日本政府于1995年的统计资料显示,当年在不同类型学校之间流动的教师中,“小学教师84.2%转任到初级中学;初中教师84.2%转任到小学;高中教师85%转任到了特殊教育学校;特殊教育学校教师流动到小学、初中、高中的比率分别占40.4%、27.5%和32.1%。偏僻地区学校同其他地区学校之间以及不同类型学校之间教师交流的比例大致平衡。”日本广大教师乐于参与流动,从而极大地改善了薄弱学校的师资状况,从教育人力资源配备的角度缩小了地区间、校际间师资的差距。[①] 政府对教师流动的导向和调控,对日本基础教育发展均衡起到了重要的作用。我国在2015年通过的《乡村教师支持计划2015—2020》鼓励优秀教师向乡村学校流动。

(二) 通过明显的收入和效益实现人力资本产权权益

人力资本产权权益是指人力资本产权对其产权主体的效用或带来的好处,具体表现为实物的或货币收入的享有,劳务的直接享用或其他方面的满足。人力资本产权权益通过劳动者对企业部分剩余索取权的享有,也就是人们在运用自身的人力资本为社会创造财富的过程中,同时也就拥有了对这些财富的分配权。因此,用人单位应该将人力资本携带者所拥有的知识、技术、科研成果、技能、创造力等作为分配要素,合理地列入相关的各期收益分配之中,并在实际的劳动分配中有效地体现出来。

在知识经济和信息时代,人力资本对经济增长的贡献已经超过了物力资本。劳动者凭借自身人力资本,通过明显的收入和效益实现人力资本产权权益的方式包括:第一,高工资收入。即工资、奖金、年薪等方式对员工进行奖励或激励。目前在我国这种方式通过不同学历层次、职称水平等层级工资方式已经得以实现;第二,员工持股。即人力资本存量高的劳动者更容易获得企业的期股或股票期权。(期股主要适用于非上市股份有限公司与有限责任公司,股票期权适用于上市股份公司。)[②]

(三) 通过人力资本产权考核促进人力资本产权权责实现

人力资本产权权责是指劳动者在拥有人力资本产权权能和权益的同时,也必须承担由此产生的产权权责,即每一个劳动者必须遵守与其他人之间相互认可的关系或契约关系,并需要承担不遵守这种关系的成本,即承担相应的权责违约支付。

在市场机制作用下,人们通过自主选择进入人才市场将人力资本要素产权转让给企业产权所有者,双方都以追求要素利益最大化为目的,以岗位价值评价和员工行为评价为实现形式的人力资本产权考核,通过考核员工执行企业人力资本产权的效果,来衡量人力资本价值,及以工作分析为基础进行岗位价值评价,以人力资本存量为目标考核员工占有企业人力资本产权的份额。根据岗位分类原理,在调研和分析的基础上,任职资格、责任、努力程度和工作条件成为考核员工占有人力资本要素的指标。员工行为评价以员工实际工作表现即工作业绩、工作能力和工作态度三个方面为依据(见图3-2)[③]。

人力资本产权考核作为一种制度安排,不仅有利于人力资本投资的增加,而且有利于人力

① 黄树生.日本教师“定期流动制”对我国义务教育教师配置均衡化的启示[J].上海教育科研,2011(7):27-28.

② 邓新华,林玳玳.论人力资本产权[J].技术经济,2004(3):3-4.

③ 李荣,曹霞.人力资本产权考核:理论及应用[J].管理评论,2016:10.

资本价值的企业认同。从而使合适的人被放到合适的工作岗位,使得岗位职责与人力资本产权个体特征相匹配、岗位报酬与员工需要和动机相匹配,为人力资本产权主体提供最大限度发挥人力资本存量的舞台,能够增强人力资本产权主体的工作认同感,推动人力资本价值持续增值。

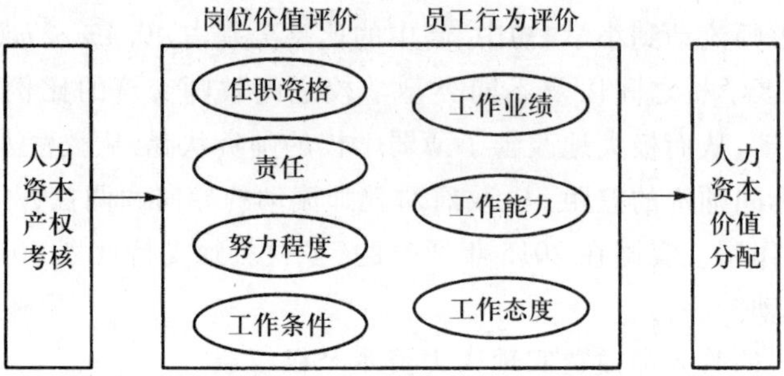

图 3-2 人力资本产权考核模型

在教育领域,作为人力资本承载者的教师,也同样具有自由地支配自己的人力资本的权利,可以自由地选择工作,选择最佳的方式去实现人力资本价值,获取人力资本利益,从整体上保障人力资本的权利,从根本上激励教师对自身人力资本的发展性投资。

本章小结

人力资本理论是西方教育经济学的理论基础。人力资本典型的类型包括一般型人力资本、技术研究型人力资本、企业家型人力资本。人力资本投资的内容包括人力资本投资的内容和途径,主要包括用于教育和训练的费用、用于医疗卫生保健的费用,用于劳动力国内交流流动的费用,用于国外移民入境、智力引进、国际人才劳动力吸流的费用,以及提高企业能力,增强企业精神,以便使经营管理者具有对错综复杂的经济动态格局做出最佳决策,增强企业的竞争实力等。人力资本的主要观点有人口质量重于人口数量,人力资本投资的作用大于物力资本投资的作用,教育是人力资本投资的核心,教育投资收益率大于物力资本投资的收益率,教育投资收益率是可以计量的。人力资本理论,在 20 世纪 70 年代有了新的发展,出现了筛选假设理论、社会化理论和劳动力市场划分理论等第二代人力资本理论,这些新的理论的出现揭示了人力资本投资水平及其变化对各国经济增长率的影响,确立了人力资本及其投资在经济增长和经济发展中的作用。

关键概念及术语

人力资本　人力资本投资　筛选假设　主要劳动力市场　次要劳动力市场　人力资本产权　筛选假设理论　社会化理论　劳动力市场分割理论

引导性思考题

1. 什么是人力资本？主要分为哪几类？
2. 人力资本投资包括哪些主要内容？

3. 人力资本理论的主要观点及其代表人物对人力资本理论的贡献有哪些?

4. 试用人力资本理论解释二战以后一些国家的“三次成功的经济追赶”的“增长奇迹”。

5. 试用筛选假设理论分析“文凭膨胀”现象。

6. 案例分析:谁令学子最心动?

由教育部主管的《中国大学生就业》杂志所做的一份大学生就业调查报告显示:在吸引人才的城市中,京、沪、深依然是大学生就业首选的城市,上海作为最具有吸引力的城市,32.37%的大学毕业生将它作为第一就业目标,北京(27.67%)和深圳(12.13%)紧跟其后,广州、大连等城市也是大学生比较向往的就业城市。在吸引人才方面,上海凭借其独特的城市魅力和人才政策的调整走在了其他城市的前面。

试用劳动力市场划分理论分析大学生就业选择的原因。

7. 什么是人力资本产权?人力资本产权在教育领域如何实现?

文献选读

1. 贝克尔. 人力资本(原书第3版)[M]. 陈耿宣,译. 北京:机械工业出版社,2016(03).

2. 靳希斌,苗冬青. 人力资本理论研究扩展与实践应用[J]. 北京师范大学学报(社会科学版),2006(04):5-11.

3. 石邦宏. 人力资本交易原理[M]. 北京:社会科学文献出版社,2009(01).

4. 周惠. 中小学教师队伍人力资本发展的阶段性(1978—2011)[M]. 北京:知识产权出版社,2016(07).

第四章　教育与经济发展

【案例导入】

教育优先发展与经济振兴

第二次世界大战以后，日本国民经济体系受到了沉重的打击，工矿业生产总指数只是战前1935—1937年平均数的13%，农业生产也降到了最低水平，1945年度水稻产量只有四千多万石，这是明治时期以来最低的数字。加之战后447万军人和流民被遣返回日本，日本人口骤增至7 647万。1946年日本又爆发经济危机，这一切致使日本的经济处于崩溃边缘。面对经济困境，在20世纪50年代，日本选择了通过优先发展教育，培养高质量的劳动力来促进经济发展的道路。在经济极端困难的条件下，仅用一年的时间，中小学教育就达到普及程度，入学率达99.27%，并且达到高中普及程度。在1959年至1969年间，国民收入增长2.3倍，但总教育经费却增长了3倍。在这一期间，日本的中、高等教育得到了快速发展。日本高中升学率1958年为53.7%，60年代中期超过70%，70年代达到了80%。日本高等教育的升学率由1958年的16%，上升到1965年的25.4%。中、高等教育的发展为日本经济输送了大量高素质的人才。1956—1972年，日本经济出现了三次高速增长的高潮。1967年，日本国民生产总值超过了英、法；1968年超过西德，在资本主义国家跃居第二。1972年日本国民生产总值达到84 978 045日元，约为1955年的五倍。

为什么日本经济能快速发展？与教育发展有着怎样联系？教育促进经济发展的机制是什么？

【教师导读】

本章是教育经济学的核心内容。教育与经济的关系是复杂的、多方面的，对教育与经济关系的认识也有一个不断深化的过程。第一节从系统论的角度阐述了教育与经济之间的要素关系、结构关系和功能关系，重点从国家层面阐述了教育与经济发展的互动关系；第二节介绍了经济增长理论，从实证角度阐述了教育与经济关系的最基本关系——教育与经济增长的关系。

【学习目标】

1. 识记教育与经济关系的类型、教育需求、教育供给的概念；
2. 理解教育与经济发展的互动关系；
3. 分析经济发展对教育发展的制约作用；

4. 阐述教育发展对经济发展的作用方式和机制；
5. 理解教育对经济发展的特殊作用；
6. 简要分析影响教育供需平衡的因素；
7. 综合分析我国目前教育供给和教育需求的主要矛盾及其解决对策。

【课时分配】

6 课时

教育与经济的相互关系，从宏观上分析，就是教育与经济的相互联系、相互作用，教育与经济增长的关系；从经济活动过程角度分析，就是教育需求与教育供给的关系，是教育与经济关系在教育实践领域的具体体现。

第一节 教育与经济发展的一般关系

一、教育与经济关系系统

教育与经济的关系，从系统论的观点来看，就是教育系统与经济系统的相互联系和相互影响。从广义上看，这种关系可以具体分解为教育系统与经济系统的要素关系、结构关系和功能关系。从狭义角度看，教育与经济的关系就是功能关系。

（一）教育与经济的要素关系

教育与经济的要素关系就是教育要素与经济要素的关系。从教育学的观点来看，构成教育的基本要素包括教育者、受教育者、教育中介；从经济学观点来看，教育的基本要素包括教育物力资本、教育人力资本、教育财力资本。经济的基本要素包括生产力（劳动力、劳动对象和劳动资料、管理）和生产关系（政治制度、经济制度等）。

由于社会是一个整体系统，教育系统与经济系统有着天然的联系，这些联系首先是通过要素展开。不难看出，经济发展提供的经费和经济产品是教育财力资本和物力资本的来源，没有一定的经济基础和教育投入，就无法保证办学的基本条件；教育人力资本既是经济发展提供的结果，也是经济系统中的生产力要素。要使教育得到充分有效的供给，主要依靠国家的经济实力。一国经济发展水平对教育起着决定性作用。即对教育目标、办学条件、教育发展规模和速度，以及教育内容和手段均有制约作用。

（二）教育与经济的结构关系

教育结构是指教育系统的基本构成部分的搭配与安排，是指教育纵向系统的级与级之间的比例关系和相互衔接，及教育横向系统的类与类之间的比例关系和相互联系。它具有多层次性和多方面性，主要包括：教育层次结构、教育类型结构、办学形式结构和教育管理体制结构。就各级教育内部而言，又有各自的教育类型结构、教育层次结构和专业设置结构。

经济结构包括产业结构、部门结构、体制结构、劳动力技术结构等形式。

教育与经济的结构关系就是教育的结构与经济结构的内在联系。两者具体关系的分析详见第五章。

(三) 教育与经济的功能关系

在宏观意义上,教育与经济的功能关系是指国家和地区的教育发展对国民经济发展或地方经济发展产生的作用及影响和经济发展对教育发展产生的作用及影响。教育的经济功能主要表现在:教育通过提供不同层次和不同数量、质量的人才,实现对经济发展速度的影响,同时也对经济发展质量和效益产生影响。劳动者受教育的程度越高、掌握科学技术越多、把握的深度与广度越大,其推动生产力和经济的发展的作用也就越大。近现代社会经济发展中,基础教育的逐步普及,职业技术教育、大学专业教育、成人教育的发展,教育内容、方法、技术的改进,都极大地促进了生产力飞速发展。教育与经济效益表现出明显的正相关关系。基础教育愈普及的地方,经济发展就愈快;高等教育愈普及的地方,经济发展的质量就愈好,效益也就愈高。教育经济功能实现的机制体现在:第一,教育通过提高全民族的科学文化素质,源源不断地培养和提供高质量的有利于促进经济持续、快速、高效、健康发展的人才支撑体系,以此来影响和保证宏观和微观经济运行中人力、物力、财力的结构并产生促进作用。第二,教育通过提高人的思想品德,努力巩固和维护社会主义经济秩序,发展高度的民主政治,建设高度的精神文明,从而实现国家的安定团结,促进和保障生产力及经济的持续、快速、高效发展;第三,通过教育提高劳动者智力素质和道德价值观念,全面促进生产力的发展和经济质量的提高。现代教育已成为提高劳动者素质的主要途径,培养劳动者道德价值观念的重要手段。

在微观意义上,教育的经济功能是指教育对提高受教育者个人收入的影响。1987 年经济学家通过美国男子平均收入与学历关系的实证研究①,总结出教育、年龄、收入三者关系的如下特点:(1) 无论接受哪一层教育,在生命的主要工作期内,收入随年龄的增长而达到最高峰,然后平稳下滑。(2) 接受的教育水平越高,其收入水平也越高,达到最高工资的年龄段越推迟。(3) 接受的教育水平越高,收入增长的速度越快。(4) 教育水平导致的工资之间的差距随着年龄段的增加表现的越发明显。(5) 不同学历层次之间收入的差异,随着学历层次的提高而加大。上述五个特点,经济学家认为在不同经济发展水平和经济模式的国家都得到了体现②。

【知识拓展】

教育为什么具有经济价值

教育的经济价值是这样体现的:人们通过对自身的投资来提高其作为生产者和消费者的能力,而学校教育则是对人力资本的最大投资。这一命题的含义是:人们拥有的经济能力的绝大部分并不是与生俱来,也并不是进入校门之时就已经具备;换言之,后天获得的这方面能力非同小可。其能量之大,可在根本上改变通常的储蓄与资本形成的现行标准。他们亦改变了工资结构及劳动与财产收入的相对数额。人们长期以来在经济增长、工资结构变化和个人收入变化等方面所存在的困惑,经过引入人力资本概念后,便可迎刃而解③。

二、经济发展对教育发展的影响

(一) 经济发展是教育发展的物质基础和先决条件

"经济发展"一词总是与发达、与工业化、与现代化、与增长之间交替使用。一般来说,

---

① 王玉崑. 教育经济学[M]. 华文出版社,2005.

② Cipollone. 教育与收入[A]. Camoy. 教育经济学国际百科全书[M]. 北京:高等教育出版社,2000.

③ Schultz, T. W. The Economic Value of Education[M]. New York: Columbia University Press, 1963: 10-11.

经济发展包括经济量的增长、经济结构的改进和优化、经济体制的完善、经济质量的改善和提高。经济增长是以国民经济总产值、净产值或者国民收入为标志的,包括物质资源、人力资源、货币资金的增长与合理配置。经济发展不仅包括经济增长,还包括社会经济结构和经济制度的发展变化,即经济社会发展目标和实现目标的社会条件与经济条件。经济发展的目的应致力于最大限度的经济增长,提高国家的经济实力和综合国力,提高人民的生活水平和生活质量。

经济发展是教育发展的物质基础,主要是说经济不仅为教育发展提供了物质技术条件,而且也给教育发展提出了客观需求。因为,无论哪个时代,哪家办教育,无论办什么样的教育,总要有一定的经济条件,有一定的人力、物力和财力。这不仅指教育需用的资金与物质资源、还包括教育所需要的学龄组人口及其他人力资源。一般地说,经济发展到什么样水平,教育才能发展到什么样的水平,教育程度才能达到什么样的状况。经济发展水平与教育发展水平具有一致性。如果抛开经济实力、生产力发展水平,随意和盲目地发展教育,那就必然要违背经济与教育发展之间的客观规律。同时,经济发展水平,也对教育提出了客观需求。这种需求既有社会方面的,也有个人方面的。社会要求教育伴随经济实力的增强而增强,伴随生产力的发展而发展,以保证经济实力和生产力发展而需要的各种专门人才与熟练劳动力;而社会上每一个人在文化、科学、教育方面的需求,也是伴随着经济实力的加强而不断提高与增长的。只有经济富裕起来的人们,才会有受教育的要求和可能。如发达国家比发展中国家的高等教育人数要高出许多倍(见表 4-1)。

表 4-11　5 岁以上人口接受过高等教育人数比例国际比较　　单位:%

	1980	1990	2000
世界(109 个)	7.5	10.3	12.6
发展中国家(73 个)	3.1	4.6	6.5
发达国家(23 个)	15.8	22.4	28.1
转型国家(13 个)	7.7	11.2	13.9
东亚/太平洋(10 个)	5.0	7.4	11.7
中国	0.93(1982)	1.95	4.60

资料来源:中国教育与人力资源问题报告课题组.从人口大国迈向人力资源强国[M].北京:高等教育出版社,2003:238.

(二)经济决定着教育的权利、培养目标、某些教育内容和手段

马克思、恩格斯曾经指出:“一个阶级是社会上占统治地位的物质力量,同时也是社会上占统治地位的精神力量,支配着物质生产资料的阶级,同时也支配着精神生产资料,因此,那些没有精神生产资料的人的思想,一般地是隶属于这个阶级的。占统治地位的思想不过是占统治地位的物质关系在观念上的表现,不过是以思想的形式表现出来的占统治地位的物质关系。”①教育作为一种社会现象,也受占有物质生产资料的统治阶级的支配。因为经济占统治地位的阶级,总要利用它的经济实力和特权,控制和把握教育的权力。例如,统治阶级可以利用它的经济实力来掌握教育的领导权,可以通过政府拨款、增加教育资金等办

① 马克思,恩格斯.马克思恩格斯选集(第 1 卷)[M].人民出版社,1972:52.

法，有效地把握和控制教育权力。

教育的根本目的是培养和造就人才。培养什么样的人，除了受社会政治制度制约之外，同时还要受社会生产力和经济实力发展水平的制约。古代社会由于社会生产力发展缓慢与经济力量薄弱，直接从事生产的劳动者和经济活动的人员，不需要经过教育的培养与训练，学校不承担培养劳动者的任务，培养目标只是政治、宗教、军事等方面的统治人才，即上层建筑领域的统治人才和知识分子。随着社会生产力的发展与经济实力的增长。进入现代化社会，教育目的发生了新的变化，新的生产力发展水平，对人才的培养提出了新规格新要求。这一客观需求，使学校教育目的发生了质的变化，教育不再把培养统治人才和上层建筑的知识分子作为主要任务，要求教育培养劳动者、技术工人、工程师、科学家和科学管理人员。这说明经济在一定程度上决定着教育目标、规格和要求，也说明教育目的必然反映经济实力水平的要求。

经济实力、社会生产力不仅决定着教育的权力和目标，也决定着教育的内容和手段。在经济不发达的古代社会里，教育内容主要是传授直接的生活经验与生产经验，学校开设的课程门类很少，自然科学内容更少，教育手段也极其低下。随着生产力的发展、经济力量的加强，教育内容也发生了变化。工人接受基础教育的年限得到逐渐延长，工人受教育的内容逐渐拓宽、加深，教育的组织形式和教育手段也发生了变化。比如，在大工业发展初期，工人具备初等文化水平就可以操作机器。到了电气化生产时期，工人必须具有中等文化水平才能适应生产的要求；而现代生产则要求工人必须具备高中以上文化程度或受过专门的训练才能适应生产的需要。在这个变化、发展过程中，教育内容为了适应经济和科学技术发展的要求，大大加强了自然科学方面的内容，学校开设的课程门类逐渐增多。初步形成了较为完整的学科门类体系。教育组织形式从最初的个别教学、师徒制发展到 17 世纪的班级课堂教学、小组教学直至现代化的远程教学等；教学手段也从最初的口耳相传、行为模仿发展到粉笔加黑板再到现代化教育手段，如幻灯机、幻灯片、电视、电脑等教学手段的应用。

（三）经济发展影响教育发展的规模和速度

教育规模是指某一时期内接受教育的人数。相应地，学校规模指某一时期内的在校生人数。教育发展的规模即指某一时期内增加的受教育人数。教育发展的速度则是指教育规模变化的快慢。经济发展需求和水平，对教育发展的规模和速度有着直接的影响。因为：

1. 经济发展水平与受教育人口数量具有依存关系

经济发展水平决定了社会所能提供的剩余劳动力的数量及其用于受教育的闲暇时间，即受教育人口数量。当经济发展水平、社会生产力发展程度低下时，社会不可能有更多的人力去办教育和接受教育，全社会教育发展规模就会受限制，发展速度就会缓慢。

2. 经济发展水平与教育程度、教育年限具有依存关系

当一个社会的经济和生产力不发展，没有较为雄厚的经济实力，就不可能延长义务教育年限，提高中等和高等教育程度。这样，普及教育程度就会低下，中等和高等教育发展的规模和速度就会受到限制。

【链接阅读】

为什么不同国家义务教育年限不一样

1998 年的《世界教育报告》则显示：在有数据可查的 171 个国家中，义务教育的平均年限为 8 年，非洲的平均年限已达 7.2 年，北美、欧洲主要发达国家的平均年限为 10~12 年。

实行 13 年义务教育的国家:荷兰;

实行 12 年义务教育的国家:比利时、德国;

实行 11 年义务教育的国家:以色列、英国:

实行 10 年义务教育的国家:加拿大、美国、法国等;

实行 9 年义务教育的国家:中国大陆、韩国、俄罗斯等。

3. 经济发展水平与教育投入也具有依存关系

一般地说,经济实力较强、生产力比较发达的国家,在教育资金支付方面不仅数量多,而且在主要经济指标中所占的比重也较高。反之亦然。例如,据世界 33 个国家统计资料表明,国民平均收入在 500 美元以上的国家有 16 个,其中教育经费在整个国民收入中所占的比例超过 10%的有 4 个,超过 3%的有 6 个。国民平均收入不到 500 美元的国家有 17 个,其中有 12 个国家的教育经费都不到国民收入的 3%。教育投入的数量直接影响着教育发展的规模和速度。

4. 经济发展水平与学科专业设置的规模和速度,也有依存关系

例如,哪些专业兴起,哪些专业淘汰,哪些学科兴起,哪些学科压缩;哪些专业和学科发展多大规模,多快速度,都对国家经济实力具有依存性。在经济发展水平和生产力发展程度不高的情况下,盲目扩大办学规模,随意设置专业网点,是违背客观规律的。

(四) 经济发展水平制约着教育体系和教育结构的发展

教育体系是指各级各类教育的总称。它由各级各类学校教育、各级各类成人教育、家庭教育和社会教育组成。教育结构则是指教育系统各部分之间的比例关系及其衔接方式。

教育体系和教育结构对经济实力的依存性,早已被历史所证明。在古代经济社会里,学校教育已经出现,并且有了初等学校、中等学校和高等学校。其中,初等学校有教会学校、行会学校、商业学校和城市学校;中等学校有文法中学;高等教育出现了大学。但由于那个时代的经济水平不高,经济实力不强,社会生产力发展迟缓,教育体系和教育结构虽然有了各级学校,并且学制有官私之分、长短之别,但基本上是互相没有联系的、单一的、全日制的学校,上下衔接的各级各类学校教育体系和教结构还没有形成。文艺复兴和产业革命伊始,社会出现了大工业生产。大工业生产有两个主要特征:一是采用机器,二是生产中运用自然科学原理。这样就使得社会生产力发展起了质的变化,经济实力、社会生产力得到空前的增强与发展,必然使教育体系和教育结构随之发生新的变化,使家庭教育发展为社会教育,教育突破了仅在统治阶级内部、仅在家庭范围内的界限,开始了社会教育和普及义务教育,出现了国民小学、实验中学,教育制度实行了“双轨制”。同时,由于经济和生产力的客观要求,教育体系范围也超出了正规和全日制学校的时间和空间,出现了职业技术学校、半工半读学校和各种形式的短期培训学校,使得教育体系和教育结构在原来的基础上不断地被确立起来、完善起来。不仅有了大、中、小各级上下衔接的纵向教育体系,也有了职业、技术、专业各类横向贯通的教育体系和结构。

三、教育对经济发展的作用

(一) 教育对经济发展的直接作用

1. 教育是劳动力再生产的重要内容与主要手段

劳动力再生产包括两个内容和过程,即其一,人的自然成长过程,人的生命过程。这个

过程主要是形成人的体力；其二，对人的教育和训练过程。这个过程形成劳动者的脑力和智力，从而实现社会劳动力的再生产。

2. 教育是缩短社会必要劳动时间、提高劳动生产率的重要途径

因为影响社会必要劳动时间的因素主要有两个，一是社会一般生产条件，即客观因素；二是从事物质生产的人的劳动熟练程度、劳动技巧和劳动速度等，即主观因素。教育是训练、培养和提高劳动力劳动熟练程度、生产技能和技巧，以及劳动速度的重要手段。因此，教育对于缩短社会必要劳动时间，具有重要作用。

3. 教育是科学生产、再生产，以及使科学转化为直接生产技术的重要途径

因为教育具有传递、积累、发展和再生产科学技术的社会经济功能；教育具有使科学转化为生产技术的中介环节的作用；教育又是科学知识再生产和科学转化为生产技术最有效的形式。随着时代发展和科技进步，教育这一功能将愈来愈显得重要。

4. 教育是提高经济管理水平的重要条件

在现代化生产和经济条件下，经济管理是社会生产力增强和社会经济发展的重要因素。教育在经济管理中的作用表现在，其一，教育可以培养一支数量充足的管理者队伍。因为经济管理者的来源有从直接生产和技术人员中提拔和靠学校教育培养两个渠道。后者则是主渠道。其二，教育可以提高经济管理者素质。因为提高管理者素质的途径有在管理实践中提高和教育培训两种。在现代化管理中，主要依靠教育。其三，教育可以提高决策水平和管理水平。真正实现决策科学化，主要依靠教育。

（二）教育对经济发展的间接作用

教育对经济发展的间接功能具有多层面的表现形式。例如，教育通过对社会政治、文化、道德以及人口等因素的功能，进而对经济发展发生作用。政治是经济的集中表现，教育通过对政治发生作用，特别是教育通过培养上层建筑各方面人才，改善和完善生产关系某些环节，为政治服务，从而间接为社会生产力发展服务。教育对社会人口的功能也是如此，社会人口受教育程度愈高，对经济发展增强作用就愈大。这主要表现在两方面，其一，它可以促进社会人口生育率的下降，减轻社会经济压力；其二，提高社会人口质量，特别是社会劳动人口的质量，从而使社会生产效率提高，增强社会生产力发展。

总之，教育对经济发展的间接作用，可以概括为以下几种表现：

1. 教育对人具有全面的影响作用。教育通过培养全面发展的人，对经济增强发生作用，在现代化生产的条件下，这种作用愈来愈显著，因为只有人的素质全面提高，特别是劳动人口素质的提高，经济发展才会不断增强。

2. 教育通过培养非物质生产部门的人才，即上层建筑、意识形态各个领域的人才，对社会生产力增强发生作用。因为社会是个有机的整体，物质生产领域与非物质生产领域是相互发生影响、相互渗透的。

3. 教育通过陶冶劳动者的思想和道德，提高劳动者的精神文明程度，从而提高他们的劳动主动性、积极性和创造精神，对经济发展发生作用。

（三）教育对经济、社会发展的战略作用

教育与经济社会发展目标的关系是从高层次上、宏观上阐述教育与经济的关系。在我国则是教育与实现现代化目标的关系。

经济社会发展目标既包含经济增长目标、经济发展目标，也包含社会发展目标，以及经

济与社会协调发展的实现。

经济增长并不能代替整个经济和社会发展目标，它仅是其中重要的一部分，只有使经济增长与社会发展协调起来，实现整个社会发展战略目标，才是最终理想。所谓经济、社会发展目标，是指通过发展经济，将要建立一个什么模式的社会，包括社会经济、政治、文化、精神、道德等方面。也就是说实现国家现代化。通常情况下，一个国家的第三产业发达，往往也意味着这个国家整体经济社会发达程度和现代化水平比较高。当前西方发达国家第三产业创造的国内生产总值已占整个国内生产总值的80%左右，甚至更多，而我国则不到40%。

教育与经济、社会发展目标的关系及其作用，主要包括这样几个方面：教育对实现经济增长目标的作用；教育在社会与经济协调发展中的作用；教育在满足人们自身发展需要和逐步实现人的全面发展中的作用；教育在使人们在经济上、社会上有安全感、保障感等方面的作用；教育在使社会具有良好道德风尚中的作用；等等。

其中应该特别指出的是教育在满足人们自身发展需要与逐步实现人的全面发展中的作用，应主要从这样一些方面和指标上观察：平均每人教育投资量；平均每人文化经费量；各种文化程度人口占社会总人口的比例及发展趋势；各种文化程度职工占全体职工的比例及发展趋势；各级各类学校学生数占社会总人口的比例及发展趋势；社会各种文化设施发展程度及发展趋势；平均每个家庭用于教育和文化的各项开支占家庭总支出的比例及变动趋势等。

四、全面理解教育发展与经济发展的关系

教育发展是指教育事业，包括教育理论、教育水平、教育机构、教育资源、师资队伍等教育进步和拓展的程度。经济发展是一个国家或者地区按人口平均的实际福利增长过程，它不仅是财富和经济机体的量的增加和扩张，而且还意味着其质的方面的变化，即经济结构、社会结构的创新，社会生活质量和投入产出效益的提高。简而言之，经济发展就是在经济增长的基础上，一个国家或地区的经济结构和社会结构持续高级化的创新过程或变化过程。

教育发展与经济发展虽然具有间接关系和直接关系，但它们之间的关系除表现为相互影响、相互作用之外，还表现为相互制约的关系。经济发展只能提供它的物质资料的一部分用于发展教育事业，教育在使用这些经济条件时，需要同用于其他部门的物质资料和经济条件相协调、相平衡。教育投资的增加可以促进教育发展，但教育经费并不是占GDP的比例越高就越能促进国民经济和教育的发展，教育的过度投资会挤占其他领域的发展资金，从而影响经济的整体发展，最终也会影响教育的发展。此外，教育对经济发展作用具有周期性长、生效性迟缓的特点，也就是说在短期内教育不仅不能立刻满足经济上的需要，而且还要占用一部分强壮劳动力，延缓一部分劳动力直接从事物质生产活动。

目前，对教育发展与经济发展关系有几种不同的说法：(1) 教育先行论或超前发展理论，即首先发展教育而后再发展经济增强国家综合实力。所谓超前发展有两层意思，其一，教育事业发展在教育投资上应高于国家财政经常性支出的比例，人均教育经费逐年增加；其二，教育事业发展，在人才培养上要兼顾经济建设近期和远期需要。在智能化、信息化时代，教育发展速度要超前于经济的发展速度。(2) 同步发展理论，即教育发展与经济发展同步增长。(3) 滞后论，即教育发展落后于经济增长的速度和比例。无论哪种理论，如果不讲在一定的条件下，或在特定意义上，片面强调某一方面，都是不符合教育与经济发展具有相互依

存、相互促进和相互制约的辩证关系的，也是违背经济与教育之间辩证发展客观规律的。因此，在处理教育发展与经济发展关系时，既要考虑经济发展水平，实事求是地追加教育投资，发展教育事业；又要克服只顾眼前短期经济利益，忽视教育对经济发展的长期性、迟效性作用的观点，要用发展的观点看待教育对经济增长的作用。

第二节 教育与经济增长的关系

教育对经济发展的作用集中体现为教育对经济增长的功能，教育与经济增长的关系是教育与经济关系的核心。教育经济价值的发现是从解释经济增长的原因开始的。因此，要揭示教育与经济增长的关系必须了解什么是经济增长和相关的理论。

一、经济增长的相关理论

（一）经济增长的含义

经济增长是指国民财富或社会财富的增长，即国民收入或人均国民收入及国民生产总值的提高。"经济增长代表的是一国潜在的 GDP 或国民产出的增加。也可以说，当一国生产的可能性边界向外推移时，就是实现了经济增长。"①经济增长是经济发展的基础、前提条件和基本动力。经济发展是经济增长的延伸，有发展必有增长，但有增长不一定有发展。

衡量经济增长的常用指标有：国民生产总值（GNP）②及其增长率、国内生产总值（GDP）及其增长率、国民收入（NI）③及其增长率、人均国民收入及其增长率。

（二）经济增长理论的演化

经济增长理论的主要流派有：

1. 古典经济增长理论

古典经济学理论的鼻祖——斯密，最早提出了系统的经济增长思想。他认为，促进经济增长有两种途径：一是增加生产性劳动的数量；二是提高劳动的效率。两种途径中劳动效率的提高更重要，而劳动生产率的提高主要取决于分工程度和资本积累的数量。从李嘉图开始，经济研究不仅注重财富的增长，而且还重视财富的分配，认为长期的经济增长趋势在收益递减规律的作用下会停止。李斯特从保护幼稚产业的角度重点分析了发展中国家的经济增长路径，因此分工协作和资本积累是促进经济增长的基本动因。马尔萨斯则认为人口增长与产出增长是不同步的，以人均产出表示的经济增长会受到人口增长的限制，人口增长取决于人均收入，在经济系统之外要采用限制人口增长超过经济增长的政策。可见，古典经济学家们已经指出了经济增长的动因：资本、技术、土地、人口、分工，也注意到了自然资源在经济增长中的特殊性。

2. 新古典经济增长理论

新古典增长理论主要是指美国经济学家索洛所提出的经济增长的理论。索洛以柯布-

---

① 萨缪尔森. 经济学（第 16 版）[M]. 北京：华夏出版社，2003：419.

② 国民生产总值，指一个国家（或地区）所有国民在一定时期内新生产的产品和服务价值的总和。英文全称 Grass National Product。

③ 国民收入，即一个国家一年内用于生产的各种生产要素所得到的全部收入，即工资、利润、利息和地租的总和。英文全称 National Income。

道格拉斯生产函数为基础，推导出一个新的增长模型。该模型用公式可以表示为：

$$G=a\triangle K/K+(1-a)\triangle L/L$$

用 a 和 $1-a$ 分别代表资本和劳动对总产出的贡献，$\triangle K/K$ 为资本增长率；$\triangle L/L$ 为劳动增长率。

从上式中可以看出，经济增长率 G 由资本和劳动的增长率及其边际生产力决定。依据这一模型，人们可以通过调节生产要素投入的边际生产力，即调整资本和劳动的配合比例，来调节资本-产出比率，以实现理想的均衡增长。

1960 年，索洛和米德对该模型进行补充，在原有模型中引入了技术进步和时间因素。修正后的模型被称为“索洛-米德模型”，其基本公式为：

$$G=a\triangle K/K+(1-a)\triangle L/L+\triangle T/T$$

上式中 $\triangle T/T$ 代表技术进步。

索洛-米德模型不仅体现了凯恩斯主义，而且体现了新古典学派的经济思想，常被称为新古典增长模型，该模型所阐述的增长理论被称为新古典增长理论。主要结论有：(1) 无论从任何一点出发，经济(曲线)向平衡增长路径收敛，在平衡增长路径上，每个变量的增长率都是常数；(2) 在其他外生变量相似的条件下，人均资本低的经济有更快的人均资本的提高，人均收入低的经济有更高的增长率；(3) 人均产出的增长来源于人均资本存量和技术进步，但只有技术进步才能够导致人均产出的永久性增长；(4) 通过调节储蓄率可以实现人均最优消费和最优资本存量的“黄金律”增长；(5) 储蓄率的变化只会暂时性地影响增长率，而不会永久性地影响；储蓄率的显著变化对平衡增长路径上的产出变化只有较小的影响，且作用缓慢。该理论也有一些不足：(1) 未能够解释长期经济增长的真正来源。把技术进步看成为外生给定的，而这恰恰是长期经济增长的关键。(2) 理论预测与实际数据不符，不能说明国家间的收入差距。

3. 新经济增长理论

尽管新古典经济增长理论为说明经济的持续增长，导入了外生的技术进步率和人口增长率，但外生的技术进步率和人口增长率并没有能够从理论上说明持续经济增长的问题。20 世纪 80 年代中期，以罗默和卢卡斯为代表的“新增长理论”出现了。新经济增长理论又称“内生经济增长理论”，是指不依赖经济外部的力量(如外生的技术进步、外资等)的推动，主要由经济的内在力量(如内生的技术变化、人力资本积累等)推动的长期经济增长。以 1986 年罗默的《收益递增和长期增长》和 1988 年卢卡斯的《论经济发展的机制》两篇论文为标志，新经济增长理论开始形成。

新经济增长理论的主要贡献是：其一，将知识和专业化的人力资本引入增长模式，认为知识和专业化的人力资本积累，可以产生递增收益，并使其他投入要素的收益增长，进而总的规模收益递增，这就说明了经济增长持续的和永久的源泉与动力。其二，放弃了新古典经济增长理论的技术外生化的假定，突出技术的内生性，强调大部分技术或知识经济主体源于利润最大化的有意识投资的产物。其三，指出了边干边学以及知识外溢在经济发展中的重要作用。其四，强调发展中国家在经济发展过程中对外开放的重要性。该理论认为国与国之间发展对外贸易不仅可以增加对外贸易的总量，而且可以加速世界先进知识、技术和人力资本在世界范围内的传递，使参与贸易各国的知识、技术和人力资本水平得到迅速提高，获取边干边学和知识外溢效应。其五，重新确立了政府政策在经济发展中的作用。

经济增长理论是教育与经济增长关系研究的理论基础，特别是新古典经济增长理论和新经济增长理论对教育与经济发展的关系具有较强的解释力。许多学者就是运用这两种理论对教育与经济增长关系进行实证研究的。

二、教育与经济增长的相互关系

（一）教育在经济增长中的特殊作用

影响国民经济增长率的因素是多方面的，诸如生产资料投入量、劳动投入量、劳动生产率以及生产资料消耗率等。如果在生产资料投入量和劳动投入量既定的条件下，劳动生产率愈高，生产资料消耗率就会愈低，就可以促进国民经济增长，国民收入和社会总产值增长率就会愈快。

教育与影响经济增长的因素都有着直接的关联。第一，劳动生产率与劳动者的技术熟练程度有关，而技术熟练程度又主要是由劳动者的受教育程度决定的，因此，教育在现代化生产过程中，对提高劳动生产率起着关键性作用。第二，生产资料消耗率与生产技术设备先进程度直接相关，而先进的生产技术设备需要懂技术的人去操作、使用，这同样与教育有关，一般来说，劳动者受教育程度愈高，生产技术水平就愈高，生产资料消耗就会下降，国民经济就会发展。第三，要使国民经济各项指标持续发展，必须大力推进科学发明和及时使这些发明转化为生产技术，而科学发明、推广、应用，同样需要教育。教育在社会经济增长中起着重要作用。①

（二）现代教育促进现代经济增长的机制

1. 教育通过产学研合作，促进经济转型发展

经济转型指一种经济运行状态转向另一种经济运行状态，包括资源配置和经济发展方式的转变，包括发展模式、发展要素、发展路径等转变。从国际经验看，不论是发达国家还是新型工业化国家，无一不是在经济转型升级中实现持续快速发展的。我国从“九五计划”开始即提出了经济转型问题，提出经济增长方式由粗放型（主要靠生产要素数量的扩张来实现经济的增长）向集约型（在科技进步的前提下，主要依靠生产要素的优化组合，提高要素质量和使用效率而实现的经济增长方式）转变，由外延型向内涵型扩大再生产的转变。中国当前经济转型的实质就是用现代科技改造传统产业，发展高新技术产业，提高经济发展中的高科技含量。

产学研合作是指企业、高等学校和科研院所之间的合作，通常指以企业为技术需求方，与以科研院所或高等学校为技术供给方之间的合作，其实质是促进技术创新所需各种生产要素的有效组合。产学合作有助于产学双方在人才培养和科技开发上优势互补，相互促进，既确保教育与生产劳动相结合，又能使学校的科研成果尽快转化为产业部门的生产力，在促进经济发展转型中具有不可替代的作用。美国在波士顿地区和加州地区所形成的教学、科研和生产的紧密体系，就是两个成功的样板。波士顿地区在哈佛大学、麻省理工学院、耶鲁大学的帮助下，从一个以传统工业为主的地区一跃成为“科学工业综合体”地区；加州地区在斯坦福大学、加州理工学院、加州大学的帮助下，由一百多年前的荒凉之地，一跃而为闻名全球的“硅谷”电子业基地。我国北京中关村电子一条街，西安市的电子城，都是很好的例证。教学、科研、生产一体化，是当代国际高等教育、科学和经济综合发展的产物。建立以大

---

① 厉以宁. 教育经济学[M]. 北京：北京出版社，1984。

学为主导的、同科研和生产紧密结合的联合体,已成为各国高等教育改革和发展推崇的共同模式,也是经济转型发展的新模式。

2. 教育通过提高人力资本质量,提高劳动生产率

人力资源作为一种经济资源,包含数量和质量两个方面的内容。人力资本质量是指通过教育投资形成的体现在劳动力人口身上的体质水平、文化水平和专业技术水平。它反映出劳动者劳动能力的大小、劳动复杂程度和劳动所属形态。在现代生产条件下,科学技术的进步及其在生产过程中的运用,对劳动力数量的要求逐渐降低,而对劳动力质量的要求越来越高。教育通过提高人力质量、培养优秀人才从而推动生产效率提高。因为高素质的人力资本能使资源得到更充分有效的利用;能利用其他资源而克服某些资源的稀缺性;人力资源本身就是自然资源和资本的替代品。因此,人力资本质量已日益成为一个国家生产力发展水平和经济增长速度的决定因素。

3. 教育通过促进科学技术应用和发展,推动经济增长方式转变

从教育与科学技术的关系上看,科学技术不仅影响学校的产生和发展、课程种类与课程内容的变化,还影响教学方式、教学组织变革等。如现代信息技术手段也使教师教学方式发生变化,使微课、慕课和翻转课堂成为可能并流行起来。

反过来,教育对科学技术也有重要的影响。主要表现在四个方面:一是教育对科学技术的直接影响通过培养劳动者来实现;二是教育具有传授科学知识和技能的功能,并在传授过程中生产和再生产科学知识和技术;三是教育是使科学转化为技术的桥梁和必备条件;四是教育尤其是高等教育日益成为科技创新和发展的孵化器,产学研日益一体化成为知识经济发展的重要条件。一个国家科学技术的发展主要依靠三个方面的力量:科研机构、教育部门、企业。教育可以传播科学技术,使科学技术由潜在的第一生产力转化为现实的第一生产力;教育部门(特别是高等院校)是发展科学技术的最主要的力量。现代教育不但再生产科学技术,创造新的科学技术,而且还创造新的生产力,科学技术是发挥教育经济功能的优势所在。正因如此,我国高度重视高等教育在科学技术发展中的作用。《中华人民共和国高等教育法》(2015 年 12 月 27 日修正)第三十五条规定,“高等学校根据自身条件,自主开展科学研究、技术开发和社会服务。国家鼓励高等学校同企业事业组织、社会团体及其他社会组织在科学研究、技术开发和推广等方面进行多种形式的合作。国家支持具备条件的高等学校成为国家科学研究基地。”

4. 教育通过拉动内需,直接促进经济增长

教育事业的发展不断形成有巨大资金投入的教育基础设施;教育活动、科研活动自身也要消耗大量的活劳动。由于教育的扩展需要增加相关的投入,可以扩大就业,刺激经济的增长,同时,因为“乘数效应”的作用,增加教育相关投入的增加就会拉动相关产业发展,产出数倍的经济效益,促进经济增长。

【链接阅读】

1999 年我国高校扩招对短期经济增长的影响

1999 年我国普通高校首次扩招,招生规模从 1998 年的 108 万人扩大到 156 万人。我国学者丁小浩、陈良琨估算了扩招 48 万学生对经济的拉动。

其具体方法是:第一,估算生均支出(包括学校的显性成本和学生个人支出的学杂费以

外的显性成本),计算扩招48万学生将导致相关部门最终需求增加56亿元;第二,根据扩招规模计算扩招导致各部门(如饮食业、旅客运输业、文化用品制造业、印刷业等)最终需求的增加量。根据各个行业的产出乘数,估算上述最终需求增加导致的产出增加,上述最终需求的增加将带动130亿元的总产出增长,其中:饮食业12亿元,旅客运输业3亿元,文化用品制造业和印刷业7亿元,高等教育产业108亿元;第三,假设需要为10万学生进行固定资产投资(如教学行政用房、宿舍用房、食堂、教学仪器等),则可带动107亿元的总产出增长,其中建筑业93.6亿元,文化用品业13.3亿元,图书印刷业0.5亿元。合计:可带动237亿元的总产出增长。①

三、教育与经济增长的实证研究

揭示教育与经济增长的关系,主要是阐释教育与国民经济各项主要经济指标之间的关系,即教育与国民收入增长率、教育与社会总产值增长率的关系。但是,教育与经济增长到底有多大关联性,也就是教育投资对经济增长贡献到底有多大,其精确的计量一直是教育经济学领域研究的核心问题。自20世纪60年代以来,各国研究者通过分析引起经济增长的因素,发现教育对促进本国经济具有巨大的作用,多方面论证了教育的经济功能,提出教育对经济增长的贡献作用是通过多种途径增加现有劳动力的生产率而发挥出来的,包括技能培训和普通教育。②

(一)国外学者的研究③

美国经济学家舒尔茨首开先河,1961年在《教育与经济增长》一文中就教育对经济增长的贡献做了认真的定量分析,他把资本的投入分解为物质资本和人力资本投入两部分,通过计算一定时期内因教育水平或教育年限的提高而增加的教育资本的存量、教育资本收益、收益额,来确定教育程度的提高对国民收入增长的贡献。舒尔茨计算出1929—1957年美国教育投资增加额为495亿美元,相当于国民收入增量的33%。人们把这种计算方法称之为投资增量收益分析法。

美国经济学家丹尼森在核算教育对经济增长的贡献方面做了重要的工作。在1962年出版的《美国经济增长因素和我们面临的选择》一书中,他调整了劳动力投入的数据,以反映劳动力年龄、性别构成的变化,劳动时间的变化,特别是教育的变化。首先他对投入要素进行分解来分析促进经济增长的因素,并比较各因素对经济增长的重要性,其中教育是一个重要的因素;其次,他假定不同教育水平劳动力的收入差异可以反映教育带来的生产率的增加;第三,计算基期和报告期劳动者的平均教育指数及其年平均增长率;最后他确定出教育程度的提高对经济增长的贡献。他计算出1929—1957年教育对国民收入增长率的贡献为35%。其他各国研究者纷纷效仿丹尼森的"经济增长因素分析法"来测算本国教育对经济增长的贡献,在教育经济学领域产生了一定的影响力。

1980年,鲍曼对多个国家有关增长核算的研究作了整理和评论,结果表明教育对经济增长的贡献远非如此巨大。鲍曼对1950—1962年间做过增长核算的22个国家中,只有4

---

① 丁小浩,陈良焜.高等教育扩展扩招对经济增长和增加就业的影响分析[J].教育发展研究,2000(2):9-14.

② Carnoy.教育经济学国际百科全书(第二版)[M].北京:高等教育出版社,2000:241.

③ Carnoy.教育经济学国际百科全书(第二版)[M].北京:高等教育出版社,2000:241-249.

个国家(阿根廷、比利时、英国和美国)的教育的直接贡献超过10%。1985年,通过一项对29个国家的调查,萨卡罗普洛斯发现教育的直接作用平均只解释了总增长的8.7%。对大多数国家来说,教育的直接影响只是一个很小的因素,而对经济快速增长的国家显得更为不重要。20世纪80年代后期出现的以罗默和卢卡斯为代表的新经济增长理论对上面这个问题进行了解释,主要是从人力资本内生的角度来考察教育对经济增长的贡献,强调生产率的增长是一个自我产生的过程,它是与新知识的生产相配合的一些具体活动的支配。当生产过程本身产生了新的知识(教育和培训),并且教育和培训又被作为新知识而被纳入生产过程中时,生产率就会增加。

1994年,美国学者 Maw-Lin Lee,Ben-Chieh Liu,Ping Wang 利用这种新的分析方法,构建出一个内生增长模型,以韩国和我国台湾作为样本数据,证明了技术进步和人力资本对经济增长的巨大作用。韩国在1960—1988年期间,其经济增长中有4.8%是通过内生人力资本的投入实现的,其余则依靠资本投入和国际贸易来实现。我国台湾在1955—1986年期间,其内生人力资本对产出增长的贡献是21%,外生的贡献是13%,可见在台湾,内生人力资本或技术进步对产出增长的影响高于外生的人力资本。另外与韩国相比,人力资本对台湾的产出贡献要高一些①。

除此之外,利用这种新的分析方法,通过对一些发达资本主义国家经济的研究,发现战后生产率增长的一个显著特点是生产率水平趋于收敛。也就是说,落后、低生产率水平的国家和地区有一种追赶效应,其前期的产出生产率越低,后期的经济增长速度有可能越快,人们将这种经济增长的收敛过程称之为“条件”收敛。另一个发现就是这种条件收敛对一些国家和地区的生产率增长速度差异具有较高的解释力,在经济增长的实证研究领域得到广泛应用。1994年美国学者基特尔曼和沃尔夫通过这种收敛过程分析了各国教育对经济增长的重要性,结果表明,教育对经济增长除通过劳动力的直接作用之外,还有一种间接效果,其主要是通过技术进步和需求来发挥作用,另外教育对经济增长的影响在不同地区、不同国家和不同时间之间是存在差异的。

不过,经济学家埃森·哈里斯提出,这种实证研究仅适用于某些特定的国家和地区,在更大范围的国家之中,包括发展中国家,同一观察时期的实际的生产率的增长模式显然仍存在很大差异,其中既有收敛,也有发散,总体上看不出明显的趋向。

(二)中国学者的研究

我国学者从20世纪80年代开始对中国教育对经济增长的贡献进行了定量的测算。一种是采用苏联教育经济学中的劳动简化法的思路,创造出总课时法、劳动生产率法和教育年限法来探讨教育投资对经济增长的作用。1983年,全国教育经济学研究所编的《教育经济学概论》一书最早采用了劳动系数简化法研究我国教育与经济增长关系,研究认为我国在1952—1978年的国民收入总增长额中有34.88%的比例是劳动者的技术水平带来的,同时假定其中的60%是由教育带来的劳动者技术水平的提高,从而测算出教育对该时期国民收入增长的贡献率为20.9%。后来的学者纷纷采用劳动系数简化法进行研究(见表4-2)。

① Maw-Lin Lee,Ben-Chieh Liu,Ping Wang. Education Human Capital Enhancement and Economic Development: Comparison Between Korea and Taiwan[J]. Economica of Education Review,1994,13(4):275-288.

表 4-2 基于劳动系数简化法研究教育对我国经济增长贡献的研究成果

研究者	研究时段	教育对国民收入增长贡献(百分比)
王玉崑(1998)①	1964—1982	24.9
王玉崑(1998)②	1982—1990	26.7
李建尉(1988)③	1964—1982	24.6
易宗喜等(1988)④	1952—1982	10.25

从生产函数来测定,主要依据的是舒尔茨投资增量法和丹尼森的收入系数法,其理论基础是人力资本理论。值得关注的是在20世纪80年代,国内几乎没有学者利用这两种方法来估算我国教育对经济增长的贡献。随着我国市场经济的改革和教育经济学研究的进一步深入,研究者逐步采用产生于西方的生产函数法分析教育对经济增长的作用,如蔡昉等人利用生产函数模型进行回归统计的结果表明,1982—1997年经济增长的四个源泉中,资本的贡献最大,劳动力、人力资本和未被解释的部分(或全要素生产率)三者之间的贡献十分接近,分别为29%、23.71%、23.72%、23.57%。但从弹性系数的角度看,人力资本对推动经济增长具有潜在的巨大优势。⑤

自20世纪90年代之后越来越多的学者采用了内生经济增长模型、运用了协整检验与格兰杰因果关系检验(见表4-3)。

表 4-3 采用生产函数等其他方法研究中国教育对经济增长贡献的研究成果

研究者	研究时段	教育对国民收入的贡献	采用的方法
孙蕾(2005)⑥	1978—2002	短期内扩大教育投资对经济增长并不产生作用	协整检验和格兰杰因果关系检验
叶茂林等(2003)⑦	1981—2000	31.17	柯布-道格拉斯生产函数
胡永远(2003)⑧	1952—1977	8.7	柯布-道格拉斯生产函数
周英章等(2002)⑨	1952—1998	0.976	协整检验和格兰杰因果关系检验
崔玉平(2000)⑩	1982—1990	8.84	柯布-道格拉斯生产函数

(三)研究的主要结论及其价值

尽管国内外学者对教育与经济增长的研究还存在统计口径、计算方法等许多不足,但已

① 王玉崑.教育经济学[M].北京:华文出版社,1998:35-57.
② 王玉崑.教育经济学[M].北京:华文出版社,1998:35-57.
③ 李建尉.教育经济学[M].北京:对外贸易教育出版社,1988:293-298.
④ 易宗喜,等.教育经济学教程[M].四川:四川教育出版社,1988:125-127.
⑤ 蔡昉,王德文.中国经济增长可持续性与劳动贡献[J].经济研究,1999(10):62-68.
⑥ 孙蕾.我国教育投资与经济增长关系的实证分析[J].天府新论,2005(4):42-46.
⑦ 叶茂林.教育发展与经济增长(第1版)[M].北京:社会科学文献出版社,2005:260-265.
⑧ 胡永远.人力资本与经济增长[J].经济科学,2003(1):54-60.
⑨ 周英章,金戈.中国教育投资的经济增长效应实证分析[J].教育与经济,2001(3):41-44.
⑩ 崔玉平.高等教育制度创新的经济学分析[M].北京:北京师范大学出版社,2002:88-104.

经证实了教育确实能够促进一国经济的增长,并特别强调了人力资本对经济发展的重要性,这为大力发展教育以及促进教育与经济的协调发展提供了充分依据,具有极其重要的意义。

1. 教育与经济增长存在正相关关系

从国内外教育对经济增长贡献的实证研究中可以看出,尽管教育对经济增长率水平所产生的贡献有不同看法,但无论是人力资本理论、还是新经济增长理论,都一直把教育看作是经济增长的决定因素之一,通过教育改善和积累人力资本与经济增长之间存在着正相关的关系,尤其是分析不同国家之间劳动生产率的增长差异时,人力资本的差异显然是一个重要的因素。

蔡增正教授研究使用世界上194个国家和地区的数据,考察了教育在1965—1990年中对经济增长的贡献,为了认识教育在经济发展不同阶段的作用,对低收入、中等收入和工业化国家的三个样本分别进行了估计。研究的主要结果是,教育对于经济增长的贡献巨大而具实质性,外溢作用不仅是正的,而且颇为可观;同时也发现,教育部门与经济中其他部门相比生产力较低;教育对于经济增长的作用在经济发展的过程中表现为先弱、后强、最后稍有降低的趋势。①

可见,教育是积累人力资本的最有效途径,是经济增长的源泉。政府应优先发展教育,重视教育投入,在确保教育质量的前提下扩大教育规模,多出人才,快出人才,出好人才,提高整个民族的文化技术素质,破解经济发展后劲不足问题,促进经济持续增长。

2. 教育促进经济增长、发展具有国家差异、地域差异、教育层次差异

从短期来看,教育促进经济增长的速度,在发展中国家更明显一些。不同层次的教育对经济增长的贡献也不一样。

【知识链接】

不同阶段、层次与类型教育对经济增长的作用

格默尔在1996年发现1960年甚至以后的教育水平对于经济增长的效应取决于1960—1985年人力资本的增长率。对于经合组织国家,人力资本每年增长1%将引起经济增长5.9%。以这一增长为条件,这些国家初始人力资本存量每提高1%将促进经济增长1.1%。此外,他还发现不同层次的教育与国家的经济发展水平表现出对应关系,初等教育与中等教育分别与最穷的和中等发展水平的发展中国家经济增长关系更为密切,高等教育对经合组织国家经济增长才是重要的。克鲁格在1998年发现人力资本存量与经济增长之间具有倒U形关系,平均受教育年数对经济增长作用的峰值年数为7.5年,而1990年经合组织国家人口平均受教育年数为8.4年,也就是说这些国家的平均教育处于教育一增长曲线向下倾斜的区间,意味着发达国家进一步扩张教育将会得到负的收益。②

安雪慧研究员对我国1981—1998年期间三级教育对经济贡献进行回归分析发现,各级教育对经济增长的贡献分别是初等12%、中等8%、高等10%。③ 因此,教育要促进经济增

① 蔡增正.教育对经济增长贡献的计量分析[J].经济研究,1999(2):39-48.

② 俞培果,沈云.教育与经济增长关系研究综述[J].经济学动态,2003(10):85-90.

③ 安雪慧.中国三级教育对经济增长的贡献率差异分析[J].天津市教科院学报,2002(2):26-31.

长,需要教育适应国家或地区经济发展的需求,制定与之相适应的教育经济政策,合理分配教育投资的比例结构。中国东中西部地区要采取不同的针对性教育发展政策,提高各地区不同层次教育对经济发展的贡献。

3. 教育对经济增长的贡献测算有一定的误差

研究表明,教育对经济增长的影响因素是多方面的,教育与经济增长之间存在复杂的互动关系。不难发现,运用舒尔茨的投资增量收益分析法和丹尼森的经济增长因素分析法以及最新的内生化模型研究方法,在对不同国家的教育对经济增长贡献进行测算时,往往差异较大。这不仅仅是计算公式的科学性问题,也涉及理论假设问题。美国教育经济学家卡诺伊认为简单的投入一产出型的人力资本模型已经不能解释变化中的20世纪90年代的现实,教育与个人收入和经济增长之间不再是简单的线性关系,而是受到经济增长方式和工作场所组织方式的制约。换言之,教育收益不仅受到技术的影响,也与信息、意识形态、政治权利、财产权、工作场所的公民权,以及组织不断创新的意愿相关。①

本章小结

教育与经济的关系是教育经济学研究的核心内容。从教育与经济的一般关系来看,存在教育与经济之间的要素关系、结构关系和功能关系。从整体上看,经济制约着教育发展、教育制约着经济发展,两者是互动关系。在教育与经济发展关系中,主要是教育与经济增长的关系。影响国民经济增长率的因素是多方面的,但教育在社会经济增长中起着重要作用。实证研究表明:教育与经济增长存在正相关关系,教育促进经济增长发展具有国家差异、地域差异、教育层次差异。教育的需求与供给关系是教育与经济关系的具体体现,反映了政府、市场、学校和教育消费者之间的基本关系,是教育的基本经济规律。

关键概念及术语

经济　经济发展　经济增长　经济价值

引导性思考题

1. 教育与经济发展的关系是什么?
2. 教育为什么能促进经济增长?
3. 教育能直接拉动经济增长?

文献选读

1. 斯密.国富论[M].北京:商务印书馆,1979.

① Carnoy. Economics of Education, Then and Now[A]. Carnoy, M The International Encyclopedia of Economics of Education[Z]. Oxford. UK: Elsevier Science Ltd. 1995: 1-7.

2. 厉以宁. 论教育在经济增长中的作用[J]. 北京大学学报(哲学社会科学版), 1980(06):38-52.

3. 刘芹茂. 现代教育的经济价值[M]. 武汉:华中师范大学出版社, 2000.

4. 舒尔茨. 教育的经济价值[M]. 长春:吉林人民出版社. 1982.

5. 蔡增正. 教育对经济增长贡献的计量分析[J]. 经济研究, 1999(2):39-48.

6. 俞培果, 沈云. 教育与经济增长关系研究综述[J]. 经济学动态, 2003(10):85-90.

第五章　教育结构与经济结构

【案例导入】

高校专业调整的主要依据是什么？

盐城工学院是江苏省属地方本科高校。它依据地方产业价值链分工，以“应用型创新人才”和“技术技能型人才”为培养目标调整专业结构。早在2005年，面对盐城汽车制造及零部件产业发展，它在机械制造类专业方向设置了制造业数字化、模具设计等专业；2011年，依托国家“专业自主调控机制改革”，策应地方汽车制造、新能源、海涂环保和新型建材等产业发展战略，形成了紧密对接区域产业链、创新链的学科专业结构。这样的专业结构与盐城的汽车、环保、机械、化工、纺织、建筑、海洋等产业结构高度契合。面对江苏沿海产业由劳动密集型向技术集约型的转型，以及盐城主导产业向中、高端发展的情况，盐城工学院加强“新工科”建设，改造升级传统的工科专业，解决了制约高素质应用型人才培养在层次、规格与流程方面存在的不相适应的环节，增强了学校服务地方经济社会发展的能力，提升了人才培养质量和毕业生就业率。①

什么是教育专业结构？什么是产业结构？为什么教育专业结构的调整与产业结构相关？教育结构与经济结构的关系怎样？

【教师导读】

本章主要阐述教育与经济的多重结构关系，包括经济部门结构、产业结构与教育专业结构的关系，经济技术结构与教育程度结构的关系，经济地区结构与教育布局结构的关系，经济体制结构与教育体制结构的关系等。经济结构的发展变化制约教育结构的发展变化，教育结构应与经济结构相适应。教育与经济的结构关系是分析经济转型对教育的影响、教育供给侧结构改革以及教育供求关系的基本原理，是教育经济学学科的重要内容。

【学习目标】

1. 识记并理解结构、教育结构、经济结构概念及教育结构、经济结构的分类；
2. 理解教育结构与经济结构的辩证关系；
3. 运用教育结构与经济结构关系的基本原理分析并解决实际问题。

---

① 陆勇.中国教育报[N].2018-04-02(5).

【课时分配】

4 课时

第一节　教育结构和经济结构的含义

结构原本是工程术语，17 世纪以前，仅限于建筑学，随后扩大到解剖学和语言学，19 世纪从生物学被引用到社会学。20 世纪以来，这一术语被广泛地用于数理逻辑、科学哲学、人类学、社会学、物理学、心理学、语言学等学科。我国《辞海》对结构的解释有两种：一是结构即各部分的配合、组织，如物质结构、工程结构、文章结构；二是自然辩证法的术语，与功能相对，指物质系统内各组成要素之间的相互联系、相互作用的方式。这两种解释将结构置于特定的语境，因而较易为人们所接受。我们认为，任何一个“结构”或“结构概念”应由三部分组成：(1) 结构的构成要素或元素；(2) 各构成要素或元素之间的比例关系；(3) 各要素或元素之间的衔接方式或结合方式。其中，第(1)、(2)两部分是必需的，第(3)部分在更多的“结构概念”中可以不包含。

一、教育结构

（一）教育结构的含义

教育结构是指构成教育总体系各部分之间的比例关系及其衔接方式。它由三部分组成：(1) 构成要素，即教育总体系各部分(包含各级各类学校教育、各级各类成人教育、家庭教育、社会教育)；(2) 各要素之间的比例关系；(3) 各构成要素之间的衔接方式。

由于各级各类学校教育和各级各类成人教育构成一个国家教育的主体，因此，教育结构主要指各级各类学校教育和各级各类成人教育的结构。在一定时期内，教育结构可能是合理的，也可能是不合理的。所谓合理的教育结构，主要是指它与经济结构相适应，能充分发挥教育的经济效益，能积极而有力地促进经济的发展。不合理的教育结构，主要是与经济结构不相适应，对国民经济的发展起延缓或阻碍作用。各国的教育结构，一般都是适应本国经济发展要求逐步建立、形成起来的，并随着经济结构的变化而不断进行调整或改革。市场经济国家对教育结构的调整或改革，主要通过劳动力市场的供求关系来进行。当某种劳动力供不应求时，其价格(工资)就会上涨，吸引人们去学习与这种劳动力需求相关的专业知识，接受相关的专业训练，这样，教育结构中的短缺或薄弱环节就会得到改进或加强；反之，当某种劳动力供过于求时，其价格(工资)就会下降，相应地，教育专业结构就会自动进行调整，要么减少与这种劳动力需求相关的专业设置，要么减少相关专业的招生数量等。

（二）教育结构的分类

1. 教育程度结构或教育级别结构

教育程度结构又称为教育级别结构，是指各级教育之间的比例关系及其衔接方式。各级学校教育主要包括学前教育、初等教育、中等教育、专科教育、本科教育和研究生(含硕士与博士)教育。通常可以用各级学校在校生人数及其比例关系或者用各级学校数量及其比例关系来反映教育程度结构。

除了极少数超常儿童之外,青少年总是逐年逐级成长的。因此,各级相应的年龄组人口数和他们的在校人数比率是各级教育结构的基础。这就决定了教育程度结构的一般形态呈"金字塔"型,即在校生人数或学校数呈现出"金字塔"形态:研究生教育<本科教育<专科教育<中等教育<初等教育。因为,除非新生人口锐减,否则,较高级别教育的学生数总是比低级别教育的学生数少。显然,就同一整体来说,随着年龄增长,原有人口基数不会增多;同时,对这个基数来说求学比率一般也不会增多。所以,只要逐级上升的学生人数减少得比较缓慢而比例均衡就可以认为这样的程度结构是相对合理的。

影响教育程度结构的因素①主要有两个:(1) 实际升学人数直接影响教育的程度结构。在已经普及了初等教育的情况下,教育程度结构的状况主要取决于各级学校间的实际升学人数。如果不普遍降低标准或存在舞弊现象,实际升学人数不会超过可能升学人数。可能升学人数取决于两个条件:一是低一级学校所提供的合格生源,它主要反映低一级学校教育的质量;二是高一级学校所提供的就学机会,它主要反映高一级学校的人力、物力配备和财力的投入量。可能升学率决定于两个条件之一所限制的最低数。实际升学率只能从可能升学率所依据的上述这个下限数出发。按这个下限数字所计算的可能升学率,其值就是实际升学率的上限。在通常条件下,实际升学率在很大程度上是由供给方——提供就学机会的教育机构,包括政府、企事业单位以及各种社会团体、私人等具有办学资质和财力的单位和个人的意愿来决定。同时,合格生源中有多少人愿意继续求学也是重要的现实因素。由此可见,低一级学校所做的提高教育质量的努力,只能有条件地影响可能升学率。至于决定教育程度结构实际形态的实际升学率,却远远不能直接反映低一级学校的教育质量水平。(2) 合格生源间接影响教育程度结构。从高一级学校的合格生源来说,不起直接决定作用的可能升学率却是建设较高程度结构的潜在的真实基础。中等学校的在校生数受小学毕业生可能升学率制约;高等学校的在校生数受到小学、初中和高中这三个实际升学率的制约。而且,它受到小学毕业生可能升学率制约的程度,并不亚于初中和高中毕业生的可能升学率。经验表明:如果小学升学率很低,中学生很少,最后必然会影响到高校招生的质量水平。通过自学来报考高校的人总是相对的少数,否则,中等学校可以不必兴办。充足的合格中学毕业生总是高校生源的基本部分。然而,要有充足的合格中学毕业生,追溯其来源,还是离不开小学毕业的升学率。目前,我国已经全面普及了九年义务教育,从原则上讲,小学毕业生能100%升入初中。因此,中等教育的质量成为影响高校生源的最基本因素。

可见,各级学校为扩大较高级学校的生源所做的努力,可以稳定教育程度结构。但是如果只把各级毕业生的实际升学率作为衡量各级学校教育质量的唯一标准,也是不合适的。因为,从可能升学率到实际升学率,还受其他因素影响,比如升学机会和毕业生的就业需求。这两个主要影响因素的作用在不同时间、不同地域也不相同,其差别并不反映学校教育质量,即使只说可能升学率本身,也并不是学校教育质量的唯一说明。

2. 教育专业结构

教育专业结构,是指中等以上学校中各类专门学校数与总校数之间的比例关系,或者指

---

① 邱渊.教育经济学导论[M].北京:人民教育出版社,1989:87-88.

中等以上学校中各类专门学校数或专业数与总人数的比例关系。

3. 禅传结构①

禅传结构是指各级各类师范院校的学校数和人数之间的比例关系，以及师范教育与整个教育体系之间的比例关系，又称师范教育结构。它是一种特殊的教育专业结构，其自身内部又有一定的程度结构，即中等师范、高等师范专科、高等师范本科和研究生教育之间存在比例关系和衔接方式。它由职前教育和职后教育组成。其中主体成分是培养新教师的师范院校。新教师是对教育体系的人力补充和输入部分。新教师补充比例大，反映着教育规模在扩大。如果新教师补充比例变小，甚至比离职的教师比例还要小时，表明教育规模可能在缩小。因此，禅传结构成为教育规模发展变化的一个重要指标。从需求方面看，新教师补充比例主要受义务教育生源，即学龄人口变化的影响。义务教育生源受人口出生率与义务教育年限变化的制约。当然，教育规模的变动，除了主要受义务教育因素影响外，还受社会发展需求等其他因素的影响，从而直接或间接影响到禅传结构的变化。从供给方面看，主要因素是培养新教师的速率；在职教师的进修或补充新学科知识技能的培训以及劳动力市场上具备教师资格的教师储备量也是重要的影响因素。

禅传结构对教育规模增减速率的反应灵敏度很高。教育规模的一个较小变化，会引起禅传结构的全部或其中一部分的比例变化。主要原因在于禅传结构中的主体——职前师范教育是以整个教育体系的教师增减量为其对象的。尽管教育系统教师增减量幅度不大。但对于师范院校规模影响很大。以义务教育为例，在不改变义务教育年限时，每年新生变动主要看六年前的人口出生率，以百分数来表示。它的当年变化又是百分数上的一个百分数，这看起来似乎很小。然而，这个很小的百分数所代表的绝对人数，以及由此而引起的师资人数需求却不是一个小的数字。而且师资人数的需求不是今年解决一次就行了，已入学的学生还要学下去。到了第二年，新增的人口又需要新的教师。假如在这之前教师的离职人数与新聘人数恰好接近平衡。那么，师范院校原来每年的毕业生即所提供的新教师，其人数就不会多。然而，现在面临着的却是要以很大的比例来增加师范学校毕业生的任务。这样，从多招师范生开始会引起一系列的设施设备、师资问题。以上是说出生率增长的情况，在出生率下降时也有很大影响，只不过方向相反就是了。如果再加上增减义务教育年限，这项影响就更加显著了。这就是说，尽管教师的预期需要量的变动对于总需要量来说比例并不太大，但对于每年原来的补充新教师数量来说，却可能比例不小。这种基本情况，再加上从出生到入学中间有六七年的间隔，师范院校新生从入学到毕业又得有几年延续时间等复杂情况，一个长期趋势估计上的偏大或偏小的“微量”，完全可以造成短期内师范院校培养计划的很大变动。如果正在根据某个趋势而采取措施的时期内，又发生了方向相反的人口变动（如机械移动），那么，师范院校就会受到难以预料的涨缩压力。总之，上述客观情况的复杂性很容易造成某种失误，使得为适应短期需求所做的调整，超过了长期平衡实际所需要的变化幅度。这意味着在调整禅传结构主体——各级师范院校的规模时，一定要防止大起大落。② 同时，需要采用禅传结构内部的其他调节手段。

---

① 邱渊.教育经济学导论[M].北京：人民教育出版社，1989.

② 邱渊.教育经济学导论[M].北京：人民教育出版社，1989：121-124.

4. 教育形式结构

教育形式结构是指正规教育与非正规教育形式之间的比例关系与衔接方式。所谓正规教育,指对学习年限、课程、考核、发证等都有明确的规定,如全日制教育的小学、初中、高中、大学等。非正规教育在对学习年限、课程、考核、发证等规定上较为灵活,如函授、广播、电视教育等。

5. 教育体制结构

在教育上,"体制"常用来表示从主办者角度所反映的各种教育机构之间的关系或编制关系。教育体制结构是指各教育机构的主办者各自所管理的教育规模之间的比例关系。主办者主要包括:国家、集体、企事业单位、社团和个人。①

6. 教育布局结构

教育布局结构是指在地理空间位置上所分布的教育机构数量与人口密度或学径之间的比例关系。一般来说,普通中小学学校设置的数量,与人口密度呈正相关,即人口密度大的地区,要求设置较多的中小学校;反之,人口密度小的地区,要求设置较少的中小学校。在一定地区,普通中小学学校的数量与中小学的学径②呈负相关,即学径大的地区,要求设置较少的中小学校,反之,学径小的地区,要求设置较多的中小学校。

二、经济结构

(一)经济体制结构

主要通过生产资料所有制结构来表现,即生产资料所有制之间的比例关系。生产资料的所有制有两种:一种是公有制,一种是私有制。我国的经济体制是社会主义公有制。我国的经济体制结构则是以公有制为主体(即公有制所占的比例最大),多种经济成分(包括外资、个体经济等,它们占比较小)并存的形态。

(二)经济部门结构

经济部门结构是指物质生产领域和非物质生产领域之间以及各领域内部各部门之间的比例关系。在我国,国民经济部门由物质生产部门或领域(包括工业、建筑、交通、商业等部门)与非物质生产部门或领域(包括金融、服务、科学、文教、机关团体等部门)构成。两大部门中的每个领域又构成一定的产业、行业或系统,比如,物质生产部门中的农业部门又包含林业、牧业、渔业等部门,林、牧、渔业之间又有一定的比例。

(三)社会再生产结构

社会再生产结构主要包括产业结构、分配结构、交换结构与消费结构。其中产业结构指生产资料生产和生活资料生产两大部类之间以及农业、轻工业、重工业之间的比例关系。目前,我国三次产业划分的具体标准和范围是:第一产业——农业(包括林业、牧业、渔业);第二产业——工业(包括采掘业、制造业、自来水、电力、蒸汽、热水、煤气)和建筑业;第三产业包括除上述第一、第二产业以外的其他各业。由于第三产业包括的行业多、范围广,我国又将第三产业分为两大部门:一是流通部门,二是服务部门,具体又可分为四个层次。第一层次是流通部门,包括交通运输业、邮电通信业、商业、饮食业,物资供销和仓储业。第二层次

① 邱渊.教育经济学导论[M].北京:人民教育出版社,1989:128.

② 学径是一个学校在地理空间上所能招收学生的最远距离。

是为生产和生活服务的部门，包括金融业、保险业、地质普查业、房地产业、公用事业、居民服务业、旅游业、咨询信息服务业和各类技术服务业等。第三层次是为提高科学文化水平和居民素质服务的部门，包括教育、文化、广播电视事业，科学研究事业，卫生、体育和社会福利事业等。第四层次是为社会公共需要服务的部门，包括国家机关、政党机关、社会团体以及军队和警察等。①

【知识拓展】

产业分类的四种方法

一是两大领域或两大部类分类法，按生产活动的性质及其产品属性把产业部门分为物质资料生产部门和非物质资料生产部门两大领域。我国在改革开放以前基本采用这种分类法。二是资源密集程度分类法，根据劳动力、资本和技术等三种生产要素在各产业中的相对密集度，把产业划分为三种：劳动密集型（主要依靠大量使用劳动力，对技术和设备的依赖程度较低）、资本密集型（资本成本在单位产品成本中占比较大，每个劳动者所占用的固定资本和流动资本金额较高）和技术密集型（对技术和智力要素依赖大大超过对其他生产要素的依赖）②。三是三次产业分类法，按照经济活动的客观序列与内在联系，把全部经济活动划分为第一产业、第二产业和第三产业，它是欧美、日本和苏联等工业发达国家普遍采用的一种产业分类法。四是国际标准产业分类法，为统一统计口径，联合国统计委员会于1948年颁布了《全部经济活动的国际标准产业分类》（英文缩写ISIC）初稿，建议各国采用。要求按产业而不是按职业或商品对所有经济活动分类，分类与该产业的所有制形式无关；分类基础是多数国家现存的产业结构，而不是任何单一的诸如工作方法、原材料特性或产品用途等；分类单位应最小化；对于有多种业务的机构，按其主要产品的类型对该机构予以分类，并于1958年、1968年、1990年、2002年、2008年进行了修订。③ 2008年最新修订版本的《国际标准产业分类》将产业分为“A-U”共21个部门、包括99个产业类别。④

分配结构指积累资金与消费资金之间的比例关系，以及二者内部各部门占有量之间的比例关系。交换结构主要指社会消费构成，包括商品流通结构、价格结构、进出口结构。消费结构由人们用于衣、食、住、行等方面的消费构成。

（四）经济技术结构

经济领域的技术结构指各行各业所拥有技术的现代化程度之间的比重，即尖端技术、先进技术、中等技术、初等技术和原始技术之间的比重；或者是指各行各业技术装备的进步程

---

① yantai苹果．三大产业结构发展演变的规律与趋势及对文化发展的意义[EB\OL]．(2017-07-07)．http://www.360doc.com/content/17/0801/12/39369605_675805321.shtml.

② 智库百科．产业结构[EB\OL]．(2017-07-07)．http://wiki.mbalib.com/wiki/.

③ 智库百科．国际标准产业分类体系[EB\OL]．(2017-07-09)．http://wiki.mbalib.com/wiki/.

④ 这21个部门是：A—农、牧、林、渔业；B—采矿和采石；C—制造业；D—电、煤气、蒸气和空调供应；E—供水；污水处理、废物管理和补救；F—建筑业；G—批发和零售业；汽车和摩托车修理；H—运输与存储；I—食宿服务；J—信息和通信；K—金融和保险；L—房地产；M—专业、科学和技术；N—行政和辅助；O—公共管理与国防、强制性社会保障；P—教育；Q—人体健康和社会工作；R—艺术、娱乐和文娱；S—其他服务；T—家庭作为雇主的；家庭自用、未加区分的物品生产和服务；U—国际组织和机构等。

度之间的比重，即自动化、机械化、半机械化、手工操作各自所占比重。

总之，经济结构的分类很复杂，可以从不同角度划分。通常说的国民经济结构，主要指国民经济各部门之间的比例关系和各产业结构的比例关系。合理的经济结构，是根据一定的时间、地点、条件而言的。我国要建立的经济结构，应该是一个能够比较充分和有效的利用人力、物力和自然资源，使再生产的各个环节、国民经济各部门，特别是农业、轻工业、重工业能够协调发展，实现经济活动良性循环的经济结构。

第二节　经济结构对教育结构的制约

经济结构对教育结构的制约作用主要体现在国民经济各部门之间的比例关系及其有机结合的程度、技术水平，制约着教育所培养的人才的数量、规格、层次，即制约着教育的各种结构；经济结构对教育结构的制约是一个动态过程，随一定时间、地点、条件和速度而变化。

一、经济部门结构和产业结构制约教育专业结构

国民经济各部门(包括非物质生产部门)的职能不同、任务不同、劳动的内容不同、工作的性质不同、组成的人员数额不同，要求教育设置不同数量的、不同专业的教育机构，以及不同性质的院校和不同的专业系科；国民经济各产业由于其生产资料和劳动力的构成不同，劳动对象、劳动手段也各有其特点，所需要的劳动力的规格、数量各不相同。因此，国民经济各部门各产业之间的数量关系和质量要求，决定着教育机构(如各级各类学校)的数量和质量。

三次产业结构是经济结构的第一重要因素，它反映经济发展水平及经济发展所依赖技术的现代化程度。一般来讲，经济越发达的地区或国家，第一产业比重越低，第三产业比重越高。比如，2014 年英德日美等发达国家三次产业情况反映了这个特点，见表 5-1。

表 5-1　2014 年英德日美国三次产业增加值占 GDP 的比重

	第一产业占比	第二产业占比	第三产业占比
英国	0.61	19.76	79.63
德国	0.75	30.69	68.56
日本	1.21	26.21	72.58
美国	1.45	20.50	78.05

数据来源：2014 年世界银行各国 GDP 三次产业结构[EB\OL].[2016-06-03].http://tieba.baidu.com/p/3884679922.

近年来，我国基本形成了第三产业占国内生产总值比重最大，第二产业次之，第一产业最小的格局，而且随着科学技术的发展与日益运用到生产中，第一产业占国内生产总值的比重会越来越小，第三产业占比会越来越高，第二产业占比会趋于相对稳定但从长远来看会越来越小，这种趋势从 2014—2016 年三次产业结构形态可见，详见表 5-2。

表 5-2　2014—2016 年全国三次产业增加值占 GDP 的比重(%)

	第一产业占比	第二产业占比	第三产业占比
2014	9.6	42.6	48.2
2015	9	40.5	50.5
2016	8.6	39.8	51.6

数据来源：

中华人民共和国国家统计局，2014 年国民经济和社会发展统计公报[EB/OL].[2017-08-01]. http://www.stats.gov.cn/tjsj/zxfb/201502/t20150226_685799.html.

中华人民共和国 2015 年国民经济和社会发展统计公报.(2016-5-31)[EB/OL].[2016-05-31]. http://www.stats.gov.cn/tjsj/zxfb/201602/t20160229_1323991.html.

中华人民共和国 2016 年国民经济和社会发展统计公报[EB/OL].[2017-8-1]. http://finance.people.com.cn/nl/2017/0301/c1004-29114455.html.

由表 5-2 可见，我国产业结构的巨大变化必然引起教育专业结构的变化和发展。如中等以上的职业教育和技工教育必须减少以农业（包括林业、牧业、渔业等）为主的第一产业及其相关的专业设置和学校数量；中等以上的职业教育和技工教育必须逐步地适时地减少工业（包括采掘业、制造业、自来水、电力、蒸汽、热水、煤气）和建筑业等第二产业及其相关的专业设置和学校数量；中等以上的职业教育和技工教育必须逐步地适时地增加第三产业的相关专业和学校数量：包括交通运输业、邮电通信业、商业、饮食业，物资供销和仓储业等流通部门的相关专业设置和学校；包括金融业、保险业、地质普查业、房地产业、公用事业、居民服务业、旅游业、咨询信息服务业和各类技术服务业等生产和生活服务部门的相关专业设置和学校；包括教育、文化、广播电视事业，科学研究事业，卫生、体育和社会福利事业等为提高科学文化水平和居民素质服务的相关专业和学校；包括国家机关、政党机关、社会团体以及军队和警察等为社会公共需要服务的相关专业和学校。截至 2016 年，我国工科本科在校生 538 万人，毕业生 123 万人，专业布点 17 037 个，工科在校生约占高等教育在校生总数的 1/3。但是，我国中等以上教育专业结构对产业结构变化的适应程度较低，导致所培养的各级各类人才与产业结构匹配度较低，一方面，中等以上的职业教育和技工教育以及工程教育所培养的部分学生难以就业；另一方面，新兴行业企业找不到所需的专业人才。截至 2016 年，我国迅猛发展的大数据、物联网、人工智能、网络安全、大健康等新经济领域出现人才供给不足现象。到 2020 年，我国新一代信息技术产业、电力装备、高档数控机床和机器人、新材料将成为人才缺口最大的几个专业，其中新一代信息技术产业人才缺口将会达到 750 万人。到 2025 年，新一代信息技术产业人才缺口将达到 950 万人，电力装备的人才缺口也将达到 900 多万人。①

可见，产业结构的变化对教育专业结构和类别结构的调整与发展提出了严峻的挑战，也影响并促使其调整、变化与发展。

二、经济技术结构制约教育程度结构

经济技术结构包括各行业各产业技术装备的进步程度结构和科学技术现代化程度结

① 央视财经. 人才缺口近千万！未来 3 年这些专业的人最抢手[EB/OL].(2017-04-06). http://item.btime.com/33eh4lrh53o9aa8m3v12b33skej? from=mini.

构。在整个社会范围内,不同技术装备的层次比重,要求操作各层次技术装备的劳动者数量有不同比例;现代化程度不同的技术,要求教育提供掌握了不同技术水平的人才。处于不同生产力水平的国家、地区甚至企业,其技术结构肯定不同,因此,对劳动者教育程度的要求就不一样。以处于中等及其以下发达国家或地区或企业为例,从事“尖端技术”工作的人数应该比从事“先进技术”的人数少,从事“先进技术”的人数又比从事“中等技术”的人数少,从事“中等技术”的人数又比从事“初等技术”的人数少,从事“初等技术”的人数又比从事“原始技术”的人数少,这样,这个国家、地区或企业的技术结构就呈“金字塔”型,处于最高端的是尖端技术,最低端的是原始技术。这要求各级教育培养一定数量的掌握了知识技能的各类相应层次的专门人才。如果掌握尖端技术的专门人才需要接受过博士研究生教育,掌握先进技术的专门人才需要接受过硕士研究生教育,掌握中等技术的专门人才需要接受过本科或专科教育,掌握初等技术的人需要接受过中等教育,掌握原始技术的人需要接受过初等教育,那么,与以上技术结构相对应的教育程度结构就应该是:博士人数<硕士人数<本科人数<专科人数<中等教育(含中等职业教育、技工教育和普通高中教育)人数<初等教育人数,教育程度结构也呈“金字塔”型。

一般来讲,专业知识、技能和技术含量越高的产业(行业),要求劳动人口的教育程度越高;专业知识、技能和技术含量越低的产业(行业),要求劳动人口的教育程度不高。另一方面,教育程度高的劳动人口可以从事专业知识、技能和技术含量较低的产业(行业);反之,则很困难。但是,教育程度高的劳动人口从事专业知识、技能和技术含量较低的产业(行业)意味着教育资源的浪费,因此,教育程度结构必须随经济领域技术结构的变化而调整。

三、分配和消费结构制约教育财政支出

分配结构是积累资金和消费资金之间的比例关系,如果积累资金在分配结构中占的比例大,意味着消费资金占的比例小;反之,积累资金占的比例小,则消费资金占的比例就大,因为一个国家或地区在一定时期内的财政总收入是一定的。我国教育经费是消费资金中的一部分,换句话说,我国教育经费来自分配结构中的消费资金,它随国民收入中消费和积累资金之间比率的变化而表现为增多或减少,从而影响教育结构的调整和专门人才的培养。也就是说,如果消费资金占的比例大,就意味着教育有可获得较多的投入,这就有利于教育结构的调整和专门人才的培养;反之,如果消费资金占的比例小,就意味着教育获得的投入有可能减少,这就不利于教育结构的调整和专门人才的培养。

同理,消费资金内部分配结构也一样制约着教育财政投资量,从而影响教育结构的调整和专门人才的培养,因为教育投资受消费结构制约。消费资金在非物质生产领域进行分配,包括在国防、公安、旅游、服务、社会发展等之间进行分配。其中,社会发展包括:文化、教育、卫生、科学研究、体育等。一旦消费资金在分配结构中的比例关系确定后,国防、公安、旅游、服务和社会发展等部门在进行分配时也存在比例问题,即内部分配结构问题。如果国防、公安、旅游、服务等其他部门在消费资金中占的比例大,就意味着社会发展类在消费资金中占的比例小,那么,分配给教育部门的经费的绝对量和相对量就相应少,这显然不利于教育结构的调整和优化,不利于专门人才的培养;反之,如果国防、公安、旅游、服务等其他部门在消费基金中占的比例小,那么,社会发展在消费资金中占的比例就大,教育从社会发展中分得的经费就可能多,这必然有助于教育结构的调整专门人才的培养。这个关系见

图 5-1。

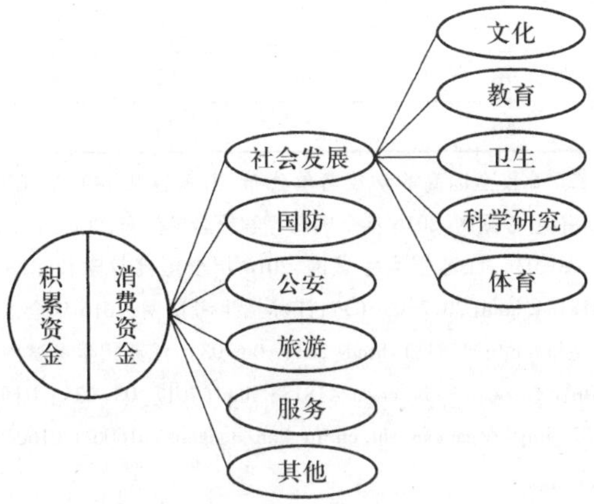

图 5-1　我国财政教育经费分配示意图

四、经济地区结构制约教育布局结构

各国各地区经济发展不平衡,必然导致教育发展的不平衡,主要反映在教育布局的不均衡上。从全球来看,西方如英、美、德等经济发达国家,其教育发展水平高;非洲、拉美等经济欠发达地区,其教育相对落后。

从我国来看,同样存在着经济发展水平的地区差异导致教育发展水平的地区差异情况,存在着各地区经济发展不平衡导致教育布局不合理情况。"2017 年中国县域经济 50 强"①榜单显示,我国县域经济 50 强中,华东占 38 席,占据榜单近五分之四,遥遥领先全国其他区域。华中占 4 席,华北占 5 席,西北占 2 席,东北占 1 席,华南和西南没有县域上榜。这反映出我国各区域县域经济发展现阶段严重失衡,呈"东强西弱"态势,②导致教育布局也呈"东强西弱"态势。

从不同区域来看,我国东部地区各级各类教育强于西部地区。以高等教育为例,华东六省(江苏、山东、安徽、浙江、福建和江西)与西南四省(四川、云南、贵州和西藏)2016 年高校数量存在较大的地区差异,华东六省中除江西、福建高校总数不足 100 所以外,其余四省高校总数均超过 100 所,其中,江苏省多达 166 所,华东六省平均高校数 120.33 所,见表 5-3。

表 5-3　2016 年华东六省高校数量及其在省城市分布情况

	总数(所)	省城有(所)	省城占比(%)
江苏	166	53	31.93
山东	144	43	29.86
安徽	119	54	45.38

① 由众诚智库和经观政研院共同研制,它们依据三个指标进行综合排序。一是县域经济发展水平。通过 GDP、人均 GDP、人均消费水平来衡量县域经济发展水平。二是城镇化水平。由产业承载力、基础设施建设水平、资源环境水平三部分组成。三是县域经济发展潜力。分别考虑产业吸引力、创新活跃度、绿色发展程度三方面。

② 经观政研院. 中国县域经济 50 强榜单发布,经济发展仍然东强西弱,经济观察报[N]. 经济观察报. 2017-08-06. 07:36:28.

续表

	总数(所)	省城有(所)	省城占比(%)
浙江	107	46	42.99
江西	98	52	53.06
福建	88	34	38.64

资料来源:江苏招生考试网,2016 年全国高等学校名单公布,山东省共 144 所[EB/OL].http://www.js-edu.cn/n/418180.html(2017-08-06);江苏招生考试网,2016 年全国高等学校名单公布,江苏省共 166 所(1)[EB/OL].http://www.js-edu.cn/n/418117.html(2017-08-03);江苏招生考试网,2016 年全国高等学校名单公布,浙江省共 107 所(1)[EB/OL].http://www.js-edu.cn/n/418184.html(2017-08-03);江苏招生考试网,2016 年全国高等学校名单公布,江西省共 98 所(1)[EB/OL].http://www.js-edu.cn/n/418181.html(2017-08-03);江苏招生考试网,2016 年全国高等学校名单公布安徽省共 119 所(1)[EB/OL]http://www.js-edu.cn/n/418183.html(2017-08-03);中国教育在线,教育部公布 2016 年正规大学名单,福建共 88 所[EB/OL]http://gaokao.eol.cn/fu_jian/dongtai/201606/t20160605_1407366.shtml(2017-08-03).

西南四省只有四川高校(106 所)超过 100 所,但尚不及华东六省的均数(120.33 所),其中,西藏自治区仅有 6 所,西南四省平均有高校 62.75 所。详见表 5-4。可见,东西部经济发展水平不同导致东西部教育发展水平不同。

表 5-4　2016 年西南四省高校数量及其在省城分布情况

	总数(所)	省城有(所)	省城占比(%)
四川	109	56	51.38
云南	72	45	62.05
贵州	64	34	53.13
西藏	6	5	83.33

资料来源:腾讯大成网,2016 年四川省普通高校名单公布共 109 所[EB/OL].[2017-04-08].http://cd.qq.com/a/20160606/025876.htm;

江苏招生考试网,2016 年全国高等学校名单公布,云南省共 72 所(1)[EB/OL].[2017-08-03].http://www.js-edu.cn/n/418171.html;

中国教育网,教育部公布 2016 年正规大学名单、贵州共 64 所.[EB/OL].[2017-08-03].http://gaokao.eol.cn/gui_zhou/dongtai/201606/t20160605_1407379.shtml;

高考网,2016 年西藏普通高等学校名单公布[EB/OL].[2017-08-03].http://www.gaokao.com/e/20160607/575688c7d7cdf.shtml.

从同一区域来看,区域内的经济差异影响该区域教育布局结构。在华东六省中形成县域经济 50 强"高地"的江苏(占 13 席)、山东(占 10 席)、浙江(占 10 席)在县域经济发展上明显强于同处华东区域的福建、江西和安徽三省。这种经济上的差异反映在教育上,江苏、山东、浙江的教育发达程度高于福建、江西和安徽。由表 5-3 可见,江苏、山东的高校数量占据华东六省前两位,江西、福建占据后两位。同样,同一区域内的西南四省高等教育布局也很不均衡。四川省高校数量(109 所)是西藏高校数量(6 所)的 18.17 倍,见表 5-4。

同时,经济发达的省份,高等教育集中布局在省会城市的比例较低,经济欠发达和不发达的省份,高等教育集中布局在省会城市的比例较高。比如,华东六省高校布局在省会城市的平均比例是 40.31%,其中,江苏只有 31.93%、山东 29.86%,均低于华东六省的均数,这意味着经济发达省份的经济发展在省域内比较均衡,反映在高等教育布局上也呈均衡态势。

西南四省高等教育集中布局在省会城市的平均比例高达 62.59%，其中，西藏 83.33%，云南 62.05%，这意味着经济欠发达与不发达省份，省域内各地区经济发展差异大，经济文化教育集中于省会城市，因此，高等教育布局也集中于省会城市。

总的来说，经济发达地区，由于经济发展快，其对专业人才和职业技术人才需求量就大，教育事业随之发展而打破原来的教育结构，形成教育区域结构的新布局。

五、经济体制结构制约教育管理体制结构

我国的经济体制结构是以公有制为主体、多种经济成分并存的结构。这就决定了我国教育的办学体制呈现出以公立学校为主体，私立学校、集资办学或公办民助、民办公助等多种办学形式并存的形态。国民经济生产资料所有制结构的变化决定着办学体制结构的发展变化。

在我国社会主义计划经济体制下，生产资料所有制基本上是单一的公有制结构，个体所有制经济所占比重微乎其微，因此，办学体制是单一的国家包揽办学的体制，集体办学实为“公办民助”，私人办学几乎没有。改革开放后，经济体制改革使所有制经济结构发生了很大变化，比如，1987 年与改革前的 1978 年相比，在全国工业总产值中全民所有制企业所占比重由 77.16%下降到 59.17%，集体经济由 22.14%上升到 34.16%，个体、私营、“三资”企业等经济成分几乎由零上升到 5.16%。另据有关统计，1994 年国有工业企业在全国工业中的比重不论是销售收入、资产总值还是上缴国家的税金均占 70%左右。可见，公有制经济仍占主导地位，办学体制中自然以公办为主。然而，其他经济成分的发展则使集体办学、私人办学、境外与国外友好人士捐资办学、国际合作办学开始产生并出现发展趋势。[①] 截至 2016 年，我国各级各类民办学校 17.10 万所，比上年增加 8 253 所；加上其他民办培训机构 1.95 万所，各级各类民办教育机构共有 19.05 万所。同年，我国各级各类公办学校有 59.345 3 万所。虽然民办教育学校数在增长，但是，公办学校数是民办学校数的 3.47 倍，公办教育依然占据主体地位。[②] 这充分反映了经济体制结构制约着教育按管理体制划分的各类学校之间的比例关系的基本原理。

六、经济结构的发展变化制约教育结构的发展变化

由于新技术和生产力的发展、产业结构的变化和扩大商品出口需要等因素的影响，经济结构处于迅速变化中，这决定了教育结构必然处于动态变化之中。这种变化表现在两个方面：一是产业结构变化改变就业结构，要求教育专业结构、程度结构相应发生变化。教育在结构性就业中起重要作用，并且是解决结构性就业的唯一途径。二是技术结构变化要求人才结构变化。技术结构的变化表现为：(1) 劳动者技术装备程度提高，自动化、半自动化、机械化、半机械化和手工工具结构变化，即生产中自动化、半自动化的技术装备的成分在增加，而手工工具和半机械化等落后技术装备的比例在减少；(2) 技术现代化程度在提高，尖端技术、先进技术、中等技术、初等技术、原始技术之间的比例关系正在并已经发生了变化，生产中

---

① 熊卫平. 论教育结构与经济结构[J]. 广西经济管理干部学院学报，2001(2)：59-61.

② 教育部. 2016 年全国教育事业发展统计公报[EB/OL].（2017-07-10）. http://www.moe.edu.cn/jyb_sjzl/sjzl_fztjgb/201707/t20170710_309042.html.

尖端技术和先进技术含量在增加，原始技术和初等技术的比例在减少；(3) 生产社会化程度在提高，专业化水平、协作化水平、商品化水平在提高。技术结构的变化，决定着劳动者技术的平均熟练程度、专业技术程度、操作技术程度必须提高，要求基础教育和中等以上职业技术教育的普及与提高。

因此，随着经济的发展、以科学技术为中心的技术革命的发展，产业结构、技术结构必然随之改变，这就要求教育结构的改变来适应经济发展的要求。

第三节 教育结构与经济结构的适应

教育结构适应经济结构，表现为教育所培养人才的规格、类型、质量和数量必须能够满足并适应国民经济各部门发展的需要，同时又影响经济发展的速度和质量。

一、教育专业结构适应产业结构

教育专业结构要力求与生产部门、国民经济其他部门对各种人才的需要相适应。从产业结构看，2008 年最新修订版本的《国际标准产业分类》将国民经济共分为“A-U”共 21 个部门、包括 99 个产业类别，每一个产业类别又可细分出 N 种行业。以我国高等教育本科专业结构为例，截至 2016 年，全国本科教育基本专业分为 12 个大类，包括哲学、经济学、法学、教育学、文学、历史学、理学、工学、农学、医学、管理学、艺术学，这 12 个大类下设 506 种专业。① 不论怎样，教育专业结构中的类别总比社会上的职业类别少。这意味着教育专业结构要适应产业结构似乎有一定的难度。然而，教育专业结构主动调整并适应产业结构，是促进经济社会发展的有益选择，也是高等学校生存和发展之本。中华人民共和国高等教育法第三十三条规定，“高等学校依法自主设置和调整学科、专业。”②这意味着我国高等教育的专业与学科设置自主权在高等学校，一旦高等学校所开设专业、学科与产业结构脱节，势必造成所培养的学生难就业，最终影响学校生存。因此，高等学校必须主动适应并依据产业结构对人才数量、规格和质量的需求进行专业结构调整，调整包括新增或剔除或改变某些专业、学科。

【链接阅读】

我国“新工科”建设行动策略

2017 年 4 月 8 日，教育部在天津大学召开了有 60 余所高校参与的“新工科”建设研讨会，对世界范围内新一轮科技革命和产业结构加速变革进行了呼应，形成了“新工科”建设行动策略。其中涉及专业结构调整的策略有：“问产业需求建专业，构建工科专业新结构”，要求加强产业发展对工程科技人才需求的调研，做好增量优化、存量调整，主动谋划新兴工科专业建设，到 2020 年直接面向新经济的新兴工科专业比例达到 50%以上；大力发展大数

---

① 叶丹. 全国本科专业分类目录及专业代码查询. 高三网[EB/OL]. (2017-08-03). http://www.gaosan.com/gaokao/106013.html.

② 2015 年 12 月 27 日，根据第十二届全国人民代表大会常务委员会第十八次会议《关于修改〈中华人民共和国高等教育法〉的决定》修正.

据、云计算、物联网应用、人工智能、虚拟现实、基因工程、核技术等新技术和智能制造、集成电路、空天海洋、生物医药、新材料等新产业相关的新兴工科专业和特色专业集群；更新改造传统学科专业，服务地矿、钢铁、石化、机械、轻工、纺织等产业转型升级、向价值链中高端发展；推动现有工科交叉复合、工科与其他学科交叉融合、应用理科向工科延伸，孕育形成新兴交叉学科专业；将产业和技术的最新发展、行业对人才培养的最新要求引入教学过程，更新教学内容和课程体系，建成满足行业发展需要的课程和教材资源，打通"最后一学里"；推动教师将研究成果及时转化为教学内容，向学生介绍学科研究新进展、实践发展新经验。①

同时，在教育专业大类之内，主修各专业的人才之间，存在着可能替代弹性。不但邻近专业之间，而且邻近高低水平之间，也存在替代的可能。这种替代性取决于教育以外的实际工作的客观条件。某一工作，有时由一个工程师带 8 个技术员可以完成；有时由两个工程师带 5 个技术员也同样能完成。从理论上说，在一定条件下同一专业由不同层次的劳动力之间可以互代，邻近专业的劳动力之间，在特定条件下，也可以互代。此外，还可以设想更多的可以替代的情况。但是，在现实经济生活中，各行各业之间毕竟是有较多区别的。在不少情况下，这种区别可能很大。俗话"隔行如隔山"就是这个意思。因此，各行业职业人员需求的变动还是会引起各类专业学习人数发生变动的。所以，不能不讲经济发展对教育专业结构的影响，不能不讲教育对外界的适应所引起的专业结构变化。然而，适应经济发展的专业比重的变化，同时也会带来教育程度结构的变化。例如，从劳动力的大的类别变化来看，因为各类职业需要不同的专门知识和技能，它们之间的差别，可能会意味着教育程度平均水平有所不同。例如从粗略划分的大类来看，随着经济的发展，需要劳动者平均具有较高教育水平的服务性行业（包括交通运输、商业、银行、科研、教育等），其人数在社会工作中所占的比重，近几十年来上升很快；反之，对劳动者教育水平平均要求较低的农业，其人数比重则下降得很快。在两者之间，工业人员的比重相对稳定地保持在一定的范围之内。从各行各业内部从业人员工种需要的变化来说，白领工人的比重在增长，蓝领工人的比重在下降。这也意味着工人们平均教育程度的提高。这些都意味着从外界经济发展产生的各类人员比重变化将会引起对于教育系统毕业生需求的变动。其中首先是教育系统中专业结构的变动，同时也会由此带来的教育程度结构的变动。

以上以专业的大类为例，可见教育系统专业结构的形成和变动，都是以社会经济各部门的人力需求变动为依据。具体研究教育系统专业结构的变动，要从人员变动所引起的补充供应入手。

二、教育程度结构适应经济技术结构

在国民经济的运行过程中，不同的生产部门或同一生产部门内部的不同生产环节，由于其使用的劳动技术装备不同，对劳动者文化程度的要求也不同。一般来说，使用的劳动技术装备越高级越尖端，对劳动者文化程度的要求就越高。在整个社会范围内，不同水平劳动技术装备之间具有一定的比例关系，由此各层次技术装备所配备的劳动者的人数、质量也就相

① 王庆环. 工程教育的中国模式是什么，"新工科"建设行动路线给出答案[EB/OL].（2017-08-03）. http://www.sohu.com/a/133103055_372464.

应地形成一定的比例关系。这就要求教育部门,必须根据经济部门劳动技术结构发展的需要来设置各种程度不同的学校,并且有相应的比例关系。同时,随着生产力发展、科技进步所带来的劳动技术结构的变化,生产的机械化、自动化和劳动技术装备程度日益提高,对劳动者的科学文化素养和专业技术水平要求就越来越高。

为适应这一要求,着眼于未来我国劳动技术结构的变化发展,教育的级别结构必须进行调整和改革。首先要认真抓好普及九年制义务教育的巩固率,在此基础上逐渐普及高中教育,提高全民族的文化素质。在此基础上,大力发展各类中等教育,特别是中等职业、中等技术教育;大力发展高等专科教育,因为就我国劳动技术装备结构的状况而言,大量需要的是掌握中、高等专业生产技术的劳动力,我国的工匠主要来自其中。高等教育应当适当控制发展速度,着重优化结构,提高质量。盲目发展、破格升级、一味追求数量的做法,是不符合我国当前劳动技术装备结构的要求的。当然,我们也不能忽视这样一个事实,即随着世界范围由于新技术革命的迅速发展和我国经济实力的不断增强,我国的劳动技术装备结构将不断地向更高程度发展。

因此,教育的程度结构既要适应现有的技术结构,又不能机械、简单地去适应,还必须有预见性和超前性,否则,随着技术程度结构的变化,现在的教育程度结构又不适应了,教育结构的变化本来就比经济结构的变化要慢,因而,教育结构的调整与变革必须有预见性和超前性。

【链接阅读】

创新集约发展之教育因素分析——以深圳市为例①

我国学者苏心怡和张素蓉等以率先成为我国创新集约发展城市的深圳市为例,基于教育结构与经济结构的原理分析了深圳创新集约发展的教育因素后得出结论:一个创新集约化发展的城市,其高中以上教育结构应该呈“金字塔形”,即高中教育(含职业教育和技术教育)垫底,应该占比最大,专科层次教育次之甚至可以与高中教育规模相当,本科教育再次之,居于顶部的研究生教育应该是少而精的精英教育。在此基础上她们对我国教育结构的变革提出了四点有益建议:一是普及高中(职业与技术)教育,扩大职业与技术教育的比例。二是重视专科教育,严控专科学校升格为本科院校。同时,专科教育以职业、技术教育为主。高中(职业与技术)教育和专科教育是职业技能型人才、工匠的重要来源。三是本科高校适时调整专业结构并建立动态调整机制,重视与产业结构的契合度,重视特色发展。四是研究生教育严控规模,重视高精尖专业发展。

三、教育布局结构适应经济地区结构

教育地区布局结构应与本地区经济结构相适应。一般认为,普通中小学应按人口密度和所跨地区半径设置学校网点;中等专业教育、职业技术教育和高等教育,应较多地在大中城市和经济、科学、文化比较发达的地区设置学校,特别是高等学校应设在经济文化中心。因为办好一所大学不仅需要有良好的师资和设备,还需要有较好的经济生活环境、学术环境、信息环境和便利的交通条件,大城市在这些方面具有优势。同时,在经济文化中心地区

① 苏心怡,张素蓉.创新集约发展之教育因素分析——以深圳市为例[J].广东技术师范学院报.2017(01),24-30.

办学，有利于集中人力、物力和财力，优化教育结构，提高办学效益，充分发挥大城市在培养人才方面的辐射作用。

我国经济社会发展不平衡，东西部之间、农村与城市之间以及同一区域不同地区之间都存在差异。教育规划布局一定要考虑当地的经济社会发展水平，并与之相适应。城市、沿海各经济发达地区和内地少数发达地区，初等、中等教育学校网点多，布局基本合理，义务教育不仅全免费，而且免费项目多、免费对象广、免费补助的标准高①，比如深圳、广州等；有的地区正进行普及高中和学前教育。这类地区应着重考虑中等教育学校网点布局结构，逐步普及中等教育并使中等教育结构趋于合理。各类中等教育学校网点布局要适应地区经济发展的需要，满足经济发展的要求；高等教育的类别、学校布局和学科专业设置网点，要力争配套齐全、结构合理并有较大的发展。高校也可以整合为研究型大学（以创新型高层次人才培养为主）、教学研究型大学（以本科教育为主，应结合地方及本专业领域需要开展科研工作，在经济发展快、人口密度高的中心城市优先设置）、教学型大学或学院（本科教育为主，为地方服务，面向中小城镇和农村）、社区学院或二年制大学（以职业教育为主），后面三种可以更直接地为当地培养人才。经济中等发达的地区，应首先要抓好九年义务教育规划，使之布局结构合理，同时着手考虑中等教育，特别是普通中学、职业中学和各类中、高等专业技术学校发展的布局结构问题。经济欠发达或落后地区，尤其是农村偏远地区，应重点抓好义务教育学校布局。在义务教育规划布局上，遵循小学就近入学、初中相对集中的原则，充分发挥县、区级以上政府的统筹协调作用。学校选址尽量远离主干路，靠近主干路的学校应采取一定的防噪音措施。学径要求上，小学一般不超过 500 米，中学不超过 1000 米。上学时间要求上，小学生一般 20 分钟、中学生 30 分钟内能步行达到学校。② 人口稀少或者偏远区域的学生上学距离单程不超过 1.5 千米，单程行走时间不超过 1 小时。③ 另一方面，义务教育规划与学校布局应具有灵活性：(1) 对人口密度小、总人口规模不足、交通不便的区域，或者流动人口集中的地区，仍须设置或保留必要的小学和初中或者教学点，它们应靠近学生的家庭居住点。对必须保留的规模太小的学校或教学点，采取复式教学的组织形式。这符合教育部在 2015 年全国教育工作会议精神："因地制宜，保留并办好必要的村小和教学点。"④(2) 经济发达区域可以实行小班化教学。(3) 对部分区域学校规模太大的小学和初中，在考虑学生家庭经济承受能力的前提下，举办小学高年级和初中寄宿制学校。按照国家、省级和市级标准规定标准建设校舍、学生宿舍、食堂、厕所等设施，严格寄宿制学校的管理，及时消除各种安全卫生隐患，确保学生在校的安全。

四、教育体制结构适应经济体制结构

随着经济体制结构即生产资料所有制成分的比例发生变化，教育体制结构应主动调整

---

① 中华人民共和国财政部. 深圳市财政投入 4.4 亿元确保 2008 年免费义务教育政策顺利实施[EB/OL].(2008-06-16).[2017-07-03]. http://www.mof.gov.cn/pub/caizhengbuzhuzhan/xinwenlianbo/shenzhencaizhengxinxilianbo/200806/t20080616_45592.html.

② 李林静. 学校卫生学(修订本)[M]. 重庆:西南师范大学出版社,2007:170.

③ 中共四川省委办公厅、四川省人民政府办公厅关于印发(关于农村义务教育管理体制改革的试行意见)的通知(川委办[2005]31 号).

④ 堵力,原春琳. 全国教育工作会议释放一系列公平信号[EB/OL].(2015-01-16). http://www.chinacec.org.cn/_d276938896.htm.

或变革，才能发挥教育对经济发展的积极促进作用。我国发展市场经济后，政府鼓励私营经济发展，整个社会生产资料的私有成分在增加，意味着我国经济体制结构在发生变化。对此，我国教育体制结构主动进行了调整和变革，顺应了新的经济体制结构。比如，我国民办教育越办越多，2016 年全国各级各类民办学校比 2015 年增加 8 253 所。[①] 政府依然大力鼓励社会资本进入教育领域，2015 年 1 月 7 日，在李克强总理主持召开的国务院常务会议上，通过了对《教育法》《高等教育法》《民办教育促进法》进行一揽子修改的修正案草案，并决定提请全国人大常委会审议。该草案内容明确了对民办学校实行分类管理，允许兴办营利性民办学校。[②]

综上所述，教育专业结构、程度结构、地区布局结构、体制结构和形式结构，与经济的部门结构、产业结构、技术结构、地区结构、体制结构、形式结构之间存在着互相影响和制约的关系，但这种相互关系不是一一对应的，各种结构之间存在着交叉影响的关系。比如，产业结构中包含着技术结构，技术结构中也包含着产业结构，教育专业结构中包含有程度结构，教育程度结构中也包含着专业结构。因此，产业结构既制约着教育专业结构，又决定着相同专业中的程度结构；同时，教育专业结构不仅反过来影响产业结构，为产业结构服务，而且也会影响到同类部门的技术结构，为技术结构服务。这种情况，在教育结构与经济结构的其他方面也都存在着，应给予充分认识，以便全面地把握教育结构与经济结构之间复杂的密切关系。

本章小结

理清“结构”的基本内涵有助于对一系列“结构”概念的掌握。教育结构是指构成教育总体系各部分之间的比例关系及其衔接方式，包括教育程度结构、教育专业结构、禅传结构、教育形式结构、教育体制结构、教育地区布局结构等。经济结构包括社会经济结构、产业结构、分配结构、技术结构等。其中，实际升学人数、合格生源直接和间接地影响教育程度结构。禅传结构对教育规模增减速率的反应灵敏度很高，必须高度重视。经济结构制约教育结构表现为：产业结构制约教育专业结构、技术结构制约教育程度结构、分配结构和消费结构制约教育财政投资总量、经济区结构制约教育布局结构、经济体制结构制约教育管理体制结构、经济结构的发展变化决定教育结构的发展变化。教育结构适应经济结构表现为：教育专业结构调整适应产业结构的变化、教育程度结构适应技术结构发展的需要、教育布局结构适应经济地区结构、教育体制结构适应经济体制结构、教育结构的调整与变化顺应经济结构的发展变化。总之，经济结构制约教育结构，教育结构适应经济结构。二者之间存在着交叉影响的关系。

关键概念及术语

结构　教育结构　教育程度结构　教育专业结构　禅传结构　教育形式结构　教育体制

① 教育部. 2016 年全国教育事业发展统计公报[EB/OL].(2017-07-10). http://www.moe.edu.cn/jyb_sjzl/sjzl_fztjgb/201707/t20170710_309042.html.

② 国务院. 拟通过立法允许兴办营利性民办学校[EB/OL].(2015-01-08). http://www.sohu.com/a/661611_100076.

结构　教育地区布局结构　经济结构　经济体制结构　产业结构　分配结构　技术结构

引导性思考题

1. 怎样理解经济结构对教育结构的制约性？
2. 为什么说教育结构必须适应经济结构？
3. 我国经济转型对教育结构变革提出了怎样的要求？

文献选读

1. 中共中央办公厅、国务院办公厅印发《关于深化教育体制机制改革的意见》(2017)

2. 靳希斌.教育经济学(修订本)[M].北京:人民教育出版社,2001:147-174.

3. 张素蓉.教育经济学原理[M].成都:四川出版集团天地出版社,2005:100-133.

4. 邱渊.教育经济学导论[M].北京:人民教育出版社,1989:74-132.

5. 韩宗礼.教育经济学[M].西安:陕西人民教育出版社,1988:62-84.

6. 全国教育经济学研究会(筹)《教育经济学概论》编写组.教育经济学概论[M].西宁:青海人民出版社,1983.

7. 曹晔,新中国教育结构五次大的调整及当前面临的形势[J].河北师范大学学报(教育科学版),2013(11).

8. 苏萌.浅析高等教育结构与经济结构的关系[J].长春教育学院学报,2013(19).

9. 张萌.张光跃.高职教育结构与区域经济结构调整的适应性分析[J].高等职业教育——天津职业大学学报,2010(5).

第六章　教育需求与供给

【案例导入】

如何解决上学难问题？

为了解决上学难的问题，《国家中长期教育改革与发展规划纲要（2010—2020年）》明确提出：形成惠及全民的公平教育。坚持教育的公益性和普惠性，保障公民依法享有接受良好教育的机会。建成覆盖城乡的基本公共教育服务体系，逐步实现基本公共教育服务均等化，缩小区域差距。努力办好每一所学校，教好每一个学生，不让一个学生因家庭经济困难而失学。切实解决进城务工人员子女平等接受义务教育问题。保障残疾人受教育权利。

上学难在城乡和不同地区的表现是什么？为什么会产生上学难的问题？如果你是教育主管领导，该如何有效解决上学难的问题？

【教师导读】

教育需求与教育供给是宏观教育经济学的主要内容。本章以经济学的供求理论为基础，在分析教育需求和教育供给的概念的基础上，围绕教育供求矛盾类型、影响因素及如何有效调节展开。

【学习目标】

1. 识记教育需求、教育供给、过度教育的概念；
2. 理解影响教育需求、教育供给的因素；
3. 简要分析教育供求的矛盾的表现；
4. 综合分析我国目前教育供给和需求矛盾及其解决对策；
5. 综合分析过度教育现象的产生原因及解决对策。

【课时分配】

4课时

供给与需求本是经济学上一对相互对立、相互依存的概念，教育需求与供给是教育经济学的基本范畴。教育的需求与供给关系是教育与经济关系的具体体现，反映了政府、市场、学校和教育消费者之间的基本关系，是教育的基本经济规律。研究教育的供需关系就是要发现影响教育发展的经济条件和探讨教育如何有效适应经济社会发展的需要,使教育与经济社会形成有机的关系。

第一节 教育需求

一、教育需求的含义与分类

(一) 教育需求的含义与特点

教育需求是指国家、企业、家庭和个人对教育有支付能力的需要。教育需求不等于教育主观需要,它属于一种投资需要,需求者必须有支付能力,还需要付出机会成本。

教育需求具有以下特点:(1) 教育需求主体多元性和重叠性。如家长、学校、国家的教育需求有交叉部分,也有各自的特殊要求;(2) 教育需求对象的双重性。通过教育投资既要获得教育机会,还要获得优质的教育服务产品;(3) 教育需求满足的预期性和过程性。由于教育过程具有较长的周期,因此,教育需求的满足不像其他商品,购买后的消费是一次性,教育生产和教育消费是集体消费,往往具有过程性特征。

【知识拓展】

什么是需求

经济学中的需求是指消费者在一定时期内各种可能价格下愿意而且能够购买的某种商品或服务的数量。需求必须是既有购买欲望又有购买能力的有效需求,仅有购买欲望而没有购买能力,就不能算作需求。需求和需求量是两个不同的概念,需求反映的是消费者对于某一商品或服务在不同的价格之下的需求集合,而需求量是在某一确定价格之下消费者的需求数量。需求显示了随着价格升降而其他因素不变的情况下,某个体在每段时间内所愿意买的某货物的数量。在某一价格下,消费者愿意购买的某一货物的总数量称为需求量。在不同价格下,需求量会不同。

(二) 教育需求的分类

按照教育需求主体划分,可以分为两大类,即教育的社会需求和教育个人有支付能力的需求。人们对教育的需求是无限的,但社会对个人教育供给则是有限的。

1. 教育的社会需求

它是指在一定社会历史发展阶段上,基于国家未来经济与社会发展对劳动力和专门人才的要求而产生的对教育有支付能力的需要,包括国家的教育需求、企业的教育需求等。国家对教育的需求是指国家基于本国社会经济发展对各类劳动力和专门人才的需求而产生的对教育有支付能力的需要。企业的教育需求是指企业为了实现利益最大化而产生的对教育有支付能力的需要。它主要有两种表现形式:一是对受过不同层次和种类教育的劳动力和专门人才的需求引发出来的对教育的需求;二是对在职员工的岗前和在岗教育培训的需求。前者,企业要支付一定的工资;后者,企业要支付一定的教育培训费用。这两种支付都具有投资的性质,因为企业的目的是获得更多的经济收益。

2. 教育的个人需求

它是指个人或家长出于对个人或子女未来知识、技能、收入、社会地位的预期而在各种需求中进行选择，对教育有支付能力的需要。人的需求涉及许多方面，在现代社会，由于受教育在某种程度上决定着个人所从事的职业、收入、生活状况和个性的发展，教育的需求在人的各种需求中已经占据重要地位。个人对教育的需求，是出于受教育后能够给个人带来的预期收益。正是由于对未来的考虑，构成了教育的个人需求诸多的动因，如精神生活的需求、物质生活的需求、社会地位的需求等。

不仅学生自身希望继续深造，而且家长们普遍认为，送子女到学校接受更高层次的教育也是家长的责任和义务。从这个意义上讲，教育的个人需求还包含家长对子女的教育的需求。家长把教育看成是对子女的一项投资，教育不仅可以使子女获得更高深的知识和职业技能，未来还可以享受更优裕的生活，而且在现代社会接受高层次的教育是提高社会地位的重要条件。所以，和一般商品的需求相比，教育的个人需求更具有复合性，不仅有受教育者个人的教育需求，还包括家长对子女接受高层次教育的需求，这种需求甚至比子女更强烈。这成为分析教育的个人需求时的一个值得注意的方面。

二、影响教育需求的因素

（一）影响教育个人需求的因素

个人及其家庭的教育需求日益膨胀，但除了教育需求外，人们还有其他方面的需求。因此，人们要在教育需求和其他需求之间做出选择。这就不能不影响到对教育的需求，同时，一些个人属性的特点、家庭背景和社会经济因素也对教育需求的层次、质量和类型等产生影响。归纳起来影响教育个人需求的因素有四个方面：

1. 个人天赋能力

这是影响个人教育需求的最重要的个人特征。天赋能力高的人，有能力接受高层次的教育，因而他们的教育需求较大，满足了初等教育需求，他们还想接受中等教育，满足了中等教育需求，他们还想进入高等学校学习。即使因故无法进入正规高校深造，他们也会通过自学或其他途径去寻求知识，以满足他们旺盛的求知欲望。教育是一个连续不断的过程，绝大多数天赋高的人都会在这个阶梯上不断攀登。而对天赋能力较低的人来说，完成初、中等教育已经是尽其所能了，对高等教育的需求往往比较淡薄。

2. 家庭的社会经济背景

受教育是需要付出代价的，家庭要支付教育的直接和间接费用，即使免费的义务教育，家庭也要支付部分教育费用，儿童达到法定劳动年龄后，家庭还要因为子女受教育而必须支付间接费用。家庭能够为子女付出多少教育费用取决于家庭的经济状况。因此，家庭经济状况成为影响教育个人需求的决定性因素。在很多发展中国家，大批希望上学的适龄儿童没有上学，还有大量学生不得不中途辍学，其重要原因之一，就是学生家庭无力承担其上学期间的直接成本和间接成本。从间接成本来说，虽然他们还很小，但他们的劳动对家庭来说仍很重要，家庭需要他们从事生产和其他经济活动，以补充家庭所需。

3. 学杂费的高低

在义务教育阶段之后，学杂费的高低对教育个人需求有相当大的影响。学杂费是学生支付的主要的直接教育成本，提高学杂费，将增加学生的教育费用负担。因此，学杂费愈高，一般学生接受高一层次教育的需求所受到的抑制便愈大。反之亦然。学杂费对低收入家庭的教育个人需求有明显的影响。

4. 个人教育未来收益

即个人教育投资收益率。人们放弃其他投资机会而在教育方面投资，归根结底是为了获得更高的预期经济收益或其他收益。如果教育投资的收益率较高，人们的教育需求就会增大，如果收益率较低，人们对受教育的兴趣就会下降；如果收益率为零，甚至为负值，许多人就会放弃就学机会而选择在其他方面进行投资。

影响教育的个人需求的各个因素并不是均衡地起作用，对不同国家和地区，不同社会阶层的人来说，起作用的因素和各个因素所起作用的强度可能大小不同，对富裕地区、富裕家庭来说，学杂费不是影响教育需求的因素，但对低收入家庭则影响是相当大的。①

（二）影响教育社会需求的因素

影响教育社会需求的因素是多种多样的。主要有：社会人口、经济和科学技术发展水平以及政府的政策等。

1. 社会人口状况

由于教育的对象是人，主要是儿童和青少年，因此，一个国家人口构成情况，包括其基数、增长速度和年龄构成，决定着教育社会需求的基本规模和走势。人口基数大，增长速度快，人口构成年轻化，则未来一定时期内，学龄人口所占比例会持续增高，社会对教育需求的需求量相应较大，需求的教育层次较低，发展中国家大都具有这样的特征。相反，人口增长速度慢，人口构成趋于老龄化，学龄人口所占比例低，社会对教育需求的需求量相应较少，教育社会需求层次相对较高。

2. 经济和科学技术发展水平

社会经济和科学技术发展水平从两个方面影响教育的社会需求。一是影响教育社会需求的层次，社会经济和科学技术发展水平愈高，专业分工愈细，对人们教育层次和类别的需求便愈高愈复杂；二是影响教育社会需求的持续性，社会经济和科学技术发展水平愈高，整个经济呈现迅速变化的态势，经济结构与就业结构不断调整，社会对教育具有持续的需求以适应不断变化的经济生活。相反，在自给自足的农业经济社会中，生产的技术含量较低，技术更新速度缓慢，社会的教育需求很少；在以蒸汽机为标志的工业革命时期，通常具备小学文化程度就能满足职业对劳动力的要求，而且，一旦学校经历完成，职业培训结束，劳动力所积累的知识和技能就能够满足一生的职业要求；进入信息时代，职业中的技术含量愈来愈多，技术不断更新，不仅需要普通教育作为基础，而且，必须不断接受各种教育和培训才能满足职业的要求，科学技术、社会经济发展与社会需求的关系更为密切。

3. 政策导向

一般来说，教育是一项国家事业，教育的社会需求是通过政府的教育规划和政策体现出来的，体现了政府对教育的重视程度和努力程度，所以政府的教育政策就成为影响教育社会需求的重要因素。这种影响不仅表现在教育需求的数量上，而且还表现在教育需求的结构上。例如，实施义务教育，义务教育的年限长短和实施期限，对教育需求量产生重大影响。上述这些因素对教育需求的影响也是非均衡的，它们的作用、途径、程度和范围，在不同社会，同一社会的不同时期都不尽相同。

---

① 杨葆焜. 教育经济学[M]. 武汉：华中师范大学出版社，1989.

第二节 教育供给

教育供给和需求是教育经济系统运行的两个方面。按照经济学原理,市场价值或生产价格决定价格,价格决定供求;反过来,供求决定价格,并通过调节不同生产条件下的生产,影响市场价值的形成与决定。因而市场价值或生产价格、价格与市场供求关系形成一种辩证关系。在实践中,教育的供给与需求的关系往往复杂得多,两者总是处于不平衡的状态,如目前教育系统出现的“上学难”“上学贵”等问题,是需求大于供给,即教育供给不足问题。显然,研究教育的供给问题具有主要的现实价值。

一、教育供给的含义

教育供给指在某一时期内,一个国家或地区的各级各类教育机构所能提供给受教育者的机会和教育服务。它包括“广义”和“狭义”两个方面。狭义的教育供给是指正规教育机构,诸如普通大中小学等提供的教育机会和教育服务;广义的教育供给还包括许多非正规教育机构,诸如成人教育、职业教育、在职培养等所提供的教育机会和教育服务。

教育机会和教育服务主要由政府、企业,或者社会团体及私人机构所举办的学校提供,教育服务提供的方式包括政府提供、私人提供、政府和私人混合提供。无论是政府、企业或者社会团体、私人机构所举办的学校,都能提供教育机会,但由于各种教育资源的有限性,所以教育供给不是无限的。

【知识拓展】

什么是供给

经济学中的供给是指生产者在某一特定时期内,在每一价格水平上生产者愿意并且能够提供的一定数量的商品或劳务。如果生产者只有提供出售商品的愿望而没有提供出售商品的能力,就不能形成有效供给,不能算做供给。能够提供给市场的商品总量包括已经处在市场上的商品的流量和生产者能够提供给市场的商品的存量。供给的范围和水平取决于社会生产力的发展水平,一切影响社会生产总量的因素也都影响供给量;但是,市场供给量不等于生产量,因为生产量中有一部分用于生产者自己消费,作为贮备或出口,而供给量中的一部分可以是进口商品或动用贮备商品。

二、影响教育供给的因素

教育机会提供者即教育投资者和教育服务生产者,它们是政府、社会生产部门、团体组织、私人机构,而教育供给量的形成则受制于劳动力需求状况、一国的经济实力、教育投资体制、教育的单位成本、师资状况以及政府及社会对教育的重视程度等多种因素。

(一)师资状况

学校教育是通过教师进行的,教师是教育资源中最主要的人力资源。师资状况主要包括数量、质量和结构等几个方面。师资短缺就会影响到教育的供给量,师资质量不合格,结构不合理,就会影响到教育供给的质量。在发展中国家,既存在着师资短缺问题,又存在着师资质量问题。就我国目前的情况而言,从师资方面来看,影响教育供给的主要不是教育数量短缺,而是教育质量问题、结构问题。提高教师队伍的素质和水平是目前教师供给中的首要问题。

(二) 劳动力需求状况

劳动力需求的数量、质量和结构直接引导教育供给的数量、质量和结构。在经济发展的不同阶段,劳动力的需求数量、质量和结构是不一样的。现代生产一般需求高层人力、中层人力和基层人力三类。从历史上看,在工业化时期,每百万人口中,需要 1 万—1.2 万生产工人和维修工人,而在这些所需的人员中,有 5%左右的人从事管理工作,第一线的监督人员 5%左右,工人约占 90%。① 当工业化程度提高后,对技术熟练工人和白领人员的需求比例会增加,中层管理人员也会增加,普通工人的比例会大幅度下降。不同层次人力对教育的需求是不一样的。一般来说,管理者和工程师等高层次人才需要高等教育程度,监督、秘书需要中等以上教育程度,而一般工人只需要中等教育程度。可见,劳动力需求结构对各级各类教育的供给具有导向作用。

(三) 国家经济实力

教育是一种连续性的活动,教育机会和服务的提供,需要数量足够、质量合格、结构合理的师资,需要足够的学校、设备和行政管理人员,这些都需要定量的资金来支持,即办教育需要持续不断的人力、物力和财力投入。而这一切都取决于一国在一定时期的经济实力。一般而言,一国经济实力越强,能够投入教育的资源就越充足,教育提供的机会就越多;相反,一国经济实力越弱,教育供给就越少。

(四) 教育投资体制

教育资源投入是教育供给和发展的物质基础。但是,经济资源总是有限的,而发展目标却是多重的,因而应该在教育和其他部门之间合理配置有限资源,以使社会效益最大化。因此,在教育和国民经济其他部门之间合理分配有限的稀缺资源,就必然涉及教育投资的体制。一般来说,教育投资的主体是政府,但单一的教育投资体制可能会抑制民间投资的热情,也可能会产生资源利用效率不高和浪费的现象。多元化教育投资体制能够充分调动社会各界的投资热情和办学积极性,可以扩大教育供给总量和形成多元化的供给结构。

(五) 教育单位成本

教育是一个单位成本递增的事业。因此,从这一角度来看,教育单位成本是构成教育供给的一个十分重要的因素。教育的单位成本指生均成本,即培养一名某级某类学生所花费的全部开支。在教育投入总量一定时,教育单位成本高,则社会所能够提供的教育机会就会减少,反之亦然,所以,教育的单位成本对教育供给也有直接影响。

(六) 社会对教育的认识和态度

在现代社会中,教育支出是一项生产性投资,其作用大于物质投资,它不但能通过提高劳动者的生产率从而对经济增长做出直接的贡献,它还能够起到稳定社会、保证社会安定的作用。教育投资效益的空间转移和时间滞后性,使人们很容易忽视教育投资问题,而忽视教育投资,就会造成宏观上教育供给的短缺。因此,对教育是否有正确的认识,决定了投资选择中的偏好,对教育供给影响极大。如果一个国家和社会对这个问题有正确的认识,就会尽可能增加社会所需教育机会,相反,如果政府和社会把教育支出看作是消费,必然在资源总量的约束下,把教育投资放在无足轻重的地位,从而影响教育供给。一般来说,在发达国家,在舒

---

① 曲恒昌,曾晓东.西方教育经济学研究[M].北京:北京师范大学出版社,2002:64.

尔茨未提出人力资本理论前,他们已经从社会经济实践中感受到教育的重要作用,因而对教育比较重视,肯花大力气扩大教育供给,发挥教育在稳定社会、促进经济发展中的作用。①

第三节 教育供求矛盾及其调节

与产品和服务一样,教育作为一种服务产品,其供给和需求总是处于不均衡状态,要么供大于求,如高校盲目扩招造成大学生就业难,要么供不应求,如上学难等,当总体上看教育的需求大于教育供给。由于教育需求的主体不一样,教育供给的主体和方式也多样,教育供需关系比一般产品或服务的供需关系更为复杂,在教育实践中必须具体分析。

一、教育供求的矛盾

由于教育供给与教育需求在数量上和结构上往往不均衡,因此,教育供求既有数量上的矛盾,也有结构上的矛盾,因而调节教育供求矛盾的目标,既要着眼于数量均衡,也要着眼于结构均衡,二者的调节对策也不尽相同。供求矛盾是指商品或劳务的供给与需求在数量和结构上的不一致或不均衡。数量上表现为供过于求或供不应求,结构上表现为某些商品或劳务供过于求与其他商品或劳务供不应求同时存在。由于教育资源的稀缺和教育需求的无限,从而产生供求之间的数量上或结构上的矛盾。这种矛盾在一定意义上说,是普遍的、永恒的,不仅发展中国家和落后地区存在,也存在于发达国家和地区,在不同历史时期也都性质不同地存在,其主要表现形式为:

(一)教育总需求和总供给之间的矛盾

在数量上,教育供求之间的矛盾表现在:(1)由于教育经费短缺等原因而导致国家整体的教育需求与供给总量上的矛盾,如进城务工人员子弟上学难等。(2)不同层级教育的供给与需求的矛盾,如学前教育普及率不高、中小学课外补习市场泛滥等。(3)教育发展过程中,教育供给滞后于教育需求,具有非均衡性。由于在科技进步的条件下,社会经济与劳动力市场变化较快,从而教育需求总量与结构变化较快;而教育供给,由于教育周期较长,教育自身规律要求教育供给数量与结构相对稳定,从而也使教育供求之间经常出现矛盾。

(二)教育供求的结构性矛盾

教育供求的结构性矛盾是指教育供给过剩与供给不足两种情况同时存在。由于现代社会经济的快速发展、劳动分工更加精细也更加频繁,产业对劳动力的需求多元化,教育的外部要求的执行和变化要求教育不断改革创新,调整教育层次结构、学校的类别、学科专业结构,以适应社会经济的变化;同时人口出生率的变动与人口迁移的增速,要求教育部门做好预测和规划。但教育本身相对稳定性的特点和管理滞后的现实,使教育的供给总是存在不足或过剩状态。如我国中等教育层次的普通高中教育与中等职业教育、我国大学教育中的学术性本科与应用性本科等就存在比例失调的问题。

(三)不同主体的教育需求矛盾

教育供求之间存在着的矛盾还表现为个体之间、地域之间、个体与社会之间对同一教育机会的需求的矛盾。其中主要表现为教育的个人需求与社会需求之间的矛盾。由于个人与

---

① 杨葆焜.教育经济学[M].武汉:华中师范大学出版社,1989.

社会对教育需求的出发点和追求的目标不同,因而在需求的质量上、教育需求的层次和类别结构上必然会出现差异和冲突。例如,我国基于对未来大学毕业生的需求和高等教育的供给条件,政府制定了教育发展规划中高等教育的发展规模和速度。但现阶段由于大学毕业生的相对短缺和现行劳动制度、工资制度等,使大学毕业生未来就业、流动、晋升机会较多,收入与福利较高,从而使个人对高等教育的需求大大超过政府规划中体现的高等教育的社会需求。

二、教育供求矛盾的调节

教育社会需求与教育个人需求之间的矛盾,主要是因为社会与个人对教育需求的出发点和追求的目的不同,因此对教育质量、层次和类别结构的需求发生冲突和矛盾。社会需求和教育供给之间的矛盾是客观的、普遍的,而教育供求的非均衡是常态,正是这种非均衡推动着教育的发展,但是,这种矛盾和非均衡如果超过一定限度,就会影响经济与教育自身的发展,因此,需要对教育的供求矛盾进行调节。调节的方式有多种,主要有政府调节、市场调节以及政府与市场联动调节等。

(一) 市场调节

市场调节也就是用学费这一“教育价格”进行调节。这种意见认为,教育是一种商品,学费是教育的价格,学费由教育供求形成,反过来又调节教育供求。学费与教育供求呈现反方向变动,学费上升,教育需求减少,教育供给增加;反之,学费下降,教育需求增加,教育供给减少。市场调节最大的问题在于,教育并不是商品,学费也不是教育商品的价格,如果由市场调节供求,将导致教育商品化,背离育人的宗旨和教育作为非营利机构的性质,导致教育需求和供给的过量或不足、教育机会的不均等。

(二) 政府调节

政府调节的根据在于教育属于“准公共产品”,从宏观上管理教育是政府的重要职能,同时,政府作为教育机构的主要举办者和投资者,也有条件对教育供求的市场进行调节。政府调节的主要手段,包括为教育供求双方提供信息;制定和调整教育规划;对教育机构的财政投款,必要的行政手段进行质量监控,教育立法;但如果政府调节过多,调节中过多采用直接的行政手段,将会影响教育供求双方的积极性,从而使教育供求的矛盾不但不能缓解,反而可能加剧,影响教育公平,教育效率下降,导致教育腐败,影响教育的均衡发展。

(三) 市场与政府联动调节

为克服市场调节与政府调节的缺陷,可将二者适当结合起来。由于教育是“准公共产品”,应以政府调节为主,不同的教育,其“产品”特征不同,应区别对待。义务教育更接近于“公共产品”,政府在调节其供求矛盾时,应根据经济和社会发展的需要和可能的条件,适当确定义务教育的年限和实现的时间。非义务教育,尤其是职业技术教育和高等教育,相对于义务教育来说,更接近于“私人产品”,在政府调节为主的同时,可更多地通过市场调节,缓解其矛盾。例如,可通过学费标准的降低和提高,调节教育供求。

(四) 教育机构的自主调节

由于教育机构,如学校,是教育服务的生产者,其招生规模的大小及其教育质量,既影响教育需求也影响教育供给,因此教育机构是调节教育供需矛盾的微观主体。一般来说,学校教育机构可以通过教育政策学习、教育市场预测、教育信息的交流与沟通,自主筹措教育经费、创新教育管理模式等,有效扩大教育的供给,满足多元化的教育需求。

三、目前我国教育供求主要矛盾及其调节原则

（一）我国教育供求的主要矛盾

目前，我国教育供求的主要矛盾表现为人们对有质量的公平的教育的需求与不平衡不充分的教育发展之间的矛盾。教育发展不充分主要表现为学前教育、农村教育、特殊教育等供给不足；教育发展不平衡主要表现为地域之间、城乡之间、学校之间、群体之间教育差别太大，即教育供给结构问题。

1. 教育需求膨胀与教育资源短缺矛盾

教育需求的压力主要来源于两方面。一是人口绝对数较大，随着二胎政策放开，2016 年的新生儿数量比上年增加了 130 多万，新出生人口 1 867 万；二是公民个人要求接受教育的范围和程度在扩大与提高。例如，根据《2016 年全国教育事业发展统计公报》，学前教育毛入园率①达到 77.4%，小学学龄儿童净入学率②达到 99.92%；初中阶段毛入学率 104.0%，初中毕业生升学率 93.7%；全国各类高等教育在学总规模达到 3 699 万人，高等教育毛入学率达到 42.7%。在终身教育思想的影响下，企业和事业单位为了本单位、本部门经济和社会利益，教育需求也在扩张，城乡居民个人教育需求也在加强。因为在市场经济条件下职业选择呈现竞争格局，为了谋求更好更理想的工作，要求接受高层次教育。同时，随着工资制度的改革，特别是工资与学历的挂钩，也促使居民个人提出更高的要求。个人教育需求膨胀的主要原因应归结为社会就业的压力、社会经济收益的诱惑、自我发展目标的实现等。教育要满足这一膨胀的需求必须加大教育供给。从目前中国经济实力来看很难在短时期内解决这一矛盾。

2. 教育供求关系中的结构性矛盾

这种结构性矛盾，首先表现为教育社会需求和教育个人需求之间的矛盾。社会为推进文明进步，提高全民族素质，会加大社会化基础教育、义务教育的需求力度，而个人为了取得好的职业、就业岗位，会提出尽早进行职业化、专业化教育的需求。其次表现为教育供给和教育结构需求之间的矛盾。现代社会经济、科技、文化发展变化迅猛，使得决策部门很难掌握社会对各种人才需求的数量和质量规格要求，因此，教育供给也就很难准确调整好教育级别结构和专业结构，使其完全适应教育结构的需求。

（二）调节我国教育供求矛盾的原则

如何才能较好地调节供求矛盾，使教育供给达到相对平衡呢？主要有以下原则：

1. 政府宏观调节和市场调节相结合

在社会主义条件下，教育供求关系直接受国民经济发展水平的制约，直接受社会人口状况的制约，包括人口规模、增长速度以及受教育人口组合等。教育供求关系的调节首先要服从社会经济发展目标的要求。因此，教育供求应该受国家行政手段、法律手段调控。其中保障教育经费的增长是最主要的手段。1995 年颁布的《中华人民共和国教育法》第五十六条规定：各级人民政府教育财政拨款的增长应当高于财政经常性收入的增长，并使按在校学生

---

① 毛入学率，是指某一级教育不分年龄的在校学生总数占该级教育国家规定年龄组人口数的百分比。由于包含非正规年龄组（低龄或超龄）学生，毛入学率可能会超过 100%。

② 小学学龄儿童净入学率，是指小学教育在校学龄人口数占小学教育国家规定年龄组人口总数的百分比，是按各地不同入学年龄和学制分别计算的。

人数平均的教育费用逐步增长，保证教师工资和学生人均公用经费逐步增长。这项规定被通俗地称为教育经费的“三个增长”。这项制度的落实，促进了我国教育的快速发展，不断满足了广大人民群众的不断增长的教育需求。

但市场经济条件下，教育供求关系呈现出许多新的特点、新的矛盾。因为教育供求是由市场经济、商品生产供求关系派生出来的，它直接产生于社会经济对劳动资源的质量需求。市场经济的发展派生出劳动力市场需求和供给的矛盾，而劳动力供需矛盾必然派生出教育供给和需求的矛盾。教育供给和需求的矛盾运动规律也应服从市场价格变化的定律。当教育需求大于教育供给时，价格会上升；当教育需求小于教育供给时，价格会下降。因此，教育供求关系受到市场经济规律约束，必须运用价值规律、价格机制进行调节，进一步明确教育产权。

总的来看，除了义务教育等公共教育服务主要是政府的责任，由政府调节为主外，教育供需矛盾调节手段应主要依靠市场运行机制，同时辅之以行政、法律等非经济手段，使教育需求与供给达到相对均衡。

2. 以教育供给侧改革为重点

教育领域的供给侧改革是目前我国教育供需矛盾改革的重点和主要方面。

教育供给侧改革的基本要求是：(1) 提高教育供给端的质量、效率和创新性，使其更贴近学生的消费需求和消费习惯，做到既能满足学生个性发展的需要，又能对准未来社会的需求。努力调整改善原有教育供给中的僵化、单一、缺乏个性和吸引力、脱离学生实际、不尊重和保护学生爱好和成长的做法，实现育人减负的“降成本”、人才培养的“高效率”、评价考试的“扬长与补短”、就业创业的“产能提升”等。(2) 创新供给侧结构，为学生提供丰富、多元、可选择的教育资源、教育环境和教育服务模式，打破原有同质化的学科专业结构、单一的培养模式、统一的课程资源、僵化的考试评价供给结构。

【阅读链接】

名校集团化办学

所谓名校集团化办学，是指以名校领衔，通过名校输出品牌、办学理念、管理方式、干部和优秀教师、现代教育信息技术等，创新多种办学机制，进行集团化办学，扩大优质教育资源，推进优质教育向普及化、平民化发展，让更多的学生接受更好的教育。在区域形成一体两翼(中小学名校集团化与幼儿园名园集团化)、两轮驱动(城区教育集团的组建和城乡互助共同体)的新架构，同时探索出“名校+新校”“名校+弱校”“名校+农校”“名校+民办校”“教科研单位+新校”等办学形式。“十二五”时期，还出现了“核心连锁”“教育联盟”“名校托管”“学校共同体”等新的名校集团化运作模式，创新了名校再生发展机制，提升了区域教育整体水平和办学品质，推进了校(园)际、区域、城乡教育均衡，进一步扩大了优质基础教育资源覆盖面。①

3. 政府积极引导教育需求

政府作为社会发展的计划者，可以对教育社会需求做出规划，在一定范围内，政府也可以对教育社会需求采取经济的乃至行政的手段，制定某些政策去引导劳动市场，对教育社会

① 俞晓东，阮青青. 新名校集团化：市域教育供给侧改革的“杭州实践”[J]. 人民教育，2017(11)：21-25.

需求做出调整。例如,政府可以通过制定某些职业的就业资格,使求职者在获得该职位前,必须获得相应的教育和培训,刺激人们对该类教育的需求;政府还可以通过减少或增加某类教育的财政拨款和利用宣传媒介引导人们对该类教育的需求。

第四节 过度教育

在教育供需关系调节过程中,经常会出现不平衡的状况,表现为供不应求或供过于求,在教育经济学中被称为教育不足和过度教育。教育不足的问题容易引起人们的关注,而过度教育现象及其带来的问题常常被人们忽视。

一、过度教育的产生背景

自20世纪50、60年代以来,西方发达国家在第三次科技革命的推动和人力资本理论的大力倡导下,不断加大对教育的投资力度,使得西方国家的教育得到了迅速发展,许多国家的高等教育步入了普及化阶段。受过较高等教育的劳动者大量涌入劳动力市场,出现了越来越多的高学历者从事低学历者就能胜任的工作,甚至还出现了大量的知识失业现象。最明显的特征表现为失业现象严重,社会普遍追求高学历。西方学者把这些现象称为“教育过度”。

1976年,美国人理查德·弗里曼在《过度教育的美国人》一书中首次提出了“过度教育”一词,该词很快引起了人们普遍的关注。美国教育经济学家列文及曾满超博士进行了深入的后续研究,探索了教育与经济发展的不一致现象:受教育者的教育水平超过现实工作岗位的实际需要,或者受教育者被安排的工作岗位低于其接受教育时的职业期望。

过度教育现象的发生意味着教育供给与社会需求不平衡,毕业生学非所用、就业困难,造成其经济地位的相对下降,也使教育的经济价值受到严峻挑战。过度教育不仅会造成人力、物力资源的巨大浪费,而且还是危害社会安全的重要隐患之一,这已为许多国家的实践所证实。中国是发展中国家,就总体来看,目前教育事业还远不能满足国民经济发展的需要,人才严重不足是不争的事实。但是,1995年后,大专以上高校毕业生的初次就业率呈下降的趋势,许多毕业生找不到工作。随着就业形势愈来愈严峻,竞争愈来愈激烈,那些怀才不遇者只好从事学历要求低一些的工作或从事专业不对口的工作。一些毕业生干脆放弃寻找工作,一心一意考研,希望通过获得更高的文凭来提升自己在人才市场上的竞争力,导致我国考研热持续升温。而现在硕士研究生的就业率和在就业市场上受欢迎程度也在下降。可见,中国现阶段也存在一定程度的过度教育现象,表现为局部性、结构性过度,并有扩大的趋势,并且在短时间内很难改变。

二、过度教育的含义

目前国内外学者对过度教育已有了一定的研究,但对过度教育概念的界定仍未达成共识。本书作者认为,所谓过度教育是指个人和社会所拥有的教育超过了其需要的现象。

从宏观上讲,过度教育是指一个国家或地区所拥有的教育存量总和超过了社会所需要的教育总量。当受教育劳动力不断供给于劳动力市场的时候,如果劳动力市场不能充分运用这些人力资源,受教育劳动力面临着知识失业,或者从事了与学历不匹配的工作,教育技能不能被充分运用,结果导致其收入相对于历史水平有所下降,这些现象广义上被统称为过度教育。有时,发展中国家人才外流的现象也被视为过度教育。

从微观上讲,过度教育是指个人拥有的教育存量超过了其所从事职业的实际需要。一种情况是,相对于历史上较高水平而言,受教育者的经济地位下降了,或者高技术工人从事了以前由低技术工人从事的工作,其收入受到损失。另外一种情况是,不考虑工资,工人实际受教育水平高于他们从事的工作所要求的受教育水平。多数研究者倾向认为,不管工资是否受到损失,只要工人拥有比他的工作要求高的教育技能,而这些技能没有得到充分发挥,就是过度教育。

三、过度教育的判定

(一)三个标准

美国教育经济学家亨利·莱文认为判断教育过度有三个标准:一是劳动者的经济地位相对于其受教育程度而下降;二是受教育者不能实现其对于事业成就的期望;三是工人拥有比其工作要求较高的教育技能。①

(二)四种表现

我国学者认为过度教育具体表现为:(1)受教育人口的失业率比较高,甚至超过未接受过教育的人口或教育层次较低的人口(即知识失业)。(2)受教育人口的专业技能未得到充分利用或就业不充分,或学非所用。(3)高才低用,大学毕业生从事通常由高中毕业生承担的工作;高中毕业生从事通常由初中毕业生承担的工作等。(4)接受过同一水平教育的人,现今的实际收入要比以前为低。②

(三)四种判定方法

达肯和霍弗曼对过度教育的界定作出了突出贡献,他们将个人所受教育年限与工作所需教育年限区别开来,并根据这一差别确定了过度教育研究的一组重要概念:所受教育和所需教育。所受教育是个体实际接受的教育水平,人力资本研究中的个人"教育"指个人所受教育水平,或实际教育年限。所需教育是从事某种工作实际需要的教育水平,它是评价工作技术特征的主要指标。当个人接受的教育水平高于工作所需要的教育水平时,称为"过度教育";反之,则称为"教育不足"。因此,衡量过度教育的核心是如何确定工作所需教育水平。如果确定了工作所需教育水平,将工作所需教育水平与个人所受教育水平比较,就能确定过度教育、教育不足或者适度教育。截至目前,西方教育经济学共有四种衡量工作所需教育的方法③。

1. 外部评估法

外部评估法又被称为工作评价法。职业评估专家根据每个职业的性质、职业所需要的知识与技能,界定该职业需要的教育水平和类型,将工人实际教育水平与工作所需平均教育水平比较,高于工作所需平均教育水平则界定为过度教育,低于工作所需平均教育水平则界定为教育不足。美国职业词典(Dictionary of Occupational Titles,简称 DOT)里对每一个行

---

① 莱文.高科技、效益、筹资与改革[M].曾满超,钟宇平,萧今,译.人民上报出版社,1995.

② 曲恒昌,曾晓东.西方教育经济学研究[M].北京:北京师范大学出版社,2000:329.

③ 武向荣.西方过度教育的理论综述[J].外国教育研究,2006(5):6-10.

业所需平均教育水平作了详细的评估。

2. 标准方差法

标准方差法也叫实际匹配法。某种职业所需教育水平通常与该职业从业人员所受教育水平的分布和平均数有关,计算某一职业从业人员实际教育水平的平均数,并把它看作工作所需教育水平,将其与职工实际教育水平相比较,当某工人的实际教育水平超过平均教育水平之上一个标准差时,称之为过度教育,反之称之为教育不足;如果实际教育水平落在平均教育水平正/负一个标准差之内,表明工人所受教育与工作相匹配。

3. 众数法

众数法是将在职业分布中出现频数最高的教育水平看作工作所需教育水平来进行评价的方法。职业被划分为三个数据水平,众数值在这三个数据水平里决定。工作所需教育水平等价于该职业里教育年限的众数值。工人所受教育年限大于他所从事职业教育水平的众数值,被称为过度教育。反之,被称为教育不足。

4. 自我评估法或者主观评价法

前三种评价方法都是客观评价法,自我评估法是一种主观评价过度教育的方法,即直接询问当事人,他认为自己在工作岗位上是否为过度教育或教育不足,或者询问当事人他认为自己所从事工作需要的最低教育水平,将这个问题的答案与他们所受教育水平相比较,可以评价出过度教育或教育不足。

四、过度教育的负面影响

过度教育都是非生产性的,在某些情况下它甚至还可能是负生产性的。在微观方面会导致受教育者个人投资收益率的下降;在宏观上则会导致资源配置总体效率的低下,不仅造成了人力资源的巨大浪费,而且还会使就业者产生挫败感,对前途缺乏信心,不利于社会的稳定和经济正常、健康的发展。对发展中国家来说,过度教育更是一种"奢侈不起的浪费",所带来的负面影响是显而易见的,主要表现在以下四个方面:

(一)影响教育资源配置效率

过度教育意味着国家投入了巨额的教育资金培养出更高学历的劳动者,但这些劳动者从事的却是那些低学历者所能从事的工作,这是一种人力资源的严重浪费。此外,过度教育还会带来反向迁移,所谓反向迁移指的是那些接受过正规大学高等教育的毕业生再次回到职业技术学校或技能培训中心进行学习以获取所需要的职业技能证书。在美国,据统计大约有 30%的职业院校学生是反向迁移的学生,同样,反向迁移在我国也逐渐演变为一种趋势。反向迁移反映在教育领域是一种资源配置性错误,它造成了教育资源的二次消耗,是极大的浪费。

(二)降低部分劳动者收入

研究结果显示,相同学历的群体,处于过度教育的个体要比适度教育者的收入低 4.8%[①]。过度教育对劳动者收入的影响主要表现在两个方面:一方面,过度教育使劳动者供给大于需求,表现为劳动力市场上同一岗位有多个应聘者竞争。根据劳动力供求理论,此时是买方市场,竞争的必然结果是劳动者报酬的降低。另一方面,过度教育也使得一部分学

---

① 黄志岭,逯岩,樊小钢.过度教育的收入效应实证研究[J].财经论丛,2010(6):16-22.

生无法从事其本职专业，即所学专业与工作不对口。如果雇主招聘到此类员工，就需要对他们进行更多培训。如果雇主安排专业不对口的工人从事较低层次的工作，就会做出减少培训成本的理性选择。

（三）扭曲就业市场

在劳动力市场供大于求和低能力毕业生比例上升的情况下，雇主不可避免地会降低招聘员工的起薪，这时高能力应聘者会因不满足较低的起薪而缺乏工作的积极性，相反低能力应聘者会更愿意接受雇主开出的条件。这就有可能产生“劣币驱逐良币”的现象，使得低能力应聘者的就业率高于高能力应聘者的就业率。这不仅是人力资源的巨大浪费，同时还会对经济增长造成不利影响。

（四）扩大社会不公平

教育一直被认为是可以改善处境不利群体就业能力与就业机会的一项理性选择。然而过度教育所引发的知识失业等现象，却有可能对现有社会阶层带来两种截然不同的后果。对于家庭条件较好的学生来说，接受一定水平的高等教育是理性选择。而对于那些无力支付这笔教育投资的贫困家庭的大学生来说，高等教育投资并不是理性的选择，如全国各地曾经频繁出现高中生弃学弃考现象。过度教育不但限制了低社会阶层人们向上流通的渠道，同时也让他们成为过度教育的牺牲品。

五、过度教育产生的成因

对过度教育的产生原因与影响因素，众多教育经济学家在不同理论框架下进行了不同的阐释。结合我国当前的实际状况，过度教育的形成原因主要包括以下几方面：

（一）教育供给与社会需求发生错位

教育供给与社会对劳动力的需求不相适应是造成过度教育的主要原因。教育供给与社会需求发生错位主要表现在高等教育专业设置与社会需求错位，教育供给与社会需求在时间上的错位。一方面，长期以来，我国高等教育的重点是培养理论性人才，而现实社会中大量需求的技能性、服务性、应用型性人才却培养不足，这就导致人才供给与需求的不一致，导致过度教育。此外，有些高校在发展过程中为了扩大“综合实力”，总是追求学科类别的“多”“广”“全”，开办和扩招“热门专业”，其结果是某些专业人才供给大于需求，不得不放弃所学专业去从事其他类别的工作。另一方面，在信息化、智能化、经济全球化时代，经济结构变化引起对毕业生需求的变化远远快于高等院校专业结构调整的速度，从而产生越来越明显的时滞效应。特别是在一些发展中国家，学校的产品供给已经不能很好地与社会变化带来的新职位相对接，劳动力利用不充分等问题也更加突出。

（二）教育投资者对劳动力市场的错误认识

教育投资者对劳动力市场的错误认识主要表现在以下三个方面：第一种错误认识是未来社会所需的绝大多数工作或者说至少是高工资高技能的工作是需要大学教育程度的，因而经济和人力资本的发展政策需要向高等教育倾斜。事实上，劳动力市场是全球范围内，对于未来的绝大多数工作可以说是不需要高等教育程度的。比如说来自美国劳工部的某项数据显示，到2014年也只有26%的工作岗位需要接受四年及以上高等教育程度的毕业生。而事实上那些低技能低工资的工作在未来一定时间内数量上仍将超过高技能高工资的工作。第二种普遍性错误认识是经济的增长必定会为大学毕业生创造并提供足够多的就业机会。

第三种错误认识是绝大多数人认为在求职过程中高学历者比低学历者更有优势，高一级学历层次毕业生会挤占那些低一级学历层次毕业生所从事的工作机会，从而导致非大学、特别是非重点大学毕业生的失业。其实这是一种片面的认识。尽管高学历者抢占低学历者的工作的例子是有的，但是在具有竞争性的高技能高工资领域，普通大学毕业生无法取代具有职业技能的毕业生的职位。

（三）企业盲目追求自身形象

在日益激烈的劳动力市场竞争环境下，作为一名理性的企业雇主，哪怕他不是为了满足日益增长的劳动力需要，他也会存在着一种追求较高学历人才的内在动力。因为企业如果雇用了一大批具有较高层次的人才，其实就是在向外界社会传递一种积极的信号，用以显示企业自身的实力与形象。这是符合企业自身利益的。但是，就企业雇佣员工的实际教育技能与所提供工作岗位所需的实际教育技能来说，前者却远远高于后者。企业在劳动力市场中这种招聘条件“水涨船高”的趋势，实际上在掩盖过度教育现象的同时也在向学校与政府传递着错误的信号，可以说企业的这种做法一直在加剧过度教育现象。

（四）制度性障碍

目前由于我国正处于经济转型升级时期，许多制度还不完善，在一定程度上加剧了过度教育的产生。(1) 劳动力市场制度不完善。我国尚未形成统一的劳动力竞争流动市场。我国二元经济结构引起的城乡劳动力市场分割，在一定程度上阻碍了劳动力在全国范围内自由流动。劳动条件优越、工资福利高、就业前景好的城市劳动力市场让人趋之若鹜，人满为患；劳动条件差、工资福利低、就业前景不太明朗的农村劳动力市场则门庭冷清。再加上我国的户籍制度，工作转换成本高，导致了一部分毕业生宁愿在城市暂时失业也不愿意回农村就业。(2) 人事制度僵化。现行的人事制度还不能与毕业生就业市场化的择业机制协调，有些用人单位在协议签订、报到手续的办理、档案关系和户籍关系划转等过程中得不到人事制度的支持和认可。另外，现行的人事制度对人才流动仍然没有完全开放，毕业生一旦进入一个单位，其档案和户籍关系在一定程度上就被固定了。

（五）就业观念与现实的矛盾

受“学而优则仕”等儒家思想的熏陶和浸化，受高期望的收入回报的引导，许多毕业生的就业择业观念与现实发生了严重冲突，表现在大多数毕业生倾向选择城市机关企事业单位工作，很少有人选择在农村工作。这就造就了社会上相当一部分人宁可失业在家也不愿从事较低层次的工作的现状。这部分尚未就业的潜在劳动力进一步加剧了过度教育现象。同时，由于学历与工资正相关的信号导向，人们为了在求职的过程中获得更好的职业岗位，往往会增加教育投入，提高教育资格，而不管劳动力市场的实际需要。显而易见，相对于职业岗位需求而言，劳动者教育水平和层次大大超过了岗位实际需要，从而产生了持久性的过度教育。

（六）选人用人过程中的非公平性因素

目前我国许多企事业单位在选人、用人过程中，还在一定程度上存在着的非公平竞争的行为，“任人唯亲”的现象依旧存在。非公平竞争打破了原有的岗位序列与劳动者能力序列的对应性，使某些低学历劳动者从事了高学历者所从事的职业，从而对高学历人才产生了“排挤效应”。而这部分被挤占的高学历者只能从事低学历者的职业岗位，这就造成了人才供求关系的扭曲，产生了高学历人才的过度教育。另一方面，在体制内有相当一批就业存量处于垄断地位,不受或基本不受市场机制的作用,这样就进一步放大了过度教育现象。

六、过度教育的治理对策

避免和消除过度教育,是许多发展中国家的研究课题,也是当前我国教育改革的一项重要内容。

(一) 调整产业结构,创造更多的就业机会

调整产业结构,加大政府对新兴第三产业投资力度,促使新兴第三产业快速发展,才能创造更多适合知识劳动者的就业岗位,增加社会就业机会,从而从根本上消除过度教育。

(二) 加大高等教育供给侧改革

一是改革高校的学科结构及培养模式。各高校除遵循高等教育本身的规律外,还要积极适应市场经济的发展规律。高校不应盲目追逐市场热点,而是应该有目的地针对未来几年劳动力市场的需求数量、结构、特点等情况,通过科学的调查研究来设置专业,加强市场对专业设置的引导。二是重视对大学生就业创业能力的培养。把学历教育与就业创业教育有机地结合起来,培养更多应用型的复合型人才。

(三) 创造良好的就业制度环境

就业环境包括社会保障制度、户籍制度、人事制度等。如果这些制度性因素不改革、不完善,劳动力市场分割局面必然还将存在,就业难的问题就不可能得到很好解决。只有改革户籍制度、人事制度,完善社会保障制度,才能创造出一个易于人才流动的宽松环境;简化人才流动手续,废除一些地方政府制定的不合理的人才进入规定,才能打破地区间人才交流与流动的不均衡,降低人才流动成本,从而有利于形成顺畅的就业创业环境。

(四) 引导大学生建立合理的就业期望值

由于目前我国不少大学生的就业期望还停留在“精英教育”就业时代,就业期望值过高,不切合实际,不能适应不断变化的社会要求。随着高等教育大众化进程加快,大学毕业生供给不断增加,而社会需求量变化不太明显,根据供求规律,均衡价格必然会下降。因此;大学毕业生树立科学的就业观,应随着市场供求状况来调整自己的期望值,按照自己的优势与社会需要,重新进行职业审视和就业定位,主动适应社会的需要。

本章小结

教育需求与教育供给关系属于微观教育经济学范畴。教育需求是指国家、企业、家庭和个人对教育有支付能力的需要。教育供给指在某一时期内,一国或一地区为了培养各种熟练劳动力和专门人才,促进经济、社会和个体的发展,由各级各类教育机构所能提供给受教育者的机会和教育服务。影响教育供需的因素是多方面的。由于教育资源的稀缺和教育需求的无限,从而产生供求之间的数量上或结构上的矛盾。其调节机制包括:政府调节、市场调节、市场与政府联动调节、教育机构自主调节。未来我国教育的供求主要矛盾是结构性矛盾,需要建立政府宏观调节和市场调节相结合机制,加大教育供给侧改革力度,避免教育不足和教育过度。

关键概念及术语

教育需求　教育供给　教育供求的结构性矛盾　教育供给侧　教育过度

引导性思考题

1. 什么是教育需求和教育供给？
2. 影响教育供给和需求的因素分别有哪些？
3. 我国教育供求存在哪些矛盾？造成这些矛盾的原因是什么？
4. 促进教育供需均衡的机制有哪些？
5. 怎样评价教育过度现象？如何有效治理？

文献选读

1. 吴克明.教育供求新探[J].教育与经济,2001(03):52-55.
2. 吴木銮,李丹瑶,张宁曦.地方基础教育供给的政治逻辑:一项基于面板数据的研究[J].公共管理与政策评论,2016,5(1):47-54.
3. 范先佐.教育经济学新编[M].北京:人民教育出版社出版,2010,第五章。
4. 赖德胜.教育经济学[M].北京:高等教育出版社,2011,第二章、第三章。

第七章 教育投资

【案例导入】

为何财政性教育经费占 GDP 4%?

1993 年的《中国教育改革和发展纲要》中提出了财政性教育经费占 GDP 4%(以下简称“4%”)的目标。2006 年国务院发布的《国民经济和社会发展第十一个五年计划纲要》再次重申了这一目标。

“4%”的目标是怎么得出的? 20 世纪 80 年代中期,由厉以宁、陈良焜、王善迈、孟明义组成的课题组,以计量回归模型探讨了同等经济发展水平(以人均 GDP 或 GDP 代表经济发展水平)条件下公共教育支出的国际平均水平,该项研究以 38 个人口千万以上的市场经济国家 1961、1979 年公共教育支出和 GDP 统计数据(换算成 1980 年的美元)为依据,提出了测算不同经济发展水平公共教育支出的国际平均水平的方法,根据此法测算当人均 GDP 达 1000 美元时,公共教育支出的国际平均水平为 4.24%。陈良焜等人 1992 年又采用 40 个国家 1980、1985 年的数据再次证明,人均 GDP 达 1 000 美元时,公共教育支出平均水平为 3.85%。此后不同学者运用同样方法,采用人口千万以上的数十个国家 1985 年今后不同时期的数据,给出了同等经济水平下公共教育支出的国际平均水平。虽然不同研究的样本国数目、数据跨越时间、美元汇率等不尽相同,但其基本结论是相近的。①

自 2012 年以来,我国财政性教育经费占 GDP 比重已连续五年超 4%,这个数字为何重要? 为什么要加大教育投资? 教育投资的资金从何而来? 教育投入的资金如何分配?

【教师导读】

本章将阐述教育投资的含义、特点和类型,分析不同教育投资主体的投资动机,分析教育投资的来源,阐述教育投资分配的比例、结构及其依据。

【学习目标】

1. 掌握教育投资的含义、特点和类型;
2. 理解不同教育投资主体的投资动机;
3. 掌握教育投资的各种来源;

---

① 王善迈. 优先发展亟须投入保障——关于财政性教育经费占 GDP 4%目标的若干思考[N]. 中国教育报,2009-04-10.

4. 理解教育投资外部分配和内部分配。

【课时分配】

4 课时

第一节 教育投资的含义与类型

投资是经济学的概念,是指投入当前的资金或其他资源,通过持有某种形式的资产,以获取未来收益的经济活动。在世界范围内,投资的概念是在 20 世纪 30 年代被引入到教育领域的。在我国,改革开放后也引入了教育投资的概念。教育投资是教育经济学中最为常见、最为重要的概念之一。理解教育投资,包括理解教育投资的含义、特点和分类。

一、教育投资的含义

(一) 教育投资的内涵

教育投资也称教育资源、教育投入、教育经济条件,是指投资者为获取未来的教育收益而投入到教育领域中的人力、物力和财力等资源的货币表现。理解教育投资的内涵应把握以下几点:

1. 教育投资的主体是政府、社会和个人

教育投资的主体包括政府、社会和个人。其中,政府应该是主要投资者,因为教育是公共产品。政府作为教育投资主体,主要体现在为教育投资提供制度规范,以及为公立教育进行投资、为私立教育提供适当的补助、税收减免等方面。社会投资是指私立学校、私人团体、慈善机构、公益机构的投资等,社会投资作为教育投资主体,主要通过投资私立教育或者民办教育、教育捐赠等来体现。个人教育投资是指受教育者学生及其家庭的投资,个人教育投资作为教育投资主体,主要通过缴纳学杂费来体现,无论是公立教育、还是私立教育,也无论是正规教育、还是非正规教育,学生及其家庭都是学杂费的主要提供者。

2. 教育投资具有生产性质

这是因为:(1) 教育能提高劳动力的质量,改变劳动力的形态,会生产人的劳动能力;(2) 教育可以生产和再生产科学知识形态的生产力,可以使科学发明转化为生产技术,形成现实直接的社会生产力;(3) 教育能促进劳动生产资料的更新换代,充分发挥劳动生产资料的作用;(4) 教育能扩大劳动对象和范围,挖掘和拓展劳动资源和劳动条件。

3. 教育投资是教育活动的物质基础和经济条件

教育活动的经济条件是包括教育的人力、物力和财力等所有资源的货币表现。教育投资形成学校基础设施、教学设备、师生人力资本等教育资产。不同数量的教育投资在国家间、区域间、学校间、不同受教育者(或家庭)间会导致教育资产多少的差异。教育资产差异,既可表现为增量差异,也可表现为存量差异。因为教育投资形成教育资产的差异是影响教育投资收益的重要因素,因此,现实中,由于优质学校因得到更多的、优质的教育资源和资产,教育资源充足、教育经济条件好而备受社会追逐。这也是“择校热”、高价学区房高烧不退等现象的主要原因之一,受教育者和家庭对优质学校的情有独钟,主要是对其拥有的教育资产的青睐,是对拥有不同教育物质经济条件学校的选择。

(二) 教育投资的特点

不同于一般的物质生产投资,教育投资是针对劳动力与科学技术的生产、再生产而进行的投资,它具有如下特点:

1. 周期长

大部分教育投资需要经由短期、中期,甚至长期过程,属于典型的跨期投资、长期投资。教育投资具有周期长的特点,主要因为:(1) 教育投资培养人才的周期长。比如,对于一个接受完大学教育,并且毕业当年就业的大学生来说,他先要经过6年的小学教育投资,然后是6年的中学阶段(3年初中和3年高中)的教育投资,高中毕业后,如果继续上学,还需要接受3—4年的大学教育投资。因此,这个教育投资过程要经过初等教育、中等教育,到高等教育,至少要持续15—16年。正因为教育投资周期长,一般企业很难坚持,因而,教育常常由政府进行投资。(2) 教育投资需要较长时间等待,才能获得收益。因为学生就业后,其人力资本经济价值充分体现一般在就业后的第10—15年,教育的经济收益才能达到最高值,这也比物质投资所需时间要长得多。因此,国家要发展,必须提前培养人才,也就是说教育投资应该超前。同时,由于教育投资不能即时获得收益,因此,教育投资应当重点关注未来教育收益。当"快"资本遇见"慢"教育时,教育投资一定不能急功近利。

2. 增值性

教育投资是人力资本形成的主要途径。教育投资形成的教师资产和学生人力资本价值,不是一次性地转移到某一产品中,而是可以通过反复、循环使用,不断地形成新的价值。也就是说,不同于一般物资生产投资,教育投资形成的这些人力资本和资产,在一定时期不仅不会贬值还会不断增值。正是由于教育投资的这一特点,使得教育在经济增长和社会发展中具有举足轻重的作用。

3. 高效性

教育投资具有高效性,具体体现在:(1) 教育投资具有多效性。教育投资既能带来经济收益,又能带来非经济收益,既能带来直接收益,又能带来间接收益,正如英国经济学家马克·布劳格所言,仅仅教育的间接收益就有9项之多,如代际影响、适应能力、民主意识等。(2) 教育投资具有长效性。即教育培养出来的社会劳动力和专门人才可以长久地发挥作用。即使他们在工作岗位上需要接受再教育,但他们原来的由教育而获得的学习能力等仍是基础,仍会发生作用。同时,由教育把科学发明转化为生产技术,把后备和现实的劳动力培养为创新型人才,将会使教育投资具有更长久的效用。(3) 教育投资具有高收益率。这不仅在人力资本理论中得以证明,实践中,教育投资收益率高于物质资本投资,也有不少例证。当然,对于个人教育投资来说,由于各种原因,学生个人接受教育后,其实际获得的收益与预期收益之间可能会存在着不确定性,即个人教育教育投资具有风险性,需要注意规避。但对于一个国家整体而言,教育投资风险是较小的。

二、教育投资的类型

(一) 公共教育投资和私人教育投资

依据教育投资的主体不同,教育投资可分为公共教育投资和私人教育投资。

公共教育投资指的是政府和公共企业的教育投资。比如,政府直接拨付给教育机构的经费、提供给家庭的补贴以及给其他私人实体的补贴。它主要投资于公立学校,也不同程度地资助私立学校。公共教育投资具有非营利性,这种非营利性是指公共教育投资不能以营利为目的。当然,教育投资的非营利性不等于不能收学费,因为这些学费不是教育的价格,不是用于营利,而是用于补偿不断攀升的教育成本。教育投资的非营利性决定了政府作为教育投资主渠道的作用不可替代。

私人教育投资是私人企业、组织、学生及其家庭的教育投资,其投资主要对象是私立教育、民办教育。当然,学生及其家庭可以对任何类型、任何阶段的教育进行投资。在经济产业分类中教育属于服务产业,私人投资教育领域(如私立学校),可以在尊重教育规律和政府相关规定下进行产业化经营,这样可以吸引更多的社会资本投资教育领域。

(二) 直接教育投资和间接教育投资

根据投资是否直接发生,教育投资可分为直接教育投资和间接教育投资。

直接教育投资是指投资主体直接以货币形式投资教育或者可以用货币计量的物质资源投资。直接以货币形式计量的教育投资,包括学校投资于教育的教学器材、牛奶、午餐、图书、学生服装等;政府投资于教育的国家财政性教育经费(主要包括公共财政预算教育经费、各级政府征收用于教育的税费、企业办学中的企业拨款、校办产业和社会服务收入用于教育的经费等);社会对教育的直接投资(包括国内企业和社会的教育捐赠、国际社会和组织的教育援助,受教育者支付的学杂费、书籍文具费、生活费等)。

间接教育投资也称教育机会投资,是社会和受教育者将其拥有的时间资源、货币的时间价值(利息或资本性收益)用于教育投资。如达到法定劳动年龄的个人放弃其可能的就业机会和经济收入,而继续接受教育的时间投资,以及因缴纳学费等放弃索取对学费进行资本性投资或银行储蓄获得利息的行为。不过,目前计量教育投资的数量主要是依据直接教育投资的量进行计量的。

(三) 物质投资和人力投资

按照投入要素不同,教育投资可分为物质投资和人力投资。

教育的物质投资是指用于教育的各种物质资料投资,包括固定资产投资和非固定资产投资。固定资产投资是指对那些使用年限长(超过一年)、具有一定经济价值(如2 000元以上)的教育资产进行投资,包括土地、各种建筑物、教学仪器设备、图书资料、水电气暖设备等。非固定资产投资是指对教学用具、办公用低值易耗品等进行投资。

教育的人力投资包括对受教育者和教育者的投资。受教育者即各级各类学校的学生,教育者包括学校和教育机构的教师、各类管理人员、教辅人员、工勤人员等。对教育者的人力投资是指主要用于教职员工的工资、补助、福利等,对受教育者学生的投资主要体现在对教学活动、学生实践等方面的投资。

第二节 教育投资的动机和来源

对于大多数国家来说,教育投资是政府、社会和个人支出的重要部分,而且随着经济和社会的发展,教育投资不断增加。这些投资主体为什么要进行教育投资?他们投资的资金从何而来呢?

一、教育投资的动机

不同的主体投资教育的动机既有共性,也有差异。共性动机都是为了获得未来的教育收益。差异化动机主要表现在对教育的经济收益、社会收益、长期收益、短期收益的选择不同。

（一）政府教育投资动机

政府教育投资是指各级政府部门投入教育的经费和资源。政府教育投资包含教育部及其他部委、区域和地方政府的教育投资。它可以按照三个层次分类：中央（国家）政府、区域政府（省、州、联邦州）、地方政府（市、区、乡镇）。“区域”和“地方”政府的定义适用于在一个国家一定区域内行使其职责的政府。

政府教育投资的动机是由政府的教育职能决定的，它更强调教育的社会收益与长期收益。具体来说，政府教育投资的动机即政府为什么要进行教育投资呢？理由主要有：

（1）对未成年人的保护。政府为未成年人提供适当教育，如同政府为一个公民提供公共安全一样，有助于降低儿童未来的不确定性、减少未成年人对教育的无知，提高对未成年人的必要保护。

（2）获得教育的正外部收益。教育具有降低犯罪、促进民主、减少社会贫困、增加社会流动性等正外部收益。政府教育投资是为了获得对教育正外部性收益的权利，是对教育正外部收益的补偿。

（3）寻求共同价值。政府提供的公共教育，如同一个大熔炉，它可以为所有公民提供社会所需要的共同价值观，使其认同自己的国家，这有助于维护社会安定。

（4）教育可以促进经济发展，这是已经被证明了的事实。

（二）个人教育投资动机

个人教育投资指个人（含家庭）对教育的投资，包括个人直接教育投资和间接教育投资。个人直接教育投资指的是个人直接投资于教育的货币（如学费）。个人间接教育投资指的是个人间接投资于教育的时间资源和经济价值，如达到法定工作年龄的个人放弃某就业机会或将其工资收入投资于继续接受教育的行为，以及个人因缴纳学费而放弃索取利息的价值或机会。目前，个人间接教育投资因为比较隐蔽而被忽略，多数个人只是关注到自己的直接投资。教育经费统计也只是记载了个人直接教育投资。

个人教育投资的动机即个人为什么要进行教育投资呢？理由主要有两个：一个是获取未来的经济收益，如毕业后的工资收入等。另一个是获得社会地位，如获得就业机会、晋升机会、结识社会精英等收益。关于个人教育经济收益的大小，因国家所处经济发展阶段、个人的经济竞争力差异等而有所不同。在 OECD 国家，受过高中教育的人群收入比没有获得高中学历的人群收入大约多 20%。与那些受过中等教育的人群收入相比，受过学术型大学教育的人群收入高出 70%，受过职业型大学的教育收入高出 30%，受过高级职业型教育人群收入多出 10%。[①] 除此之外，接受高中以后教育的人群获得总收入水平及减少失业风险，也激励着个人投资教育。同时，个人教育投资动机的强弱与家庭的收入密切相关。

（三）社会教育投资动机

社会教育投资一般是指除政府之外的社会团体、企业对教育的投资，如教育捐赠、资助、办学、职工培训等。

社会教育投资动机即社会为什么要进行教育投资？理由主要有：（1）对企业职工教育进行投资，如企业职工专业培训投资，以提高企业获取利润的能力；（2）为提高企业及社会

① 经济合作与发展组织. 教育概览 2014：OECD 指标[M]. 中国教育科学研究院，译. 教育科学出版社，2015：140.

知名度,树立良好社会形象;(3) 获得经济回报及其他社会收益。

二、教育投资的来源

教育投资来源探讨的是用于教育投资的“钱从哪儿来”,即教育资源获得的渠道、方式等。

总的来说,教育投资主要来源于公共投资和私人投资。公共投资主要指政府和公共企业的投资,私人投资主要指私人企业、家庭和个人的投资。

不同的国家和地区因发展历史、制度体系、发展阶段等不同,教育投资的公共和私人投入比例以及教育投资来源的具体结构不同。就 OECD 国家平均水平而言,84%的教育机构总经费来自公共投入。初等教育、中等教育和中等职业教育机构约 92%的经费来自公共投入。高等教育机构和学前教育的私人投入最高,分别达到 31%和 19%。从教育阶段的总体情况看,2000—2011 年教育的公共投入呈上升态势。①

在我国,根据《中国教育经费统计年鉴》,教育投资的来源包括国家财政性教育经费,民办学校举办者投入,捐赠投入,事业收入等②,具体如下:

(一) 国家财政性教育经费

国家财政性教育经费,也称公共教育投资。它是指学校(单位)通过财政拨款和根据相关法律法规筹集并用于教育的经费。包括公共财政预算安排的教育经费、政府性基金预算安排的教育经费及其企业办学中的企业拨款、校办产业和社会服务收入用于教育的经费等。国家财政性教育经费是我国义务教育投资的主要来源,也称主渠道。其主要内容有:

1. 公共财政预算安排的教育经费,简称财政预算教育投入或财政教育拨款。它是指学校(单位)从同级财政部门取得的公共财政预算拨款。包括教育事业费、基本建设经费、教育费附加、科研经费等。教育事业费主要包括人员和公用经费。教育费附加是指附加在增值税等税种之上的,由单位和个人按照国家和地方规定比例缴纳的教育费,包括国家教育费附加和地方教育费附加。

2. 政府性基金预算安排的教育经费,也称政府基金预算教育投入。它是指学校(单位)从财政部门取得的政府性基金预算拨款。包括城市基础设施配套费收入、彩票公益金收入等安排用于学校(单位)的支出。

3. 企业办学中的企业拨款。也称公共企业教育拨款。它是指中央和地方下属企业在企业营业外资金列支或企业自有资金列支,并实际拨付所属学校的办学经费。

4. 校办产业和社会服务收入用于教育的经费。它是指学校举办的校办产业和各种经营取得的收益中用于补充教育经费的部分。

5. 其他财政性教育经费。如财政或其他政府部门拨付给学校、培训机构的其他拨款。如用于农民工培训、复转军人培训、岗前培训等继续教育培训的财政拨款。

(二) 民办学校举办者投入

民办学校举办者投入是指民办学校举办者为其所办学校提供的经费。民办教育举办者

① 经济合作与发展组织. 教育概览 2014:OECD 指标[M]. 中国教育科学研究院,译. 北京:教育科学出版社,2015:272.

② 教育部财政部,国家统计局社会科技和文化产业统计司. 中国教育经费统计年鉴 2016[M]. 北京:中国统计出版社,2017.

投入属于私人教育投资,也是国家教育投资的重要组成部分。随着市场经济的发展,人们生活水平的提高,社会多元化教育需求的扩大,民办教育举办者投资的规模会越来越大,在国家教育投资中会发挥越来越重要的作用。

(三) 教育捐赠收入

教育捐赠收入是指来自境内外社会各界及个人对教育的资助和捐赠资金。教育的捐赠收入属于社会教育投资,是国家教育投资的必要补充。

(四) 教育事业收入

教育事业收入是指学校(单位)开展教育、科研及其辅助活动依法取得的经财政部门核准留用的资金和财政专户拨回的资金。其中,学费是学生(或家庭)为接受教育交纳的费用,是教育事业收入的主要来源,属于学生(或家庭)的私人教育投资。

(五) 其他教育经费收入

其他教育经费收入是指学校(单位)取得的除上述各项收入以外的其他收入。

第三节 教育投资分配

教育投资分配也称教育资源配置,它是指社会总资源对教育的分配以及教育资源在教育系统内部各级各类教育间的分配。它包括教育投资外部分配和教育投资内部分配。教育投资外部分配,主要反映国家财富分配给教育的比例,以及政府财政资金分配给教育的比例问题。教育投资内部分配,主要反映在教育内部,分配给不同区域、不同层级、不同学校、不同群体教育资源的比例,以及在不同教育项目、学校内部不同教育要素间分配资源的比例。无论是教育投资外部分配,还是教育投资内部分配,又都可以采用绝对指标(或绝对数)和相对指标(或变动量)来反映其静态和动态投资分配情况。绝对数,如 2016 年我国教育经费总投入为 38 888.39 亿元。相对数,如 2016 年我国财政性教育经费占国内生产总值(GDP)比例为 4.22%。

一、教育投资外部分配

教育投资外部分配指的是在教育系统外部,国家作为一个总体,以及政府作为一个投资主体,对教育所需资源的分配,它是衡量教育投资总规模的指标。

(一) 衡量教育投资外部分配的指标

借鉴联合国教科文组织、世界银行和 OECD 设定的教育投资指标体系,以及根据我国的实际,衡量教育投资外部分配的指标主要有:教育投资占国内生产总值(即 GDP)的比例、公共教育投资占财政总支出的比例、公共教育投资与私人教育投资的比例、生均教育支出或人均教育经费等。

1. 教育投资占国内生产总值的比例

国内生产总值(即 GDP)是一个国家在一定时期生产商品和劳务的市场价格的总和,它代表了一个国家在一定时期的财富总水平。教育投资占国内生产总值(GDP)的比例衡量的是国家总财富分配给教育的比例。

在我国,这一指标指的是财政性教育经费占 GDP 的比例,衡量标准为 4%,是一个非常重要的指标。4%这一指标对于我国之所以如此重要,是因为:第一,4%这一数字是具有法定效力的。4%这一指标是我国在1993年《中国教育改革和发展纲要》中首次提出的。2006年国务院发布的《国民经济和社会发展第十一个五年规划纲要》再次重申了这一指标。2015年新修订的《中华人民共和国教育法》规定,国家财政性教育经费支出占国民生产总值的比例应当随着国民经济的发展逐步提高。2017年国务院发布的《关于深化教育体制改革的意见》指出,要保证国家财政性教育经费支出占国内生产总值(GDP)一般不低于4%。因此,4%这一数字是具有法定效力的。第二,4%水平只是20世纪80年代世界发展中国家教育投资的平均水平。不少发达国家以及亚洲部分国家在经济快速发展时期这一指标是远远超过4%的,最高的达到了8%以上。目前,中国已经成为世界第二大经济体,人均GDP已经达到8 000美元以上,远远超过20世纪80年代发展中国家经济发展水平。如果我国的这一标准再低于4%,那就意味着中国不仅停留在20世纪80年代水平,而且更为重要的是,如果我国的教育投资低于这一水平,将很难支撑起世界第二大经济体教育事业的发展,很难满足可持续人才培养和发展的需要。美国作为世界第一大经济体,这一指标在20世纪80年代就一直保持在6%以上。21世纪以来,美国的这一指标一直保持在7%以上,2009—2010财年是美国面临最为严重的金融危机时期,这一指标仍达到7.6%!第三,4%指标已是国际通用的衡量指标。世界上的主要国际组织,如联合国教科文组织(UNISCO)、经济合作和发展组织(OECD)、世界银行等基本都采用这一指标,来衡量一个国家公共教育投资的水平。根据OECD的年度报告《教育概览2014》数据,2011年OECD国家这一指标的平均水平为6.1%,阿根廷、韩国、新西兰等7个国家的这一比例已经超过7%。丹麦和挪威仍将超过8%的GDP用于教育,二者指标均为8.7%。处于最低水平的意大利也为4.3%、斯洛伐克为4.1%。

2012年我国财政性教育经费占GDP的比例首次达到了4%的水平,之后已经连续5年保持在4%以上水平。

2. 公共教育投资占政府财政支出的比例

公共教育投资占政府财政支出的比例,衡量的是政府在教育投资方面的努力程度。一般来讲,目前经济发达的国家和地区,公共教育投资占财政支出的比例要小一些,落后国家或地区稍大一些,原因是要迎头赶上甚至超过先进,落伍者必须加速前行。

就OECD国家而言,2011年公共教育投资占财政支出的比例为12.6%,印度尼西亚、墨西哥、新西兰达到20%以上,分别是20.5%、20.5%、21.6%①。我国20世纪90年代提出的标准是公共教育投资占政府财政支出比例为15%以上。

3. 公共教育投资和私人教育投资的比例

公共教育投资和私人教育投资的比例是指来源于公共部门与私营部门的教育投资在整个教育投资中所占的百分比。公共教育投资主要由政府和公共企业投资,私人教育投资主要由私人企业和家庭或学生个人教育投资构成。公共教育投资占比水平表明政府对教育的重视程度。私人教育投资占比水平表明社会意愿参与教育的程度。

随着越来越多的人参与日益增多的提供者所开设的更为广泛的教育课程,以及受教育者日益增加的多元化教育需求,于是,谁应当为个人获得更多的教育提供支持——政府或者个人自己、政府或者私立教育机构——这个问题变得越来越重要。在许多国家,教育投资中

① 经济合作与发展组织.教育概览2014:OECD指标[M].中国教育科学研究院,译.北京:教育科学出版社,2015:288.

公共投入和私人投入的平衡是一个重要的政策问题。特别是在学前教育和高等教育阶段，如果私人或家庭承担过多的教育经费，会加深人们对教育机会公平性的担忧。相比之下，对于基础教育，尤其是义务教育，通常被认为是公益事业，应该由国家财政提供主要经费。

在我国，1994 年之前，公共教育投资占比基本上在 80%以上，之后这一比例有所下滑，大致在 61.3%~78.91%。2012 年至今，公共教育投资又重新回到 80%以上，但仍没有达到 1994 年之前的比例。私人教育投资与公共教育投资是此消彼长。私人教育投资中民办学校中的举办者投资的比例在不断减少，学生学费支出在私人教育投资中占主导地位，1998 年到 2010 年间，学费支出占全部教育投资的 1/5 左右。①

4. 生均教育投资和人均教育投资

人民对美好生活的向往和对高质量教育的需求，意味着更高的生均教育投资，有时也称生均教育支出，以及更高的人均教育投资。某一教育阶段的教育机构生均教育投资是指某一级教育的总投资除以相应的折合全日制学生人数（如义务教育阶段一个初中生的教育支出相当于 1.2 个小学生的教育支出。同样是小学生，一个特殊教育的小学生的教育支出相当于 2 个小学生的教育支出）。人均教育投资等于国家总的教育投资除以人口总数。为了国际比较，通常用支出的本币数量除以 GDP 购买力平价指数，并将本币转换成等值美元。

从初等教育到高等教育，OECD 国家每年生均教育支出为 9 487 美元，其中，小学生均教育支出为 8 296 美元，中学生均教育支出为 9 280 美元，大学生均教育支出为 13 958 美元。②在我国，2015 年，小学生均教育支出为 10 467.31 元，初中生均教育支出为 14 482.84 元，高中生均教育支出为 15 042.23 元，大学生均教育支出为 28 991.70 元。③ 如果按照 2015 年美元与人民币汇率 1∶6.3 计算，当年我国小学生、初中生、高中生、大学生的生均教育支出分别为 1 661 美元、2 299 美元、2 388 美元、4 602 美元。就人均教育投资，有时也称人均教育经费而言，OECD 国家 2009 年人均教育经费为 2 200 美元，我国 2013 年人均教育经费为 360 美元。④ 显然，我国的公共教育投资无论在总量还是在各级生均教育支出的相对量、水平依然偏低。

（二）影响教育投资外部分配的因素

影响教育投资外部比例的因素有很多，主要包括经济因素、人口因素、科学技术因素等。

1. 经济因素

经济发展水平决定教育投资水平。一个国家教育投资的多少，首先取决于一个国家的经济增长和经济发展的程度与速度，即一个国家的经济发展水平和经济实力。这是确定教育投资外部分配的物质前提与客观依据。如果确定教育投资不考虑经济实力，那将会失去客观的物质基础，很容易造成教育投资与经济发展的比例失调，将会使经济和教育两败俱伤，贻误经济发展。因为：一个国家的经济力量只能提供它的物质资料的一部分用于教育投资，只有在这一前提下才能考虑不断增加教育投资的比例。国家在考虑教育投资比例时，还

---

① 教育部财务司，国家统计局社会科技和文化产业统计司. 中国教育经费统计年鉴 2016[M]. 北京：中国统计出版社，2017.6：3.

② 经济合作与发展组织. 教育概览 2014：OECD 指标[M]. 中国教育科学研究院，译. 北京：教育科学出版社，2015：238.

③ 教育部财务司，国家统计局社会科技和文化产业统计司. 中国教育经费统计年鉴 2016[M]. 北京：中国统计出版社，2017.

④ 胡耀宗. 深刻理解保障国家教育投入的战略[N]. 光明日报，2017-11-04(07).

需要同投入社会其他部门资金相协调、相平衡。同时，还因为教育投资对经济发展的作用具有周期长，发生效益迟缓的特点，也就是说，在短期内教育投资不仅不能立刻收到经济效益，而且还要占用一部分经济资源。如占用一部分强壮劳动力，延缓一部分劳动力直接从事创造经济价值的活动。因此，在考虑确定教育投资时，还必须注意到经济实力的承受能力与可能程度，实事求是地要求追加教育投资的增长比例。

当然，这并不是说，教育投资可以滞后于经济发展，因为一个国家经济发展战略目标对教育投资会提出超前增长的要求。要满足一定经济发展战略目标，教育投资及其增长速度必须超前。

2. 人口因素

教育投资比例直接受制于社会人口因素的影响。社会人口对确定教育投资比例的影响，主要表现在以下方面：

（1）社会人口数量和增长速度影响着教育投资比例和增长速度。人口数量绝对值大，一般来说，受教育的人口绝对量相应增大，要求教育投资比例增大。

（2）人口分布的密度。人口密度稀疏、分散，学校规模容易过小，学校布局难以合理，平均每个学生培养费用就会提高，所需要的教育投资比例就会相应增大。

（3）人口年龄构成。一般地说，社会人口年龄构成越年轻，青少年人口占总人口比重大，则适龄教育人口越多，教育投资比例相对来说就越大。也就是说，教育适龄人口的比例及其增长速度，对教育投资比例及其增长速度有影响。一个国家教育适龄人口占总人口的比例越大，教育适龄人口增长的速度越快，这个国家所需要的教育投资越多，教育投资增长速度越快，增长比例越大。

（4）社会人口文化教育程度构成。特别是劳动年龄人口中文化教育程度构成，也是人口构成的组成部分，是指已经毕业和在校就学各级各类教育的人数在总人口中所占的比重，可以用总人口中受过各种教育人口的比例来表示。它标志着一个国家教育投资存量和智力发展水平。一般来说，一个国家人口文化教育程度构成越低，教育存量越小，则教育投资比例应该越大。

（5）平均受教育年限。全社会人口平均受教育年限是一个国家的教育存量。教育存量的大小，直接影响着教育投资比例的确定。

3. 科学技术因素

科学技术也是影响教育投资的一个不可忽视的因素。

（1）科学技术发展水平影响着教育投资的总量。一般来说，科学技术发展水平越高，要求各级各类教育程度越高，也要求教育专业结构不断有新的更新和变化，而教育程度高，就意味着中等职业技术教育和高等专业教育比重加大，要求教育投资比例必须相应增大。教育专业结构变化，不断更新专业设置，也需要增加教育投资比例。

（2）科学技术发展影响着教育投资比例。科学技术不断发展必然引起社会经济结构与劳动力就业结构变化，从而对人均教育投资比例水平不断提出更高的要求。如果一个国家从劳动密集型经济过渡到资金密集型经济，再过渡到技术和知识密集型经济。这种经济结构变化的速度越快，需要的时间越短，那么，要求教育投资也必须增加得越多。劳动力就业结构也是如此。如果一个国家劳动力结构性就业越发展，对劳动力教育程度、文化和技术水平要求必然是越高，劳动力要想摆脱结构性失业，就必须增加个人教育投资的比例，一个国家要想适应较高的劳动力就业结构发展水平,也只有增加教育投资比例才能做到。

(3) 科学技术发展影响教育投资的递增水平。科学技术的发展必然带动教育内部各环节的变化,如教育内容逐步现代化,充实现代科学技术研究新成果。教育手段和物质技术条件逐步现代化,使得教育费用价值越来越高,需要教育投资总量逐年递增,教育投资比例不断扩大。

(三) 教育投资外部分配的原则

教育投资外部分配应该遵循总量分配原则和比例分配原则。

1. 总量分配原则

遵循教育投资总量分配原则,应当使教育投资的总量分配与教育发展的规模与速度相匹配、与经济政策与物价水平相协调、与教育投资的受益和支付能力相协调、与经济实力的上限和下限相一致。也就是说,总量分配应符合下列具体原则:

(1) 规模与速度原则。即教育投资总量应当与教育事业发展的规模和速度指标相匹配。教育事业发展目标高,规模大,速度快,则要求教育投资总量就多,反之则少。反映教育事业发展规模和速度的主要指标有:义务教育普及率及增长率;非义务教育的升学率及其增长率;高等教育在校生人数及其增长率;成年人口当中的扫盲率,以及职工、农民接受各种业余教育、各种培训的增长率等。

(2) 经济政策与物价水平原则。一国的经济政策和物价水平,对确定教育投资总量具有直接作用,特别是物价指数影响更为明显。因此,在确定教育投资总量时,必须遵循国家物价水平原则,教育投资总量必须随着物价指数的增长而增长。否则,名义上教育投资的总量在增加,若考虑物价上升,实际的教育投资水平在下降,教育投资的比例在下降。

(3) 受益与能力原则。该原则是指受教育者因接受教育,得到各种收益,应该对教育投资总量做出贡献,应该支付一定量的教育投入,即谁受益,谁付费。但同时也应该注意受教育者进行教育投资的实际承受能力,要量力而行。否则,学生会因交不起学费而辍学,或者因为学费贷款压力过大而影响学业完成。

(4) 上限与下限原则。一国国民经济发展水平,国家经济实力状况能为教育提供多少人力、物力和财力,用货币表现就是总的货币投入量。这种可能性是确定教育投资总量的上限原则;一国为了实现其经济增长目标,满足其经济增长最低限度的人才供给量,从而测算培养这些人才的教育费用总额。这种实际需要的供给量,则是确定教育投资总量的下限原则。

2. 比例分配原则

教育投资比例分配,应当遵循增长原则、超前原则和稳定原则。

(1) 增长原则。所谓增长原则,是指对于一个发展中国家来说,由于其经济发展起步比较晚,教育投资比例通常也比较低,但为了加速经济发展的进程,促进经济的起飞,必须增加教育投资,使教育投资比例随着经济的增长而增长。特别是人均国民收入水平比较低、经济不发达国家,教育投资比例增长速度应该更快一些,应快于发达国家增长的速度,使发展中国家在处于当年发达国家相同经济发展水平时,教育投资增长的速度快于当年的发达国家,教育投资比例高于发达国家当年的水平。

(2) 超前原则。所谓超前原则是指一个发展中国家,教育投资起步时间要先于经济发展,教育投资的比例增长要快于经济增长的速度。一个发展中国家,如果所确定的社会经济发展目标很高，又需要大力发展、引进和运用高新科学技术，那么在教育投资比例上必须采取超前增长的原则。因为要实现经济增长，人才储备是第一位的，必不可少。而培养一个具有劳动能力、高素质的人才需要一个较长的周期，比如培养一个高中毕业生需要 12 年（小学 6 年，初中和高中各 3 年），培养一个大学生需要至少 15—16 年（高中 12 年，大学 3—4 年）。因此，教育投资必须超前进行，才能预先为经济增长提供人力条件。即使是教育投资和经济发展在同一个时期，教育投资比例增长的速度，也最好要快于国民经济增长的速度，超过国民经济增长的速度，只有这样，才能及时、快速地为经济飞速增长提供人力条件。

（3）稳定原则。所谓稳定原则是指一个国家经济发展达到一个相当高的水平时，教育投资的增长比例和超前增长的比例应该随国民经济增长的比例或速度，逐步稳定在一定的水平。比如，目前 OECD 大部分国家的公共教育投资占 GDP 的比例基本稳定在 6%—7% 水平，教育投资增长速度与国民经济增长速度处于比较协调发展的状态。

（四）我国确定教育投资外部分配的主要依据

1. 依据相关法律法规确定教育投资水平

首先，依据相关法规。2017 年 9 月中共中央办公厅 国务院办公厅印发《关于深化教育体制机制改革的意见》（下称《意见》）指出，要保证一个“不低于 4%”，两个“只增不减”，即保证国家财政性教育经费支出占国内生产总值（GDP）比例一般不低于 4%，确保一般公共预算教育支出逐年只增不减，确保按在校学生人数平均的一般公共预算支出逐年只增不减。2015 年 12 月修订的《中华人民共和国教育法》第五十五条和五十六条，分别规定了国家财政投入的“两个比例”和“三个增长”的要求。“两个比例”（也即“两个比例逐步提高”），即国家财政性教育经费支出占国民生产总值的比例应当随着国民经济的发展和财政收入的增长逐步提高，全国各级财政支出总额中教育经费所占比例应当随着国民经济的发展逐步提高。“三个增长”，即各级人民政府教育财政拨款的增长应当高于财政经常性收入的增长，并使按在校学生人数平均的教育费用逐步增长，保证教师工资和学生人均公用经费逐步增长。

2. 参照国际组织教育投资相关指标

世界银行、OECD、联合国教科文组织为了能够使国家（含地区）之间在教育投资方面进行比较，设定了相应的指标体系。当然，不同的国际组织设定的指标既有共同的部分（如公共教育经费占 GDP 的比例，公共教育经费占政府支出的比例等），也存在差别。我国应当根据自己的实际，合理借鉴国家教育投资的指标和水平。

3. 根据教育投资的边际收益率

边际收益率是指最后一个单位的投入所带来的收益。在经济学中，判断一项投资是否合理的标准是它的边际收益率，只要边际收益率大于零，则说明投资带来收益的增加能够补偿成本，说明这笔投入是合理的。借用经济学的分析方法，我们可以根据教育投资边际收益率的大小决定教育投资的数额及方向。

使用教育投资的边际收益率确定教育投资方向时有两个步骤。首先，计算投资的边际收益率。边际收益率大于零的领域，就是应该投资的范围；其次，确定优先教育投资领域。在应投资的项目中，比较它们的大小，边际收益率大的项目，就是应该优先投资的方向。运用这个指标时，将教育投资的边际收益率与物质部门投资、其他部门投资的边际收益率进行比较，据此确定是否应该优先进行教育投资。

4. 考虑国家的市场化程度。政府是否优先教育投资，不仅取决于国家的优先发展事项，还取决于单靠市场能否提供公平和充足的教育服务。如果市场提供的教育服务非常充足，政府就可以让渡市场发挥作用。如果市场供给不足或者市场失灵，就需要政府加大教育投资。

（五）教育投资不足的后果

教育外部投资分配影响教育投资总规模，教育投资不足直接影响教育外部性实现，导致一系列经济、社会问题，甚至危及国家安全。

1. 文盲增加，失业率上升，劳动力市场乏力

没有接受基本教育的人，只能成为文盲，而文盲通常就业没有指望。失业与受教育不充分的关系密切。相对于那些接受教育并成功完成学业的人，失业问题更多地发生在中途辍学者和受教育极少者身上。一项研究显示，在 25 岁及其以上的工人中，中学未毕业者失业率为 6.7%，中学毕业生的失业率为 3.5%，获得高校证书但低于学士学位的人，失业率为 3.0%，大专学历证书获得者的失业率为 2.5%，高校毕业生的失业率仅为 1.8%①。受教育不足，会导致职业准备不充分。它不仅会导致职位雇佣方和职位申请方在时间、金钱方面的浪费，也会带来劳动力市场的乏力，从而导致经济、社会发展的无力。

2. 健康成本上升，依赖公共救济者增多

健康与教育之间有相关关系，而且这种相关性在所有种族人群中都存在。那些中学没有毕业的人比受教育多的人更容易由于吸烟、过着几乎不运动的生活而变得肥胖。一项研究显示：吸烟、超重和缺乏锻炼使人们患上心脏病、中风、糖尿病和癌症的风险更大（在美国，这些疾病占美国人死因的 70%）；受教育时间少于 12 年的人更容易从事那些高风险的活动②。研究还显示，高教育水平和婴儿的死亡率之间存在着连续的负相关，母亲的受教育水平越高，婴儿死亡的可能性越小。公共福利问题源于失业、经济和技术替代性，最为重要的源于救济接受者缺乏基本的教育技能，而这一能力是参与当今社会竞争的必要条件③。生活在贫困线以下者，其受教育年数大都少于 8 年④，仅有千分之四是高校毕业生⑤。不需要接受福利的人中 85% 是中学毕业生⑥。教育不足的人需要更长时间的援助。

3. 监狱监禁成本增高，全社会承担后果，国家防御力受侵蚀

现实中，监狱里充斥着没有接受过教育或者接受教育少的人，多数犯人是小学或者中学辍学者。相对于一个公立学校学生的平均开支，一所监狱中犯人一年的人均花费可能是公立学生的 7 倍。个人由于受教育不足而遭受痛苦并未限于某一个特定的居住区、乡镇、城市或省。人群的高流动，使得低质量的教育后果并非仅由本地区承担，可能是全国范围内的问题。受教育不充分也侵蚀国家的防御潜力。使用导弹、隐形飞机和其他尖端武器的现代化

① U. S. Department of Labor, Bureau of Labor Statistics, Office of Employment and Unemployment Statistics, current population survey.

② A. J. Hosteller, CDC Study Finds High Health Cost of Poor Education, Daily Herald (Provo, UT), December 15, 1994, pA15. Story From Associated Press.

③ Changing Demands on Education and Their Fiscal Implications, p. 49-50

④ *Characteristics of the Population Below the Poverty Level*, Washington, DC: U. S. Department of Commerce, Bureau of the Census, 1984, p21.

⑤ United States Department of Health and Human Services, *Aid to Families with Department Children—1979 Recipient Characteristics Study*, Baltimore, MD: Social Security Administration, 1982, p. 51

⑥ Leslie Phillips, Welfare Pit Deep for Uneducated, *USA Today*, March 3, 1995, p3A

战争也需要高质量的和充分的教育支撑。

二、教育投资内部分配

教育投资内部分配也称教育投资分配结构，它是指在教育系统内部，资源在不同区域、不同层级、不同学校、不同群体之间的比例，以及在不同教育项目、学校内部不同教育要素间的分配。教育投资内部分配反映的是教育投资的在教育系统内部各自所占份额情况，以及教育投资的公平与效率问题。

（一）教育投资内部分配结构

1. 教育投资在各级各类教育间的分配

（1）教育投资在各级各类教育间分配的含义。这里的各级教育指的是不同的教育阶段，即按照我国最新修订的《中华人民共和国教育法》规定，国家实行的学前教育、初等教育、中等教育、高等教育制度。各类教育指不同类别的教育，如普通教育、职业教育、成人教育、特殊教育、公办教育、民办教育等。本节所谈的教育投资主要指公共教育经费投资，所谈的教育投资分配主要是对公共教育经费的分配。

教育投资在各级教育中的分配，指的是教育投资或公共教育经费投资总额在各级各类教育中的分配。

公共教育经费投资总额是指一个国家或地区的政府和公共组织投入到教育中的教育经费之和。在我国，公共教育经费称之为财政性教育经费。在多数国家或地区，公共教育经费也等同于政府教育投入总额，因为这些国家或地区公共教育经费绝大部分来源于政府的投入。

教育投资在各级教育中的分配，表现为各级教育经费占公共教育经费投资总额的百分比。从统计的角度看，每一级教育经费投资的总额都等于该级生均教育经费乘以学生人数。因此，教育投资在各级教育中的分配是由各级教育中的学生人数和支出水平决定的，即由各级教育的相对规模（学生人数）和支出水平（生均教育经费）决定的。假设各级教育支出水平不变，其他各级教育规模不变，那么，如果某一级教育学生人数增加，学生规模扩张，则该级教育投资所占比例也会提高。如果各级教育规模不变，某一级教育支出水平提高，则该级教育投资所占比例也会提高。实际中，不可能有其他各级教育规模或支出水平不变，而只有某一级教育规模或支出水平变化的情况，而是各级教育的规模和支出水平都在变化。如果各级教育的规模和支出水平都在不断变化的情况下，教育投资在各级教育中的分配比例也会不断变化。教育投资在各级教育之间的分配比例的变化主要由各级教育规模的变化引起。一般而言，一个国家教育发展的规律是，先普及初等或义务教育，尔后普及中等教育，然后高等教育大众化及普及化。因此，教育投资在各级教育中的分配比例，即初等（或义务）教育、中等教育、高等教育间所占比例是有序提高的。教育投资优先保障义务教育投资占比，然后保障中等教育投资占比，最后保障高等教育投资占比。从国际视野看，相对于高等教育，义务教育通常是各国公共教育经费投资的重点。一些国家，公共教育支出的最大份额被用于小学教育（35%～45%），然后是中等教育（25%～35%）和高等教育（15%～25%）①。另外，用于中等教育的公共教育支出比例自 20 世纪 80 年代以来一直在增加，完全

---

① World Bank. 1995a，“Guinea：Public Expenditure Review”，Draft Report. Washington，D. C.

普及中等教育是不少国家的现实目标。在大多数 OECD 及伙伴国家,初等教育、中等教育的公共支出为高等教育的两倍多①。

当然,三级教育投资占比也会随着义务教育的普及以及经济发展水平的提高而发生变化。那么,教育投资在三级教育间的比例与经济发展水平存在什么样的关系呢?北京师范大学对 50 多个不同发展水平国家的研究发现,当人均 GDP 超过 5 000 美元时,初等教育和中等教育在教育投资中的占比明显提高,高等教育占比有所下降(见表 7-2)。这一研究结论,对于我国处于产业结构调整和进行供给侧改革实践来说,三级教育投资比例应如何调整,值得进一步探讨。

(2) 我国财政性教育经费在各级教育间分配的比例基本稳定。从 20 世纪 90 年代中期到 21 世纪初的近 20 年,是我国教育大发展、财政体制大改革的时期。这一时期我国财政性教育经费在各级教育中的分配比例的变化见表 7-1。

表 7-1　财政性教育经费在各级教育中的配置比例(%)

年＼阶段	学前	小学	初中	高中	中职	高教	合计
1993 年	1.24	33.37	20.35	7.17	11.75	20.29	84.42
1994 年	1.21	34.62	21.34	7.21	11.58	18.28	82.66
1995 年	1.24	34.87	22.03	7.26	10.91	17.67	83.07
1996 年	1.25	35.12	22.81	7.28	10.58	17.15	83.61
1997 年	1.28	34.97	22.51	7.29	10.50	17.68	83.73
1998 年	1.27	34.47	21.71	7.32	9.73	19.70	84.47
1999 年	1.28	33.81	21.13	7.39	9.41	21.60	85.21
2000 年	1.28	33.22	20.95	7.63	8.68	22.92	86.00
2001 年	1.25	33.53	21.18	7.99	7.66	22.53	86.48
2002 年	1.22	33.28	21.53	8.41	6.88	22.99	87.43
2003 年	1.23	32.93	21.69	8.78	6.70	23.19	87.82
2004 年	1.25	32.96	23.05	9.64	6.17	22.91	89.31
2005 年	1.27	32.35	22.21	9.61	5.95	21.87	87.31
2006 年	1.25	31.35	21.32	9.54	5.79	20.52	83.98
2007 年	1.24	32.30	21.00	9.60	6.19	19.90	84.04
2008 年	1.27	31.56	21.54	9.20	6.53	19.74	83.31
2009 年	1.36	32.48	22.25	9.07	6.66	19.03	84.19

① 经济合作与发展组织.教育概览 2014:OECD 指标[M].中国教育科学研究院,译.北京:教育科学出版社,2015:287.

续表

阶段 年	学前	小学	初中	高中	中职	高教	合计
2010 年	1.67	31.65	21.49	9.01	6.60	20.21	84.03
2011 年	2.24	30.99	21.00	9.68	6.77	22.04	85.95
2012 年	3.13	29.21	19.56	9.71	6.54	20.39	88.54
2013 年	3.15	31.12	19.89	10.18	7.00	19.54	91.24

数据来源:转引自朱永新总主编 袁连生主编:中国教育改革大系·教育体制与教育财政卷,湖北教育出版社,2016年1月,第372页。

说明:表中合计数小于100%是因为还有一部分经费没有分配到各级教育中去,包括成人教育经费、特殊教育经费、教育事业单位经费和教育管理经费等。

从表7-1可以看到,20年间我国财政性教育经费在各级教育中的比例基本稳定。使各级教育间财政性教育经费分配比例保持稳定的主要力量来自于我国的教育财政体制改革。尤其是近些年,教育财政体制改革,使得义务教育经费从政府与居民共同分担转变为全面纳入公共财政保障范畴,非义务教育特别是高等教育经费由财政全面负担转变为政府与居民共同分担,及时保障了三级教育间财政性教育经费的合理分配,也符合国家实施义务教育均衡的战略方向。

表7-2 三级教育投资比例与经济发展水平间的关系

人均GDP(美元)	三级教育间财政投资比例(%)		
	初等教育	中等教育	高等教育
500以下	49.2	28.0	15.6
500-2 000	40.5	29.0	17.9
2000-5 000	31.6	22.4	23.2
5 000以上	37.7	37.7	17.1

数据来源:刘华.优化财政性三级教育支出结构[J].中国流通经济 20014(12):15-18.

2. 教育投资在区域间的分配

教育投资在区域间的分配主要包括教育投资在地区间、城乡间的分配。这里的"地区间"通常包括不同经济区域、不同地理区域、不同功能区域等,如东中西部、各省(含市、自治区)间、京津冀经济带等。教育投资在区域间、城乡间的分配,主要体现在区域间、城乡间同一级别教育的生均财政性教育经费分配方面。根据教育公平的原则,同一教育级别的学生,无论他出生在哪里,也无论其性别和家庭经济地位如何,政府都有责任和义务,保障所有这些儿童平等获得教育服务的机会和基本均等的教育质量,在财政上体现为生均财政性教育经费均等。如果不同区域间、城乡间生均财政性教育经费差别过大,超出了公众的容忍度,或者违背了财政的公平性原则,教育投资分配状况就需要关注并矫正。否则,教育投资将视为在区域间、城乡间的分配不公平。

3. 教育投资在学校间的分配

教育投资在学校间的分配是指财政性教育经费在同一区域、同一级次教育中同一层次的学校间，包括重点学校与非重点学校、公办学校与非公办学校间的分配。在我国，由于儿童入学是按照户籍所在地实施就近入学政策，因而，中小学实际还承担着教育机会公平的职责，加之多数中小学校的经费来源于政府，因此，教育投资在学校间的分配就应当是公平的，同一辖区的中小学校的生均财政性教育经费应当基本均等。但实际中，由于长期以来，政府对不同学校采取了差异化的教育财政政策，包括教师工资政策、社会捐资助学、校办产业政策、学杂费收缴政策、招生政策、专项财政支出政策等，导致教育投资在学校间的分配极不平衡，以及家长为孩子的"择校热"屡禁不止、天价学区房"高烧不下"。

4. 教育投资在经常性和资本性支出活动间的分配

教育经常性支出指的是教育事业的日常活动支出，在我国，称之为教育事业费，它包括人员经费支出和公用经费支出。人员经费支出包括两部分，(1) 工资福利支出，指学校(单位)开支的在职教职工和编外长期聘用人员的各类劳动报酬，以及为上述人员缴纳的各项社会保险费。(2) 对个人和家庭的补助支出，指学校(单位)对个人与家庭的补助支出。公用经费支出包括商品和服务支出、其他资本性支出(含专项公用支出和专项项目支出)。

教育资本性支出指是用于购买或生产使用年限在一年以上的、具有一定价值(如价值在 2 000 元以上)的耐久产品所花费的支出，如学校机器设备、学校建筑支出。在我国，称为教育基本建设经费。

在教育投资总量一定的情况下，教育经常性支出中人员经费和公用经费之间、教育经常性支出与教育资本性支出之间、教育专项资本支出与教育基本建设支出之间存在着相互依赖、又相互挤压的关系。如何合理的配置它们之间的比例关系，会影响教育投资的效果。因此，要注意二者间的比例协调。发展中国家政府支出经验数据显示，教育经常性支出在总支出中占绝大比重，大约为 80%①。美国著名教育经济学家奥登对美国 1920—1980 年政府对中小学经常性教育支出分配情况进行了梳理和分析，结果显示：(1) 教育经常性支出比例一直在变化。在此期间的公立中小学的经常性支出占比在 80%左右徘徊，但随着美国"国家处于危机之中"报告的发布，政府加大了教育经常性支出的比例，1980 年所有学校日常支出占比达到了 91.2%。(2) 相对于教育经常性支出，美国教育资本支出在 20 世纪 50—60 年代快速增长，其占比最高达到 17.4%，之后，占比又回到二战前后的 11%左右的水平，到 1980 年降至 6.8%。

对教育资本性支出的配置，要考虑：现有的投资项目是否能筹集到适当的经常性费用，用于运营和维护投资支出；新建项目所隐含的经常性费用；新的技术条件下，教育资本性支出的可替代性问题。如互联网时代，远程教育、多媒体教育、视听图书的大量涌现，可能会影响学校建筑、教室建设的投资。

5. 教育投资在不同教育服务间的分配②

教育机构提供的教育服务包括核心教育服务、辅助性教育服务、研发活动等。核心教育服务包括所有直接关系到教育机构教学的服务，涵盖教师、校舍、教材、图书以及行政。辅助性教育服务是指教育机构提供的主要教育服务之外的外围服务，它以学生的福利服务为主，

---

① 普拉丹. 公共支出分析的基本方法[M]. 蒋洪，等，译. 北京：中国财政经济出版社，2000：68.

② 经济合作与发展组织. 教育概览 2014：OECD 指标[M]. 中国教育科学研究院，译. 北京：教育科学出版社，2015：264-265.

如饮食、学校卫生服务、学生上下学的交通服务,学生宿舍、食堂、卫生保健等。研发活动一般在高等教育阶段比较普遍。

就OECD国家的平均水平而言,初等教育、中等教育总支出的90%用于核心教育服务,高等教育由于研发相关活动占教育总支出的比例很大,因而用于核心教育服务的经费平均只有70%。关于辅助性教育服务,就OECD国家平均而言,初等教育、中等教育的辅助性服务总支出占GDP的0.22%,但芬兰、法国、德国、瑞典等占GDP的0.4%以上;高等教育的辅助性服务总支出占GDP的0.06%,但美国达到了0.33%。

我国的教育经费统计数据中,并没有按照将教育投资在不同教育服务间的分配纳入其中。但从长远看,有必要对教育投资在核心教育服务、辅助性教育服务等支出进行精细化管理,并突出对核心教育服务的投资。

(二)确定教育投资内部分配的依据

1. 依据教育投资利益归宿进行分配

教育投资利益归宿指的是政府对各级各类教育的补助或经费支出归哪些利益群体所享用,它反映的是哪些区域和学生,能够获得更多的、由政府提供的教育投资或者说教育投资对哪些人更有利。通常,相对于大学或高等教育来说,义务教育和中等教育,对大多数纳税人、对普通百姓、对社会经济状况不佳的穷人较为有利。比如,政府补贴高等教育的目的主要有两个:弥补私人教育市场的供给不足和保证贫困家庭学生公平的受教育机会。但是,如果实际接受了政府补贴的群体其实是来自高收入家庭的学生,即政府对高等教育实际补贴的对象是社会经济条件更好的学生,贫困家庭的学生并不是高等教育的主要受益者,那么这些补贴存在的必要性就值得怀疑。

分析教育投资的利益归宿可以采取家庭调查方法进行。数据调查可以按照学生家庭类型,如家庭收入、乡村、城镇、性别类型等来分类,教育类型可以按照学生所在公立学校、私立学校等不同的教育机构及其各自占比进行分类。

2. 依据影响教育投资决策的相关信息进行分配

(1)对于初等、中等和高等这三级教育来说,教育投资可以依据各级教育的社会收益和私人收益比较信息进行分配,社会收益大的教育级次应当优先并且获得较多的教育投资份额。在社会收益相等的情况下,那些具有全国性社会收益的、有利于更多受教育人群的教育级次,应当优先获得教育投资资金。

(2)对于不同区域的教育投资来说,应当依据不同区域提供公共教育事务的责任、管理能力、财政支出能力的真实数据,并考虑不同地区这些能力的匹配力、执行力等,尤其是根据贫困山区、传统农业地区、少数民族区域情况等,进行优先教育投资。

(3)对于不同受教育群体来说,可以借助于互联网信息共享平台,对诸如特殊儿童、流动儿童、留守儿童、特困学生(经济、文化、心理贫困儿童)等,依据社会共享信息,对学生的经济来源、教育背景、教育困难等进行有效分析,做到精准扶贫、精准教育投资。

(4)对于在学校内部不同教育要素间资源的分配比例来说,应当兼顾公平和效率两个方面。

(三)教育投资内部分配对教育产生的影响

教育投资内部分配影响着教育公平与效率问题。这就要求教育投资在教育层级间、区域间、群体间、学校间分配主要应以公平为原则。目前,我国教育发展存在着不公平、不平衡问题主要是由教育投资内部分配时忽略、有时是背离了这一原则所致。从效率的角度看，教育投资内部分配主要是涉及学校内部不同教育要素间，以及不同教育服务间的合理配置，配置主要应以有效产出教育服务为原则。产出同样质量的教育服务，投入越少，分配得越合理；同样数量的投入，产出的教育服务越多，分配得越好。否则，我国教育发展就会出现低效、甚至无效问题。

本章小结

教育投资是投资者为获取未来的教育收益，而投入到教育领域中的人力、物力和财力等资源的货币表现。教育投资具有特殊性、公共性、增值性、多效性和持久性等特点。按照教育投资主体、教育投资是否直接、教育投资要素，教育投资对象可以分为不同类型。不同体制下的国家，政府教育投资的来源是不同的。教育投资分配主要探讨教育投资的外部分配及内部分配。教育投资的外部分配是关于社会总财富和政府财政支出中多少用于教育投资，它决定了教育投资的规模。教育投资的内部分配是关于教育投资在不同区域、不同层级、不同群体之间及学校内部不同支出项目之间的分配，它决定了教育投资的结构。

关键概念及术语

教育投资　政府教育投资　个人教育投资　社会教育投资　教育投资来源　教育资源配置　教育投资外部分配　教育投资内部分配　教育投资分配结构　生均教育投资　人均教育投资　教育投资利益归宿

引导性思考题

1. 如何理解教育投资的含义及特点。
2. 教育投资有哪些类别？
3. 各投资主体投资教育的动机主要是什么？
4. 我国教育投资的来源主要有哪些？
5. 衡量教育投资外部分配的指标主要有哪些？
6. 影响教育投资外部分配的因素主要有哪些？
7. 教育投资外部分配的原则有哪些？
8. 教育投资不足的后果有哪些？
9. 如何理解教育投资分配结构？
10. 确定教育投资内、外部分配的依据分别有哪些？

案例分析：

（1）近年来，教育类上市公司不断增加，社会资本投入教育领域的规模不断增长。其中，也有一些投资者抱着“捞一把”的想法，出现了“快资本、慢教育”的矛盾，教育投资与教育投机并存的问题。请根据教育投资周期长的特点分析这一现象。

（2）近些年，社会资本投资教育的热情不断增高，不少房地产企业也大量加入这一行列,如何看待这一现象?你认为社会教育投资的动机是什么?

(3) 近年来,大学生就业市场就业起薪低,个别领域大学生的工资甚至比不上一般的农民工工资。请结合实际,根据教育投资结果的多效性和持久性分析这一现象。

(4) 20世纪80年代,教育经费占国内生产总值(GDP)的比例,世界各国平均为5.7%,发达国家平均为6.1%,发展中国家平均为4.0%,亚洲国家平均为5.0%,而我国只有2%多一点。1989年,全国人民代表大会上,189名代表联名提案,呼吁增加教育经费投入。1993年,国务院发布了《中国教育改革和发展纲要》,提出了国家财政性教育经费占GDP达到4%的目标。2006年、2017年国务院分别发布了《国民经济和社会发展第十一个五年计划纲要》《关于深化教育体制改革的意见》,再次重申了上述4%这一数字。请结合实际和教育投资分配相关理论,谈谈4%这个数字为何重要。

文献选读

1. 靳希斌. 教育经济学[M]. 沈阳:辽宁大学出版社,2000.

2. 经济合作与发展组织. 教育概览2014:OECD指标[M]. 中国教育科学研究院,译. 北京:教育科学出版社,2015.

3. 王蓉. 中国教育财政政策咨询报告(2005-2010)[M]. 教育科学出版社,2011.

4. 普拉丹. 公共支出分析的基本方法[M]. 蒋洪,等,译. 北京:中国财政经济出版社,2000.

5. 栗玉香. 教育财政学[M]. 北京:经济科学出版社,2009.

6. 袁连生. 转轨时期的教育财政[M]. 北京:经济科学出版社,2016.

7. 朱永新,袁连生. 中国教育改革大系·教育体制与教育财政卷[M]. 湖北教育出版社,2016.

第八章 教育消费

【案例导入】

"天价幼儿园":起跑线上的纠结

清代文康在《儿女英雄传》第三十六回中说:"无如望子成名,比自己功名念切,还加几倍。"在现代社会也是如此。在北京朝阳区某公寓旁边,赵女士正在陪自己的外甥女小尹荡秋千。距离他们不到30米处,就是小尹上学的某国际幼儿园。

"学费一个月9 000元",还不包括伙食费。仅这一项,若按月缴,小尹一年下来就得花费近11万元。这还是收费较低的双语班,如果是国际班,一个月收费12 500元。

除学费外,就读该幼儿园,每月还得再交520元的餐费,每学期还得再交1 000元的活动费。如果是新生,额外还得再交1 200元的物品费。算上这些费用,按年缴,即使享受年缴的优惠,就读该园的双语班,一年也需要10万元,国际班则需要12.2万元。这样的学费,几乎是同期北京很多大学学费的20倍。

无独有偶,在全国各地,天价幼儿园频频出现。在天津、武汉、深圳、长沙、南京等城市,都出现了年学费在10万元上下的民办幼儿园。①

这些高价园所一方面是满足家长的特殊需求,更主要的是现在的孩子家长有一种不安全感,是为了不让孩子输在起跑线上。但如此教育消费,是否合理?如何指导大众教育消费呢?

什么是教育消费?为什么家长非常舍得在孩子教育上花钱?教育消费与教育投资的关系如何?人们在选择教育服务消费时,应选择何种方式进行消费?这是本章讨论的基本问题。

【教师导读】

本章由三部分组成:一是关于教育消费的概述,阐述了教育消费的概念以及与教育投资的关系,教育消费性质;二是我国居民教育消费支出分析,以及我国居民教育消费误区及权益保护等。三是我国教育消费的发展与展望,着重分析我国教育消费发展趋势及其发展策略与思考。通过本章的学习,使学生理解教育消费的性质,正确认识教育消费的价值,树立正确现代教育消费观,科学引导积极健康的教育消费、避免功利化和非理性的教育消费。

---

① 资料来源:赵剑云."天价幼儿园":起跑线上的纠结[N].中国经济周刊,2012-10-09.

【学习目标】

1. 掌握教育消费的概念以及与教育投资的关系；
2. 认识教育消费的性质；
3. 把握我国居民教育消费支出分类和支出现状、特点；
4. 理解我国居民教育消费的误区和教育权益保护范畴；
5. 把握我国教育消费的发展趋势；
6. 制定激发和引导我国教育消费的策略。

【课时分配】

4 课时

教育消费是教育经济学的重要组成部分，它从一个侧面反映了教育投资问题，也是当前社会消费的重要组成部分。从全球教育的发展看，市场导向性改革已是大势所趋。教育作为一种服务被消费也已经成为一种既定事实。因此正确理解教育消费的内涵、性质和特点，客观分析我国居民目前教育消费领域中的现象、问题，并引导人们理性教育消费，促进我国教育消费良性发展成为本章要解决的重要问题。

第一节 教育消费概述

一、教育消费概述

教育消费既是教育活动中的重要环节，也是经济活动中的重要内容。在消费经济学里中，教育消费是一种精神文化消费，属于消费中的劳务(服务)消费。

(一) 教育消费概念

教育消费是指用于教育物化产品和教育劳务上的开支。既包括政府教育消费、企业教育消费，也包括私人或居民教育消费，是社会总消费的重要组成部分。其消费者包括国家、个人或家庭、企业用人的部门。其中国家是教育的最大消费者。

政府教育消费是指国家通过财政对义务教育经费的全部承担和非义务教育经费支出，以此换取教育部门所培养的各级各类人才，获取知识的创造与更新，从而增强国力和促进社会进步。

私人教育消费即居民教育消费，是指受教育者本身与家庭通过教育方面的各种货币支出获取知识与技能的过程。包括居民子女教育支出，以及为提高自身业务竞争能力的培训及继续教育支出，属于私人消费领域。如今，居民教育消费已经成为了家庭消费的重头戏，教育消费已成为一个家庭培养孩子的必要支出。

(二) 教育消费与教育投资

由于投资与消费都是资金使用行为，所以有时候人们很难区别一种支出行为是投资还是消费。比如，如果一个"家庭"决定让某一位家庭成员多接受一年学校教育，这是教育投资还是教育消费呢？

教育投资兼具生产性和消费性的二重性，因此一个家庭成员多接受一年的教育，会提高该成员未来的生产能力，并获得丰厚的产出，从这个意义上来讲，这属于教育投资的范畴。但该成员接受教育需要付出当年的教育费用购买这种服务，也就是需要放弃当年其他的支出而用于教育，从这个角度来看属于教育消费。由此说明，一个家庭做出一项涉及资金使用的教育决策，不单纯是一种消费，还是对自身人力资本的投资，既是教育投资也是教育消费。因此，教育消费与教育投资既有区别也有联系。

1. 教育消费和教育投资的区别

首先，主体和目的不同，教育投资主体可以是国家、社会也可以是个人，其目的主要侧重于未来及潜在的经济效益。从消费经济学的角度看，其主体只包含个人或家庭，教育消费是个人或家庭生活消费的一种形式，它体现为家庭在教育方面的费用支出。

其次，对象不同。教育消费的对象是教育投资物化后的家庭（个人）购买教育服务的花费，受教育者消费的对象是良好教育环境和教育服务。而教育投资作为用于教育、训练后备劳动力和专门人才，以及提高现有劳动力智力水平的人力和物力的货币表现，包括校园建设、设备仪器购置等物力、人力的投资①，其中家庭教育投资付出的学费也成为教育投资的重要组成部分，尤其是在民办学校。

第三，性质不同。教育投资是投资于教育的资金的运作过程，具有生产性质；而教育消费则是效用的实现过程，是资金的耗用过程，具有享受性的特点。②

2. 教育消费与教育投资的联系

教育消费与教育投资都以教育生产为载体，互相依存，相互作用，是辩证统一的关系。首先，教育投资决定着教育消费的范围、层次、深度和广度，教育消费反过来影响着教育投资的力度和频度。其次，教育投资与教育消费能力的大小，取决于一定社会经济文化发展水平及其世代相承的社会价值取向。第三，家庭或个人的教育消费也是教育投资多渠道的重要来源，成为资金筹措的一个重要组成部分。因此教育投入和支出对家庭来说，既是即时消费又是长期性的投资；对社会和国家来讲，教育投资和回报更是一项长期性的战略考虑。

二、教育消费的性质和特征

与其他领域的消费一样，教育消费的主体通过家庭或个人通过购买教育服务获得教育服务产品的效用，但因为教育服务产品的性质不同，教育消费者的身份不同而赋予教育消费性质不同于一般物品消费的性质。

（一）高层次性

从消费经济学来看，教育消费应属于文化消费。文化消费是指对精神文化类产品及精神文化的劳务占有、欣赏、享受和使用等。教育消费作为一种高层次的文化消费，是以经济发展到了一定程度为前提的。根据世界银行提供的65个超过100万人口国家的居民消费结构显示，人均国内生产总值达到1 000美元是居民消费结构变化的第一个转折点，此时食品消费比例下降，教育服务比例由6%升至7%。可见，在温饱问题没有解决时，谈不上居民

① 伍喆. 教育投资与教育消费[D]. 湘潭大学，2001(5)：13-17.

② 陶美重. 论教育消费的本质[J]. 教育与经济，2007(4)：19-23.

的教育消费或者说教育消费受到极大的限制。而一个国家居民教育消费的增加,可以说是其文明进步的象征,是从生存需求需要向发展需求层次提高,由温饱消费阶段向小康消费阶段过渡,是居民消费结构升级的一个重要表现。

(二) 投资性

与居民生活的其他消费不同,教育消费兼具投资和消费双重性质。人们对教育的消费除了同其他消费一样受收入价格等因素的约束外,主要取决于他们对教育回报率的理性预期。投资性是教育消费不同于其他消费的最重要特征。一方面教育消费是家庭日常生活开支的一部分,体现为一种消耗性支出。人们为接受各种各级各类教育或培训支付的费用,同时也付出了时间和精力。另一方面,它又是一种人力资本投资,在享受教育服务所提供的特殊劳务,从而满足发展需要的同时,也提高了自身的知识和技能,提高了劳动生产率。消费了教育服务的消费者一旦与生产力结合会带来劳动生产率的提高,从而使国家和个人财富增加。从这个意义上来说,教育消费支出得到了补偿,而且获得了增值,所以教育消费又具有潜在的投资性质,是一种无形的、间接的、长远的投资,其效果往往要经过较长时间才能看到。

(三) 终身持续性

终身教育思想认为教育是贯穿人一生的事。接受教育不再是一次性完成的过程。教育消费一旦开始,它将会促使消费者不断进行更高层次的教育消费。一方面,由于社会对人才的素质要求越来越高,不继续进行教育消费无法适应时代的要求。另一方面,一个教育消费阶段的完成使消费主体具备了进一步消费的能力,消费主体的自我实现的需要会不自觉地促使其进行更高层次程度的教育消费。因此,从这个意义上来看,教育消费具有不可退出性,一旦进入这一消费过程,对它的消费便会贯穿人的一生。

(四) 消费的组合性

消费经济学中按照需要满足的途径来说,将消费分为个人消费和公共消费。教育服务由于其特殊的产品性质,个人接受教育服务不仅对个人有益,对其他人及整个社会都具有外溢效应,这就决定了对教育服务的消费必然采取个人消费与社会消费相结合的形式,单纯靠个人或家庭无法承担整个教育消费的费用。只是在不同的教育阶段,个人消费与社会消费所占的比例有所不同。在义务教育阶段,教育消费具有强制性,国家、社会、学校和家长必须依法保护少年儿童接受义务教育的权利,教育消费主要采取社会消费的形式;而非义务教育阶段,随着教育服务产品公共性的减弱,教育消费中个人消费的比例越来越大,这是教育消费不同于其他消费的重要特点,它决定了无论什么时候,教育消费者对教育服务的购买是不能按成本付费的,而只能分担其中的一部分费用。我国目前生产力发展水平还不高,经济基础还不雄厚,国家还不具备大量举办社会公共消费并大幅度扩大其比重的能力,个人消费仍是教育消费尤其是非义务教育阶段消费的主要形式,居民主要是通过购买教育服务来实现个人消费,而不是主要依靠国家免费提供,国家通过各种政策和配套措施承担举办教育的责任,并承担部分教育成本。

第二节 我国居民教育消费

随着我国经济迅猛发展,30 多年来,我国居民家庭收入也不断增长,教育供给渠道越来越畅通，大众的教育需求愿望不断释放，教育消费支出呈现出了不断增长的态势。教育消费如同“旧时王谢堂前燕，飞入寻常百姓家。”，教育消费已愈来愈成为千家万户的一项重要支出。

【知识拓展】

我国居民消费结构升级转型

我国居民消费结构经历了三次升级转型：第一次消费结构升级出现在改革开放之初，这一阶段粮食消费下降，轻工产品消费上升，这场“温饱消费革命”带动了相关产业的迅速发展，并带动了第一轮经济增长；第二次消费结构升级出现在20世纪80年代末至90年代末，居民消费水平得到较大提高，家用电器等耐用消费品开始大量进入寻常百姓家庭；第三次消费升级以享受型模式为主要特征，2003年，我国的人均GDP首次突破了1 000美元大关。国际经验表明，这正是消费结构升级换代非常显著的时期。出现了以住房和汽车消费为代表的消费升级，同时，教育、医疗、旅游、电信、信息和家庭娱乐商品的更新换代产品都将成为消费支出中增速较快的项目，消费升级将给我国与之相关的产品和服务行业提供前所未有的发展机遇。

一、我国居民教育消费支出

（一）我国居民教育消费支出分类

我国居民的教育消费支出大致可以分为如下三类：

1. 子女教育消费支出

家庭为子女求学而支付的各种费用，这些费用主要分为基本教育支出、扩展性教育支出以及部分家庭负担的选择性教育支出。基本教育支出是指教育消费者应负的最基本的教育费用即子女上幼儿园及上学期间，家庭支付的学校规定必须交纳的各种费用，包括保教费、伙食费、学杂费、书籍文具费、指定教材及参考资料费、校服费、班费、水电费、学校统一交纳的保险费以及为子女受教育而额外支出的交通、伙食、住宿费等；扩展性教育支出是指上学期间对子女进行琴、棋、书、画、科学、社会等各种特长而支付的各种培训班的费用及拓展性教育费用，如假期国际国内游学费用、自愿购买的课外读物、各种教育信息化软硬件费用、家教费等；选择性教育支出，包括择校生、借读生及其他各种情况的学生在入学期间向学校交纳的各种名目的但不属于学习费用的额外支出，如捐资、集资、择校费（不包括学区房的购买）等，以及人们选择自费海外留学的国际教育支出。

2. 成人继续教育消费支出

为适应经济结构的调整，劳动力在行业、产业、企业之间的流动和重新组合成为必然，这对劳动者的科学知识和劳动技术的更新提出了新的要求，在职职工补充、更新知识成为必须，如在职技能培训、各种职业资格证书获得以及计算机、英语的学习，提高学历的教育和职业拓展的教育等。家庭或个人必须支付相应的教育费用。

3. 再就业培训教育消费支出

为了更好地适应现代社会的要求，一些再就业的人群要再次进入劳动力市场。再就业人群包括技术水平较低偏低、文化程度偏低的在职职工；一些失业人员（包括参加失业登记的大学毕业生、留在城里的失业农民工）等，他们需要重新学习和掌握新的知识和技能，这就需要培训和继续教育,并支付所需费用和成本。

(二)现阶段我国教育消费支出分析

我国经济正处于转型升级的关键时期,要积极推动经济增长从投资拉动为主转向消费拉动为主。在这一转变的过程中,人民消费水平持续增长,同时消费领域不断扩展,消费层次加快升级,发展性、享受性消费即教育、文化、娱乐、服务支出快速增长,教育消费支出作为一个主要增长点,也彰显了教育对经济生活的重大影响。主要表现在以下几个方面:

1. 我国教育服务价格总体呈上涨态势

教育服务价格的大幅上涨导致了我国城镇居民人均教育支出的快速增长。如果不考虑支付能力的制约和家庭差异的影响,家庭教育支出的增加必然会促进家庭消费的增长(见表 8-1)。从我国教育服务消费支出来看,尤其在 20 世纪 90 年代末期,我国实行以扩招和收费制为核心内容的高等教育改革,使家庭分担的教育成本逐步上升,1998 年受高等教育收费影响,教育服务价格远远领跑国内居民消费指数;一直到 2001 年依然高居不下,教育消费热由此而被诟病,同时也给家庭消费带来一定的挤占效应。近十年来,尤其是 2006 年义务教育全面免费政策的实施之后,教育消费支出增长速度接近平缓,与物价增长指数大致相当,但从数据分析,依然处于逐年增长的态势,年均复合增长率(GAGR)为 10.7%(见图 8-1);具体体现在我国的学杂费用逐年提升(见图 8-2),由此也为部分家庭选择教育消费带来了困难。

表 8-1 我国居民消费价格指数和教育消费价格指数(1998 年以来不连续数据)

年份	1998	1999	2000	2001	2007	2008	2009	2010	2011	2012	2013	2014	2015
居民消费价格指数(以上年为 100)	99.2	98.7	100.8	100.7	104.8	105.9	99.3	101.3	105.4	102.6	102.6	102	101.4
教育服务消费价格指数(以上年为 100)	116.4(学杂保育费)	119.2	128.8	113.6	99.6	100.5	101.6	101.4	101.4	102.7	102.8	102.5	102.8

2. 居民教育消费支出比例偏高

教育消费水平与收入分配状况有着密切的关系,收入分配状况决定了可能达到的教育消费水平。

根据统计数据显示,在文化教育消费上,居民对自身以及子女的教育发展需求持续升温,居民教育支出居高不下。从城镇居民教育消费支出占文化消费比重来看,城镇居民教育消费比重呈“波浪式”变动,但总体变化平稳(见图 8-3),从 1993 年的 49%提高到 2003 年最高的 55%,此后逐年下降到 2012 年的 40.3%,2013 年与 2014 年又缓慢上升到 42%,虽然城镇居民文化教育消费比重有所下降,但总体仍在 40%以上,仍是城镇居民文化消费中最重要的部分。从农村居民人均教育消费占文化消费的比重数据看,呈逐年下降趋势,但一直

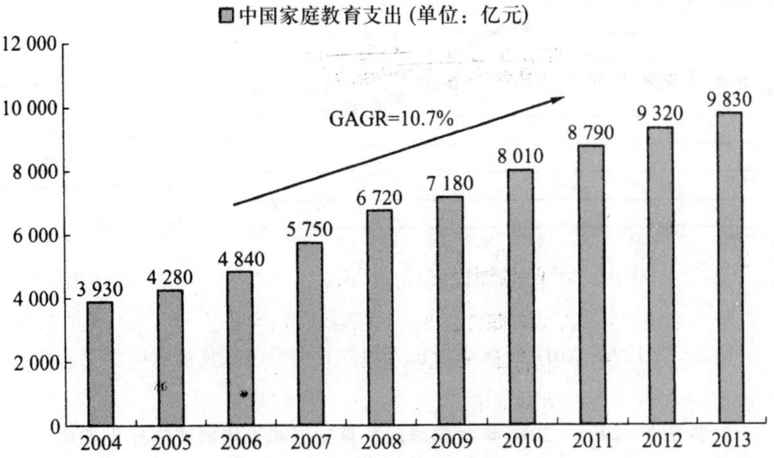

图 8-1　中国家庭教育消费支出情况

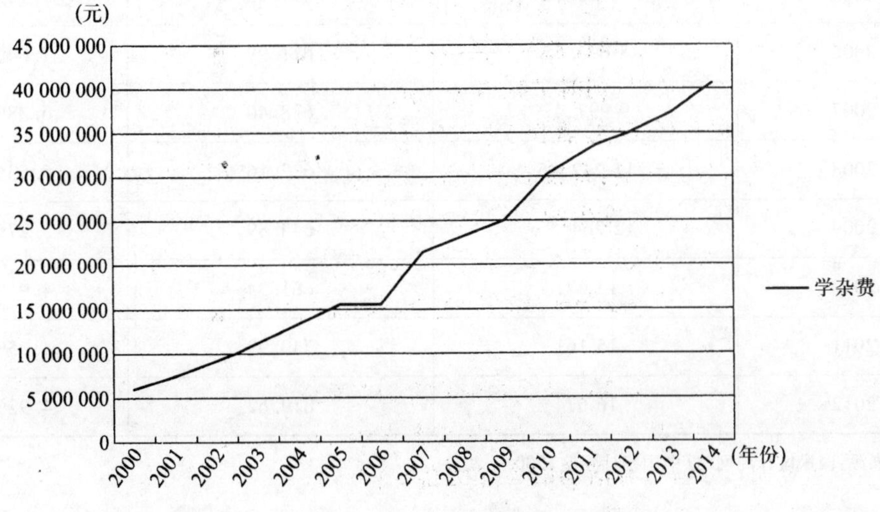

图 8-2　2000—2014 年我国各级各类学校学杂费情况

数据来源：产业信息网发布的《2013—2017 年中国教育培训行业深度调研及投资战略咨询研究报告》。

都在 50%以上①。

总体来看，我国居民人均教育消费支出还处于家庭消费结构中比例偏高的状况（见表 8-2），而在经济最为发达的美国，其居民的教育消费占总消费支出的比例极低，甚至不到 2%。尽管随着我国消费水平的提高和结构不断优化，我国居民人均教育消费支出在人均家庭支出中比例不断下降，但与发达国家相比，还有一定的差距，显示了国家教育投入水平还需要进一步提升。

① 黄容. 文化教育消费的影响因素及政策引导[J]. 宁波教育学院学报，2017(02)：92-97.

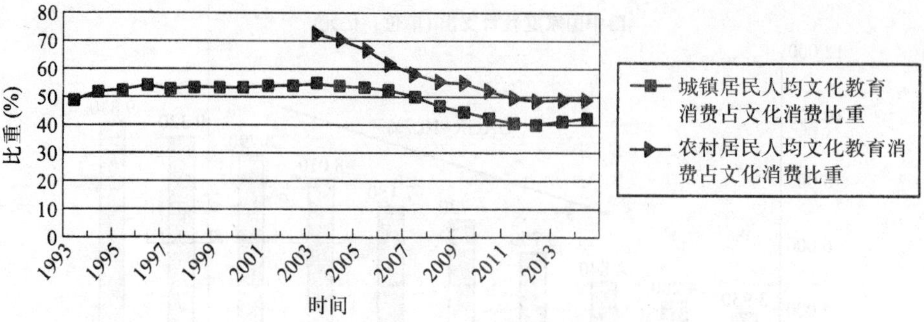

图 8-3　1993—2014 年城乡居民人均教育消费占文化消费的比重变化

表 8-2　2004—2012 年我国居民教育支出和人均消费性支出占比

年份	人均消费性支出(元)	人均教育支出(元)	占比(%)
2004	7 182.10	558.95	7.78%
2005	7 942.88	571.33	7.19%
2006	8 696.55	611.99	7.04%
2007	9 997.47	638.40	6.38%
2008	11 242.85	622.16	5.53%
2009	12 264.55	645.89	5.27%
2010	13 471	661.34	4.91%
2011	15 161	749.99	4.95%
2012	16 674	819.62	4.92%

数据来源:国家统计局网站《中国统计年鉴》2005—2013。

3. 子女教育消费支出是家庭主要教育消费支出

孩子是家庭的未来。每个家庭从孩子的孕育就开始了为子女成长和接受教育不断“买单”。从总体看子女教育消费支出包括基本教育支出和扩展性教育支出。其中基本教育支出中,学杂费用是我国居民家庭教育消费支出的必选部分,占据家庭教育支出的主要内容。其中从实际支出来看,一个家庭教育消费支出高低与家庭受教育人口所在年龄段受教育水平有关。以 2011 年家庭基本教育消费支出中的学杂费为例,在普通高校、中职学校、普通中学、普通小学和幼儿园的支出可以明显看出,普通高校的学杂费水平是最高,普通中学次之,幼儿园支出处于五类主要家庭教育消费支出的第三位(见图 8-4)。这也说明高等教育作为准公共产品,人们对于高等教育服务产出的预期较高,其付费意愿比较强烈。普通中学(高中部分)、学前教育中的幼儿园层次是非义务教育阶段,也成为家庭教育消费的主要支出部分。普通小学属于义务教育阶段;中职学校是目前我国职业教育的主体,主要受惠于近年来国家职业教育发展的国家政策,约 90%的接受职业教育的学生都能够享受每年 1 500 元的助学金。2009 年开始,逐步实现对中等职业教育免费,而减少了该类学校教育消费支出,提升了职业教育对学生的吸引力,促进了中等职业教育快速发展,截止到 2015 年,中职校在校生 1 656 万人,占高中阶段教育在校生总数的 41%。

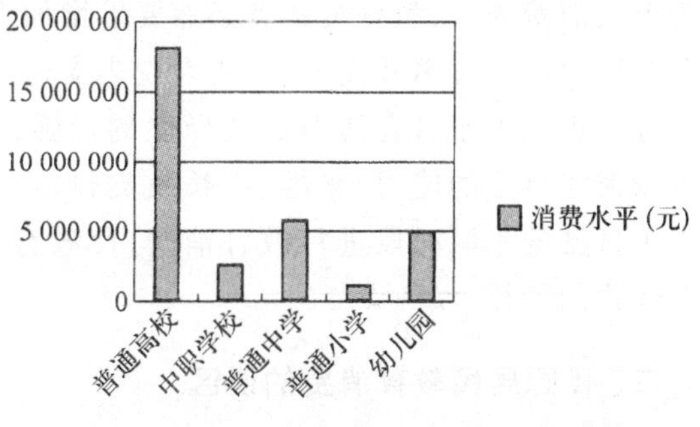

图 8-4 2011 年我国居民教育消费层次情况

4. 成人继续教育、再就业培训教育消费支出

随着社会经济的发展,产业结构的升级,我国劳务市场的竞争越来越激烈。成人教育中包括大学生进行知识更新、企业员工的岗位培训和提升,以及农民工进城务工等,都需要通过接受教育服务价格,以付费形式参加学习和培训,以掌握更高层次的知识,来适应新岗位的技能。截至 2015 年我国成人本、专科在校生人数高居 6 359 352 人,网络教育 6 284 671 人,全国接受各种非学历高等教育的学生 725. 84 万人次,接受各种非学历中等教育的学生达 4 561. 53 万人次,另外终身教育、学习型社会的发展将催生更多的学习和培训的内容,从而使终身教育消费在家庭消费支出中成为常态。

(三) 现阶段我国居民教育消费支出的特点

随着我国居民收入和消费水平逐步提高,人力资本积累对改变个人及其家庭经济社会地位的作用愈益彰显,广大人民群众对教育(尤其是优质教育)的需求日益增长,而教育服务产品供给在数量、质量、结构上都与之不相适应,正是这一矛盾运动,推动着教育服务的质量不断提升。总体来看,我国居民教育消费支出呈明显的多样化、多层次性、个性化等特征。

1. 支出结构的多样性和层次性

随着社会的发展和教育重要性的不断加强,传统意义上的教育已转变为一种既没有时间约束又不受空间约束的“大教育”。终身教育思想的确立使教育消费的内容不断扩大,支出结构呈现出多样性和层次性特点。教育消费支出的多样性,在教育形式上体现为常规的学校教育消费,也包括适应各种需要的短期培训、成人教育、网络教育的消费等;在教育消费选择上,包含了公办教育消费与民办教育消费、海外教育消费等。在教育消费支出构成中不仅包括学杂费、书籍文具费、额外生活住宿费、校服费等各基本教育支出,还增加了如择校费、赞助费等选择性教育支出,以及特长教育费、教育软件费等扩展性教育支出。教育消费支出的层次性体现为已经形成一个包括学校教育、继续教育、终身教育在内的教育消费支出,贯穿在一个人的生活和发展之中。

2. 支出决策的个性化和多元化

在计划经济体制下,我国的办学体制单一,教育费用基本上由国家全包,居民虽然享有无偿的教育服务,但也几乎没有什么选择余地。随着我国教育体制的改革,多种投入主体参与办学,私立学校作为公立学校的重要补充,政府允许其大力发展并提供政策上的优惠。同时,由于海外教育市场的介入,教育服务供给的多样化,使得居民的教育消费有了更大的选择余地。更为突出的是教育消费由无偿变为有偿,由采取公共消费的福利变为个人消费为主,教育消费者必然要求增加选择性,以真正体现为教育消费者的权益。当前的选择性教育消费支出,主要表现为支付教育培训费、择校费、海外教育和民办教育学费等。正是由于教育消费的选择性的加强,教育消费也日益体现出个性化的特征,个人可以根据自己的能力、兴趣、特长及支付能力,选择不同的教育消费形式,或者选择在适合于自己的不同时段进行教育消费,使教育消费不再是一次性完成的过程,日益体现为个性化的特征。

二、我国居民教育消费的误区

消费意味着首先要选择消费的产品。经济学上对于消费行为的基本假定是人们倾向于选择在他们看来具有最高价值的那些物品和服务。教育消费作为一种教育领域的经济行为,也理应如此。但人们在涉及子女接受教育服务时,往往缺乏对教育消费中的各种信息的把握,信息不对称往往导致家庭耗费过大或者收益过小,带来消费风险和误区。主要体现在:

(一)教育消费目的的功利性

教育消费目的的功利性体现在过分看重教育消费的当前利益和结果,忽视了教育过程以及教育消费收益的滞后性特征,也有违教育的目的,使接受教育成为孩子痛苦的事情,由此导致教育消费的效用大大降低。

1. 教育消费的工具理性取向

所谓"工具理性",按照马克思·韦伯的看法,就是通过实践的途径确认工具(手段)的有用性,从而追求事物的最大功效,为人的某种功利的实现服务。①

一项面向全国家长的调查表明:回答"在孩子的教育方面,您认为哪些是最重要的?"超过七成的家长认为是"道德品质",其次是"性格秉性""沟通表达能力""生活习惯养成",而传统教育理念中最重要的"学习成绩"仅位列第五。但实际结果显示:七成以上家长为孩子报课外辅导班,其目的大多是为了迎合孩子的小升初要求。在大学生教育消费中,大量的考证培训费用也主要被用来应付就业,成为劳动力市场的敲门砖。教育作为安身立命的基础,不仅仅在于受教育者的知识、技艺学习和训练,还重在人格和文化在教育中的养成。教育消费工具理性则完全违背了使受教育者接受教育服务的宗旨,因此难以达到家长理想的子女教育效果。

2. 攀比型教育消费

攀比型教育消费是指年轻父母之间相互效仿、攀比,造成育儿成本大幅增加的现象。这种消费观其实带有盲目的性质,造成极大的浪费。②

(二)教育消费决策的盲目性

一个家庭的教育消费决策正确与否,不仅决定着家庭生活质量的高低,更重要的是涉及下一代能否成人、成才的问题。但我国望子成龙、望女成凤的理念往往导致家庭教育决策的盲目支出,影响教育消费经济效益,并带来巨大的浪费。主要表现为不现实的教育消费预

---

① 杨建朝,王全.回归自由:教育消费主义批判[J].现代教育管理,2012(08):16-20.

② http://www.baike.com/wiki/%E6%94%80%E6%AF%94%E5%9E%8B%E6%95%99%E8%82%B2%E6%B6%88%E8%B4%B9.

期,以及盲目跟风。如为了不让孩子输在起跑线上,目前的早教市场,一节课 40 至 45 分钟,平均每节课最便宜的七八十元,贵的超过 200 元,是大学学费的数十倍。[①] 另外,留学教育也是当前许多家庭的教育消费选择。以留学美国教育消费为例,留学美国是很多人的首选,按照美国大学学费和生活水平,以每年 35 万元人民币预算,留学美国四年大致需要 140 万元。而留学就业回报率不断变小,海归变"海待"的现象比比皆是。导致教育消费决策盲目的原因是教育消费者与教育服务提供者在专业知识上处于不对等的状态,同时教育消费效应具有滞后性,学校教育服务质量无法完全量化,使得人们在教育消费时极易处于被动和无知的状态。

(三)教育消费行为的非理性

1. 教育消费与收入水平失衡

对中国的父母来讲,花钱给孩子"买"教育,一方面是为自己的希望消费,一方面是为孩子的未来投资,虽然这种投资不一定有回报,但他们总是无怨无悔。一些家庭在子女教育消费中存在盲目支出现象,支出已经与家庭收入严重不相适应,而出现了"因教致贫"现象。这种现象表现在一旦家庭中有孩子接受教育,家庭便开始贫困,贫困的原因就是现在的教育成本越来越高,教育的预期收益率却越来越低,教育投入成了"亏本买卖"。这种现实已经导致许多家庭形成了"一方面希望孩子上学,另一方面又害怕孩子上学"的矛盾心态。[②]

2. 不计成本的高层次消费

作为教育消费者的家长往往对子女的成长带着玫瑰色的梦想,加之消费之间的攀比效应的存在,加剧了此类非理性消费行为。家长几乎从早教市场就开始追求高层次的消费,直至高等教育阶段的高学历,考研、读博士已经成为学子们和家长执着的追求目标。家长的期望值反映到教育市场上即表现为教育消费价格水涨船高,一节早教课程由几十元涨到几百元,一节钢琴课、小升初、中考辅导课几百元甚至上千元,但我们的家长们还要使出浑身解数,慷慨解囊。这种教育盲目攀比的高消费行为,在我国居民家庭尤其是城镇居民中大有人在,并有蔓延之势。

3. 过度教育带来的教育浪费

由于教育消费者缺乏财政约束,较少考虑教育成本,难免造成浪费或教育过度。如为孩子上重点中学、私立中学而支付高昂的赞助费,送幼小的孩子自费出国留学,另外用于开发智力、培养兴趣和特长的消费更是慷慨大方,而这种投入是否合理,是否有回报,是否符合孩子的身心发展规律及兴趣爱好,则不是他们要考虑的首要问题。中国经济景气监测中心的调查显示,中国 68%的人在子女教育中存在盲目支出的现象,而且收入越高,盲目支出的可能性越大,集中体现为盲目追求学历和文凭热。种种盲目的教育消费行为导致了许多无效或低效的消费结果。教育消费不是单纯的消费行为,还具有追求回报的投资性,如果不对教育消费的盲目性进行正确的引导,不仅会造成有限教育资源的浪费,而且带来教育价值观的扭曲,给一些投机者带来可乘之机。

---

① 谢苗枫. 早教市场调查:学费居高不下内容良莠不齐[N]. 南方日报,2011-12-23.

② 刘焱,宋妍萍. 我国城市 3-6 岁儿童家庭学前教育消费支出水平调查[J]. 华中师范大学学报(社科版),2013(01):155-160.

(四)教育消费支出的单一性

教育消费包括子女教育消费和成人自身的教育消费,其中家庭为子女求学而支付的各种费用是教育消费的主要方面。从目前来看,教育消费支出比较单一,主要体现在:

1. 支出来源单一

我国居民教育消费支出主要来自家庭的收入及多年来的储蓄,尤其是对于昂贵的高等教育费用更是如此。据江西省高校大学生消费状况的调查(表 8-3),大学生的费用来源由家长供给的占 97.5%,兼职收入 0.7%,奖学金、学校补贴分别为 0.9%①。而在美国的一般公立院校学生教育费用来源,其中对于低收入家庭而言,约 30%来源于借贷、40%来源于兼职工作,另外 30%来源于政府奖学金;中等收入家庭约 40%来源于家长,30%来源于借贷,另外 30%来源于兼职工作;即使高收入家庭仍有 10%来源于借贷,超过 10%来源于兼职工作②。针对收费标准的提高引起贫困生日益增多的现象,政府采取了各种资助措施,包括奖学金、助学金、贷学金,勤工俭学等。但由于资金有限,有利于资金回收的贷学金无疑将成为政府的首选。然而,贷学金在我国由于教育消费观念及操作方面的原因难以推进,造成了教育消费费用支出、支付形式的单一。

表 8-3 大学生在校期间的主要经济来源

		频率	百分比	有效百分比	累计百分比
有效	父母	663	97.5	97.5	97.5
	奖学金	5	0.7	0.7	98.2
	学校补助	6	0.9	0.9	99.1
	兼职	6	0.9	0.9	100.0
	合计	680	100.0	100.0	

资料来源:罗霏.大学生教育消费的实证研究——以南昌市高校为例[D].南昌大学,2015(05)

2. 费用支出主体单一

我国教育消费中费用支付者与受益者的不一致性尤为突出。从幼儿园到大学大部分费用的支付者是父母,而受益者却是子女,义务教育由于其特殊性及子女没有获得收入的能力,由父母支付教育费用有其必要性和必然性;而非义务教育阶段,教育消费者本人有获得收入的能力,也具备根据自身的兴趣爱好及未来的收益选择接受何种教育或培训,何时接受教育或培训的判断能力,理应是教育费用的承担者。然而,在我国父母支付子女各阶段的教育费用似乎成为一条不成文的规定。既导致了教育消费者本人缺乏教育消费的选择的自主性,也可能由于教育消费者本人由于缺乏财政约束,较少考虑教育成本,而造成消费浪费现象。

三、居民教育消费权益保护

教育消费为大众带来了教育选择,扩大了受教育者的机会,满足了受教育者的教育需

① 罗霏.大学生教育消费的实证研究——以南昌市高校为例[D].南昌大学,2015(05):20-23.

② 约翰斯通.适用于中国高教有关学费、学杂费及学生财政资助的一些原则[J].董秀华,译.复旦教育,1999(04):62-68.

求，但同时也带来了教育消费风险。在教育消费中，往往预付费似乎是默认的条款，家长们尽管有怨言，却仍然踊跃交纳这些费用，唯恐自己的孩子落后。尤其是那些重点学校，家长们更是踏破门槛、挤破头；大学扩招收费并轨后，一些大学不顾教育资源的实际约束，师资、设施等资源紧缺，进而导致教学质量下降，而家长们花高价费力地让孩子上了心仪已久的学校后，却渐渐发现所接受的教育服务实际价值大打折扣；教育培训市场更是鱼龙混杂，良莠不齐。一些办学机构半路夭折，一些机构不具备办学资质，收取了家长的大笔培训费而卷款关门，这都给学生家长带来一定的经济损失。如何维护自身作为消费者的权益以规避消费风险也成为居民教育消费的重要内容。

（一）树立学生消费者的消费理念

学生消费者理念的提出最早萌发于二战后的美国，到 20 世纪 70 年代基本成为保障学生权益的"市场管理哲学"。"学生消费者"就是把学生看作市场中的消费者，把学校与学生的关系作为以卖方和买方为前提，以学校满足学生的需要为基础，注重和保障学生权益。一旦学生消费者的理念建立，就会反推教育服务提供者的服务水平和质量，判断是否"物有所值"。由此也颠覆了受教育者及其家庭被动消费的传统观念，促进教育提供者重视消费者的需求，提高服务质量。

（二）明确教育消费者享有的权利

为了保护消费者的合法权益，维护社会经济秩序稳定，促进社会主义市场经济健康发展，我国于 1993 年 10 月 31 日第八届全国人大常委会第四次会议通过了《中华人民共和国消费者权益保护法》（以下简称《保护法》），自 1994 年 1 月 1 日起施行。2009 年 8 月 27 日第十一届全国人民代表大会常务委员会第十次会议通过了《关于修改部分法律的规定》，进行第一次修正。2013 年 10 月 25 日第十二届全国人大常委会第五次会议通过了《关于修改〈中华人民共和国消费者权益保护法〉的决定》进行了第二次修正。其中规定了消费者享有安全权、知情权、选择权、公平交易权、获赔权、结社权、获知权、尊重权、监督权等 9 项权利。为维护教育消费者权益提供了法律依据，对于教育消费者也具有一定的借鉴意义。

由于《保护法》第二条规定，消费者为生活消费需要购买、使用商品或者接受服务，其权益受本法保护。而从严格意义上来讲，教育消费隶属于文化教育消费，因此并不完全适用于《消费者权益保护法》的规定。学者李振宇以大学生消费者为例，提出享有的权利包括：（1）获得良好教育权。（2）安全保障权。（3）知悉真情权。（4）自主选择权。（5）依法监督权。（6）申请奖贷权。（7）求教获知权。（8）人格尊严和民族风俗习惯受到尊重权。（9）依法求偿权。① 可见，目前教育消费者权利的维护还处于应然层面。

（三）强化教育消费权益的法律保护

由于教育消费大多是预付费消费，而且这种消费具有投资性消费特征，因此教育消费不可能如生活产品消费，得到即时性效用。同时预付费这一消费方式在我国相应的法律法规中属于法律盲点。如《保护法》仅在第五十三条做了简要的规定"经营者以预收款方式提供商品或者服务的，应当按照约定提供。未按照约定提供的，应当按照消费者的要求履行约定或者退回预付款；并应当承担预付款的利息、消费者必须支付的合理费用"，在教育消费纠

---

① 李振宇. 教育服务消费视野中的大学生权益保护[J]. 当代经济，2012(11)：32-33.

纷中,存在不明确、可操作性不强、适用性不当的问题。

在我国适合使用的法律之中,法官通常都是以《合同法》之中的法律法规来进行判定教育消费纠纷,但是这并不能完全解决消费者的消费问题。对于预付费消费中的消费者,一般情况之下,只能向消费者协会或者法院提出诉讼。但是向消费者协会或者法院提起诉讼需要提供一定量的证据,这在现实生活中,教育消费者又十分难以做到,这些因素必然会影响消费者对自身权益的维护。①

为了保护消费者的权益,政府要对于《保护法》中不明确的规定要做到明确、具体,尤其对于教育消费这一新生事物的消费者权益保护纳入制度范畴并应强化保护措施。同时,教育消费者自己也要加强法律意识,合理的运用法律来进行自身的权益保护。

第三节　我国教育消费的发展

世界各国的实践证明,消费发展的过程,一方面是大众消费水平不断提高的过程,另一方面是消费结构不断升级优化的过程。目前我国正处在经济持续健康发展、综合国力和国际影响力持续上升阶段,在扩大内需政策作用下,居民消费不断升级,教育消费作为发展资料消费和服务消费,需要不断改善需求结构和优化供给结构,着力推动公共教育消费的同时,促进居民消费潜力有序释放,提升教育消费升级势能,通过教育消费的作用促进教育事业的发展。

一、我国教育消费趋势

随着知识经济时代的不断推进,电子信息技术飞速发展,社会需求不断扩大,尤其是我国加入世界贸易组织(英文全称 World Trade Organization,简称 WTO)后,“互联网+教育”的融合使我国教育消费无论从规模、内容、形式和范畴都发生了巨大的变化。主要表现在:

(一)国内教育消费空间巨大

作为人口大国,同时又有“尊师重教”的文化传统,在经济快速增长、家庭收入持续增加的背景下,我国教育消费快速升温,市场需求不断被激活。目前我国教育行业呈现出了很多新形式,比如在线教育、职业教育、“互联网+教育”等,同时各类艺术培训、语言培训、职业技能培训、资格认证培训遍地开花,教育消费增长的同时还带动了地产、商业等领域的发展。

1. 人口基数大、中产家庭快速增加

中国是世界第一大人口国家,拥有 13 亿人口,虽然人均收入水平不高,但因人口体量大,也必定成为世界消费规模第一的国家。据统计,近年来我国每年约 1 600 万新生儿出生。目前我国 0—6 岁的婴幼儿有 1.08 亿,其中 0—3 岁婴幼儿保守估计有 7 000 万。随着“二孩”政策的放开,受教育人口基数更加扩大。据国家卫生计生委统计,2016 年全国新出生婴儿数为 1 846 万人,比 2013 年增加 200 万人,总生育率提升到 1.7 以上。《2016 年我国卫生和计划生育事业发展统计公报》显示,全面二孩政策效应正在逐步释放。2016 年,二孩

① 王维予.谈教育消费的权益保护[J].法制与社会,2016(11):297-298.

及以上占出生人口比重超过45%,达到2000年以来的最高水平①。人口基数的增加,在未来几年将带动更大体量的教育消费。

同时改革开放以来,我国的中产家庭快速壮大,在未来3~5年内,这些家庭将成为我国教育消费市场的主力新军,尤其是他们对高端教育消费的拉动将更为明显。2016年我国家庭数量为4.61亿,最新研究表明,到2025年,中国中等收入人群将会达到5.2亿人,届时将占中国预期城镇总人口的一半以上,其每年的总可支配收入为13.3万亿元人民币,食品、住房、医疗、教育等将成为城市消费者的主要支出。中国的城市家庭将成为全球最大的消费市场之一,每年消费能力达20万亿元人民币(见图8-5)。

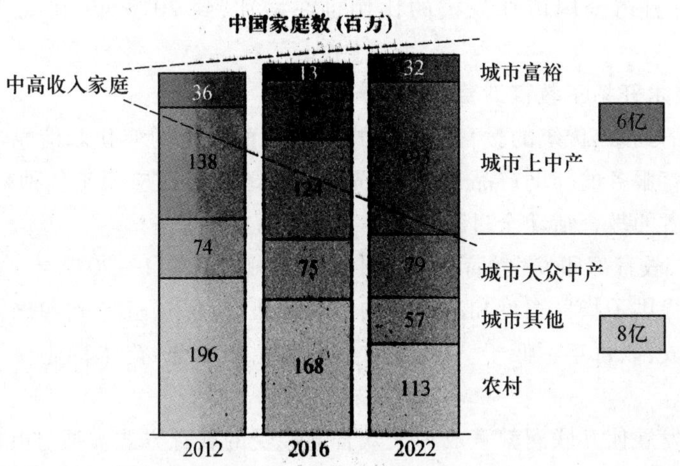

图8-5　中国家庭收入分层图

资料来源:蓝象资本 http://www.ifutureworks.com/ifwbp/public/article/19.

2. 教育消费的多元化需求日益扩展

教育需求是教育消费的动力源泉。在计划经济时代,人们对教育服务的需求基本是公办学校一枝独秀。随着知识经济到来和信息化的发展,我国家庭和个体对教育个性化的需求彰显,在小学阶段引入课外多品类的课程,比如体能、钢琴、围棋等。在中学阶段引入海外留学语培课程,提供参加语言和文化培训,各类游学活动和去国外交换机会等。而其余的大多数家庭,对教育"更公平"的需求,或者说是"希望学校教育又好又便宜"的诉求,需要加大国家教育投资,促进教育信息化的普及以及技能培训等,进而拓展教育消费空间。

【链接阅读】

家长陈莉算了一笔账,4岁的儿子除了每个月3 600元的幼儿园学费外,学英语一年18 000元,跆拳道买了50课时,一课时平均80元,"乐高的课程可能也要报,以后等儿子再大点,又该学游泳、乐器……细算下来真不便宜,但是想学什么都能学"②。

---

① 数据来源:《2016年中国卫生和计划生育事业发展统计公报》。

② 吉蕾蕾.教育培训市场火爆,大人小孩都有份[EB/OL].中国经济网,2017-05-20.

3. 教育培训市场繁荣

在公共教育服务体系日趋完善的背景下，学习辅导（包括家教）、职业培训、出国留学服务等选择性教育需求急剧扩大并持续增长。根据互联网教育研究院的研究数据表明，目前幼儿教育的市场规模约为 3 800 亿，中小学教育（课外辅导+民办学校）市场规模约为 6 800 亿，高等教育市场规模 2 530 亿，职业教育市场规模约 6 000 亿，语言学习市场规模约 900 亿，才艺培训市场规模约 600 亿，企业培训市场规模约 1 500 亿，教育出版市场规模约 350 亿。据预算，2017 年，中国教育市场总规模将超过 9 万亿元①。例如从宇博智业市场研究中心撰写的《教育培训发展前景报告》可以看出，目前的在线职业教育规模呈逐年上升趋势，并且占全国市场规模的比例也在增加，到 2018 年，在线职业教育市场将达 134 亿元。

（二）信息技术开拓了教育消费新领域

信息化时代的到来，传统的教育消费方式发生了颠覆性的变化。信息产业的大量产品和服务成为了教育服务的辅助产品，并作为先进的教学设备被应用于各种教学活动中，逐步改变了教育消费者的教育活动全过程。

2012 年 3 月，教育部印发《教育信息化十年发展规划（2011—2020 年）》对未来 10 年的教育信息化建设提供了指导意见和总体方向。在政策激励下，近年来我国互联网教育市场行业潜力逐渐释放，以每年不低于 30%的增长率在稳步攀升，整体行业规模增速位居全行业第三。

互联网技术发展使互联网教育成为大众普遍接受的教育方式。通过互联网教育能够实现教育资源的共享，使教育消费者突破了时间和空间的限制，在一定意义上促进了教育消费者终身教育目的的实现。同时信息技术将建构新的教学模式，带动教育消费成为经济新增长点。随着在线教育和移动教育快速发展，互联网学习已成为教育培训行业的主体。未来发展将实现学校和互联网企业合作，对接线上、线下的教学资源，让技术和教师的教学需求之间能够无缝连接，同时开展学历教育的在线课程，名师授课的优质内容搭上互联网技术发展的快车，为教育资源的优化配置提供了新的渠道，给学生提供更多的可选择性，也推动教育领域生产新的产品和提供新的服务。如电子学习环境建设所带动的消费、教育软件市场不断扩大等。②

值得注意的是，教育消费金融成为新的消费中介渠道，在教育产业升级和消费升级的双重趋势下，正爆发出蓬勃向上的生命力。在互联网的环境下，教育消费金融公司与教育机构合作，通过搭建教育培训综合服务平台为教育消费进行金融服务。目前市场上教育消费金融的业务已经覆盖了教育过程的各个阶段，通过打造教育分期平台，提供学费的分期贷款，与信贷系统等一站式服务，以解决教育消费者学费不足的难题。目前教育消费金融还是一个新生事物，虽然未来具有万亿级的体量，但还是有待完善，如涉及如何加强对中小教育机构的审核，如何提高对个人消费者的服务水平、推荐更丰富更优质的课程，如何加强风险控制、快速构建起行业壁垒等问题。

---

① 2017 年中国学历教育行业现状研究分析与市场前景预测报告[EB/OL]. 中国市场调研网，2017-7-25.

② 蔡永莲. 教育消费的新视野[J]. 教育发展研究，2000(10)：53-57.

（三）国际教育消费市场持续扩张

国际竞争归根到底就是人才的竞争，特别是高素质技能型人才的竞争。国际化人才需求对于家庭教育决策具有教育消费动机激发的指向作用，直接通过国际教育消费得以体现。

1. 海外游学旺盛

加入 WTO 后国际教育市场将更加开放，国际间的教育消费将更加便利，一方面为我国广大的教育消费者提供了更多的消费选择，另一方面也为部分西方国家打开了中国这一庞大的教育消费市场。以此我国的教育消费市场也步入国际化道路，在相同的条件下展开消费市场的竞争。根据 WTO 服务贸易总协定的第 13 条规定，“除了由各国政府彻底资助的教学活动之外，凡收取学费、带有商业性质的教学活动均属于教育贸易服务范畴”。游学作为一种让孩子在“游”的过程中增长见识的一种体验式的学习，深受我国家长的青睐。根据艾瑞咨询的数据，目前游学行业的渗透率仅为 5.5%，与游学行业较为成熟的国家比，渗透率提升空间巨大。2016 年我国国际游学人数分别约 65 万人次，同年国际游学行业的市场规模约 195 亿元，2017 年海外游学增长达到 70%以上，人均消费 2.6 万元。美国、英国、澳大利亚、新加坡、加拿大是最热门游学地，预计 2020 年我国游学行业的市场规模将达到千亿市场空间。新东方教育、北京大学国际文化交流与教育研究中心、市场研究机构益普索联合发布的《2017 年国际游学蓝皮书》指出，64.2%的中小学学生或其家长有较高的国际游学意愿，超 40%的受访者认为初中及小学是参与国际游学的最佳年龄段，国际游学正向低龄化趋势发展。①

2. 留学市场空间广阔

据统计 2016 年我国出国留学人员总数为 54.45 万人，较 2012 年增长 14.49 万人，增幅为 36.26%，高居世界上最大的留学生输出国地位（见图 8-6）。据前瞻产业研究院发布的《留学服务行业发展前景与投资预测分析报告》数据显示，2015 年中国留学行业市场规模达到 2 400 亿元，主要为境外消费。我国出国留学人员留学目的国相对集中。2016 年度，逾九成留学人员赴美国、英国、澳大利亚等十国，其中赴英语国家的留学人员近八成（77.91%）。从学历层次看，2016 年度我国出国留学人员攻读本科以上学历占七成（本科生 30.56%、硕博研究生 35.51%）。2016 年出国留学人员中，自费留学共 49.82 万人，占出国留学总人数

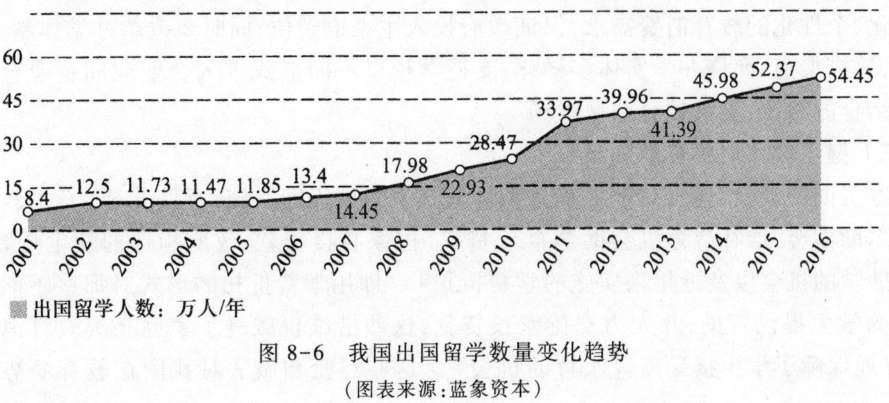

图 8-6 我国出国留学数量变化趋势

（图表来源：蓝象资本）

① 资料来源：游学热：不能光看西方不看西部[N]. 解放日报，2017-09-04.

的 91.49%。

留学生选择出国留学的动机多样化，其中有近三成留学生渴望通过留学增强职业综合竞争力，学习先进知识、技能占了多数。但近年来我国留学低龄化增势迅猛，相关统计数据显示，2015 年出国读高中和本科的学生占该年所有出国留学学生的 36%，而在 2014 年，这一数字仅为 23%。低龄留学兴起源于家长对国际化教育的渴望，希望孩子可以受到更多重视创新、尊重个性的教育。尤其随着近年来中国经济发展，家庭收入的提高，以及家长国际化意识的增强，同时孩子国际游学的阅历对国外教育水平的认可，使我国国外留学市场在未来依旧是家长和孩子接受国际教育服务，进行跨境消费的重要形式。

二、激发我国教育消费的策略

当前我国居民表现出来的巨大的教育消费热情备受理论界和政府投资者的关注，要最大限度的满足居民的教育消费需求，尚需对居民教育消费需求进行具体的分析，对由教育消费引发的问题进行冷静思考，正确引导我国教育消费。

（一）引导家庭理性消费

家庭消费支出的示范效应不仅表现在吃穿用等支出方面，而且也表现在家庭用于文化教育支出方面，把家庭支出引导到教育消费的理性支出方面，可以抵消家庭之间在吃穿等方面盲目攀比的倾向。我国目前教育需求膨胀部分只是文凭热的一种反应，针对一些不正常的教育需求不是完全满足它，而是需要正确引导，使居民树立健康新型的教育消费观。人们已经接受了有偿教育消费的观念，因此教育收费标准的确定必须考虑家庭的承受能力，然而接受教育并不总是家长的事，家长不应该成为教育费用的唯一支付者，教育消费者本人应该承担起教育费用的支付责任。教育消费者与费用支付者一致，才能推行全新的教育消费方式。另外通过教育资源配置的倾斜，引导居民进行理性教育消费，从而使教育消费结构与人才结构相一致，减少消费的盲目性等。

（二）加大政府对教育的投入

教育属于公共产品和准公共产品，因此国家依然是教育消费的最大主力军。按发展中国家的平均水平进行教育经费投入是我国政府的首要任务，任何试图把这部分的缺口由中国公民以消费的形式来填补的思路是不可取的。从政府层面需要创造条件，满足居民多层次多样化、个性化的教育消费需求，保证政府投入主渠道到位，同时要改革办学体制，拓宽教育经费，筹措渠道，允许办学实体多样化，支持学校以不同形式进入企业或同企业合作走产学研相结合的路子，丰富教育消费市场。

（三）健全教育消费资助体系

借鉴美国的经验，他们对学生及其家长采取了多种资助措施，有助学金（基本教育助学金即佩尔助学金、增补教育机会助学金）、贷款（国家直接贷款、政府担保的学生贷款）和各种勤工助学的机会以及近年来实施的学费折扣①。即用学费折扣的形式对那些不能负担全部学费的学生提供资助，并大力支持家长贷款，这些措施也减轻了家庭高等教育消费的负担，较好地保障了学生接受高等教育的机会②。这些经验和做法对我国在教育弱势群体的

---

① 瞿华. 教育服务消费的国际比较研究[J]. 财贸经济，2010(02)：86-91.

② 陈敏. 中美家庭高等教育消费比较[J]. 比较教育研究，2002(10)：60-63.

助学体系进一步健全和完善具有一定的参考价值。政府和学校可以通过实行贷学金制度、开办教育储蓄、实行奖学金制和减免学费以及灵活多样的收费方式,如入学时一次性付清学习所有学费、每学年初一次性付清全年学费、每学年内多次付清全年学费,配以真正意义上的学分制、勤工俭学制等措施,这样既能最大限度的满足人们的教育消费需求,又能切实扩大内需,促进经济增长。

(四)提高教育服务质量

对于教育服务的提供者,当前的一个重要任务是树立为消费者服务的观念。教育消费市场的竞争,首先是生源的竞争,随着越来越多的具有竞争力的参与者的进入,各类教育服务的“卖方市场”会受到冲击,而且市场经济的目标也是最终形成有限的买方市场。在这种形势下,教育服务的提供者必须充分考虑教育消费者的需要,以高质量和有特色的服务来吸引教育消费者,否则将不断面临消费者为维护自己的权益而进行的诉讼。这就需要教育服务的提供者加强师资队伍建设,采取灵活多样的办学形式,同时允许有一定知名度的评估机构按国家规定的标准定期对公办、民办及私立的学校排列名次,目的在于将竞争机制引入教育领域,使不同所有制学校处于平等竞争的环境之中,调动教育服务提供者通过质量竞争占领教育消费市场,求得生存与发展,从而促进我国的教育消费市场的发展成熟,满足教育消费者对于多样化、高质量的教育服务需求。

本章小结

教育消费是社会消费的重要组成部分,教育消费是一种文化消费、投资性消费,也是消费主体资格有基本要求的消费,以及贯穿消费者一生的消费。现阶段我国城镇居民消费结构仍处于结构性升级阶段。近年来,我国居民的教育消费支出呈现出许多新的变化和特点,诸如消费内容的多样性和层次性等,消费方式和选择的个性化等,同时教育消费也存在着许多误区,如教育消费中的盲目性、非理性、功利性、教育支付单一性等。因此教育消费者应树立维权意识,正确预估我国教育消费的趋势,理性分析目前制约我国教育消费升级的因素,以激发教育消费的潜力,促进我国教育消费的良性发展。

关键概念及术语

教育消费　教育消费与教育投资的关系　教育消费结构　教育消费误区

引导性思考题

1. 什么是教育消费?教育消费的性质是什么?
2. 简述教育消费与教育投资的关系。
3. 结合实际从我国居民消费的动因解读我国教育消费热现象。
4. 我国当前居民的教育消费误区主要有哪些?
5. 简述我国教育消费的主要趋势。
6. 制约我国教育消费的因素有哪些?如何激发我国教育消费的潜力?

文献选读

1. 靳希斌.教育资本规范运作[M].四川教育出版社,2003(01).
2. 刘社建.中国教育消费经济研究[M].河南人民出版社,2003(05).
3. 严志宏.消费经济学[M].中国人民大学出版社,2004(09).
4. 周海涛,李虔,张墨涵.论激发教育服务的消费潜力[J].教育研究,2016(05):40-46.

第九章　教育成本

【案例导入】

上一年大学的成本是多少?

假如你是一个大学生,你上一年大学的成本是多少呢? 首先,你有一些必要的货币支出:如学费支出5 000元,书本费、文具费、额外的住宿费和伙食费、交通费①等合计5 000元。这是否意味着你上一年的大学的成本是10 000元呢? 当然不是! 为了上这一年的大学,你还放弃了一部分收入。假如一个高中毕业生的平均年收入为20 000元,那么你因为上大学而放弃了的这20 000元也应该构成你上一年大学的成本。②

想一想,除此之外,你还放弃了其他什么东西吗? 加总起来,你上一年大学的成本是多少呢? 究竟什么是教育成本? 如何计量这些教育成本? 影响教育成本变动的原因是什么? 教育成本如何分担?

【教师导读】

本章探讨的主要内容就是与教育成本相关的知识,包括教育成本的含义、教育成本的类型及其研究意义、教育成本的估算方法和步骤、教育成本分担理论、教育成本分担的状况。

【学习目标】

1. 掌握教育成本的含义、分类以及研究意义;
2. 理解教育成本估算的程序和方法;
3. 理解影响教育成本变动的原因;
4. 掌握教育成本分担的理论;
5. 简单分析教育成本分担的现状。

【课时分配】

4课时

---

① 这里的"额外"指的是生活中超出正常吃住等支出的住宿费和伙食费、交通费。因为即便不上大学,我们也需要住宿和吃饭、旅游等,但如果上大学的住宿费和伙食费比在家里或其他地方贵,那么,这些超出正常吃住花费的支出就是因为上大学而额外需要的支出。

② 刘泽云.教育经济学[M].华东师范大学出版社.2008:49.

第一节 教育成本及其类别

一、教育成本概念

（一）教育成本概念的提出

“成本”一词是经济学的概念，它是指为了得到一种东西必须放弃的所有东西的价值。经济学意义上的成本是一种经济成本的概念，比如，企业的生产成本包括该企业生产其物品与服务所消耗的所有成本，既包括企业的显性成本（即需要企业支出货币的投入成本，或者称货币成本、财务成本），也包括企业的隐性成本（即不需要企业支出货币的投入成本，或称机会成本、非财务成本）。

对教育成本概念进行系统研究始于英国。1958 年英国学者韦锥出版了名为《教育成本》的专著中第一次提出了教育成本的概念，但当时作者并没有给出教育成本的定义。

1963 年美国经济学家舒尔茨出版《教育的经济价值》一书，提出了“教育的全要素成本”概念。他将教育的全要素成本分为两部分：一是提供教育服务的成本，二是学生上学期间的机会成本。舒尔茨明确指出，教育经费和教育成本是两个不同的概念，教育经费是个统计概念，包含了一些不属于教育成本的项目，同时又缺少一些教育成本的项目。

美国教育经济学家科恩在其《教育经济学》著作中提出，教育成本的概念应该以机会成本来表示最为恰当。他把教育成本分为两类：直接成本和间接成本。直接成本包括教育机构提供教育服务的支出，以及学生因上学而发生的支出，比如因上学而额外发生的食宿费、服装费、往返于家庭与学校之间的交通费以及书本费、运动器械等学校用品费用。间接成本主要包括学生因上学而放弃的收入、学校享受的税款减免、用于教育的建筑物和土地等资产损失的利息或租金收入。

美国教育经济学家曾满超认为，不仅应该将教育成本视为机会成本，而且还应从教育成本负担主体的角度区分公共成本和私人成本，教育的公共支出不必然等于教育成本的全部，单独考虑教育的公共支出可能明显低估教育活动的实际成本，因为教育的公共支出忽略了教育的直接和间接私人成本，以及私人的贡献。

美国教育经济学家皮卡斯在其主编的《教育经济和财政百科全书》中指出，教育成本被定义为学区为达到教育目标而需要付出的最低支出①。这里衡量教育成本所依据的是地方政府要求的培养一个公民所需要的基本支出。

我国学者对教育成本也有深入的阐述。王善迈教授认为，教育成本是“用于培养学生所消耗的教育资源的价值，或者说是以货币形态表现的，培养学生由社会和受教育者个人或家庭直接或者间接支付的全部费用”②。

袁连生教授在《教育成本计量探讨》一文中指出，教育成本的本质是为使受教育者接受教育服务而耗费的资源价值，它既可以表现为教育资源的购买价格，也可以表现为因资源用

---

① Brewer, Picus, Larry. Encyclopedia of Education Economics and Finance[M]. SAGE Publication, Inc. 2014:173.

② 王善迈. 教育投入与产出研究[M]. 河北教育出版社, 1996:168.

于教育所造成的价值损失。前者称为实支成本或货币成本,后者称为机会成本或间接成本。[1] 这一概念得到了学界的广泛认可,本书对教育成本的定义基本采用了袁连生教授的论述,但在具体表述上略有不同。

(二) 教育成本的含义

教育成本是为了培养学生所耗费资源的货币表现。要理解这一概念,必须明确:

1. 教育成本是与培养学生有关的

也就是说,并不是所有投入到学校或教育机构的资源都计入教育成本。只有那些与培养学生相关的教育和服务活动的耗费,才计入教育成本。比如,为学生提供的教学、管理、图书、咨询等教育服务活动的耗费。

2. 教育成本应该是全部教育成本

即教育成本应该是全成本,不仅包括直接支付的货币成本,还包括没有直接支付的间接货币成本。直接支付的货币成本,如政府的教育拨款、学生缴纳的学杂费、社会的教育捐赠等。间接支付的货币成本;如政府的教育税收减免、教育建筑物的折旧,以及学生达到法定就业年龄以后,因继续就学而放弃的收入等。现实中,这些间接支付的货币成本常常被人们忽视。

3. 教育成本可以优化,但不能消除

教育成本是培养人才所必需的支出,而培养人才需要一个过程,需要稳定的投入。没有一定数量的、稳定的教育投入做保障,已有的教育投入可能变为沉没成本。过高的教育成本需要控制,但也绝不是教育成本越低越好。教育成本可以优化,但不能消除。

4. 教育成本不等于公共教育支出

对于一个国家而言,教育成本不仅包括政府提供的公共教育支出。比如,政府用于支付教师工资的人员支出,用于修建学校操场、教室、图书馆的公用经费支出、基本建设支出,以及为发展教育的税收减免等;而且包括私人或其他社会组织对教育的支出,比如,学生及其家长支出的学杂费等,社会的教育捐赠等。换句话说,公共教育支出只是教育成本的一部分,如果用公共教育支出代替教育成本,就会大大低估教育成本。

5. 教育成本与教育经费是有区别的

教育成本与教育经费的主要区别,表现在以下方面:

(1) 含义不同。教育成本涵盖的范围是包括为了培养学生耗费的所有资源,它不仅包括现金流支出,还包括非现金支出(如教育税收减免)。而教育经费是一个统计指标,它只统计或包括了一个国家的政府、社会和个人用于教育的各项经费或现金流支出。以我国为例,根据《中国教育经费统计年鉴》,教育经费包括教育收入经费和教育支出经费。教育收入经费主要包括国家财政性教育经费、民办学校举办者投入、社会捐赠收入、教育事业收入及其他教育经费。教育支出经费主要包括教育事业费支出和教育基本建设支出经费。其中,教育事业费支出又包括两部分:一部分是人员支出。比如,对教职工的工资福利支出、对个人和家庭的补助等支出;另一部分是公用支出。比如,购买打印纸等低值易耗品支出,购买图书、实验设备等资本性支出。

(2) 教育经费中有一些项目不属于教育成本。比如,学校附属机构(中小学、幼儿园、

---

① 袁连生.教育成本计量探讨[J].北京师范大学学报(人文社会科学版),2000(1).

医院、食堂以及校办产业、学生宿舍等),如果不是为培养人才活动而独立核算,那么这些机构的支出就不属于教育成本。

(3) 教育经费中有一些项目不完全属于教育成本。如高等学校的科研经费中,那些为教学科研的耗费属于教育成本,而完全为了科学研究的经费,如同国家某一研究机构的研究耗费一样,不应属于教育成本。高等学校的行政管理费用中,那些为学生提供教学教育服务的费用属于教育成本,而那些只是为了学校向社会提供咨询服务而进行的耗费,也不应计入教育成本,因为这些咨询费如同国家某一政府机关的智库耗费一样。同理,学校的固定资产折旧费也只能将其用于培养学生而耗费的部分计入教育成本。

二、教育成本的分类

依据不同的标准,教育成本可分为不同类型,每一类型又有相应的成本构成。

(一) 个人教育成本与社会教育成本

按照教育成本的负担主体不同,可以将教育成本分为个人教育成本与社会教育成本。

1. 个人教育成本

个人教育成本是指家庭和学生因为接受教育而对资源的耗费。比如,学生支付的学费、书本费、通讯费等。

2. 社会教育成本

社会教育成本是指政府、学校、社会团体等机构因为培养人才而对资源的耗费。比如,政府列支的教育事业费支出、公用经费支出等;私立学校为长期聘用人员支付的各类劳动报酬,以及各项社会保险费等;社会团体和个人用于教育的捐赠等。

(二) 经常性教育成本和资本性教育成本

按照教育成本的用途,可以将教育成本分为经常性教育成本与资本性教育成本。

经常性教育成本,也称教育事业费支出,它是指教育机构在日常活动中发生的、需要经常更新的消耗品和劳务支出。比如,用于购买粉笔、打印纸等办公用品,以及支付燃料、水、电、暖等费用、用于教职工工资支出等。经常性教育成本因随着教育生产规模而变化,因此也称为可变教育成本。

资本性教育成本是指那些一次购置或租赁、长时间在教育过程中发挥作用的耐用资产消耗。比如,能够长期使用的校舍、图书馆和教学仪器设备的耗费等。资本性教育成本因不会随着教育生产规模发生明显变化或者比较固定,因此也称固定教育成本。

(三) 直接教育成本和间接教育成本

根据是否以货币直接支付,可以将教育成本分为直接教育成本和间接教育成本。

1. 直接教育成本

直接教育成本,又称货币教育成本,它是指社会和个人为教育直接支付的费用总和。直接教育成本因常常直接体现在财务账面上,因而又称财务教育成本。同时,直接教育成本又因是可以直接地、明显地被看到,故又被称为显性教育成本。

直接教育成本又可根据负担主体分为个人直接教育成本和社会直接教育成本。

个人直接教育成本,即家庭和学生个人为接受教育而直接支付的费用,如学杂费。

社会直接教育成本,即政府和社会机构为培养人才而直接支付的费用。比如,政府用于培养人才的财政拨款、财政补贴等。社会直接教育成本的构成主要有:

(1) 公共教育成本,含政府和公共企业的教育成本。比如,政府支付的教育成本,在我国称为国家财政性教育经费。

(2) 私人教育成本。包括私人机构、社会团体的办学支出,以及非学生身份的社会个体用于教育的捐赠等。

2. 间接教育成本

间接教育成本,又称教育机会成本,它是指社会和个人为教育而间接支付的教育成本。间接教育成本因常常不直接体现在财务账面上,不能明显地被看到或感受到,因而又称非财务教育成本,或者隐性教育成本。

间接教育成本又可分为个人间接教育成本和社会间接教育成本两部分。

个人间接教育成本,又称个人教育机会成本,它是指个人因接受教育而放弃的收入。比如,个人因教育而放弃出去打工获得的工资性收入。

社会间接教育成本,又称社会教育机会成本。它是指包括政府在内的社会,为培养人才而放弃的收入或所得。比如,政府用于教育的税收减免等。社会间接教育成本的主要构成有:(1) 工薪税,即社会所放弃的对劳动者薪资征税收入;(2) 教育免税成本;(3) 隐性租金和折旧等。

其中,社会所放弃的对劳动者薪资征税收入,指的是社会对于达到法定就业年龄的学生因继续就学而放弃劳动的薪资所征得的税收。

教育免税成本是指教育机构免交税额的价值。为了资助教育事业,许多国家都规定非营利教育机构免交财产税、所得税和营业税。政府免了学校的税,实际上等于间接增加了对教育的投入,因此教育部门所有免交税额的价值,构成了社会间接教育成本的一部分。

教育的隐性租金和折旧是社会间接教育成本的另一个方面。学校使用的土地、建筑物和设备,如果出租给非教育部门使用会获得一定的租金。因此,隐性租金是指社会放弃的、因学校使用而未能出租给非教育部门使用的土地、建筑物和设备等资源的租金收入。教育折旧是指学校系统所拥有的物质财产的磨损或过时损失。由于二者都与学校的固定资产相联系,所以往往把它们放在一起进行估算。而且,二者都是教育的经常性成本。

(四) 物质教育成本与人员教育成本

按照教育成本要素,可以将教育成本分为物质教育成本和人员教育成本。

1. 物质教育成本

物资教育成本是指一定时期内用于教育的物化成本部分。主要包括基建成本和公务成本,如教育基本建设投资、土地投资、建筑物和大型设备资金、各种教学、实验设备、图书等固定资金以及学校原材料、低值易耗品资金等。

2. 人员教育成本

人员教育成本是指一定时期内参与教育活动所消耗的资源,主要包括教育人员工资、补助工资、奖金、福利费以及其他人员经费开支。

(五) 教育总成本、单位教育成本和边际教育成本

为了探索教育资源利用效率以及便于教育决策,可以把教育成本分为总成本、平均成本和边际成本。

1. 教育总成本

它是一定范围内为培养学生耗用所有教育资源的货币表现。它既可以是某一地区的教育总成本,也可以是某一所学校的教育总成本。

2. 单位教育成本

单位教育成本,也称生均教育成本。它是指一定时期内,学校或者某一地区培养学生的教育总成本除以产量或学生数量。如 2016 学年,某小学的教育总成本是 300 万元,培养学生 50 人,那么该校的单位教育成本就是 6 万元。由于教育总成本等于固定教育成本和可变教育成本之和,所以生均教育成本可以表示为生均固定教育成本与生均可变教育成本之和。生均固定教育成本是固定教育成本除以产量,生均可变教育成本是可变教育成本除以产量。

3. 边际教育成本

它是指额外增加培养一个学生引起总成本的增加,因此边际教育成本也可以称为教育增量成本。在学校,边际教育成本是指学校每增加一个教育单位或学生所导致总成本增加的量。

除上述之外,实际中还存在着其他类型的教育成本。如教育外部成本、单项教育成本等。教育外部成本是指教育活动对社会或社会中的任何个体造成损失所引发的成本。例如,当一所学校变成了一群危害四邻的小歹徒的据点或避难所的时候,教育的外部成本就发生了。或者,当学生、教师的行为为社会带来负面影响的时候,这些犯罪的成本应归于教育。单项教育成本指各级各类学校在某一方面的教育成本。如各级、各类、各专业教育的人员成本、资本性成本、公用成本,图书资料、学生咨询成本等。

三、研究教育成本意义

教育成本研究是家长和学生、学校管理者、政府部门,以及用人单位非常关心的重要问题。

1. 研究教育成本可以为家长和学生教育投资提供重要依据

对于家长和学生来说,研究教育成本可以为家庭的各种教育决策提供参考依据。当家庭需要决定:是否让自己的孩子上大学?上多少年的大学?是接受本科还是研究生教育?是在公立大学还是在私立大学上?是在国内上大学还是出国上大学?面对这些问题时,研究教育成本可以为其提供重要依据。

2. 研究教育成本可以为确定合理的学费及拨款标准提供依据

对于政府来说,它是制定预算、拨款、学费标准、学生资助,以及确定学校是否盈利和是否应该纳税的重要依据;对于学校管理者来说,它是加强学校管理,提高学校资源利用效率的有效工具。

3. 研究教育成本可以为正确处理政府、社会和个人教育成本分担提供重要依据

研究教育成本,提供准确的教育成本的构成,明晰不同级次教育成本、不同地区教育成本、不同受教育群体、不同教育利益者负担教育成本的状况,不仅有利于确定合理的学费标准和拨款标准,还有利于合理确定政府、社会和个人对教育成本分担的比例,确定不同级次政府对不同各级各类教育成本分担的比例等。

4. 研究教育成本可以为计量和测算劳动者报酬提供重要依据

劳动力市场上,影响劳动者劳动报酬的因素很多,其中起重要作用的是劳动者的质量与

素质,其主要表现为劳动者的劳动熟练程度、复杂程度,而这一切都需要教育去培养和训练,需要花费教育费、培养费、学习费。在市场经济条件下,依据劳动者先前耗费的教育资源多少即教育成本,来测定未来劳动力进入市场时的价格,进而确定劳动者的初始报酬,是一个不错的办法。

第二节　教育成本的估算

一、教育成本估算研究

准确的教育成本核算,是教育成本研究和政策研究的前提。为此国内外都有较深入的研究。

(一) 国外教育成本估算的研究进展

早在 20 世纪 60 年代,教育成本核算就已经被作为一个理论问题提出,而且,英美等国也开始重视包括学校在内的非营利性组织的成本核算问题。① 美国和英国等国家计量教育成本的主要目的是对财政资金使用进行规范和监管,或者是对政府资助的科研项目间接成本进行补偿,加强资助政策的科学性。

20 世纪 80 年代中期,美国经济学家约翰斯通提出了高等教育成本分担理论,该理论主要包括成本的分类及其回收与补偿,在详细分析成本结构的基础上,形成高等教育成本应由政府、学生家长和社会人士(捐赠)共同分担的比例。

20 世纪 90 年代,基于高等教育财务困境、学费上升和公众对教育投入效率的担忧,美国国会在 1997 年成立了全国高等教育成本委员会,责成该委员会调研大学的"成本—价格"难题。1998 年 1 月,该委员会发布《直言大学成本与价格》,呼吁大学加强成本控制、向消费者提供质量更好的成本和收费信息,以提高学校的公信度。

2001 年 6 月美国全国大专院校行政事务官员理事会的特别委员会一致同意批准了基于本科生教育成本和一般技术,简洁、统一、有用、易于理解的"单页表格"计量方法,包含学校的基本信息(学生人数和收费价格)、按照年度财务报告数据填列的成本数据(教学与学生服务费用、机构与社区费用、学生经济资助)、设施及资本成本,披露本科生教育的年平均成本和年学费。实际测试结果显示,社区学院、公立 4 年制高等学校、独立 4 年制高等学校与其已知的成本结构及资金来源情况具有一致性。

(二) 国内教育成本的研究

1. 国内教育成本研究的进程

国内学术界对教育成本核算的研究始于 20 世纪 90 年代。自 1993 年中共中央、国务院下发《中国教育改革和发展大纲》,从行政法规上确立大学收费制度以来,作为确定收费标准的基础,生均教育成本问题越来越引起社会各界的关注,相关研究文章数量逐年增加。1996 年,国家教育委员会、国家计划委员会和财政部发布的《普通高级中学收费管理暂行办法》和《高等学校收费管理暂行办法》等学校收费管理文件,规定了学费标准根据年生均教育培养成本的一定比例确定,但并没有明确规定教育培养成本的具体计算方法等。据此,学

① 刘泽云. 教育经济学[M]. 上海:华东师范大学出版社,2008:60.

者进行了相关研究。如蒋鸣和等用491个国家贫困县小学的经费数据估算了小学生均成本。① 叶向阳利用甘肃、四川、贵州、江西、安徽5个省29所小学数据估算了学校成本②。蒋鸣和还利用1994年我国普通高校本科数据,估算出了本科生均教育成本③。

1999年,高等院校扩大招生进而引起社会公众对高等教育成本即确定高校收费标准基数的普遍关注。此后随着独立学院和民办高校的兴起,学术界更多探究民办高校生均培养成本的计量及其合理回报的衡量与评价,以及我国落后地区家庭无力承担子女接受高等教育的费用、政府教育投入不足、就业压力、高等教育收益评价等因素,也大量涉及研究生教育的成本分担问题。

2005年,国家发改委、教育部、劳动和社会保障部发布的《民办教育收费管理暂行办法》也提到了学校成本的计算口径。其中规定,民办学校学历教育学费标准按照补偿教育成本的原则并适当考虑合理回报的因素制定,教育成本包括人员经费、公务费、业务费、修缮费、固定资产折旧费等学校教育和管理的正常支出,不包括灾害损失、事故等非正常费用支出和校办产业及经营性费用支出。同年,国家发改委发布的《高等学校教育培养成本监审办法》中,不但提出了教育培养成本的范围,即教育培养成本由人员支出、公用支出、对个人和家庭的补助支出及固定资产折旧四个部分构成,还规范了具体的成本核算原则,即权责发生制原则、相关性原则和分类核算原则等。

2013年财政部和教育部新修订的《高等学校财务制度》中涉及成本和费用的相关规定更为详细和具体。首先明确了费用是当期的资源消耗,且需要根据权责发生制原则将效益与支出进行配比,然后可在此基础上对费用按用途进行归集,并进行成本核算。《高等学校成本管理办法(试行)(征求意见稿)》中对高校成本核算的内容、方法及分析报告做出了更为详细和具体的规定。同年,开始实施的新修订《中小学校财务制度》,在支出管理部分中提出中小学校可以结合实际,按照教育教学功能细化支出分类。

随着国家制度的不断规范,学者的研究也有了新的进展。如袁连生、崔邦炎估算了1995年全国小学、初中、高中和高校的生均成本④。丁小浩、薛海平使用1997—2000年国家统计局城市住户调查数据,对7个省市城镇家庭人均教育支出进行了估算⑤。孙志军使用对甘肃省20个县的农村住户调查数据,估算了家庭教育支出。⑥

2. 国内教育成本研究的特点

(1) 教育成本研究范围不断扩大

第一,从最初的核算意义、可行性、原则、传统计量方法、生均实际成本等一般性问题转向具体关键问题的解决(如科研成本、固定资产折旧、共同费用分配、机会成本的计量)、生均标准成本以及实证研究、作业成本法等现代计量方法的广泛运用。

---

① 蒋鸣和,徐坚成,王红.中国贫困县教育财政和初等教育成本——491个国家级贫困县的分析[J].教育与经济,1997(4).

② 叶向阳.贫困地区农村小学成本个案研究[J].教育与经济,1997(4).

③ 蒋鸣和.教育成本分析[M].北京:高等教育出版社,2000:19.

④ 袁连生.教育成本计量探讨[M].北京:北京师范大学出版社,2000:32-37.

⑤ 丁小浩,薛海平.我国城镇居民家庭义务教育支出差异性研究[J].教育与经济,2005(4).

⑥ 孙志军.中国农村的教育成本、收益与家庭教育决策:以甘肃为基础的研究[M].北京:北京师范大学出版社,2004.

第二,研究不仅涉及以往的小学、中学、中等职业、高职、本科和研究生等不同教育层次,在成人继续教育、幼儿园教育甚至远程教育方面也进行了教育成本的研究。

第三,教育成本分担或补偿是1997年以后研究的一个主要命题。随着我国高等教育大众化及1999年起民办高校作为我国高等教育发展的新模式,近50%的文章从教育成本分担与补偿理论入手,分析当前我国高等教育成本分担体制、个人的分担比例,以及高等教育成本补偿政策对社会公平的影响等问题,以期形成系统化的应由政府、学生、学生家长和社会人士(捐赠)共同负担的教育成本合理比例。

(2) 教育成本研究在理论和实践方面都取得很大进展

第一,在关注程度上,由学者、高校会计工作者扩展到民众、政府和学校,教育成本的计量也从教育收益率研究的需要扩大到满足民众了解教育成本和政府财政拨款及教育决策的需要。

第二,在研究焦点上,集中于教育成本的构成和教育成本的计算。对于前者,会计工作者和理论界存在较大的分歧,会计工作者认为教育成本主要包括有形成本,以反映办学的经济和社会效益;理论界则从经济学的角度分析指出应包括社会直接教育成本和社会间接教育成本两部分,但对社会直接教育成本、社会间接教育成本、个人直接教育成本及个人间接教育成本的具体构成项目及其计量方法见仁见智、观点纷呈。

第三,在教育成本内容辨析上,研究从理论的抽象进入到具体的要素计量,对折旧的计算、学生资助和非教学费用的剔除等具体项目的调整达成了更多的共识。

第四,在教育成本计量方法上,研究由单一的数理统计方法扩展到会计方法、数理统计和作业成本法并存,为今后建立学校成本核算制度作了必要准备。

第五,在制度层面上,尽管2005年国家发改委发布的《高等学校教育培养成本监审办法(试行)》仍需要不断完善,同时缺乏与之配套的会计制度,使高等院校教育成本核算的可操作性大大降低,但仍不失为教育成本理论研究与实践应用的一个重要发展。

第六,在实践应用上,基于制定教育收费标准的需要,1996年开始,各个省、市、自治区及有关部委及高校依据开支情况测算学校的办学成本。同时,也加强了学校办学成本的控制,如原煤炭工业部在1997年印发了《煤炭院校"四条线"财务管理办法(试行)》,将内部核算机制或责任会计制度运用于煤炭系统高校成本管理。

二、教育成本估算方法与步骤

准确估算教育成本,需要了解相应的方法和步骤。

(一) 教育成本估算的方法

教育成本估算包括成本要素的确定、成本方法的采取、成本步骤的使用。如前所述,教育成本要素包括教育直接成本、教育间接成本,直接成本主要包括用货币直接支付的,培养人才所需要的人员、设施、设备的价值;间接成本包括若将培养人才所付出的货币支出进行投资会获得的资本收益、免税收入、折旧收入。

教育成本计量主要有三种方法,即统计调查法、会计调整法和会计核算法①。其中,统计调查法适合于估算各类教育成本,会计调整法、会计核算法主要适合估算学校教育

① 袁连生.教育成本计量探讨[M].北京:北京师范大学出版社,2000.

成本。

1. 统计调查法

它是利用现存的教育经费统计资料或抽样调查数据,经过适当的调整来获取教育成本,是研究教育成本获得数据的常用方法。这种方法的优点是以较低的成本,在较短时间内得到教育成本数据。由于个人显性教育成本中除向学校缴纳部分以外的教育成本以及教育隐性成本不能计入学校会计系统,两个地区或全国的宏观教育成本也难以通过学校会计记录计算得出。因此,统计调查法是估算个人教育成本、隐性成本以及宏观教育成本的唯一方法。

2. 会计调整法

它是一种利用各学校现存的教育经费收支的会计记录,经过调整,将教育经费支出数据转换成教育成本数据的方法。因这种转换调整的基础是会计核算的成本计量原则,所以称为会计调整法。只要教育和财政部门制定统一的调整规则,将计算转换教育成本并编制报送教育成本表作为学校的一项基础工作,就可以得到系统的教育成本数据。只要遵循成本计量原则,转换计算得到教育成本数据的准确性就可以保证。

3. 会计核算法

会计核算法是利用学校会计系统,通过设置登记账簿,记录教育资源的耗费,计算教育成本。这种方法因为教育耗费资源的信息只能来自会计系统的账簿记录,因而成本数据比较准确。但不足之处是它仍然无法计量个人教育成本和隐性教育成本。

(二)学校教育成本估算的步骤

学校教育成本主要是学生培养成本,它是政府、学校和家长都很关心的问题。不同的方法对学生培养成本估算的步骤也是不同的。本文介绍的是利用会计调整法计量学生培养成本的步骤。

1. 收集资料

这是估算学生培养成本的第一步。学生培养与学校财务部门、资产管理部门、后勤部门、教学管理部门等有直接的关系。因此,需要收集的资料包括:第一,财务资料,主要是支出明细表和固定资产表。第二,非财务资料,主要是有关教职工和学生的基本数字、课程学分表,学生管理部门为学生提供服务的数据,后勤部门管理的各个层次学生住宿的数据,科研管理部门提供各层次学生参与科研的数据等。

2. 归集计算培养学生的直接成本

培养学生的直接成本是指培养学生过程中,资源耗费发生时就能具体辨明是用于哪类学生的费用。如“学生事务支出”总账下学生奖助学金、辅导员津贴、助教津贴、研究生生活费、学生勤工助学等直接用于学生的支出,“教学支出”“行政管理支出”“业务辅助支出”“后勤支出”,总账下设的“公务费”“业务费”等公用经费明细账中,直接用于学生的军训费、招生费等。计算前,先将这些数据摘录出来,归集填入“学生培养直接成本计算表”,最后汇总计算得到各类学生的直接费用。

在计算培养学生的直接成本时,还需要计算和分配培养学生的公共费用。学生培养的公共费用是指培养学生过程中资源耗费发生时不能直接将具体数额归于各类学生的费用,它包括公共人员费用、公用费用。如学校管理人员的工资福利、公务费、业务费、设备购置费、修缮费等。在目前公办学校以收付实现制为核算基础的会计资料中,教育支出的分类并不清晰，因而计算和分配学生公共费用实际上就是将学生公用的学校教职员工人员费用、公用费用进行分割，然后按照一定的标准进行分配，从而得出各类学生负担的公共费用。

3. 计算培养学生的间接成本

培养学生的间接成本包括培养学生的折旧费用、在职教职工的养老和补贴、培养学生所放弃的资本收益和免除的税金等。

（1）计算培养学生的折旧费用

培养学生的折旧费是指培养学生过程中耗费各种固定资产的折旧费，如实验室和教学楼的折旧费。计算培养学生的折旧费需要依据各部门固定资产用于学生培养的频率等标准，如教学部门的固定资产因全部用于培养学生，因而其折旧应全部计入学生培养费用，科研部门的30%用于学生培养，计入30%；行政管理部门计入70%；经营部门全部剔除等。

（2）计算在职教职工的养老和住房补贴费用

这需要按照在职教职工的工作性质、各地各类教职工的住房和养老标准进行测算、归集和计入。

（3）计算培养学生总支出放弃的资本收益量

培养学生总支出放弃的资本收益量是指培养学生花费的直接支出若用于投资所放弃的收益，它是学校培养学生所耗费的一种隐性成本，我们将其称之为机会成本Ⅰ，机会成本Ⅰ等于学生总支出乘以投资利率（通常按照银行存款利率计算）。比如，假定某学校培养学生花费的直接总支出是1 000万元，一年期的银行存款利率为3%，那么培养学生放弃的资本收益，即机会成本Ⅰ=1 000万元×3%=30万元。

（4）计算培养学生所放弃的其他收入

如放弃的免除学校营业税、房产税、城镇土地使用税、学生所得税等。这些成本也是学校培养学生所耗费的一种隐性成本，我们将其称之为机会成本Ⅱ，但这些成本往往被社会和学校所忽视。

4. 计算总教育成本和生均教育成本

根据会计资料和其他相关资料，计算和分配经费中用于培养学生的直接费用和公共费用，以及折旧、养老保险和住房补贴、社会所放弃的税收、免税成本、潜在租金等之后，将它们相加可以得到全校的学生培养总成本和各层次学生的总成本，将各层次学生的总成本除以各自的人数，即可以得到年生均培养成本。

5. 计算各级学校毕业生教育成本现值

教育的成本是按年支付的，学生要完成某一级别的教育，必须读完学制所规定的年限才能毕业。教育支出作为一种长期投资，那么，n年以前投入的100元和现在投入的100元是不相等的，而且n年以前投入的100元到现在可能而且应该增值。例如，把100元存入银行，银行利息率为r，那么，第n年后100元的现值应该为$100\times(1+r)^n$元。

因此，要计算学生毕业时的成本现值，无论是其直接教育成本还是间接教育成本，都必须成本折现。各级毕业生的成本现值的计算公式为：

$$C=\sum_{t=-n}^{-1}\frac{C_t}{(1+r)^{t+1}}$$

公式中，C为某级毕业生成本现值，n为某级教育学制年限，C_t为第t年时投入的教育成本，r 为贴现率（通常用银行利息率）。

生均教育成本适用于学生毕业以前的各个年份；假如我们贴现率（银行利息率）为 3%；学制为小学 6 年，初中 3 年，高中 3 年，中等职业学校 3 年，大学 4 年；有了各年的总成本和平均成本，就可以计算出各级各类学校毕业生成本现值。

讨论一下：培养一个高中毕业生的教育成本是多少？

假设一个私立学校的高中生，今年毕业了。假设三年高中期间，他高一学年的所有教育成本是 30 000 元，高二学年的是 35 000 万元，高三学年的是 40 000 元。银行的年利息率为 3%。那么，培养这个高中毕业生 3 年的教育成本究竟是多少呢？是简单将其三年的教育成本相加得出的 105 000 元吗？答案是否定的。正确的答案约是 111 113.31 元。因为按照上述第 5 步计算现值的方法，可以列出计算式：

$$C=\frac{30\ 000}{(1+3\%)^{-4+1}}+\frac{35\ 000}{(1+3\%)^{-3+1}}+\frac{40\ 000}{(1+3\%)^{-2+1}}$$

最后得出的结果应该是 111 113.31 元。这比简单相加得出的 105 000 元多出 6 113.31 元，正是成本折现的缘故。

（三）个人教育成本的估算

关于个人教育成本估算是家长和学生很关注的问题。试想一下，当你考虑自己的教育成本时，你不仅需要考虑眼下你直接支出的教育成本（即个人直接教育成本，包括学杂费、书籍文具费、文体费、住宿费等），还要考虑你的间接教育成本。

估算个人教育成本的步骤如下：

1. 估算个人直接教育成本

估算个人直接教育成本，首先，要明确个人直接教育成本的构成。

个人直接教育成本构成主要有：（1）学费；（2）书本费、文具费和其他学习用品费；（3）学生往返学校的交通费；（4）额外的吃、穿、住费用（指学生因就学在吃、穿方面多支出的费用和在校住宿学生的住宿费）；（5）文娱体育（指学生因参加学校组织的文体活动而支出的费用）、通信费用等。

然后将各项成本合计，就可以得到个人直接教育成本。

2. 估算个人间接教育成本

个人的间接教育成本即个人的教育机会成本，它主要由两部分构成：（1）个人投入教育的资金（如学费）所损失的资本性收益（如利息收益）；（2）学生在达到法定就业年龄后因继续上学而未就业所放弃的收入（如打工收入）。

估算个人每年的间接教育成本就是把这两部分分别计算后合计即得。

影响学生所放弃收入的因素主要是就业概率和同龄劳动者的收入水平。

美国教育经济学家舒尔茨在计算所放弃的收入时，所采用的方法是：假定初等学校学生没有其所放弃的收入；中学生和大学生放弃了相应于他们年龄组的人所得到的一定收入。他以 1949 年为基础年份确定青年人的每周收入，中学生和大学生分别按男女分成四个年龄组（14—17 岁，18—19 岁，20—24 岁，25—29 岁）。假定按平均数计算，学生每年放弃了 40 周的收入，然后，换算为美国制造业工人获得等量收入的周数。计算的结果是，中学生放弃了相当于制造业工人 11 周的收入；大学生放弃了大约 25 周的收入。他假定这个 1949 年所放弃收入的比率适用于1900—1956年的各个年份,计算出每年所放弃的收入,然后用失业率进行调整。①

根据我国《劳动法》的规定,16岁为法定就业年龄,因此,计算所放弃的收入应从16岁以上的中学生开始。目前,我国有关学生所放弃收入的实证研究较为鲜见。根据我国的实际情况,一个可行的方法是,由于高中生或中等职业学校学生年龄较低,一般在16—18岁之间,也没有劳动力市场经验,收入可能较低,可以按照当年城镇单位就业人员年平均工资的60%来估算所放弃收入,然后用失业率进行调整;对于大学生来说,年龄一般在19—22岁,可以按照城镇单位就业人员年平均工资的80%来估算所放弃收入,然后用失业率进行调整。

采用这种方法,2015年我国城镇单位就业人员年平均工资53 615元,年末城镇登记失业率为4.05%,那么,我国大学生和高中生所放弃的收入如表9-1所示。我们看到,高中生或中等职业学校学生一年放弃了30 866元收入,三年放弃了92 598元的收入;大学生一年放弃了41 155元收入,四年大学放弃了164 619元收入。

表9-1　2015年我国高中生、中等职业学校学生和大学生所放弃的收入

城镇单位就业人员年平均工资	53 615元
年末城镇登记失业率	4.05%
高中生或中等职业学校学生一年放弃收入=53 615元×60%×(1-4.05%)	30 866元
大学生一年放弃收入=53 615元×80%×(1-4.05%)	41 155元

3. 合计个人教育成本并折现

即将个人直接教育成本和个人间接教育成本相加,即得个人教育成本。

讨论一下:晓明的个人教育成本是多少?

晓明今年要上大学了,那么上一年大学的成本是多少呢?假设他一年的学费5 000元,书本费、文具费、额外的住宿费和伙食费、交通费等合计5 000元。这是否意味着晓明上一年大学的成本是10 000元呢?当然不是!为了上这一年的大学,晓明还放弃了一部分收入。假设一个高中毕业生的平均年收入为30 866元,那么晓明因为上大学而放弃了的这30 866元也应该构成他上一年大学的成本。此外,晓明用在学习上的货币支出10 000元是被消费掉的,并没有获得直接的经济收益。如果将这10 000元用来投资,如购买国债,按照凭证式国债1年期收益率为3.85%,那么这10 000元一年可获得385元的利息收入。但现在这385元也因上大学而放弃了。因此,把货币支出的10 000元、放弃的收入30 866元和放弃的资本收益385元加起来,总共41 251元(5 000+5 000+385+30 866元)才是晓明上一年大学的个人教育成本。

(四)教育成本行为的特点

教育成本行为即以最佳使用来测定的教育资源耗费的行为。国内外研究的结果表明,

① 科恩.教育经济学[M].王玉崑,等,译.上海:华东师范大学出版社,1984:62.

教育成本行为具有如下特点：

1. 教育总成本不断上升。

2. 人员成本是教育成本的主要成分。

3. 教育单位成本不断上升。

4. 高层次教育往往意味着高成本，但随着资源利用效率的提高，不同层次的教育成本差别会从稳定变为逐步缩小。

5. 在未达到规模经济临界值之前，单位教育成本随着规模的扩大而降低。

6. 高等学校总成本中，间接教育成本构成了主要部分，反映了个人接受高等教育在短期内损失是较大的。①

三、影响教育成本变动的因素

影响教育成本变动的因素主要有以下几个方面：

（一）通货膨胀

受通货膨胀的影响，商品的成本与价格会上升，教育也毫不例外。我国教育经费的主渠道仍然是政府的预算内财政拨款，按现值计算，教育经费增长速度是比较快的，但如果将通货膨胀的因素考虑在内，教育经费的增长速度就要打折扣了。正因为如此，这些年来尽管教育经费增长很快，而教育经费短缺的问题依然存在。另外学校所购买的并不是市场上的所有商品，而是某些与教育相关的商品，即学校所购买的商品有其特殊性。近些年来，学校所购买的商品的价格上涨的速度远远高于一般商品的消费物价指数。国外有些学者专门编制了教育的价格指数，尤其是高等教育的价格指数（Higher Education Price Index，简称 HEPI），以便更准确地测量通货膨胀对教育成本的影响。在 HEPI 中，教师及其他人员的工资占有较大的比重。当其他商品和劳务价格上升，即有通货膨胀存在的情况下，为了保证教师及其他人员的实际收入不降低，必须对他们进行补偿，结果使教育成本上升。

（二）教育供求状况

一般来说，当教育需求强烈时，教育成本往往会较高。而当教育需求较弱时，教育成本会有下降的可能。当教育供给能力较强时，教育成本会出现下降的趋势，而教育供给较弱时，教育成本将由于其卖方市场的地位而上升。教育成本还要受各国教育财政供给能力的影响，发展中国家的教育成本肯定要低于发达国家的教育成本。同一个国家中也是一样，发达地区教育成本肯定要高于落后地区。

（三）学校竞争

学校竞争会对教育成本产生影响，因为学校为了增强学校竞争力，提高质量，会不断地增加投入，改善提高教学和科研水平；不断地增加非学术项目，以及建立新的学术课程；招募并保留高质量的教师；提供更多的学生服务项目，如奖学金、学生咨询、就业咨询等。所有这些因素都会影响学校的成本。

（四）新的教育技术应用

在教育中技术扮演着广泛、重要而且是不断扩展的角色。从教育所教的内容，到教育采用的新媒体等方式，教师教育信息的搜寻、存储等，都需要新技术。通常情况下，技术的使用

---

① 柯佑祥. 教育经济学[M]. 武汉：华中科技大学出版社，2009：46-47.

成本都是很高的。

（五）制度因素

制度是人们为进行某项活动而制定的各种规定，以及与之相应的行为规范。制度可以提高人们合作行为的效率。不同的制度安排会产生不同的运行效率。不同的教育制度安排也会对教育成本产生不同的影响，如公立学校效率低导致成本上升。因为现行的学校制度主体上都是国家主办的公立学校，而公立学校既没有核算教育成本的压力，也没有降低教育成本的动力。

（六）鲍莫尔教育成本病

教育作为一项服务，其生产过程要求供需双方存在直接的、面对面的互动，这种互动被称为“私人服务”。正是这种私人服务的存在，使得教育生产过程无法实现完全的标准化，无法像制造业那样使用机器来替代人力投入。如果削减人力投入往往会降低教育产出的质量，而在保证质量的同时往往难以减少教师数量，从而造成教育行业的劳动生产率提升缓慢。因而随着社会总体劳动生产率的提高，教育经费支出迅速增加，这是由于教育的特殊性所致，鲍莫尔把这一现象解释为“成本病”，学界称为“鲍莫尔教育成本病”。

鲍莫尔教育成本病是指教育的生产效率提高缓慢，或者没有提高，但出于行业人才竞争的考虑，教育为留住教师等人才，其工资也不得不随着其他行业上涨，从而导致教育成本不断上升的现象。

虽然“鲍莫尔教育成本病”现象很难消除，教育成本上升不可避免，但人们可以尽可能克服它的不利影响。首先，互联网以及其他技术突破可以促使教育领域的劳动生产率迅速提高，消除教育部门同社会总体的劳动生产率差异，比较突出的例子是慕课。大量学者的研究表明慕课对于教育生产效率的促进作用正向显著，同时还能节约大量教学活动中的各类成本。其次，教育是促进全社会生产率提高的源泉，由教育投入带来的人力资本积累和技术创新是经济增长的内生动力，经济发展所带来的生产能力和购买力的增长，足以弥补其对教育成本的负担。

第三节　教育成本分担

高额和不断增长的教育成本，对于教育相关利益者来说都是不小的负担。如何在不同利益群体间分担教育成本，亟待研究。

一、教育成本分担理论

（一）教育成本分担概念

教育成本分担是指由国家、地方政府、企事业单位、家庭及个人对教育资源耗费的分担。这一概念最早是由美国教育经济学家约翰斯通于1986年提出的，当时他提到的教育成本分担主要是指高等教育成本完全或几乎完全由政府或纳税人负担应当转向至少部分地依靠家长和学生负担，以交费的方式补偿部分教学成本，或以支付使用费的方式来补偿由政府或大学提供的住宿和膳食。尽管约翰斯通仅仅提及高等教育，但这一概念很快被社会和研究者接受，并适用于其他阶段的教育。随后，同一范畴和含义的“教育成本分摊”“教育成本补偿”等概念被广泛使用。

（二）教育成本分担的原则

一般认为，教育成本分担应该遵循两个主要原则：一是受益原则，二是能力原则。受益原则是指不同的教育对象，根据其获得教育收益的多少来承担教育成本。即谁受益，谁付费；多受益，多付费；少收益，少付费。对于没有子女接受教育的人来说，由于教育具有广泛的正外部收益，因此，也应负担部分教育成本。事实上，这部分人是通过政府强制征收税收的形式承担了教育成本。能力原则是指在教育成本的分担中，经济能力强者负担较多的教育成本，经济能力弱者负担较少的教育成本。

（三）教育成本分担的理由

为什么要提出教育成本分担？从教育经济学的角度看主要有四个理由。

第一，受益视角。教育特别是高等教育能带来很大的私人收益，让受教育者承担部分成本符合“谁受益，谁负担”的原则。

第二，财政公平。教育机会特别是高等教育机会是有限的，把一部分教育成本转移给有支付能力的家庭可以减少政府的公共教育负担，这变相地增加了政府公共教育财政的供给能力，政府可以利用增加的教育经费对更多的贫困家庭子女给予资助，将有利于教育财政的公平，让更多的低收入家庭的孩子接受教育，也有利于提高低收入家庭的相对工资水平，进而降低社会收入不平等水平。

第三，效率视角。教育成本分担后，学生及其家长不仅会增加对自身接受教育成本的认识，还会增强对学校成本的意识，进而会更加关注学校的办学。学校为了吸引更多有支付意愿的学生，也会积极响应家长和学生的教育需求，提高学校办学效率。

第四，财政所迫。随着经济和社会的快速发展，以及教育改革的不断推进，社会对教育需求和教育成本不断攀升，任何一方的财政都很难单独承受高昂的教育成本，因此，由受益各方共同分担教育成本便成为现实的选择。

（四）教育成本分担的主体

第一，政府。政府对教育成本的分担主要是投入大量的公共资金。但事实上，政府的投入不是政府自己的，而是由全体纳税人分担的。

第二，学生家长。学生家庭分担教育成本是因为自己的子女受教育，不仅可以减少其看护和抚养孩子所需要的时间，而且还可以从孩子教育中享受乐趣，从孩子未来因教育而获得社会地位的提高和经济收入中受益。家长分担教育成本，主要通过动用已有储蓄或其他资产、当前收入、偿还贷款等方式，支付学生学杂费、生活差距费等。

第三，学生。学生分担教育成本是因为学生接受教育，增加了人的经济价值，并通过获得更多的经济报酬体现出来。学生分担教育成本，主要通过勤工俭学或打工助学，或者上学期间借款、贷款，毕业工作后偿还本金和利息等。

第四，社会团体和个人。比如企业，分担教育成本是因为受教育者的人力资本会为提高雇主经营生产率，为雇主经营带来价值，因而雇主应当通过分担教育成本来补偿教育。社会人士捐赠教育是一种善举，它在满足社会教育需求的同时，还可能会满足捐赠者自身的价值需求，也可能为捐赠者带来社会声誉。

二、教育成本分担的状况

关于教育成本分担的状况，世界各国、各地因经济、社会、文化的不同，也因对不同教育层级的社会价值和经济价值认识的不同,呈现出五花八门的景象,因而,无论如何也难以穷尽其多样的实践,这需要不断地去观察,有必要了解教育成本分担模式及分析视角。

(一) 教育成本分担模式

教育成本分担至少有三种模式:第一种是政府主导模式,即教育成本主要由各级政府承担的模式。这种模式普遍存在于各国的义务教育阶段。第二种是学生主导模式,即教育成本主要由学生承担的模式。这种模式普遍存在于各国的私立高等教育。第三种是均衡分担模式,即教育成本由政府、学生(包括家庭)、社会团体和个人均衡分担,在教育成本结构中各占三分之一。这种模式在不同的国家、不同的教育级次有不同的表现。

(二) 分析教育成本分担的视角

分析教育成本分担应有一些分析视角:第一个视角,义务教育和高等教育的成本分担情况;第二个视角,公立教育和私立教育的成本分担情况;第三个视角,政府和私人教育成本分担情况;第四个视角,发展中国家和发达国家各级各类教育成本分担情况。

本章小结

教育成本为培养学生所耗费资源的货币表现。教育成本应用的范围非常广泛,教育成本有不同类型,研究教育成本具有重要的意义。国内外学者对教育成本估算的研究取得了一定程度的进展。教育成本计量主要有统计调查法、会计调整法和会计核算法。教育成本分担主要是指高等教育成本完全或几乎完全由政府或纳税人负担转向至少部分地依靠家长和学生负担,以交费的方式补偿部分教学成本,或以支付使用费的方式来补偿由政府或大学提供的住宿和膳食。按照教育成本分担的受益原则和能力原则,教育成本分担的主体主要有政府、学生家长、学生、社会团体和个人。教育成本分担至少有政府主导、学生主导、均衡分担三种模式。

关键概念及术语

教育成本　直接教育成本　间接教育成本　教育机会成本　社会教育成本　个人教育成本　教育总成本　单位教育成本　教育边际成本　外部教育成本　教育成本分担　教育成本补偿　鲍莫尔教育成本病

引导性思考题

1. 如何理解教育成本?
2. 教育成本有哪些类别?
3. 研究教育成本具有哪些意义?
4. 影响教育成本变动的主要因素有哪些?
5. 假如你现在正在上大学,请估算一下你每年的直接教育成本是多少。
6. 假如你大学毕业后准备考研究生,那么,请估算一下你读两年研究生的个人教育成本是多少。

7. 假如你正在上大学,调查并估算一下你所在的学校生均社会教育成本是多少。

8. 利用某学校教育经费收支的会计记录,经过调整,将教育经费支出数据转换成教育成本数据,尝试核算学校的教育成本。

9. 如何理解教育成本分担的原则、主体及理由。

10. 结合实际,谈谈你所了解的教育成本分担情况,并进行评析。

11. 教育成本分担的模式有哪些?分析一个国家的教育成本分担状况有哪些视角?

文献选读

1. 王善迈.教育投入与产出研究[M].河北教育出版社,1996.

2. 袁连生.教育成本计量探讨[J].北京:北京师范大学学报(社会科学版),2000(01).

3. 王玉崑.教育经济学[M].北京:华文出版社,2005.

4. 刘泽云.教育经济学[M].上海:华东师范大学出版社,2008.

5. 科恩,盖思克.教育经济学[M].范元伟,译.上海:上海人民出版社,2009.

6. Vaizey. The Costs of Education[M]. London:Allen and Unwin,1958.

7. Schults. The Economic Value of Education. NewYork:Columbia University Press,1963.

8. [美]约翰斯通.高等教育财政:问题与出路[M].沈红,李红桃,译.北京:人民教育出版社,2004.

9. 郭化林.高等教育标准成本计量与核算体系研究[M].北京:中国农业科学技术出版社,2010.

第十章　教育收益

【案例导入】

为什么择校现象屡禁不止?

现今中国,家长为子女择校的现象屡见不鲜。孩子刚刚咿呀学语,父母就在考虑,上哪所幼儿园好呢?等孩子上了幼儿园,家长又该考虑他(她)上哪所小学了……于是,择校的现象愈演愈烈,择校的价码也水涨船高。2014 年北京市政府规定:小学入学实行按学生户籍所在地实行电脑排位,一律不准择校。结果,优质小学附近的房价,陡然上涨。为子女选择优质教育的行为,无论是理性的还是从众的,其背后都隐含着一个无可争辩的事实:教育,尤其是优质教育,可以给受教育者个人及其所在的社会带来种种收益。

除了学生家庭支付的教育费用以外,政府还要支付巨额的教育费用。2015 年全国财政性教育经费为 36 129.19 亿元,占国内生产总值的 4.26%。如此巨额的公共和私人教育支出,划算吗?会给国家和学生家庭带来回报吗?本章将要讨论这些问题。

【教师导读】

教育收益是教育经济学研究的核心课题。本章用实证的方法对教育收益做出数量化分析,证明教育收益,或者说教育收益大于成本,并以此说明教育支出是一种生产性投资,教育在经济和社会发展中具有优先的战略地位。

【学习目标】

1. 掌握教育收益的概念、特点和分类;
2. 理解计量教育收益的主要方法;
3. 了解计量教育对国民经济增长贡献的方法。

【课时分配】

6 课时

第一节　教育收益的理论

教育投入的目的是为了取得收益。教育有哪些收益?与物力生产投资相比具有哪些特点？为什么会产生这些收益？对这些问题的回答构成教育收益理论的基本内容。

一、教育收益的含义

（一）教育收益的概念

教育收益，也称教育投资收益，是指教育通过培养和提高劳动者的知识技能给个人和社会带来的种种有益效果。这种有益效果可以是经济的，也可以是非经济的。本章所讲的教育收益主要是指教育的经济收益。

（二）教育收益的特点

教育投入与物质生产领域的投入一样，会给受教育者个人及其所在的社会带来收益。但是，教育是一个特殊的生产部门，教育投资的收益与物质生产投资的收益相比，具有一些显著的特点。

1. 间接性

物资资料生产部门的投资投入到生产过程之后，经过生产过程，产出一定数量和质量的物质产品，可以直接取得收益。教育投资则不同，它投入教育部门之后，经过教育过程，产出的只是具有一定知识和技能的劳动者或专门人才，并不能直接产生收益。只有教育部门培养的劳动者进入物质生产部门之后，创造了更高的劳动生产率，使产品的数量增加或质量提高，才能取得收益。教育收益是对教育过程的直接投入，通过物质资料的生产过程而间接实现的。因此说，教育收益具有间接性的特点。

2. 迟效性

教育收益的迟效性主要是指教育投资周期长和教育成本回收迟两个方面。“十年树木，百年树人”，把一个学生从小学培养到高中毕业至少要 12 年，培养到大学毕业至少要 16 年，如果再把幼儿教育和研究生教育算进去，那就要超过 20 年。在这一二十年中，教育投资不断追加，而不见收益。另外，教育周期结束后，毕业后要在生产中发挥作用，还要有一段适应过程，只有在适应后把在教育过程中获得的知识和技能运用生产过程中去，才能产生收益。因此，从教育投入到获得收益，具有迟效性的特点。

3. 长效性

劳动者因受教育而增长的知识和能力，特别是被开发出来的智力，能够在很长时期内发挥作用。只要劳动者还活着，并从事劳动，就能够伴随着他产生收益。一般来说，小学毕业生所受教育发挥作用的年限可以长达 42~47 年，大学毕业也可以长达 32~37 年。

4. 多效性

教育除了可以提高受教育者的直接生产能力外，还具有很多其他的功能，这些功能都可以直接或间接地促进其个人收入的增加和社会生产的发展。一般来说，一个人受了一定的教育后，往往具有更高的社会责任感，具有更大的劳动热情和事业心，具有更好的职业道德和合作精神等，这些品质都有可能对一国的社会发展和经济增长发生直接或间接的影响。此外，教育除了可以使受教育者本人增加生产能力和其他优良品质外，还可以影响他周围的人，包括他的子女，使他们或多或少地、直接或间接地受益。因此，教育收益具有多效性的特点。

5. 流动性

无论教育费用由谁来支付，由教育投资所形成的教育资本存量（即受教育者的知识和技能),在受教育者一生中始终属于他(她)自己所有,既不能出卖,也不能送给他人;如果移居他国,政府也无法将其教育资本充公。由于受教育者是流动的,可以在某一地区、某个部门工作,也可以根据一定的法律法规,转移到另一个地区或部门工作,甚至还可以跨越国界工作。因此,他们在某地、某国受到的教育,可以在异地、异国获得其教育收益,从而使教育收益产生了流动性的特点。

6. 风险性

教育投资的收益也存在着风险。一是意外风险。由于由教育投资所形成的人力资本具有人身依附性,不可能与人相分离,所以,一旦受教育者因疾病或意外伤害失去生命或丧失工作能力,那么,无论是国家还是个人在该人身上所花费的教育投资都会丧失殆尽。二是移民风险。由于无论教育费用由谁来支付,由教育投资所形成的教育资本存量,在受教育者一生中始终属于他(她)自己所有,所以,对于国家来说,一旦他(她)移居国外,教育资本也随之外流,从而使国家丧失本来应该得到的收益。三是专业风险。由于教育投资周期较长,一个人在上大学时所选择的专业,在其毕业参加工作之后,由于产业结构的调整或其他原因,其所学的专业无用武之地,那么,对于学习该专业的学生来说,他自己和他所在的社会所得到的教育收益,都会大打折扣。

7. 近似性

教育收益的计量只能做到相对和近似的程度。因为:(1) 经济增长是多种因素共同作用的结果,除了劳动者能力提高因素外,还有劳动者数量、技术装备水平、生产社会化程度等因素,单独把教育作用以固定量化形式从中分离出来,是十分困难的。(2) 劳动者劳动能力的提高,除了与因所受教育直接相关外,还与劳动者的年龄、工龄、健康状况等有关,因而很难准确地从中计量出教育作用的大小。(3) 教育除了提高劳动者的劳动能力直接促进经济增长和收益增加外,还可因为劳动者思想观念的变化,劳动态度的改变,以及社会风气的改善等因素间接地对经济增长发生作用,而这种作用是难以估算的。

二、教育收益的类别

教育收益具有十分丰富的内容。根据不同的划分标准,教育收益可以划分为不同的类别:按其是否直接以货币形式获得,可以划分为直接收益和间接收益;按其受益对象,可以划分为个人收益和社会收益;按其获得的形式,可以划分为消费收益和投资收益等。

(一) 教育个人收益

教育个人收益是指受教育者个人因接受教育增加了知识、提高了能力,从而在经济上获得的收益。具体又可分为个人直接收益和个人间接收益两个部分。

1. 教育个人直接收益

受过较多教育的人与受过较少教育的人相比,在一生中可以获得更多的收入。不同受教育程度者之间的这种终生收入差别,就是教育给个人带来的直接收益。

从理论上来讲,受过较多教育的劳动者的劳动是较高级、较复杂的劳动,在同样长的时间内可以创造较高的价值,因此,在正常情况下,受过较多教育的劳动者都会比受过较少教育的劳动者获得更高的工资收入。许多实证研究也证实了这一点。1964 年美国学者贝克尔在他的著作《人力资本》中证明:根据有代表性的年龄—工资曲线,在一个人的一生中,工资是变化着的。人在缺乏经验的青年时期,工资较低;中年时期,工资达到最高点;以后,工资又下降。更重要的是,年龄—工资曲线的顶点,根据人的受教育水平而变化,与较高的受教育水平相联系而逐渐向上移动。

1976年,美国学者弗里曼,根据美国1974年人口普查资料中按年龄和受教育程度分类的收入数据,划出了年龄—工资曲线(见图10-1),也同样证明了上述结论。

从图10-1中我们看到,总的来说,大学毕业生的收入明显高于中学毕业生的收入:在18—22岁年龄段上,工资差额是负数。这是因为,大学生正在上学,只有少量课余收入,而中学毕业生已经就业。25岁左右,两个群体的收入相当,大约都为9 000美元。超过这个年龄,工资差额是正数,并且这个差额直到57岁一直在大幅度增大。此外,弗里曼还计算了1973年美国白人男性公民中大学毕业生和中学毕业生的终生收入差别是173 196美元。这173 196美元,就是大学教育的个人直接收益。对其他各级教育的个人直接收益,也可以进行类似的计算。

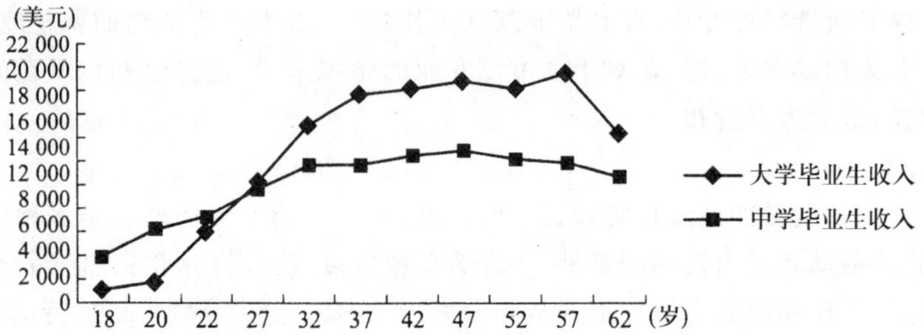

图10-1　年龄—工资曲线

资料来源:[美]科恩,教育经济学[M].王玉崑,等,译.上海:华东师范大学出版社,1989:37.

【链接阅读】

希腊经济学家萨卡罗普洛斯在20世纪70年代研究了世界“经济合作与发展组织”国家的教育与工资关系,其结论是受教育程度与工资收入都呈正相关关系,就是说,受教育的程度越高,其工资收入也越高。个别国家,如比利时,这种差异十分明显,受过中等教育的人其工资收入比受过初等教育的人高25%,受过高等教育的人工资收入比受过中等教育的人高200%。在其他国家中,受过中等教育的人其工资收入比受过初等教育的人高约40%,而受过高等教育的人工资比受过中等教育的人又要高出约80%(见表10-1)。

表10-1　OECD国家受教育程度与年工资对照表

国别	年份	不同受教育程度者的工资指数		
		初等	中等	高等
比利时	1960	100	251	502
加拿大	1961	100	144	263
法国	1968	100	183	289
希腊	1960	100	139	220

续表

国别	年份	不同受教育程度者的工资指数		
		初等	中等	高等
意大利	1969	100	141	244
日本	1968	100	117	151
荷兰	1965	100	131	152
挪威	1966	100	140	213
美国	1967	100	129	200
英国	1967	100	140	225

注：表中以初等教育的平均工资指数为100，然后得出基于初等教育工资指数的中等和高等教育的平均工资指数。

资料来源：Psacharopoulos. Earning and Education in OECD Countries[M]. OECD, Paris, 1975: 165.

我国统计局的调查统计也表明，进入20世纪90年代以来，我国城镇居民收入高低与受教育程度和职称密切相关，受教育程度高的职工收入增长较快。1990年小学文化程度就业者与大专以上学历就业者的人均收入之比为1∶1.2；1996小学文化程度就业者与大专文化程度就业者收入之比为1∶1.5，与大学本科就业者收入的比例为1∶1.7。①

在农村，劳动者教育水平的提高与其收入水平的增加也是直接相关的。国家统计局1989年曾对6.7万户农民进行跟踪调查结果表明，农民人均收入为443元，小学户为543元，初中户为616元，高中户为640元，中等职业技术户为741元。不同教育程度者人均收入比为82∶100∶114∶117∶136。②

2. 教育个人间接收益

受过较多教育的人与受过较少教育的人相比，在其一生中可以得到许多非货币形式的种种好处。这些收益并不表现为直接的收入的增加，也无法以货币的形式计量，我们称之为教育个人间接收益。

第一，就业机会的增加。受过较多教育的人与受过较少教育的人相比，具有较大的职业适应性、更多的就业机会和创业机会，这是教育给个人带来的另一种收益。由于这种收益并不是直接表现为货币收入，所以它是教育的一种间接收益。在社会经济运行过程中，一般会出现三种类型的失业，即一般性失业、结构性失业和选择性失业。无论存在哪一种类型的失业，受过较多教育的人与受过较少教育的人相比，都具有较大的就业机会。

此外，受教育程度较高的人还可以凭借自己的专业优势和敏锐的市场洞察力进行创业，从而享受创业红利。近年来，我国实施了一系列“打造大众创业、万众创新”的优惠政策，从而给创业者带来了享受创业红利的春天。

以上分析表明，受教育较多的劳动者与受教育较少的劳动者相比，具有较大的职业适应性、更多的就业机会和创业机会。从某种意义上说，较高的受教育程度为劳动者提供了一道反失业的屏障，他们的职业选择范围因此而变宽，并且可以获得更大的职业乐趣。这也是教

① 马佳宏. 教育新视野[M]. 桂林：广西师范大学出版社，2002：210.

② 杨葆焜，范先佐. 教育经济学新论[M]. 南京：江苏教育出版社，1995：21.

育给个人带来的一种收益。尽管这种收益是间接的,不是直接以货币形式获得的,而且也难以精确计量,但它确实存在。

第二,消费支出的节省。教育给个人带来的另一种间接收益,是受教育者个人由于较强的能力而实现的消费支出的节省。一个人受了较多的教育之后,可以学会许多他原来不会做的事,从而减少了对他人劳务的依赖,节省了许多支出。支出的节省虽然不像收入的增加那样明显,但它在性质上与收入的增加是相同的,因此也是一种收益,只不过是间接的。受教育者个人因受教育而实现的消费支出的节省,主要表现在以下几个方面:

商品选购方面支出的节省。与受教育程度较高的劳动者相比,未受教育或受教育程度较低的劳动者由于缺乏必要的市场知识和商品知识,对可供选择的商品及其性能的了解程度可能差些,对市场情况的了解程度也可能差些,因此在商品选购方面就可能支出较大,或者在支出相等的情况下得到的满足较小。而受教育程度较高的劳动者由于掌握了更多的市场知识和商品知识,则有可能在商品选购方面实现支出的节省,或者在支出相等的情况下得到更大的满足。在假、冒、伪、劣产品严重存在的情况下,受教育者的这种间接收益也是非常明显的。

购买他人劳务方面支出的节省。受教育程度较高的劳动者与受教育程度较低的劳动者相比,由于他们具有更丰富的科学文化知识和更高的劳动技能,可以做更多的事情,从而减少对他人劳务的依赖,从而在购买他人劳务方面实现支出的节省。例如,他们对耐用消费品能够正确地使用和维护,甚至自己能够排除一些简单的故障,从而减少了购买他人劳务的支出。又如,在诉讼中,如果一个人缺少必要的法律知识或写作能力,就需要别人代其书写诉讼状,从而需要支出一定的劳务费用。如果其受过较好的教育,就完全可以自己书写诉讼状,从而节省这笔支出。

第三,更好的健康状况。关于教育与健康之间关系的调查研究表明,受教育程度和人的身体健康状况之间也存在着正相关。未受教育或受教育较少的人,由于缺乏保健知识、预防传染病的知识和安全知识,相对来说,患病、受伤或致残的可能性就更大一些。而受教育程度较高的人,由于有了必要的卫生常识、保健常识和安全知识,患病、受伤或致残的可能性就会小一些。此外,学校的体育课教给了他们体育锻炼的方法,养成了他们进行体育锻炼的良好习惯,从而使他们的体魄更加健壮。

第四,代际影响。除了上述种种间接收益之外,还应该考虑到后代才能感觉到的潜在教育收益——代际影响。所谓代际影响,就是由父母的受教育增量所引起的他们的子女的受教育增量。许多调查研究表明,父母的受教育程度越高,其子女完成较高教育水平的可能性就越大。这是因为,父母受教育程度高,对教育的重要性的认识更加明确,也能够掌握正确的教育方法,因此,时常教育自己的子女努力学习。另一方面,由于他们有较高的科学文化知识水平,在工作之余同子女相处在一起时,可以对子女的文化学习给予具体指导和帮助。

受教育程度较高的父母使子女在文化学习方面的收益,还可以用以下这种方式来说明:受教育程度较高者的子女与受教育程度较低者的子女在受教育机会相等、天赋相等和学习努力程度相等的情况下,由于前者的子女在学习方面能够得到父母的指导和帮助,从而与后者的子女在学习方面形成了某种差距,后者为了使自己的子女不至于在学习方面落后于前者,需要增加某些教育支出(如请家庭教师补习或让子女进补习学校等)。因此,受教育程度较高的父母对子女在学习方面的指导和帮助,从某种意义上讲,也是一种支出的节省。

综上所述,教育投资不仅能给个人带来直接的收益,而且能给个人带来许多间接收益。因此,教育投资对受教育者及其家庭是十分有利的。这也许就是古今中外人们重视教育的主要原因。近些年来,消费者越来越看重教育投资,把投资教育作为优先选择,希望接受更好更高的教育,这主要源于投资教育具有较好的预期收益。

(二)教育社会收益

教育培养的人最终是要进入社会的政治、经济、文化、生活等各个领域的,这就决定了教育不仅能给个人带来收益,而且也能给社会带来各种收益。教育投资的社会收益主要是指通过教育培养的劳动力和专门人才在生产过程及各项工作中可创造更多的国民收入,为社会增加财富。教育社会收益可以分为直接收益和间接收益。

1. 教育社会直接收益

教育社会直接收益指的是经过教育训练的劳动者在社会生产中发挥更大的作用,提高劳动生产率,为社会创造更多的物质财富,增加国民收入。教育之所以具有这种收益,主要是因为受过教育的人具有较多的知识和较高的技能,他可以使自己更快地适应新环境和掌握新技术,能够改造工具、发明创造新技术,能够使同等条件下的能耗降低,并生产出数量更多、质量更好的产品,即能创造出更多的财富。具体地说包括两个方面:一是受教育者工作后能为国家交纳更多的个人所得税;二是受教育者在扣除自己的劳动所得之后,可以给社会创造更多财富。

教育社会直接收益是可以测算的,我们在后面的教育收益的计量分析中将会具体介绍几种典型的测算过程及结论,证实教育对经济增长所做的贡献。

2. 教育社会间接收益

教育投资不仅能为社会带来直接收益,而且还能为社会带来多方面不易衡量的种种好处,亦即间接收益。比如,教育能促进科学技术的发展、劳动力素质的改善,从而对经济增长和社会进步带来利益;教育可帮助人民遵纪守法,促进国家的稳定,降低犯罪率,从而节省部分防止犯罪、加强法制建设和保持社会稳定的成本;教育还可以引导居民科学消费、优化社会消费结构等。

总之,教育收益包含的内容很广。对这个问题的正确认识,不仅有助于我们了解和重视教育投资的经济意义,而且有助于我们分析、研究和计量教育投资的收益。

第二节　教育收益的计量

为了证实教育收益的存在及其数量的大小,除了需要对教育收益从理论上进行定性分析以外,还需要采用数量化的方法对教育收益进行定量分析。计量教育收益的方法一般有:简单的相关方法、收入函数方法、成本—收益分析方法和教育对经济增长贡献的计量方法。

一、简单的相关方法

相关性的统计与分析是经济学中常用的一种方法。相关性是指当两个因素之间存在联系,一个典型的表现是:一个变量会随着另一个变量变化。

公式:$Y=A+BX$

式中:X,Y 是两个变量,Y 随 X 的变化而变化。A 是直线的截距,B 是直线的斜率。

相关分为正相关和负相关两种情况。相关性系数 R 的取值范围为 $(-1,+1)$。当相关系数大于0时,称为正相关;相关系数越接近1,证明信度越高。当相关系数小于0时,称为负相关;相关系数越接近-1,证明信度越高。等于0时,称为零相关,即两个变量之间没有任何联系。

在运用简单的相关方法进行统计分析时,样本一般应该不少于30个。

如果把劳动者的受教育程度作为一个变量,把劳动者因受教育而获得的某一项收益作为另一个变量,那么,两个变量之间一般呈正相关关系。如果把劳动者的受教育程度作为一个变量,把劳动者因受教育不足而造成的某种损失作为另一个变量,那么,两个变量之间一般呈负相关关系。

在王守安、王显润著的《职工教育经济概论》一书中,就是采用这种方法从不同的侧面说明了教育的收益。

例1:工人受教育程度与他们掌握新技术的速度呈正相关。受教育程度较高的工人,由于他的理论基础比较扎实、理解能力比较强,一般说来,他掌握新技术的速度也比较快。据对吉林石岘造纸厂电力车间的调查,掌握一个新的技术等级,大学程度的工人需要一年,高中程度的工人需要一年半,初中程度的工人需要两年,而小学程度的工人需要两年半。①

例2:工人的受教育程度和他们的技术水平呈正相关。受教育程度直接影响着工人的技术水平。据对长春第一汽车制造厂底盘车间和吉林石岘造纸厂动力车间的调查,具有大学程度的工人,100%是技术优秀工;具有高中程度的工人,50%~60%是技术优秀工;而具有初中及初中以下程度的工人中,技术优秀工仅占8.8%~22.7%。另据对长春第一汽车制造厂齿轮车间48名工龄相同的工人的考察,大学程度的工人中,优秀工占75%;高中程度的工人中,优秀工占44.4%;初中以下程度的工人中,优秀工占9.7%。

例3:工人的受教育程度和他们技术革新所创造的价值呈正相关。工人的受教育程度越高,技术革新的项目就越多,而且技术革新所创造的价值越大。长春水泵厂,1979年技术革新38项。以38项技术革新所创造的价值总量为100%,按技术革新者的文化程度分类,大专文化程度的革新者创造的价值占35%,高中和中专文化程度的革新者创造的价值占27%,初中文化程度的革新者创造的价值占26%,小学文化程度的革新者创造的价值占12%。按技术革新者人均创造的价值计算,大专文化程度革新者人均创造的价值是初中文化程度革新者的4.9倍,是小学文化程度革新者的6.6倍。

以上这些以调查统计为基础所进行的相关分析,从不同侧面证实了教育是提高劳动生产率的一个重要因素。在样本数量较大,统计资料比较完整的情况下,还可以计算受教育程度与某项收益两个变量之间的相关系数,并通过相关系数的临界值来检验两个变量之间相关的强弱。

二、收入函数方法

收入函数方法,因为它始于美国学者明瑟1958年所进行的开创性研究,所以又称明瑟收入函数方法。其基本公式是:

$$\ln Y=a+bS+cEX+dEX^2+\varepsilon$$

① 王守安,王显润.职工教育经济概论[M].长春:吉林人民出版社,1981:92—102.

式中,Y 表示年收入,S 表示受教育年限,EX 表示劳动力的市场经历或工龄,a 表示截距,b、c、d 分别表示相应变量的回归系数,ε 是误差项。其中,b 就是每增加一年教育,个人收入增长的百分比;c 为每增加一年工龄,收入增长的百分比。对方程求导,可得:

$$b = d\ln Y/dS = r$$

可见,回归系数 $b(r)$ 就是受教育年限(S)变动所引起的收入($\ln Y$)的相应变化。

明瑟收入函数法是计量教育个人收益率的一种简便有效的方法,应用非常广泛。

我们国家自 1981 年以来,已经有几十项运用此方法研究城镇地区个人教育收益率的成果。

杨蕙馨和王海兵利用 1989—2011 年 CHNS① 数据,基于一般明瑟工资方程和扩展明瑟工资方程测量了相对性和绝对性情境下的 1989—2011 年中国教育收益率,研究结果见表 10-2。

表 10-2　各级教育水平的绝对收益率

年份	传统转换			数据转换		
	小学和初中	高中及中专	大专及以上	小学和初中	高中及中专	大专及以上
1989	0.008	0.033	0.027	0.005	0.036	0.029
1991	0.015	0.036	0.031	0.014	0.039	0.032
1993	0.006	0.026	0.034	0.004	0.028	0.039
1997	0.021	0.042	0.049	0.019	0.042	0.053
2000	0.022	0.039	0.052	0.021	0.040	0.055
2004	0.014	0.047	0.063	0.012	0.045	0.069
2006	0.023	0.061	0.082	0.021	0.060	0.087
2009	0.024	0.064	0.079	0.024	0.063	0.081
2011	0.026	0.055	0.084	0.023	0.054	0.090
均值	0.018	0.045	0.056	0.016	0.045	0.059

资料来源:杨蕙馨,王海兵. 中国教育收益率:1989—2011[J]. 南方经济,2015(6).

研究结论认为:中国整体教育收益率呈现上升趋势,即从 1989 年的 0.0204 上升到 2011 年的 0.0516,但在不同发展阶段上升的幅度有别;不同教育水平的收益率变化具有动态特征,但整体上都呈现上升趋势;中国教育的边际收益率存在报酬递增现象,即教育收益率按照小学和初中、高中及中专、大专及以上的顺序依次递增(见表 10-2 均值一行);受 20 世纪 80 年代末期所实施的 9 年义务教育的影响,初中教育水平和小学教育水平的收益率并不存在显著差异。上述基本结论反映了中国教育的边际收益率存在着报

① CHNS,全称是中国健康与营养调查(China Health and Nutrition Survey),是中国疾病预防控制中心营养与食品安全所与美国北卡罗来纳大学人口中心合作的追踪调查项目。

酬递增现象。

三、成本—收益分析方法

成本—收益分析方法是评价投资项目可行与否的一种方法。为了证实教育的收益能否补偿教育的成本,以及教育投资收益率的高低,教育经济学的研究者把成本—收益分析方法应用于对教育投资的分析,对教育的成本和收益进行计算和比较,用以评价某级(项)教育投资收益(率)的大小,从而形成了教育的成本—收益分析方法。

(一) 教育投资收益净现值

教育投资收益的净现值是教育投资的全部收益现值与其全部成本现值之差,它表示教育投资是否有收益,以及收益的大小。其计算公式为:

$$V_0 = \sum_{t=0}^{n} B_t \Big/ (1+i)^t - \sum_{t=-m}^{-1} C_t/(1+i)^t$$

式中:V_0 为教育投资收益净现值;n 为某级毕业生毕业后可工作的年限;B_t 为某级教育在第 t 年的收益;i 为贴现率;m 为某级教育学制年限;C_t 为第 t 年教育成本。

(二) 教育投资收益率

教育投资收益率是教育投资的全部收益现值与其全部成本现值的比例,它表示教育投资是否有收益,以及收益率的高低。其计算公式为:

$$r = \sum_{t=0}^{n} B_t(1+i)^{-t} \Big/ \sum_{t=-m}^{-1} C_t(1+i)^{-t}$$

式中:r 为教育投资收益率,其余符号的解释与教育投资净现值计算公式中的符号相同。

(三) 教育投资内部收益率

教育投资内部收益率是教育投资的全部收益现值与其全部成本现值相等时的贴现率。当教育投资的内部收益率大于既定的贴现率(或银行利息率)时,则表明教育投资有利可图。以 r 表示教育投资内部收益率,解下列方程可得 r:

$$\sum_{t=0}^{n} B_t/(1+r)^t = \sum_{t=-m}^{-1} C_t/(1+r)^t$$

式中符号的解释,除 r 以外,其余符号的解释与教育投资净现值计算公式中的符号相同。

以上三种方法,按对教育成本和收益的计算范围不同,可分别对个人教育投资和社会教育投资进行成本—收益分析。

近年来,教育成本—收益分析方法得到了广泛应用。科恩和盖斯克在其 1986 年的著作中,对美国大学教育的收益现值进行了估算。估算的方法是,先通过大学教育的终身收益现值总额与特定教育投资的成本现值之间的差额来估算大学教育净现值,然后,计算大学毕业生的终身收益现值与只接受 4 年高中教育的同龄人的终身收益现值之间的差额。表 10-3 的数据,按许多不同情况下完成的教育程度,给出了终身所得的估算值。终身所得的变化,取决于所选择的贴现率、生命周期因生产率提高而收入增加的假设(即试图将横截面数据转变为时间序列数据)、完成学业的年限、大学入学年龄(这里没有显示)和性别。

表 10-3　1979 年估算的男性和女性的终身所得——按完成的学业年数、年龄以及所选择的贴现率假设和生产率分类(1981 年价格,单位:千美元)

完成学业年限/年龄/性别(开始有收入时)	贴现率(R),生产率假设(X)			
	R=0 X=0 (1)	R=5% X=0 (2)	R=5% X=2% (3)	R=5% X=3% (4)
高中毕业生 12 年:年龄=18				
男性	861	289	419	512
女性	381	136	192	232
大学毕业生 16 年:年龄=18				
男性	1 190	349	534	671
女性	523	180	258	314
大学毕业生 16 年:年龄=22				
男性	1 187	418	599	725
女性	505	202	275	325
一些研究生教育 17 年以上:年龄=22				
男性	1 288	438	636	776
女性	693	260	363	435

资料来源:[美]埃尔查南·科恩,特雷·G·盖思克.教育经济学[M].范元伟,译,上海:上海人民出版社,2009:91.

数据表明,当(1) 选择一个较低的贴现率,(2) 一个人完成更多年数的学业,(3) 生产率更高时,会出现更高的终身所得。同样,男性终身所得比女性多,但是男女间终身所得比率随受教育年限增加而下降。最后,一般来说,获得初始收入的年龄越大,终身所得越少。值得注意的是,不管我们是从 18 岁还是从 22 岁开始计算,大学毕业生的终身所得几乎相同。发生这种现象的原因在于,全日制大学生在校期间几乎赚不到钱,即使从 18 岁开始计算他们的收入,也要把将来的收入折现到这个年龄,从而减少了 22 岁后获得的收入的现值。

为了获得归因于某级教育的收益,我们将计算终身所得的差异。表 10-4 第(1)列的前两行,比较了大学毕业生和高中毕业生的终身所得现值,贴现率为 5%。假定生产率为 0,贴现率越高,所得差距越小,反之,则相反。第(1)列的最后两行,对一些受过研究生教育的个体和大学毕业生进行了比较。结果表明,大学教育有很好的收益,在 19 000 美元(受过研究生教育的男性相对于大学毕业生)至 60 000 美元(男性大学毕业生相对于高中毕业生)之间。要注意的是,这些收益已经扣除;所放弃收入之后的净收益,因为当学生在大学读书时,高中毕业生的收入代表了大学生所放弃的收入,已经从大学毕业生的终身所得之中扣除了。同样,在对受过研究生教育的个人和大学毕业生进行比较时,也是如此。

表 10-4 利用 1979 年的数据得到的大学教育收益现值、成本现值和净现值

(1981 年价格,单位:千美元)

	收益现值 (1)	成本现值 (2)	净现值 (1)-(2) (3)	收益成本比率 (1) ÷(2) (4)
大学毕业生与高中毕业生				
男性	60	37	23	1.62
女性	44	37	7	1.19
一些研究生教育与大学四年制教育				
男性	19	19	0	1.00
女性	58	19	39	3.05

资料来源:科恩,盖斯克.教育经济学[M].范元伟,译.上海:上海人民出版社,2009:92.

当表 10-4 的第(2)列的成本现值从第(1)列的收益现值中减去之后,就得到了第(3)列的大学投资净现值。一般来说,4 年大学教育的投资是值得的,对于男性净现值为 23 000 美元,对于女性只有 7 000 美元。4 年大学教育的投资的收益率,如第(4)列所示,1 美元投资在 4 年大学教育男性和女性分别得到了 1.62 美元和 1.19 美元的回报。对于研究生教育来说,女性回报非常大,而男性回报为 0。造成这个结果的原因在于,男性大学毕业生读研究生期间所放弃收入相当可观。

除了计量教育投资净现值和收益率以外,大量实证研究还计量了各级教育投资的内部收益率。

由于公立小学的私人成本实际上是不存在的,因而初等教育的私人内部收益率就庞大得无法计算。对于那些在私立小学读书的学生来说,内部收益率相对较低,而且取决于学费的高低。初等教育内部收益率,无论对于个人还是对于社会都是有利可图的。表 10-5 介绍了一些学者对美国中等教育内部收益率的研究结果。

表 10-5 美国中等教育的私人内部收益率和社会内部收益率

出处	样本年份	内部收益率(%)	
		私人	社会
汉森(1963)	1950	14.5	11.4
贝克尔(1964)	1940	16.0	
	1950	20.0	
	1956	25.0	
	1958	28.0	
汉诺克(1971)	1960	16.1	
明瑟(1974)	1960	13.0	

续表

出处	样本年份	内部收益率(%)	
		私人	社会
卡诺依和马伦巴赫(1975)	1940	49.1	18.2
	1950	22.7	14.2
	1960	14.6	10.1
	1970	18.9	10.7

资料来源:科恩,盖斯克.教育经济学[M].范元伟,译.上海:上海人民出版社,2009:94.

1981 年,萨卡罗普洛斯根据对 44 个国家 1958 年至 1978 年不同受教育程度的工人的收入的调查,估算出了教育投资的私人收益率和社会收益率(见表 10-6),并概括出以下四个特点:

(1) 初等教育收益高于其他各级教育;

(2) 私人收益超过了社会收益,尤其是高等教育;

(3) 所有教育投资收益率都超过了 10%(估算中一般都包括了资本机会成本)。

(4) 较贫穷国家中教育收益较高,反映了这些国家中受过教育的人力更短缺。

表 10-6　1958—1978 年按地区和国家类型分类的教育收益率(单位:%)

地区或国家的类型	国家数	私人收益率			社会收益率		
		初等	中等	高等	初等	中等	高等
非洲	9	29	22	32	29	17	12
亚洲	8	32	17	19	16	12	11
拉丁美洲	5	24	20	23	44	17	18
发展中国家	22	29	19	24	27	16	13
中等水平国家	8	20	17	17	16	14	10
发达国家	14	-	14	12	-	10	9

资料来源:Psacharopoulos(1987):“Economics of Education Research and Studies”,The World Bank,P22.

表 10-6 中的数字表明,教育投资无论在发展中国家还是在发达国家中,无论对社会来说还是对私人来说,收益率都是较高的。

近十几年来,不少中外学者对我国的教育投资的内部收益率进行了研究,表 10-7 概述了这些研究的大部分。

表 10-7　有关中国教育投资内部收益率的研究

研究者	样本地区	样本数	数据时间	教育投资内部收益率(%)
朱国宏(1992)	全国	36 667	1986	初等:15.701 中等:9.02 高等:6.71

续表

研究者	样本地区	样本数	数据时间	教育投资内部收益率(%)
施彬和万威武(1993)	西安市	828	1992	初中:15.67 高中:4.01
孙凯(1995)	贵州省	578	90年代初	小学:9.7 初中:7.8

资料来源:赖德胜.中国教育收益率估算:文献综述[J].经济研究资料,1997(9):28-29.

教育的成本—收益分析方法比简单的相关方法和收入函数方法又前进了一步,它不仅能够证明教育收益的存在,而且还可以说明教育的收益是否能够补偿教育的成本以及收益的大小和收益率的高低。运用这种方法,可以计算出各级教育投资的收益净现值、收益与成本的比率和内部收益率。在完善的劳动力市场的条件下,对社会教育投资进行成本—收益分析,可以在一定程度上说明社会对教育投资是否适度。当教育投资收益率低于平均利润率时,表明教育投资过度;反之,则表明教育投资不足。对个人教育投资进行成本—收益分析,可以为个人是否选择某一级教育提供参考。

第三节　教育对经济增长的贡献

简单的相关方法、收入函数方法和成本—收益分析方法都从不同的角度用数量化的方法证实了教育经济效益的大小,但是,都不能从整体上说明教育对国民收入增长所做的贡献大小。那么,如何用数量化的方法证实教育对国民经济增长的贡献呢?本节将介绍三种计量教育对经济增长贡献的方法。

一、余数分析法

美国经济学家舒尔茨对计量教育对国民收入增长所做贡献进行了开创性的研究。他所运用的方法被称为余数分析法。

(一)余数分析法的含义

传统的西方经济理论认为,经济增长靠两个因素起作用:一是资本(包括土地)投入的增加;二是劳动投入的增加。根据这一理论,20世纪30年代,美国学者柯布和道格拉斯运用历史统计资料,对美国1899—1922年的资本和劳动对生产的影响进行了研究,提出了一个集合生产函数——柯布—道格拉斯函数,用公式表示:

$$Q = AL^{\alpha} \cdot K^{1-\alpha}$$

式中:Q表示产出量;K表示资本投入量;L表示劳动投入量;A和α是常数;其中α是小于1的正数。柯布—道格拉斯函数的基本含义是:当资本投入量(K)不变,劳动投入量(L)每增加一个单位,产出量(Q)增长75%;当劳动投入量(L)不变,资本投入量(K)每增加一个单位,产出量(Q)增长25%。也就是说,在国民经济增长中,资本对国民收入增长的贡献是25%,劳动对国民收入增长的贡献是75%。

但是,不少学者在运用柯布—道格拉斯函数对经济增长因素进行分析时发现,在国民收入增长额中,除了归因于资本和劳动的增长额之外,还有一个余数得不到解释。

舒尔茨等经济学家在揭开“余数之谜”中揭示出了教育对经济增长的贡献，并把余数的绝大部分解释为教育收益。

（二）余数分析法的基本步骤

按照上述思路，舒尔茨对美国 1929—1957 年经济增长因素作了定量分析。①

1. 计算余数

从表 10-8 中可以看到：美国国民收入，按 1956 年美元价值计算，1929 年为 1 500 亿美元，1957 年为 3 020 亿美元。根据柯布—道格拉斯函数，劳动对国民收入增长的贡献为 75%。因此，在国民收入中，劳动总收入 1929 年为 1 125 亿美元，1957 年为 2 265 亿美元。劳动总人数，1929 年为 4 920 万人，1957 年为 6 800 万人。1929 年每个劳动力平均创造的国民收入为 2 287 美元。假如直到 1957 年劳动者的受教育程度没有提高，因而，劳动力的质量没有提高，仍然停留在 1929 年的水平，那么，1957 年归因于劳动的国民收入应为 1 555 亿美元。但是，1957 年实际归因于劳动的国民收入为 2 265 亿美元，比 1 555 亿美元多出了 710 亿美元。这 710 亿美元，就是未得到解释的余数。

表 10-8　1929—1957 年美国国民收入增长额中的余数

	1929 年	1957 年	1929—1957 年增加部分
（1）国民收入	1 500 亿美元	3 020 亿美元	1 520 亿美元
（2）劳动总收入	1 125 亿美元	2 265 亿美元	1 140 亿美元
（3）劳动力人数	4 920 万人	6 800 万人	1 880 万人
（4）1929 年平均收入［（2）÷（3）］	2 287 美元	（2 287 美元）	—
（5）1929 年水平的劳动总收入［（4）×（3）］	1 125 亿美元	1 555 亿美元	430 亿美元
（6）1929 年与 1957 年劳动收入之差［（2）-（5）］	—	710 亿美元	710 亿美元

2. 计算教育资本存量和教育投资收益率

为了解释 710 亿美元的余数，舒尔茨首先计算出美国 1929 年和 1957 年凝结在劳动者身上的教育资本存量。

按 1956 年美元价值计算，相当于一学年的价值②，1929 年为 614 美元，1957 年为 723 美元。按 1940 年的学年长度计算③，劳动者受教育年限总额，1929 年为 29 300 万年，1957 年为 74 000 万年。因此，1929 年教育资本存量为 1 800 亿美元，1957 年教育资本存量为 5 350 亿美元。按劳动力人数平均，1929 年教育资本存量为 3 659 美元。如果直至 1957 年人均教育资本仍然维持在 1929 年的水平，那么，1957 年教育资本总额应为 2 490 亿美元。实际上，1957 年的教育资本存量已经达到了 5 350 亿美元，比 2 490 亿美元多了 2 860 亿美

① 在介绍舒尔茨分析方法的过程中，所引用的的数字和表 10-8 至表 10-10 的资料均引自：科恩. 教育经济学［M］. 王玉崑，等，译. 上海：华东师范大学出版社，1989：136-140.

② 这里是各级教育投资的加权平均数。

③ 由于几十年里学年的长短不一样，因此，按 1940 年的学年长度作了调整。

元(见表10-9)。

表 10-9 1929—1957 年美国劳动者教育资本存量的增长

	1929 年	1957 年	1929—1957 年增加部分
(1)相当于一学年的价值	614 美元	723 美元	109 美元
(2)劳动者受教育年限总额	29 300 万年	74 000 万年	44 700 万年
(3)教育资本存量(1)×(2)	1 800 亿美元	5 350 亿美元	3 550 亿美元
(4)劳动者人数	4 920 万人	6 800 万人	1 880 万人
(5)1929 年水人均教育资本(3)÷(4)	3 659 美元	(3 659 美元)	—
(6)1929 年水平的教育资本存量(2)-(5)	1 800 亿美元	2 490 亿美元	690 亿美元
(7)1929 年与 1957 年教育资本存量之差(2)-(5)	—	2 860 亿美元	2 860 亿美元

为了说明教育资本存量增长额(2 860 亿美元)对国民收入增长做了多少贡献,舒尔茨进一步计算出了美国各级教育投资的收益率,并以各级教育资本存量在教育资本存量总额中的比重为权数,计算出了教育投资的平均收益率为 17. 3%(见表 10-10)。

表 10-10 美国各级教育投资收益率和平均收益率

	在教育资本存量中比重	收益率(%)	总计(%)
	(1)	(2)	(1)×(2)
小学	0. 28	35	9. 80
中学	0. 45	10	4. 50
大学	0. 27	11	2. 97
平均			17. 27

3. 计算教育对国民收入增长的贡献

用教育资本存量增长额(2 860 亿美元)乘以教育投资平均收益率 17. 3%,等于 495 亿美元。这 495 亿美元就是 1929—1957 年间由于提高劳动者受教育程度,从而提高了劳动力质量所获得的国民收入。这 495 亿美元相当于"余数"710 亿美元的 70%,也就是说,未得到解释的 710 亿美元中,有 70%归因于劳动者受教育程度的提高。同时,495 亿美元相当于国民收入增长额 1 520 亿美元的 33%,也就是说,教育对国民收入增长的贡献是 33%。

(三) 对余数分析法的评价

舒尔茨对美国经济增长因素中余数的数量化分析,有力地证明了教育是促进国民经济增长的一个重要因素。这对于提高人们对教育经济意义的认识,具有重大意义。由于舒尔茨在教育经济学研究方面做出了很大贡献，他被誉为西方教育经济学的奠基人。

二、因素分析法

美国经济学家丹尼森，在分析经济增长因素的过程中，也注意到教育是促进经济增长的一个重要因素，并对教育在美国经济增长中的作用进行了数量化分析。丹尼森计量教育对经济增长贡献的方法，被称为因素分析法。

（一）经济增长的诸因素

根据西方经济理论的解释，国民收入的增长应主要归因于生产要素投入的增加。在规模收益不变的情况下，如果总投入量（劳动、资本和土地）增加 1%，则国民收入也应该增长 1%；如果国民收入增长大于 1%，那么，所多出的部分就归因于单位投入量产出的增长，即要素生产率的提高。根据这一思路，丹尼森首先把经济增长的因素分成两大类：总投入量的增加和单位投入量产出的增长。总投入量又分为劳动、资本和土地三项；其中，劳动投入量又划分为从业人数、工作时间、从业人员的受教育程度等子项。单位投入量产出的增长又划分为资源配置的改善、以市场的扩大来衡量的规模经济和知识的进展等因素。然后，丹尼森逐项推算出诸因素对国民收入年平均增长率所做的贡献，以比较各增长因素的相对作用。现将丹尼森在其 1984 年的著作中对国民收入增长各因素的划分和推算结果，概述于表 10-11。

表 10-11　1948—1981 年实际国民收入和每个从业者实际国民收入增长的来源（%）

来源	实际国民收入增长		每个从业者实际国民收入增长	
	1948～1973	1973～1981	1948～1973	1973～1981
国民收入	3.59	1.80	2.46	-0.22
劳动	1.03	1.67	0.12	-0.01
从业人数	0.91	1.67	—	—
工作时间	-0.24	-0.40	-0.24	-0.41
受教育水平	0.53	0.61	0.53	0.61
其他	-0.17	-0.21	-0.17	-0.21
资本	0.55	0.46	0.39	0.01
土地	0.00	0.00	-0.04	-0.32
单位投入量产出的增长	1.99	-0.33	1.99	-0.26

资料来源：科恩，盖斯克．教育经济学［M］．范元伟，译，上海：上海人民出版社，2009：122.

由于我们的重点在于探讨教育对经济增长的影响，因此，下面将集中介绍丹尼森计量教育对国民收入增长贡献的方法。

（二）对教育作用的估算

丹尼森估算教育作用的基本方法包括 8 个步骤：

1. 利用人口普查资料中按受教育程度分组的收入数据，计算出一个加权系数（W_e），这个系数表示与基本受教育程度者相比的其他不同受教育程度者的相对收入。所选择的基本受教育程度为 8 年（$W_8=100$）。剔除住宅以外企业人员收益中的非教育因素的影响之后，他计算出其他8种受教育程度者的系数。例如,未受教育者(W_0)的系数为87,而受了大学5年以上教育者的系数为207。表10-12概述了1979年各种受教育程度者的系数。

表10-12 权重系数(W_e)、按性别分类的全日制当量就业百分比分布(P_e)和初始系数($W_e \cdot P_e$)

受教育程度	权重系数(W_e)	1973年3月份全日制当量就业的百分比分布(P_e)		初始系数($W_e \cdot P_e$)	
		男	女	男(1)×(2)	女(1)×(3)
	(1)	(2)	(3)	(4)	(5)
未受过教育	87	0.32	0.26	0.276	0.226
小学1~4年	93	1.56	0.72	1.535	0.670
小学5~7年	97	4.65	2.75	4.511	2.638
小学8年	100	6.36	4.92	6.360	4.920
中学1~3年	111	15.68	15.97	17.405	17.727
中学4年	122	38.80	49.88	17.336	60.854
大学1~3年	142	15.69	16.29	22.280	23.443
大学4年	184	10.00	6.42	18.400	11.813
大学5年以上	207	6.85	2.80	14.180	5.796
总计	—	100	100	132.315	128.087

资料来源:科恩,盖斯克.教育经济学[M].范元伟,译,上海:上海人民出版社,2009:126.

2. 丹尼森按受教育程度计算了相当于全日制就业的百分比分布。用P_e代表具有e级受教育水平的工人比例,那么,总数Ps一定是整数①。1976年男性和女性的就业分布数据见表10-12第2列和第3列。

3. 用就业分布乘以权重系数(即$W_e \cdot P_e$),并将各级受教育程度的计算结果$W_e \cdot P_e$加总,就得到了初始指数:男性为132.315,女性为128.087(见表10-12第4列和第5列)。用同样的方法,可以计算出有关年份的各年初始指数。

4. 根据失业率对各年初始指数进行调整。

5. 用学年长度和授课时数对各年初始指数进行进一步调整。丹尼森在他1979年的著作中,对一般在城市学校上学的人、没有受过教育的人和至少受过一些大学教育的人没有用学年长度进行调整,而对其他人则做了适当的调整。例如,农村学校的授课时数仅占被认为"正常"时数的80%,因此,一个在农村学校上了12年学的人,被认为仅上了$0.8 \times 12 = 9.6$年学。

6. 第一步至第五步分别对男性和女性提供了每年教育指数。为了获得每年综合指数,这两个指数"用总收入加权,从而获得两种性别结合的最终指数。"在丹尼森1979年和1985年的著作中,他将各年指数除以1972年的指数,得到标准化的最终指数。

① 由于四舍五入,各项加总可能与总数不相等。

7. 使用标准化的教育最终指数，结合其他劳动投入指数，计算劳动投入随时间而变化的情况，见表 10-13。

表 10-13　美国 1929—1982 年教育对企业部门劳动投入作用的最终指数（1972 年为 100%）

年　份	男	女	综合
	（1）	（2）	（3）
1929	78.85	80.98	76.64
1948	85.18	89.88	85.94
1969	97.65	97.98	97.72
1973	100.85	100.73	100.83
1976	103.75	103.34	103.66
1982	108.10	107.26	107.91

资料来源：[美]埃尔查南·科恩，特雷·G·盖思克. 教育经济学[M]. 范元伟，译，上海：上海人民出版社，2009：127.

8. 教育对国民收入增长所做的贡献，可以通过估算劳动力教育质量的提高，乘以劳动报酬占国民收入的比例（近年大约 2/3）而获得。表 10-14 列出了教育对经济增长的贡献的数据。

表 10-14　美国 1929—1982 年教育对国民收入增长的贡献（%）

	1929—1948 年	1948—1973 年	1973—1982 年
实际国民收入增长率	2.44	3.58	1.26
归因于教育的增长率数量	0.48	0.52	0.62
归因于教育的增长率的百分比	19.7	14.5	49.2
每个劳动者实际国民收入增长率	1.33	2.45	-0.26
归因于教育的增长率数量	0.48	0.52	0.62
归因于教育的增长率的百分比	36.1	21.2	—

假定每年或每天的教育质量不随时空而变化，丹尼森强调最终指数只代表教育的数量。同样，指出这个指数只是捕捉了教育在提高领导投入方面的贡献，而忽视了教育对改善资本的影响。表 10-14 的结果表明，教育已成为国民经济增长的一个重要因素。然而，相对于实际收入增长率，教育在 1948—1973 年间的重要性比早期（1929—1948 年）要小；当 1973—1982 年间劳动者人均实际国民收入下降时，则相反。事实上，若没有教育投资，国民收入增长率将会更低。

（三）对因素分析法的评价

丹尼森的方法与舒尔茨的方法的主要区别在于：

1. 丹尼森估算的是教育在国民收入增长率中所做的贡献，而舒尔茨估算的是教育在国民收入增长额中所做的贡献。

2. 丹尼森对国民收入增长中起作用的各种因素都做了数量化分析，而舒尔茨的研究则集中于教育的贡献。

3. 丹尼森是通过计算不同受教育程度劳动者的劳动质量系数来推算教育的作用的，而舒尔茨是通过计算教育投资的平均收益率来推算教育的作用的。相对来说,丹尼森对经济增长因素的数量化分析比较全面,也比较细致。

三、劳动简化法

苏联教育经济学研究者计量教育对国民收入增长的贡献的方法,被称为劳动简化法。苏联经济学家斯特鲁米林于1962年,运用这种方法,推算出教育对苏联国民收入增长的贡献为23%。此后,在斯特鲁米林研究成果的基础上,不断改进劳动简化法,对教育的贡献作了新的估算。下面,我们依据苏联学者科斯坦扬主编的《国民教育经济学》(1979),首先对确定劳动简化比的方法作详细介绍。

(一)确定劳动简化比的方法

确定劳动简化比就是按照一定的比例关系,把各种不同程度的复杂劳动折算为同一的简单劳动。其理论依据是马克思关于复杂劳动等于多倍的简单劳动的理论。马克思指出:"比社会平均劳动较高级较复杂的劳动,是这样一种劳动力的表现,这种劳动力比普通劳动力需要较高的教育费用,它的生产要花费较多的劳动时间,因此它具有较高的价值。既然这种劳动力的价值较高,它也就表现为较多级的劳动,也就在同样长的时间内物化为较多的价值。"①马克思的这段论述说明,劳动的复杂程度和劳动者的教育费用、生产劳动力所花费的时间(受教育年限)、劳动者在单位时间内创造的价值成正比例关系。根据这一原理,苏联学者曾先后采用以下三种方法来确定劳动简化比:

1. 以不同受教育程度者的工资差别为依据来确定劳动简化比

这种方法是由斯特鲁米林率先提出的。他假定工资制度完全符合按劳分配原则,以最低一级工资作为基数,作为一个简单劳动单位,叫作一个劳动单元。然后把各级工资折算为不同的劳动单元,再根据不同受教育程度劳动者的工资差别,计算出他们的劳动单元数。这样就把不同受教育程度者的劳动换算为一定数量的简单劳动。

2. 以受教育年限的长短为依据来确定劳动简化比

这种方法以苏联经济学家科马洛夫为代表。他认为,在一般情况下,受教育年限的长短与劳动复杂程度成正比。假定小学和不满7年教育的劳动者的劳动为简单劳动的单位1,那么,受过7年教育的劳动者的劳动简化系数为1.2;受过8~9年教育的劳动者则为1.3;中等普通教育毕业的劳动者则为1.6;中等专业教育毕业和高等教育毕业的劳动者为1.9;高等学校毕业的劳动者为2.3。

3. 以不同受教育程度劳动者所花费的教育费用的多少为依据来确定劳动简化比

这种方法假定教育费用的多少与劳动复杂程度成正比例。举例来说,假定小学毕业生所花费的教育费用为6 000卢布,初中毕业生所花费的教育费用为9 000卢布,那么,初中毕业的劳动者的劳动复杂程度则是小学毕业劳动者的1.5倍。

20世纪70年代,苏联学者一般都采用第二种方法确定劳动简化比。按照第二种方法确定了劳动简化比之后,用劳动简化比乘以不同受教育程度劳动者在物质生产部门的就业分布(见表10-15),就计算出了全社会劳动者的平均劳动简化系数:1960年1.24;1970年为1.38;1975年为1.43。这些数值的含义是,全体劳动者平均每人在单位时间内所创造的

---

① 马克思,恩格斯.马克思恩格斯全集(23卷)[M].北京:人民出版社,1972:223.

价值，相当于每个简单劳动者（即受教育程度不满 7 年的劳动者）所创造价值的倍数，在 1960 年时为 1.24 倍，在 1970 年时为 1.38 倍，在 1975 年时为 1.43 倍。

表 10-15　苏联 1960—1975 年按教育程度分类的劳动人口分布（单位：%）

教育程度	1959 年	1970 年	1975 年
全体劳动者	100	100	100
不同受教育程度劳动者所占比例：			
高等教育毕业	3.3	6.5	8.4
高等教育未毕业	1.2	1.3	1.8
中等专业教育毕业	5.8	10.5	11.3
中等普通教育毕业	7.2	15.9	20.3
未受完中等教育	25.8	31.1	33.4
初等和八年制未毕业	56.2	34.7	24.8

（二）计算教育对国民收入贡献的方法

计算教育对国民收入增长的贡献的理论依据是，国民收入的增长主要靠两个因素起作用：一是增加劳动者人数，二是提高劳动生产率。而提高劳动生产率也要靠两个因素起作用：(1) 提高劳动者的受教育程度；(2) 提高劳动者的技术装备程度。上面所计算出的全体劳动者的平均劳动简化系数，标志着劳动者由于受教育程度的提高，而导致的劳动复杂程度或熟练程度的提高。如果能设法计量出由于劳动复杂程度的提高而引起的国民收入增量，那么就能计量出教育对国民收入增长所做的贡献。

表 10-16 概述了计算中所需要的统计资料和初步计算的结果。从中我们看到，苏联生产领域中的实际劳动者人数，1960 年为 7 050 万人，1975 年为 9 150 万人。用相应年份的全体劳动者平均劳动简化系数 1.24 和 1.43 分别乘以实际劳动者人数，得到简化为简单劳动的总劳动量：1960 年为 8 742 万人；1975 年为 13 084 万人。其中靠提高劳动者受教育程度而增加的劳动量分别为 1 692 万人和 3 934 万人，分别占总劳动量的 19.3%和 30.0%；创造的国民收入：1960 年为 279 亿卢布，1975 年为 1 086 亿卢布，1975 年比 1960 年多 807 亿卢布。这 807 亿卢布就是靠提高劳动者受教育程度取得的。

表 10-16　1960—1975 年苏联国民收入增长的基本指标的基本指标

国民收入增长指标	1960 年	1970 年	1975 年
(1)生产领域中实际劳动者人数（万人）	7 050	8 500	9 150
(2)变为简单劳动后的总劳动量（万人）	8 742	11 730	13 084
(3)靠提高劳动者受教育程度而增加的劳动量(1)-(2)（万人）	1 692	3 230	3 934
(4)增加的劳动量占总劳动量的百分比(3)÷(2)	19.3	27.5	30.0
(5)国民收入（亿卢布）	1 450	2 899	3 624

续表

国民收入增长指标	1960 年	1970 年	1975 年
(6) 靠提高劳动者受教育程度而得到的国民收入(百分比)	19.3	27.5	30.0
(亿卢布)	279	797	1 086
(7) 劳动者人均创造的国民收入(5)÷(1)(卢布)	2 056	3 410	3 961

表 10-17 进一步计算了教育对国民收入的贡献。我们看到,1960—1975 年苏联国民收入增长了 2 174 亿卢布,同期,生产领域中的实际劳动者人数增加了 2 100 万人。如果不提高劳动者的受教育程度和技术装备程度,按 1960 年的劳动生产率水平(人均创造国民收入 2 056 卢布)计算,所增加的劳动者创造的国民收入应为 432 亿卢布,仅占 2 174 亿卢布的 19.9%,其余的 1 742 亿卢布则是靠提高劳动生产率取得的。其中,靠提高劳动者受教育程度取得的国民收入为 807 亿卢布,占国民收入全部增长额的 37.1%,余下的被认为是靠提高劳动者的技术装备程度取得的。由此得出的结论是,教育对国民收入增长的贡献为 37.1%。

表 10-17　1960—1975 年苏联国民收入各因素增长额

	国民收入增长额	
	亿卢布	百分比
国民收入全部增长额(3 624 亿卢布-1 450 亿卢布)	2 174	100
其中:靠增加劳动者人数[2 056 卢布×(9 150-7 050)万人]	432	19.9
靠提高劳动生产率(2 174 亿卢布-432 亿卢布)	1 742	80.1
其中:靠提高劳动者受教育程度(1 086 亿卢布-279 亿卢布)	807	37.1
靠提高劳动者技术装备程度(1 742 亿卢布-807 亿卢布)	935	43.0

(三)对劳动简化法的评价

劳动简化法,以马克思的劳动价值论为理论基础,用数量化分析的方法论证了教育是促进国民收入增长的一个重要因素,这是应该给予充分肯定的。但是,这种方法,还有待进一步研究。

用受教育年限作为确定劳动简化比的依据,有一定道理。但是,受教育年限短而工龄长的人,在实践中劳动能力也会得到一定程度的提高,而在以受教育年限作为劳动简化比的依据时,则忽略了这一点。

此外,劳动者技术装备程度的提高并不意味着质量不变的单纯数量增加。如果承认劳动者的技术装备程度的提高含有生产工具质量变革的因素,那么,生产工具的改善也必须依靠劳动者受教育程度的提高。如何估算劳动者受教育程度的提高对改善生产工具的影响,从而对劳动生产率的影响,也是值得研究的一个问题。

本章小结

教育收益是指教育通过培养和提高劳动者的知识技能能给个人和社会带来种种有益效

果。具有间接性、迟效性、长效性、多效性、流动性、风险性和近似性等显著特点。教育收益,按受益对象划分,可以划分为个人收益和社会收益;按是否以货币的形式获得,可以划分为直接收益和间接收益。教育的收益是可以计量的。计量教育收益的主要方法有简单的相关方法、明瑟收入函数法、成本—收益分析法;计量教育对规模经济增长贡献的方法主要有余数分析法、因素分析法和劳动简化法等。教育收益的理论和实证研究证明:教育支出是一种十分有利可图的投资,教育是促进经济增长的一个重要因素。

关键概念及术语

教育收益　教育个人直接收益　教育个人间接收益　教育社会直接收益　教育间接社会收益　简单的相关方法　收入函数方法　教育投资收益净现值　教育投资收益率　教育投资内部收益率

引导性思考题

1. 什么是教育经济效益,教育经济效益具有哪些显著的特点?
2. 教育经济效益有哪些类别?
3. 假如你现在正在上大学,你预期大学教育会给你的一生带来哪些直接和间接收益?
4. 教育能给社会带来哪些间接收益?
5. 萨卡罗普洛斯对44个国家教育投资收益率的研究得出了哪些结论?
6. 计量教育经济效益都有哪些方法?
7. 试述舒尔茨的余数分析法。
8. 试述丹尼森的因素分析法。
9. 试述苏联的劳动简化法。

文献选读

1. 卡诺伊,莱文.教育经济学[M].杜育红,曹淑江,孙志军,译.重庆:西南师范大学出版社,2011:11-36.

2. 杨蕙馨,王海兵.中国教育收益率:1989—2011[J].南方经济,2015(6).

3. 陈纯槿,胡咏梅.中国城镇居民教育收益率的变动趋势[J].《北京师范大学学报》(社科版),2013(5).

4. 科恩,盖思克.教育经济学[M].范元伟,译.上海:上海人民出版社,2009:85-114.

5. Psacharopoulos. Earning and Education in OECD Countries[M]. OECD, Paris, 1975.

6. Denison, E. F. 1985, *Trendsin American, Economic Growth, 1929—1982*. WashingtonDC: Brookings Institution.

7. Schultz, T. W. 1961. "Education and Economic Growth" InHenry, N. B. (ed.), *Social Forces Influencing American Education*. Chicago Press, pp. 46-88.

第十一章 教育效率

【案例导入】

调整学校布局提高教育效率

《枣庄日报》2008年9月10日报道：山亭区原有181所小学、16所初中和4所高中，学校布点分散，办学效益不高，教育教学质量和教育均衡发展受到严重制约。该区经过广泛的调研、论证和全面分析，理出了“高中向城区集中、初中向城镇集中、完小扩大服务范围、教学点逐步取消”的打造优质教育总体思路，实施了中小学布局调整规划方案。

2009年2月份，北庄中学和半湖中学合并到枣庄七中。在暑假期间枣庄三十四中、枣庄三十八中、英达中学三校合一；桑村镇辖区内枣庄四十七中与枣庄三十一中初中部合并同时，在东城区启动建设高标准新高中工程。在小学布局调整上，该区完成了冯卯镇中心小学异地新建搬迁工作和城头镇新建下庄明德小学建设工程，将下庄小学、苑庄小学、石沟小学、房庄小学四校舍一，服务于8个自然村，10个乡镇(街道)，撤并26所小学。

山亭区通过实施学校布局调整，优化了师资队伍结构；缓解了乡镇小学结构性缺编问题，提高了教育效率。

少花钱，多办事，办好事是经济学的基本常识。在教育发展过程中也同样适用，为什么要进行学校布局调整？为什么学校要有一定规模？怎样提高教育效率？本章将从理论上进行阐述。

【教师导读】

本章将从微观的角度考察教育的效率问题，探讨评价教育效率的指标和评价学校教育效率的实际操作方法，以及提高教育效率的有效途径。

【学习目标】

1. 领会教育效率的含义、计量教育成本和成果时应注意的问题；
2. 了解研究教育效率的目的、意义；
3. 了解计量教育效率的主要方法；
4. 掌握学校规模经济理论和学校规模经济形成的条件；
5. 理解提高教育效率的主要途径。

【课时分配】

6课时

在教育过程中，消耗教育成本的结果，产出了教育成果。教育投资是通过教育成果——由教育所形成的劳动者的知识和技能获得收益的。如果我们能够降低教育成本，或者在教育成本不变的情况下增加教育成果，那么，在其他条件不变的情况下，显然会提高教育的收益。因此，在论述了教育成本、教育收益问题之后，有必要进一步研究教育的效率问题，即在教育领域中，如何使教育投资得到充分的利用，从而降低教育的成本，增加教育成果。

第一节　研究教育效率的意义

一、教育效率的含义

任何教育部门为了实现一定的教育目标，必须投入并耗费一定的人力资源和物力资源。如果我们把培养学生所耗费资源的货币表现，叫作“教育成本”；把所实现的教育目标或培养出的一定数量和质量的学生，叫作“教育成果”，那么，教育成本和教育成果之间也存在着一定的关系：当教育的成本一定，那么教育成果越大，效率越高；当教育的成果一定，那么教育成本越小，效率越高。这个效率问题，我们称之为教育效率，或者称之为教育资源利用效率、教育投资利用效率、办学效益。

教育效率就是为实现一定的教育目标所花费的教育成本和所取得的教育成果之间的比率，用公式表示：

$$\text{教育效率}=\frac{\text{教育成果}}{\text{教育成本}}$$

要评价学校的教育效率，必须设计教育成本和教育成果的计算方案，而且所设计的方案要具有科学性、公平性和可操作性。

（一）教育成本的计算

教育成本是为了培养学生所耗费资源的货币表现。据此，在评价学校教育效率时，应该只计算学校一年内耗费的教育经常性支出和固定资产折旧。

以中小学为例，自 2014 年 1 月 1 日起施行的中小学会计制度，中小学每年的《中小学事业支出明细表》，包括四类 59 项。其中工资福利支出（7 项），商品和服务支出（33 项），属于经常性费用，应该全部计入教育成本；对个人和家庭补助支出（13 项）中，离休费、退休费和退职费，属于社会保障，与教育无关不应该计入教育成本（在事业单位与企业退休金并轨的地区，这三项费用将不再发生），助学金费用是对生活困难学生的补助，也不应计入教育成本；资本性支出形成固定资产，应该与学校固定资产原值合并，计算折旧。

教育成本＝工资福利支出＋商品和服务支出＋（对个人和家庭补助支出－离休费－退休费－退职费－助学金费用）＋［（资本性支出＋固定资产原值）×折旧率］

（二）教育成果的计算

计量一所学校的教育成果，必须从数量和质量统一的角度来考虑。下面，我们以中小学为例，说明教育成果的计量。

1. 教育成果数量指数

反映中小学教育成果的数量指数是在校学生人数。考虑到一年内学生的流动情况，计算年初和年末在校学生的平均数，用公式表示：

在校学生人数=(年初人数+年末人数)÷2

由于普通中学有完全中学和初级中学之分,而且高中教育与初中教育有质的差别,平均每个高中学生与初中学生所耗费的教育成本也存在差别,为了使完全中学与非完全中学之间具有可比性,因此应该按一定比例把高中学生换算为初中学生,换算后的数值,作为完全中学和非完全中学统一的教育成果数量指数。

教育成果数量指数=初中在校生人数+高中在校生人数×X

式中:X 为高中学生与初中学生的换算比例

2. 教育成果质量指数

计量教育成果的一般原则是:要依据党的教育方针、相关教育法律法规和国家课程标准等有关规定考核各项教育目标的实现程度,不仅要考核数量,而且要考核质量。也就是说,要从数量和质量统一的角度,来考核一所学校的教育成果。

以中小学为例,评价一所学校的教育成果质量,应根据教育部 2013 年 6 月 3 日颁布的《关于推进中小学教育质量综合评价改革的意见》来设定教育成果质量指标,主要包括:(1) 品德发展水平;(2) 学业发展水平;(3) 身心发展水平;(4) 兴趣特长养成;(5) 学业负担状况。

根据上述教育成果质量指标,由教育评价机构给定的学生质量分数,可以作为反映学校教育成果的质量指数。

(三)教育效率的计算

在计算了教育成本和教育成果数量指数、质量指数之后,可按下列公式计算教育效率:

$$教育效率=\frac{教育成果数量指数\times教育成果质量指数}{教育成本}$$

二、研究教育效率的方法

教育的效率按其分析的范围不同,可以分为宏观分析与微观分析。对教育的效率进行宏观分析,分析的重点应着眼于教育结构与国民经济结构是否相适应。因为如果教育结构与国民经济结构不相适应,所培养的人才不是经济部门所需要的,即使单位教育成本降低了,用非所学的人才的培养费用仍然是一种浪费。因此,从宏观上看,教育效率的高低,不仅取决于单位教育成本的高低,而且首先取决于所培养的人才是否符合经济和社会发展的需要。对教育的效率进行微观分析,主要是对一定地区内的同级同类学校的教育效率进行比较,以便找出提高效率的途径。在比较时,必须对各校的教育成果从质量和数量统一的角度去计量。因为,如果不考虑质量问题,单纯计量单位学生成本,不仅不能起到敦促各校提高效率的作用,而且有可能产生种种负向作用。

在教育效率的微观分析中,可以采用纵向比较和横向比较两种方法。一般说来,纵向比较是非常复杂的。因为在不同的历史时期,同级同类的教育目标可能发生变动;在短期内,即使教育的目标相同,不同年份教育质量的测量与折算也是一个难题。就教育成本来说,在进行纵向比较时,会发现教育成本有上升的趋势。这是由下述因素决定的:

第一,随着国民经济的发展,人民生活水平不断提高,教职工工资也会不断增长。在教职工与学生比例不变的情况下,按每个学生平均的教职工工资数额必然相应增大。

第二,随着科学技术的进步,教学内容不断更新,对教师水平的要求越来越高,教师进修的费用会日益增加。

第三，在技术进步条件下，教学设备也要不断更新或改善，其价值必定会越来越大。在上述这些因素导致教育成本上升的同时，往往也会使教育质量提高。如果在单位教育成本上升的同时，学生的平均质量也相应提高了，或者导致教育成本上升的因素是合理的，显然并不意味着教育效率的降低。但是，如果导致教育成本上升的因素中有不合理的因素，则应采取有效措施加以改进。相对说来，横向比较更容易一些。这是因为，在同一时期内，同级同类学校之间的可比因素较多，对教育成本容易计算，对教育质量容易测量、评估。通过各校教育效率的比较，可以找到提高效率的有效途径。

在研究教育效率的文献中，一般采用微观分析中的横向比较方法，探讨教育效率的计量与评价指标、影响教育效率的因素和提高效率的途径。

三、研究教育效率的目的和意义

研究教育效率的目的有两个：一是要确立考核教育效率的指标，并把它作为评价一所学校的标准之一，以便敦促教育管理干部提高教育的效率。二是通过研究影响教育效率的因素，找出提高效率的途径，改进学校管理。其根本目的是为了提高教育效率，多出人才，出好人才。

研究教育的效率，有利于提高学校管理干部的管理水平，从而使他们合理配置教育资源，用稀缺的教育资源培养数量更多、质量更好的学生。

研究教育的效率，有利于促进学校管理的科学化和合理化。学校管理者的任务，不仅在于全面贯彻教育的方针，而且在于有效地利用教育资源。提高教育的效率，要求学校全面提高教育质量，增加教育成果。这就必然推动学校管理者去进一步认识教育、教学规律，不断总结经验，改进教育、教学管理工作。另一方面，在教育资源有限的情况下，为了全面提高教育质量，也必然要求学校管理者加强教职工管理、财务管理和物质设备管理，使教育资源得到充分而有效的利用。

由于我国计划生育政策的变动，各级各类学校的生源也相应发生变化。教育资源的重新合理配置问题将十分突出。研究教育效率问题，敦促学校管理者在全面贯彻教育方针、全面提高教育质量问题的同时，注意教育资源的优化配置和提高教育效率就更加重要。

当前，我国正处于全面建成小康社会的决胜阶段。一方面，我国人口众多，人均国民生产总值较低，教育投资不足；另一方面，为了实现中华民族伟大复兴的中国梦，又必须大力发展教育。解决这个矛盾，除了要充分认识教育的战略地位，尽一切努力增加教育投资之外，必须提高教育的效率。因此，研究并提高教育的效率，对于促进我国教育事业的发展具有重大的现实意义。

第二节　教育效率的相关研究

教育效率是教育经济学研究的一个重要课题，国内外许多学者在这一研究领域取得了丰硕的研究成果。

河北大学韩宗礼教授，在其《教育经济学》（陕西人民出版社，1989 年版）一书中，提出了计量教育效率的实用性指标体系，包括：学校人力资源利用效率的指标、学校物力资源利用效率的指标、学校财力资源利用效率的指标和教育投资利用效率综合性指标。

武汉大学刘道玉教授在其《高等教育微观经济效益分析》(《高等教育未来与发展》1987年第1期)一文中,提出了以单个合格毕业生消耗的教育投资量作为计量教育投资利用效率的综合指标的计量方法。

四川大学韩立达教授在其《教育投资经济效益分析》(《教育研究》,1985年第5期)一文中,提出了“以教育投资经济效率系数作为计量教育内部效率的综合指标计量方法”。

台湾地区林文达先生在其《教育经济学》(三民书局发行,1984年版)一书中,提出了计算教育投资内部效率的生产函数方法。

上述这些研究,提出了一些计量教育效率的指标体系,这些指标体系都有其理论根据和实用价值。

在本节中,我们着重介绍三项有关教育效率的研究。

一、计量教育效率的理论框架研究

北京大学厉以宁教授在其《教育经济学》(北京出版社,1984年版)一书中,提出了计量教育效率的理论框架。理论性指标包括:

(一)能力工资

假定国家规定一定熟练程度的劳动者的知识和技能的标准,再根据其知识和技能标准支付给工资,即“能力工资”。能力工资是指不考虑其他因素,单纯以“能力”的大小来评定的一种工资水平,它与现行工资标准不同,只具有计算教育投资经济效率意义。以五年时间为一周期,其计算方法为:

$$\text{平均单位投入的产出}=\frac{\text{新增加的各类劳动者的“能力工资”总额(元)}}{\text{教育支出总额(元)}}$$

$$\text{平均单位产出的投入}=\frac{\text{教育支出总额(元)}}{\text{新增加的各类劳动者的“能力工资”总额(元)}}$$

(二)知识与技能标准分

假定劳动者在受学校教育之前,其知识与技能总量为零,从接受学前教育开始,可按国家规定或设想的各种课程,给予一个“分”,从学前教育一直到高等教育,设计出一套“知识与技能标准分”计分体系,修完一门课程,考试合格就给一个“分”,这样总量就可以计量出来,增量也可以计算出来。

根据计算结果评价教育投资在两段时间内的利用效率,具体计算公式为:

$$\text{平均单位投入的产出}=\frac{\text{各级各类学校在校学生“知识和技能标准分”总量的增量}}{\text{教育支出总额(元)}}$$

$$\text{平均单位产出的投入}=\frac{\text{教育支出总额(元)}}{\text{各级各类学校在校学生“知识和技能标准分”总量的增量}}$$

(三)专业改变率和专业人员缺员率

学生所学专业与分配的工作岗位不相适应,出现学非所学,这是反映教育内部效率的一个重要方面。如专业毕业生供大于求、专业范围太窄、专业陈旧、教学质量低劣等。毕业生专业改变必然造成千百万教育投资浪费,说明教育投资利用效率低,可用专业改变率反映具体指标,其计算公式为:

$$\text{专业改变率}=\frac{\text{专业改变的专业毕业生人数}}{\text{专业毕业生人数}}\times 100\%$$

专业人员缺员率也是反映教育投资利用率的一个指标。造成专业人员缺员的因素很多,但主要是由于教育投资结构不合理,造成教育结构不协调,专业结构不合理,不能适应经济部门对各个专业人员的需求。专业人员缺员率的大小,可以反映教育投资利用效率。其计算公式为:

$$专业人员缺员=\frac{国民经济中专业人员急需补充数}{国民经济中现有专业人员总数+国民经济中专业人员急需补充人数}\times 100\%$$

(四)培养周期

培养周期也是衡量教育投资利用效率的一个指标。它是在一定教育投资条件下,培养一个合乎质量标准要求的劳动力或专门人才,平均花费的时间或费用。在一定教育投资的条件下,缩短培养周期,又保证教育质量,可说明教育投资利用效率高。

以上几个均为较宏观的教育投资利用效率指标,此外还有一些微观指标。

(五)知识转化滞后期

知识转化滞后期是指受教育者所学到的知识与到工作岗位实际运用这些知识之间的时间间隔。因为,由获得知识到运用知识于实际,中间有一段适应期。这段适应期称为滞后期。在其他条件相同的情况下,毕业生知识滞后期愈短,教育投资利用效率愈高。

(六)毕业生发展潜力

毕业生发展潜力是一种潜在的教育投资利用效率。毕业生的发展潜力是指其在未来的实际工作中发挥较大作用和做出较大成绩的可能性。在其他条件相同的情况下,毕业生发展潜力愈大,其教育投资利用效率愈高,特别是在毕业后时间较长的情况下,反映得更为明显。可采用追踪调查的方法测定。

(七)知识废旧率或知识更新率

随着生产的发展,科技的进步,受教育者在学校期间所学的知识,将有一部分出现过时与陈旧,必须更新。陈旧过时的知识在所获得的知识总量中所占的比例,为知识废旧率;更新过的知识在所获得的知识总量中所占的比例,为知识更新率。受教育者在离开学校一定时间后,知识陈旧率愈小,更新率愈低,说明教育投资利用效率愈高。也可采用追踪对比考查测定。

以上这些计量教育投资利用效率指标,构成一个指标体系,其中"知识和技能标准分"是比较重要的指标,也可以认为是一个综合性指标,既有宏观指标价值,又有微观指标作用。它是受教育者在一定时间内知识与技能积累量的标准化反映。知识与技能标准分是教育的产出,它与教育投入相比较,可以反映教育投资利用效率。这一指标从某种意义上说,只能是一种尝试,实际使用起来还有相当大的距离与困难。

二、教育改革方案效率的研究

20 世纪 80 年代为了提高教育质量,美国的中小学提出并实施了一系列教学改革方案。究竟哪一种教育改革方案的成本低而效果大?为了回答这个问题,美国斯坦福教育方针研究所的亨利·M. 列文、吉恩·V. 格拉斯和盖尔·R. 梅斯特对提高小学教育质量的四种教育改革方案的效率进行了研究①。

---

① 资料来源:斯坦福教育方针研究所,列文、格拉斯、梅斯特. 四种教育干预的成本-效益分析.

(一) 改革方案的选择

1. 小先生制

即在教师的指导下,由高年级的学生日常帮助老师辅导低年级的学生。

2. 计算机辅助教学

在计算机专用教室中,32 台终端机与 1 台主机相连,主机硬盘中安装有计算机辅助教学的软件,每天为小学生提供 10 分钟以上的数学、阅读和语言学的练习。

3. 缩小班级规模

缩小班级规模意味着学生可以得到教师更多的关照,教师可以更好地因材施教,从而为改进课堂教学、提高教育教学质量开辟了道路。对班级规模依次从 35 名缩小至 20 名的教学效果进行了比较。

4. 增加教学时间

即通过延长学年和学日,多留作业和更有效的利用现有教学时间来增进教育教学质量。对增加 150 小时教学时间所发生的成本和所取得的教学效果进行了分析。

(二) 教育改革方案的效率分析

在选择了上述四种教育改革方案之后,分别收集有关教育成本和教育成果的数据,并进行统计处理。在此基础上,对四种教育改革方案进行效率分析。

1. 教育成果的测量

对于教育改革方案的效果,是用教育统计中的标准分来测定的。即用实验组(实施教育改革方案的班级)和控制组(未实施教育改革方案的班级)的学生平均测验成绩之差除以控制组测验成绩的标准差。用公式表示:

$$教育改革方案的效果=标准分\ Z=\frac{X_1-X_2}{S}$$

式中:Z 为标准分,即教育改革方案的实施效果 X_1 为实验组的学生平均测验分数,X_2 为控制组的学生平均测验分数,S 为控制组的学生平均测验分数的标准差。

2. 教育成本的测量

关于教育成本的计算,研究采取了三个步骤:第一步,充分、详细地说明实施某一种教育改革方案所用的资源。第二步,计算每一种资源的年成本,其总和就是实施该教育改革方案的年总成本。第三步,年总成本除以接收该教育改革方案的学生人数,得到生均成本。

3. 计算教育成果与教育成本比率

在计算了每一种教育改革方案的成本和效果之后,该研究对四种教育改革方案的效率进行了分析(见表 11-1)。

表 11-1 四种教育改革方案的效率

教育改革方案的种类	每学科生均成本(美元)	每 100 美元生均成本的教育效果	
		小学 2—6 年级	小学 2—6 年级
		数学	语文
小先生制:成人与学生辅导	276	0.29	0.15
学生辅导	212	0.46(2—3 年级)	0.22(2—3 年级)
成人辅导	827	0.08(4—6 年级)	0.05(4—6 年级)

续表

教育改革方案的种类	每学科生均成本(美元)	每 100 美元生均成本的教育效果	
		小学 2—6 年级 数学	小学 2—6 年级 语文
计算机辅助教学:总计 (每天用微机上课 10 分钟)	119	0.10	0.19
缩小班级规模:			
35 人缩至 30 人	45 *	0.14	0.07
30 人缩至 25 人	63 *	0.12	0.06
25 人缩至 20 人	94 *	0.10	0.05
35 人缩至 20 人	201 *	0.11	0.06
增加教学时间: (每日每学科增加 30 分钟)	61	0.05	0.12

* 为每学科的生均成本,等于缩小班级规模总成本的三分之一。

表 11-1 概述了四种教育改革方案的效率,即每 100 美元生均成本所获得的学生成绩增量。

表 11-1 的数据说明,四种教育改革方案的效率是不相同的。总体来看,小先生制的效率最高;计算机辅助教学的效率次之;相对地,缩小班级规模和增加教学时间的效率较差。但是,对于不同的学科来说,同一方案的效率也有差异。列文等人的研究为教育改革方案的选择提供了有价值的依据,即在教育资源有限的情况下,怎样利用有限的教育资源来获得最大的教育成果。同时,他们的研究方法,对于我们研究教育效率也提供了有益的启示。

三、普通中学教育效率的实证研究

北京教育学院王玉崑教授在其《办学效益督导与评估》(华文出版社,1999 年 5 月)一书中,运用北京市东城区督学室提供的资料,对该区 13 所普通中学的教育效率进行了评价试验。

(一) 教育成本的计算

根据学校预算内和预算外的教育经费支出账目计算学校的经常性成本,用以代表教育成本。

教育成本=工资+补助工资+职工福利费+公务费+业务费+公办教职工福利、奖励+公务业务费+抵人员

(二) 教育成果的计算

1. 教育成果的数量指数

反映一所普通中学教育成果的数量指标是在校学生人数。考虑到一年内学生的流动情况,计算年初和年末在校学生的平均数,即:

在校学生人数=(年初人数+年末人数)÷2

根据有经验的中学校长和教育行政人员意见,高中生与初中生按 1.3 : 1 进行折算,折算后的数值,作为完全中学和非完全中学统一的教育成果数量指数。

教育成果数量指数=初中在校生人数+高中在校生人数×1.3

2. 教育成果的质量指数

根据北京市原教育局1993年颁发的《北京市普通中学教育质量综合评价方案(试行)》中,对于学生质量(一级指标)设定了7项指标(二级指标):政治思想品德(9分)、知识能力(11分)、体质健康(7分)、审美能力(2分)、劳动技能(2分)、兴趣爱好与特长(2分)、社会反映(2分),总计满分为35分。根据上述方案由督学室根据督导评价结果给定的学生质量分数,作为反映学校教育成果的质量指数。

第一步:以区政府督学室给定的被督导学校的学生质量评价分数为原始数据X。

第二步:计算各校学生质量评价分数的平均数$\overline{X}$和标准差S。标准差S的计算公式:

$$S=\sqrt{\frac{\Sigma(X-\overline{X})^2}{N-1}}$$

式中:S为标准差;X为学校原分数;$\overline{X}$为学校原分数的平均数;N为样本个数,即学校个数。

第三步:计算各校各项指标的标准分Z。根据第二步的计算结果,计算各校学生质量评价分数的标准分Z。标准分的计算公式:

$$Z=\frac{X-\overline{X}}{S}$$

标准分Z所反映的是一个学校学生质量评价分数在各校中所占的位置,或所排的位次,质量是相同的,从而使校际之间的学生质量可以比较。但是,标准分有一个缺点,即一半的标准分是负数,这使计算学生的质量系数比较困难。为了克服标准分Z的缺点,使计算学生质量系数成为可能,把Z分数转化为T分数。

第四步:计算教育成果T分数。T分数的含义与Z分数的含义相同,只不过是将标准分Z扩大并去掉负数而已。其计算公式为:

$$\text{教育成果质量 } T=Z+3$$

第五步:计算学生质量系数。根据第四步的计算结果,计算学生质量系数Q。计算公式:

$$Q=T\div 3$$

学生质量系数Q为小于2的正数,即$0<Q<2$。当某校的学生质量为平均水平时,其学生质量系数为1;当低于平均水平时,其学生质量系数小于1并大于0;当高于平均水平时,其学生质量系数大于1并小于2。

3. 教育成果的计算

在计算出学生质量系数之后,用各校教育成果数量指数分别乘以该校的学生质量系数,我们就得到了各校数量与质量统一的教育成果指数。

(三)教育效率的计算

评价教育效率的指标是按学生质量系数调整后的每万元培养学生数。在计算了各校的教育成本和教育成果之后,我们则可以依据下列公式计算各校的教育效率:

$$\text{教育效率}=\frac{\text{教育成果}}{\text{教育成本}}=\frac{\text{教育成果数量指数}\times Q}{\text{教育成本}}\times 10\,000\text{ 元}$$

这个指标的计算结果就是,按学生质量系数调整的每万元培养学生数,即普通中学教育效率指数,其数值越大意味着教育效率越高。

（四）剔除各校生源质量的差别

为了使评价方案更加公正，应该剔除各校生源质量的差别。该研究采用的办法是，根据各校历年招生的状况，按一定比例调整教育效率。

1. 根据各校历年招生的状况，把被评价的学校分为四类

全部择优招生的为一类校；大部分择优招生的为二类校；部分择优招生的为三类校；没有择优招生的为四类校。

2. 按 5%的比例对各类学校的教育效率指数进行调整

一类校教育效率/1；二类校教育效率/0.95；三类校教育效率/0.90；四类校教育效率/0.85。

（五）教育效率评价结果

表 11-2 列出了被评价的 13 所中学的基本资料和结果。

表 11-2　北京市东城区 13 所普通中学教育效率评价资料和结果

学校代码	学校类别	教育成本（元）	学生人数			教育成果数量指数	学生质量评价分数 X	学生质量 T 分数	学生质量系数 Q	教育效率	
			初中	高中	总计					用生源调整前	用生源调整后
(1)	(2)	(3)	(4)	(6)	(7)	(8)	(9)	(10)	(11)	(12)	(13)
05	2	4 670 472.58	1 319	552	1 871	2 036.6	32.05	3.81	1.27	5.54	5.83
18	3	3 476 965.37	1 068	317	1 385	1 480.1	30.75	3.33	1.11	4.73	5.26
23	1	4 509 403.39	924	775	1 699	1 931.5	30.65	3.29	1.10	4.71	4.71
06	3	6 882 895.51	2 288	507	2 795	2 947.1	30.50	3.24	1.08	4.62	5.13
03	1	8 491 233.70	1 653	946	2 599	2 882.8	32.35	3.92	1.31	4.45	4.45
11	3	6 245 200.47	1 578	524	2 102	2 259.2	31.65	3.66	1.22	4.41	4.90
02	1	7 526 179.48	966	947	1 913	2 197.1	33.05	4.18	1.39	4.06	4.06
20	1	7 518 268.93	1 070	779	1 849	2 082.7	32.70	4.05	1.35	3.74	3.74
13	4	3 937 112.27	1 017	344	1 361	1 464.2	27.75	2.22	0.74	2.75	3.24
15	4	3 352 495.76	942	256	1 198	1 274.8	27.10	1.98	0.66	2.51	2.95
01	3	5 072 732.92	909	364	1 273	1 382.2	28.60	2.53	0.84	2.29	2.54
25	4	2 155 323.04	732	0	732	732.0	26.50	1.76	0.59	2.00	2.35
17	4	2 832 421.49	1 009	0	1 009	1 009.0	24.55	1.04	0.35	1.25	1.47
$\overline{X}$					1 617		29.86	3.00	1.00	3.62	
S					600		2.70			1.31	

注：表中(1)隐去原学校名称，使用学校代码。(2)全部择优招生的为 1 类校；大部分择优招生的为 2 类校；部分择优招生的为 3 类校；没有择优招生的为 4 类校；(3)为学校的经常性成本；(8)教育成果数量指数＝(4)＋(5)×1.3；(9)督学室给定的学生质量评价分数；(11)学生质量系数＝(10)÷3；(12)教育效率＝(8)×(11)÷(3)×10000 元；(13)根据(2)用生源差别调整。

表 11-2 列出 13 所中学教育效率评价结果说明：

第一，用按学生质量系数调整后的每万元培养学生数作为评价普通中学教育效率的指

标,能够对各校的教育效率进行全面的综合评价。由于采用教育统计学中 T 分数来换算学生质量系数,比较科学,比较精确。表 11-2(12)列给出了 17 所学校的教育效率指数。我们看到,平均数为 3.62,最高的为 5.54,最低的为 1.25,标准差为 1.31。说明确实存在着教育效率的不同。在剔除生源差别之后,各校教育效率的排序,基本上没有改变。

第二,评价指标只是对各校同期的教育效率进行横行比较,不会限制教育投入的正常增长,同时,既能够鼓励那些投入少而产出高的学校,又能对过高的单位教育成本进行约束。

第三,从评价结果来看,评价指标比较公正。评价结果表明:公认的一类校(市、区重点中学),教育质量上乘,学生质量系数均大于 1,但是,由于政府对这些学校的投入大,而且这些学校的经费自筹能力强、预算外收入比较高、办学条件好,生均教育成本也必然较高,因此,这类学校的教育效率在全区据于中等偏上的位置。公认的二类校(准重点中学),由于教育质量一般高于或等于全区的平均水平量,学生质量系数虽然低于一类校,但也都大于 1,但是由于这类学校的教育经费投入(包括预算内和预算外)较低,因此,其教育效率会在全区名列前茅。至于基础薄弱校,由于学生质量系数一般小于 1,而且由于生源不足而导致学校规模较小、教职工与学生比例较低,教育成本必然较高,因此,这类学校的教育效率最差。

当然,这一评价的指标体系,也在一定程度上存在着这样或那样的不足之处,有待于在教育效率评价和评价的实践中进一步探索与完善。

第三节 学校规模经济

一、规模经济理论

规模经济是指厂商采用一定生产规模而能获得的经济上的利益,即当所有生产要素同时增减时,即整个生产规模变动时,所发生的收益的变动。

1959 年英国学者马克西和西尔伯斯通撰写的《汽车工业》一书出版。该书依据当时的生产技术和工艺水平,研究了汽车生产线的平均费用和产量之间的关系,并绘制了汽车工业生产线的长期平均费用曲线图。这条曲线就是举世闻名的马克西—西尔伯斯通曲线(图 11-1)。

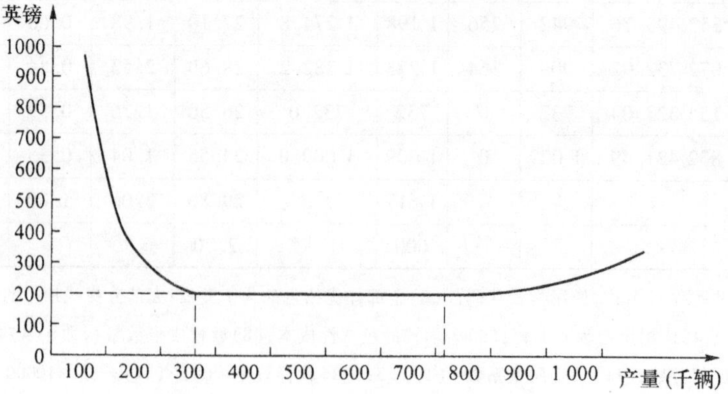

图 11-1 马克西—西尔伯斯通曲线

根据马克西和西尔伯斯通对汽车生产线长期平均费用分析,就一种车型的生产批量同成本的关系而言：

在生产技术、组织和其他条件不变的情况下，一定的投入，固然会有一定的产出，却未必是在充分运用所投入的资源并发挥效能的条件下生产，如果投入以一定的比例增加，产出也相对增加同一比例，资源使用效率不变，这是规模收益恒常。

如果规模扩大引起生产技术、组织的改变，例如高效率机器的引进，精密的人力分工等，遂使生产效能提高，生产成本降低，这时如果投入以一定比例增加，而产出增加的比例远比投入增加的比例为大，这就会产生规模收益递增的现象，这就是规模经济。

如果规模扩大至相当程度后，由于组织内部沟通与协调的困难，致使一定比例增加的投入低于该比例增加的产出，这就是规模收益递减之现象。

通常成本被用来表示投入的值，因此，规模经济与规模不经济又可解释为：当生产规模扩大时，产出增加的比例大于成本增加的比例，便是规模经济；反之生产规模扩大时，产出增加的比例小于成本增加的比例，便是规模不经济。

把规模经济理论运用于教育领域，从而探讨学校规模经济的问题，就产生了学校规模经济理论。

二、教育的生产成本函数

在讨论学校规模经济前，必须明确三个概念：总成本、平均成本与边际成本，并研究三者之间的关系。

总成本是特定范围内使用的一切资源成本。在我们以下的研究中，总成本是指一定范围内为培养学生耗用所有教育资源的货币表现，即教育总成本。

显然一所学校的总成本将依“产出”的水平（在校学生数量）而定。“产出”或“学校规模”用在校学生数量来表示。这里撇开学校产出的质量，简单地把学生数量作为教育活动规模的指数，不是因为它是一个理想化的尺度，而是为了便于我们对教育成本进行分析。

平均成本（也叫单位教育成本），就是一定时期某一地区或学校培养学生的总成本除以学生的数量。在一般情况下，总成本随着学校规模的扩展而增长，而平均成本不会明显提高或降低。平均成本随着产出的增长而降低，称为学校规模经济，反之，则称为学校规模不经济。

边际成本是指额外增加培养一个学生引起的总成本的增加，也可以称为增量成本。为了研究学校的规模经济，有必要测量边际成本。它通过在校学生每增加一个单位所导致的总成本的增长来测量。

平均成本和边际成本之间的关系在不同学校之间是有变化的，变化的程度取决于成本函数的形式，即取决于成本与学校规模之间的关系。当在校学生数增加时，总成本必然增长，但是，平均成本和边际成本依学生数的变化可能增加，可能减少，也可能保持不变。平均成本和边际成本在不同情况下之所以不同，是因为学校的某些成本是固定的，而另一些成本则根据学校规模而变化。平均成本和边际成本的变化方式取决于固定成本与可变成本之间的比例、所有的资源是否得到充分利用、是否有多余的能力，即不增加固定成本也可以增加学生数量。为了进一步说明总成本、平均成本和边际成本之间的关系，有必要研究教育生产成本函数。

教育生产成本函数是表示教育成本对教育产出或规模的依赖关系，并说明总成本、平均成本和边际成本之间变化规律的一种实用方法。令 TC 代表总成本（按一年计算，按货币单位测量），S 代表学生数，那么，总成本与学生数量之间的关系可由下列函数来表示：

$$TC = \int (S) \tag{1}$$

但是,方程(1)不能表明平均成本和边际成本怎样依赖于规模而变化。为了回答这个问题,可以把方程式(1)改写为:

$$TC = \alpha_0 + \alpha_1 S \tag{2}$$

方程(2)中,α_0 表示固定成本;α_1 表示每增加一名学生所导致的成本。这样 $\alpha_1 S$ 给出了成本变量,其数量大小取决于学校的规模 S。用图来表示的方程(2)如图 11-2 所示。这清楚地表明,固定成本等于 α_0,当 $S=0$ 时,每增加 1 名学生,总成本以 α_1 的比率呈直线增长。

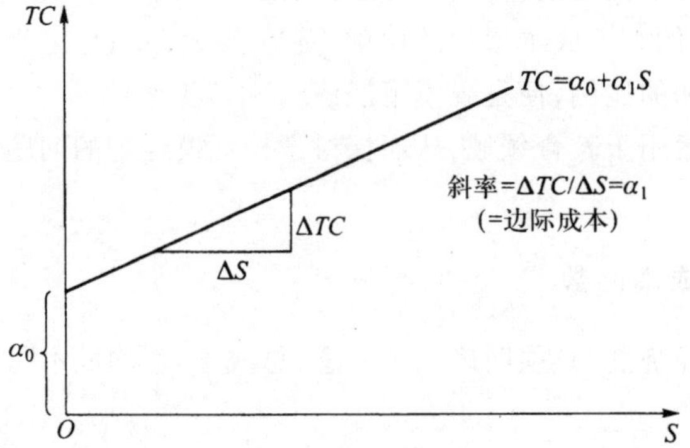

图 11-2　线性总成本函数

方程(2)的推导可用来表示总成本函数中包含的平均成本和边际成本。平均成本等于总成本除以产出:

$$AC = TC/S = \alpha_0/S + \alpha_1 \tag{3}$$

为了从总成本函数方程(2)中找出边际成本,必须确定增加一名学生时的总成本增量,例如,从 500 名学生增至 501 名学生。方程(2)表明,当 $S=500$ 时,$TC_{500} = \alpha_0 + 500\ \alpha_1$;当 $S=501$ 时,$TC_{501} = \alpha_0 + 501\ \alpha_1$;因此,$MC = TC_{501} - TC_{500}$。注意,由方程(2)得出的 MC 值不取决于产出,即第 501 名学生引起的总成本增长与第 1 001 名学生所引起的成本增长都是 $MC = \alpha_1$。总成本函数方程(2)所对应表示的平均成本和边际成本(如图 11-3 所示)。从图中可以看到,随着学生数量的增长,平均成本稳步地下降,表示规模的经济。在 S 值很大的情况下,AC 与 MC 非常接近,规模经济最终枯竭。规模经济的原因在于:随着 S 的增长,固定成本 α_0 在较大学生数量上的均摊。在实践中,固定成本的均摊是规模经济的重要根源,当然不能说是唯一根源。

总成本函数方程(2)表示的是成本依据产出而变化的最简单方法,还有许多其他方法,其中之一是:

$$TC = \alpha_0 + \alpha_1 S + \alpha_2 S^2 + \alpha_3 S^3 \tag{4}$$

由方程(4),可得:

$$AC = \alpha_0/S + \alpha_1 + \alpha_2 S + \alpha_3 S^2 \tag{5}$$

$$MC = \alpha_1 + 2\ \alpha_2 S + 3\ \alpha_3 S^2 \tag{6}$$

如方程(6)所示,由入学人数增长引起的 TC 的增长中的固定成本 α_0,根据学生数量的

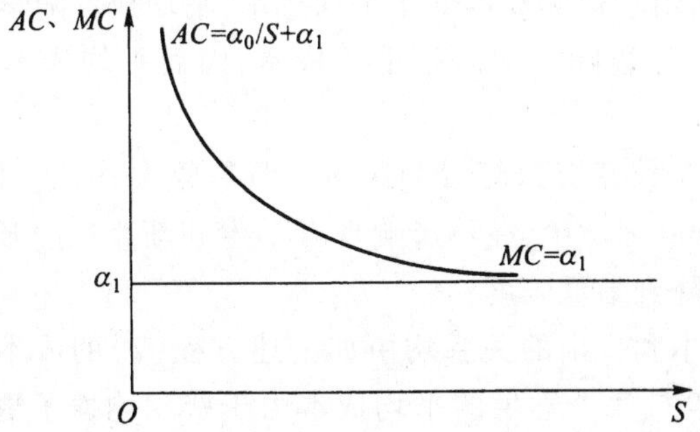

图 11-3 与图 11-2 的总成本函数相对应的平均成本和边际成本函数

变化而变化。第 501 名学生的边际成本不再等于第 1 001 名学生的边际成本。假定 α_0、α_1 和 α_3 为正数，α_2 为负数，它们在方程(4)、(5)、(6)中的关系如图 11-4 所示。

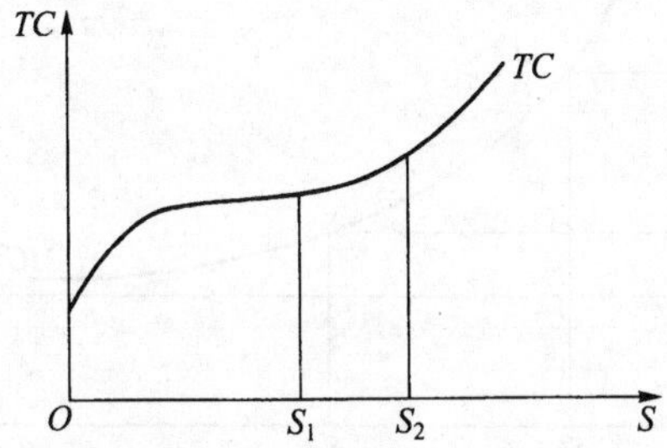

(a) 总成本函数 $TC=\alpha_0+\alpha_1 S+\alpha_2 S^2+\alpha_3 S^3(\alpha_0,\alpha_1,\alpha_3>0;\alpha_2<0)$

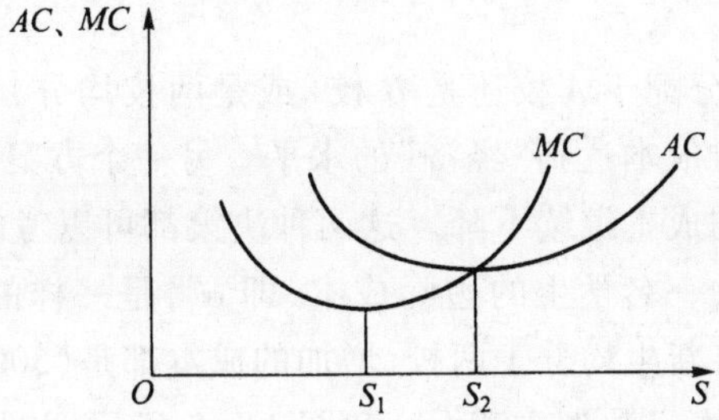

(b) 与图(a)的总成本函数相对应的平均成本和边际成本函数

图 11-4

从图中看到，平均成本随着学生数增长而降至 $S=S_2$，然后上升。这里的规模经济只是在某种程度上归因于固定成本的均摊。至产出水平 $S=S_1$，边际成本下降，对 AC 的降低起了一份作用。不过，超过 S_1 的限度，MC 开始增长(尽管只要 MC 小于 AC，AC 依然下降)，这种增长最终在 S_2 抵消了单位成本的降低。超过 S_2，MC 的影响占据支配地位，规模经济枯竭，单位成本开始上升。

结论是，固定成本和可变成本的相对比例，决定着边际成本和平均成本之间的关系。边际成本、平均成本与学校规模之间存在着三种关系：

(1) 学校规模不变，平均成本与边际成本相等，不管学生数量多少，平均成本保持不变。

(2) 学校规模经济,由于边际成本低于平均成本,平均成本随学生数量上升而下降。

(3) 学校规模不经济,边际成本高于平均成本,因而平均成本随学生数量增加(或减少)而上升。

教育生产成本函数在教育资源配置的决策中具有重要作用。假定某个学区原有 A、B 两所中学,现在要增加 500 名学生,在不影响现有学生和新生教育质量的前提下,怎样才能使新增学生的教育成本降到最低限度?

假定这两所学校成本和产出的关系均由如上述方程(2)的成本函数所示,但 A 校学生少而 B 校学生多,因此 B 校每个学生的平均成本由于费用均摊子更多的学生头上而较低。其初始情况如图 11-5 所示。

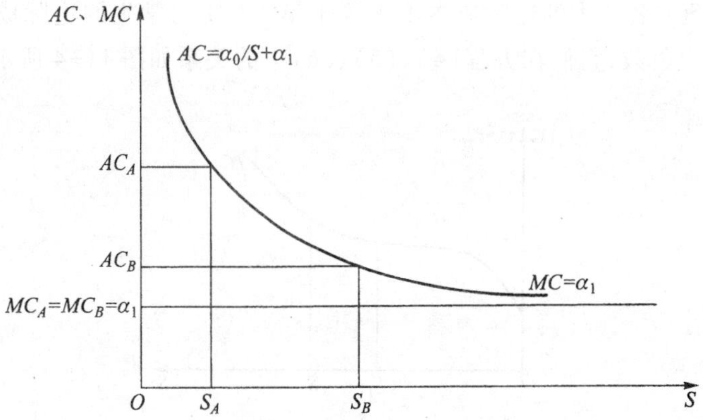

图 11-5 边际成本函数 $AC=\alpha_0/S+\alpha_1(\alpha_0,\alpha_1>0)$

新增的 500 名学生应分配于 A 校还是 B 校(或是两校均分)? 答案之一是 A 校应接纳新增的学生,以便使其单位成本达到“经济”的水平。另一个方案也许认为 B 校应接纳新增的学生,因为它可以使平均成本继续下降。这两种决策都可以考虑,也可以把新增的学生均分于两所学校,因为每增加一名学生的边际成本,即 α_1,是一样的。因此,无论哪一所学校接纳这 500 名新生,还是将新生均分于两校,增加的成本都是(500 α_1)。

假定这两所学校的成本函数如方程(4)和图 11-5 所示,初始成本为图 11-6 中 S_A 和 S_B。这回的边际成本就与扩展决策有关了。显然,尽管 A 校的平均成本较高,但是由于它的边际成本低,因此,A 校接纳 500 名新生所引起的总成本增加要比 B 校低。

假定 A、B 两所学校的原有规模较大,增加 500 名新生的边际成本大于新建校的成本,那么,应该考虑建新校。

在上述决策中,决策者应运用实际统计数据计算并比较以下三种成本的大小并选择成本最低的方案:

(1) $(TC_{A+500}-TC_A)$,A 校新增 500 名学生的成本(TC_A 为 A 校新增容前的成本);

(2) $(TC_{B+500}-TC_{BA})$,B 校新增 500 名学生的成本;

(3) (TC_{500}),建新校的成本。

上述教育生产成本函数,反过来也可以用于生源减少时是否应该将两校合并的选择方案。

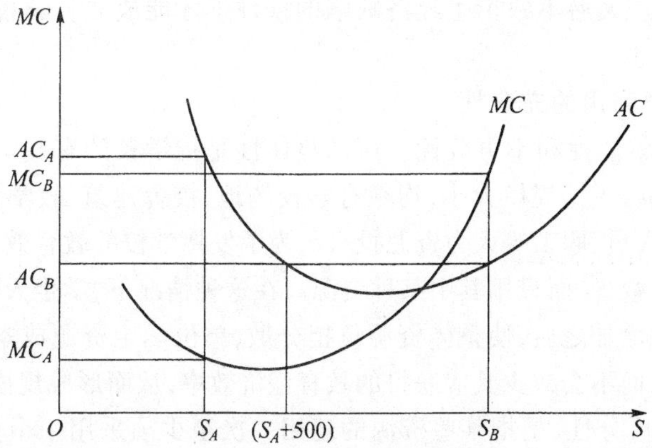

图 11-6 平均成本函数和边际成本函数

$$AC=\frac{\alpha_0}{S}+\alpha_1+\alpha_2 S+\alpha_3 S^2$$

$$MC=\alpha_1+2\alpha_2 S+3\alpha_3 S^2(\alpha_0,\alpha_1,\alpha_3>0;\alpha_2<0)$$

【链接阅读】

有关学校规模的实证研究

国内外许多有关学校规模经济的实证研究，虽然采用了不同的函数形式，但是，多数研究的结论表明：在其他条件相同的情况下，学校规模越大，单位学生成本越低。至于最佳学校规模，尚未得出一致的结论，因为这需要从经验所观察的范围加以外推。

苏联研究人员的调查研究表明高等院校的规模直接影响着培养人才费用的多少。例如，在教员数量为100人的师范院校中，培养一个学生的年平均费用比在教员数量达200人的院校高30%。在教员数量少于200人的技术院校中，培养一个学生的费用比有教员200~300人的院校高10%~15%。因此，苏联曾一度合并高等院校：超过5 000名学生的高等院校占其总数的比例，1966年为23.4%，1971年增至33%；到70年代末，平均每所高等院校的在校生人数达到了5 000名。①

美国学者梅纳德，在1971年，运用13个州的123所高等学校的调查表，对每个学生的成本函数进行了估算，并对学校规模经济进行了评估。他最后得出的结论是，高等学校的最佳规模为在校生人数达到5 363人。②

美国学者肯尼1982年的一项研究发现，在规模较大的学校里学生可以学到更多的东西，并且学校在“学校投入回报递增”的区间里运行。这意味着存在着规模经济。但是，他指出，通过合并来扩大学校规模，并不一定是合理的，学生交通成本的增加可能抵消规模经济所带来的成本节约。③

三、学校规模经济

学校规模经济是指在保证甚至提高教育质量前提下，使学校资源获得充分和适当的使

① 科斯坦扬.国民教育经济学[M].孙夏南，等，译.吉林人民出版社.244.
② 科恩.教育经济学[M].王玉崑，等，译.华东师范大学出版社，1989:189.
③ 科恩，盖斯克.教育经济学[M].范元伟，译.上海人民出版社，2009:11.

用;同时,学校规模扩大后不致衍生经济缺陷的条件下才能成立。学校规模经济的形成显然是基于以下三个条件:

(一)教育资源利用的充分性

教育资源具有整体性和不可分性。所谓整体性是指学校的有些资源必须同时投入与运用。一所学校的创立,无论规模大小,均须有学校场地、校舍建筑、教学设备、器材等固定资本投入;有教师、行政人员、职工等人力资源投入。为了发挥学校的教育效率,上述资源必须同时利用,不可因学生人数少,而只用其中某种资源。在这种情况下,学生人数太少,单位学生资源成本就高;学生人数增加之后,使整体资源负担分散,单位学生资源成本必然降低。此时单位学生资源分担下降,而不会减少其应获得的教育经济效率,从而形成规模经济效果。

教育资源的不可分性,是指某些资源的运用一次至少须采用一个单位,不能因需求不足一个单位而将其分割使用。例如教室、礼堂、图书馆的兴建,只能以一间(座)作为单位,不能因学生人数少而只建半间(座);教职员工的聘用亦是如此,每次至少聘用一人,而不能是半个人。因此,教育的规模经济有赖于资源充分运用,但不可因追求单位成本降低而产生一些不经济的效果。建筑设备的使用率应以百分之百为充分使用的目标,才能获得学校规模经济的最佳效果。

教育资源由于本身具有整体性和不可分性,即使学校规模小,也会因教育功能的需求而投入相当大的资源,此时已投入的资源却因人数太少而未能获得充分利用。如果能使教育规模扩大,使资源获得接近百分之百的使用率,而维持同一教育功能,并使单位学生成本降低,这样就会产生学校规模经济的效果。但是,一味追求单位学生成本降低,使资源使用率超过百分之百,而产生规模太大的缺陷,这并不能视为具有规模经济效果。因此教育资源的充分利用应在不突破资源整体性和不可分性的限制下,使学校规模扩大;在不影响教育功能的情况下,使教育资源获得充分使用。

(二)教育资源使用的适当性

教育资源使用的适当性,是指按资源功能的特性用在适当的需求场所。专用建筑设备,教师专才专用及教育功能的多样性都是适当使用教育资源的结果。

学校规模扩大,建筑设备种类增多,个别用途的建筑及设备也可出现,从而有利于教育质量的提高。

学校规模扩大,教职员工势必增加,这样有利于学校人员分工与专门化。

首先,从教学方面来看。小规模学校由于教师编制员额有限,为应付课程需要,教师往往必须担任非其所长的科目。学校规模扩大后,由于教师编制员额增加,此时在聘请教师方面具有弹性,能按不同课程需要,聘请各科专长教师。这样由于专长教师的聘请,教学课程上合理的分工,教学内容的专门化等均将有利于教学效果的提高。从行政方面来看,学校行政人员一般是专业人员。学校规模扩大后,常会增置许多固定程序和行政法规,学校势必增加行政人员,从而导致行政人员角色的专门化,而有利于行政效率的提高。

学校人员的分工与专门化,可以以同样甚至较低成本改进教学质量和行政效率,增加规模收益。

学校里的每个学生都有其不同的兴趣爱好与能力倾向。这就要求学校必须提供多样化的课程内容。通常学校规模扩大后,课程从以下两方面得到改变。

其一,提供更多类型的课程;

其二,提供更多成本较高的课程。(该类课程所需教室、设备、器材的成本较高,且需受过高等专业训练的教师来担任教学。)

也就是说,规模扩大后,学校得以实现课程及活动功能的多样性。

(三)学校规模扩大的有限性

教育规模扩大有利于教育资源的充分利用和适当使用,产生规模经济效果。但规模扩大是有限度的,如果规模扩大产生各种不经济的缺陷,必将损害教育功能,此时,单位学生成本即使减少也不能叫作学校规模经济。在这一条件下,学校规模的扩大应以资源充分运用后即停止。否则规模继续扩大必将衍生各种缺陷。

我国著名经济学家厉以宁教授将规模过大而衍生的缺陷概括为以下六个方面:

1. 规模过大,使得管理不方便,降低了管理效率;
2. 规模过大,使得内部通讯联系费用增加,从而增加了成本支出;
3. 规模过大,需要增设若干中间机构,增添若干工作人员,这也增大了成本支出;
4. 规模过大并因此增设若干中间机构之后,机构与机构之间的摩擦可能增加。这不仅会降低效率,而且还可能产生工作中相互推诿、相互扯皮现象;
5. 规模过大,人员过多,可能将增加人事方面的纠纷,而且人员之间的凝聚力也可能降低;
6. 规模过大,为适应客观形势变化而需要的灵活性也会降低,也就是说,它较难随客观形势变化而作出调整,以适应新的形势。①

从以上论述可知,学校规模扩大可增加资源使用率,增强资源效用,降低单位学生成本,产生规模经济效果。但规模扩大到一定限度之后,如果继续扩大,易产生人际关系冷漠和行政僵化等不经济缺陷,实属得不偿失。因此教育规模经济的形成应取决于三个条件:一是教育资源的充分利用;二是教育资源的适当运用;三是规模扩大有限性,即规模扩大但不衍生不经济的缺陷。

第四节 提高教育经济效率的途径

影响教育经济效率的因素是多种多样的,主要因素有:人力资源配置,包括教职工与学生比例,教师与学生比,以及教师结构与素质等;物力资源配置,包括校舍、实验设备等学校固定资本和低值易耗品合理优化配置;学校规模,学校规模是否适度。其中有些因素是可以控制的,有些则是不可控制的;有些因素对于具体学校来说是不可控制的,而对政府决策机构来说则是可控制的。如何遵循教育与经济及其相互关系的客观规律,采取有效措施,提高教育效率?

一、完善教育投资宏观决策

正确的教育投资宏观决策是提高教育效率的外部条件。它主要包括教育投资在国民经济中的合理比例和教育投资的合理分配。教育投资的合理比例决定着一国一定时期的教育投资总量,也决定着各级各类教育中受教育者的人均教育投资量。只有在教育投资总量和人均教育投资量适度的条件下,才有可能提高教育投资的使用效率。如果投资过度,在其他

---

① 厉以宁.论教育外部不经济的补偿[J].教育研究,1992(02):3-7.

条件相同的情况下,有可能造成教育投资的浪费;如果投资不足,在教育总规模不变的条件下,势必降低教育质量,从而降低教育投资使用效率。在教育投资总量适度的条件下,教育投资在各级各类教育之间,在教育基本建设投资之间,在教育事业费的人员经费与公用经费之间能否合理的分配,也关系着各级各类学校教育投资使用效率的高低。如果教育投资在各级各类教育之间的分配不合理,在教育级别类别结构不变的条件下,必然导致某级某类教育投资过多,而其他级别教育投资过少,这将会给各级各类教育投资使用效率的提高带来困难。如果教育投资使用性质分配不合理,将导致各级各类教育中的人、财、物结构不合理,必然会影响各级各类教育投资的使用效率。此外教育投资与教育事业发展是否协调,教育投资在地区之间分配是否合理,能否实现基础教育的均衡发展,同样也会影响教育投资的使用效率。

总之,教育投资的宏观决策关系着教育投资的宏观使用效率,也制约着教育投资的微观使用效率。它是学校提高教育投资使用效率的前提条件,学校只能在宏观决策给定的条件下进行工作。为此政府的计划部门、教育部门、财政部门必须协调各自的工作,在综合平衡的基础上,做出正确的决策。

二、合理配置学校的人力资源

教育所用的人力资源是教职工。教职工与学生的比例、教师与学生按多大比例配置,教师的素质如何,对教育效率有很大影响。

2014 年 11 月 13 日,中央编办、教育部、财政部颁布了《关于统一城乡中小学教职工编制标准的通知》(后简称《通知》)。《通知》规定:统一编制标准,促进城乡中小学教育资源均衡配置。将县、镇、农村中小学教职工编制标准统一到城市标准,即高中教职工与学生比为 1 : 12.5、初中为 1 : 13.5、小学为 1 : 19。由省级政府负总责,实行总量控制,确保核定后的中小学教职工编制不突破现有编制总量。

《通知》还指出:根据当前基础教育均衡发展的新要求,各地在严格执行国家关于向农村边远地区倾斜等规定的同时,重点对学生规模较小的村小、教学点,按照教职工与学生比例和教职工与班级比例相结合的方式核定教职工编制。在县域范围内统筹中小学教师资源,确保基本开齐开足国家规定课程,特别是体育、音乐、美术、科学技术等课程,以保障基础教育发展需要和素质教育全面实施。

《通知》的颁布为中小学合理确定人员编制指明了方向。认真贯彻落实《通知》的要求,必然对中小学优化人力资源配置,提高教育效率起到巨大的促进作用。

合理配置学校的人力资源也包括提高教师的素质。2012 年 2 月 10 日,教育部颁布了幼儿园、小学和中学教师专业化标准,从而为教师专业化发展提出了具体目标。2015 年 6 月 1 日,《国务院办公厅关于印发乡村教师支持计划(2015—2020 年)的通知》,对于解决当前乡村教师队伍建设领域存在的突出问题,吸引优秀人才到乡村学校任教,稳定乡村教师队伍,带动和促进教师队伍整体水平提高,促进教育公平,具有十分重要的意义。

推进教师专业化建设,加强乡村教师队伍建设,必然提高教师的素质,增进教育成果,从而提高教育效率。

三、合理配置学校的物力资源

学校所用的物力资源主要是校舍、实验设备、视听设备等,其价值形式是学校固定资产总值。物力资源配置是否合理,设备是否能得到充分利用,对教育效率的高低有重大影响。

所谓合理的学校物力资源配置是指能够保证实现教育目标又能使资源得到充分利用的物力资源配置。

近年来为了实现学校物力资源的合理配置,我国各级教育行政部门不断在实践中探索,并相应制定了中小学校办学条件标准。以北京市为例,北京市教育委员会联合相关部门于2005年12月印发了《北京市中小学校办学条件标准的通知》,其所规定的中小学办学条件标准,涵盖:学校规模、用地与建筑设施;教学、办公及生活设备;学校教育辅助中心设置等都明确地规定了应该达到的标准。明确要求:加强本区域内教育资源的统筹规划,充分利用和整合各种社会资源,推进教育资源的优化配置,注重资源共享,提高资源使用效益。

该《通知》还强调:为提高资源利用效率,可在学校相对集中的区域内,设置学校教育辅助中心。该中心作为实现资源共享的辅助性教学机构,由相关学校的举办者共同设置,对一些投入大以及受利用率、用地、建筑等条件约束,单个学校难以配置的设施设备实行集中配置,以提高教育资源的利用效率。教育辅助中心包括:体育馆、演播室、舞蹈教室、演艺厅、工艺教室、劳动技术教育专用教室、科学实验室、科学展览室和天文台等。这些场馆和专用教室,如果由一所学校单独使用,显然利用率不高;如果不建设,对发展学生的特长又不利。作为"学校教育辅助中心设置"来建设,由附近多所学校共享,既推进了素质教育又提高了设备利用率,从而提高了教育资源利用效率。

推进学校后勤管理的社会化也是提高教育效率的重要举措。长期以来,我国采取学校办社会的办法,既增加了教育投资,在国力有限的条件下,加剧了教育投资的紧张状况,同时,又极大地分散了学校领导的精力,提高了非学生培养经费在教育投资中的比重,从而降低了投资的使用效率。实行学校后勤社会化,如学校的校舍、宿舍、设备的维修,学生和教师的餐饮供应,学校的保安等都由社会相应机构解决,这样既节约了教育投资,又提高了投资的使用效率。

四、确定合理的学校规模和布局

学校规模经济理论说明,能否合理配置学校的人力资源和物力资源与学校规模是否适度有着密切联系。合理的学校规模和布局是提高教育效率的重要条件。

近年来学校规模经济理论正日益被各地教育行政部门所认识,不少地区采取有效措施合理调整学校规模和布局,提高了教育的效率。但是,对于中小学来说,何为适度规模,仍然是一个有待研究的问题。一般经验认为,中小学以每个年级4个班为宜,就是说,以1 200人为适度规模。但是,即使这是适度规模,在实践上也要受到客观条件的限制,特别是要受到生源密度和学校布局的限制。当生源密度一定,学校布局越疏,学校规模越大,但是学生就学距离就越远;反之,学校布局越密,学校规模就越小,学生就学距离就越近。如果学校规模过小,单位学生成本会上升,不利于提高教育效率;如果学校规模过大,学生就学距离太远则不利于学生就学。解决这一矛盾的原则是方便学生就学与学校适度规模二者兼顾,因地制宜地合理布局。

1. 规定学生就学距离

要根据各地的实际情况,分别规定中学和小学学生就学距离的上限,作为学校布局的依据。然后,根据生源密度、交通状况、周围环境和就学距离等多种因素,合理地调整学校规模和布局。

2. 扩大城市学校规模

在生源密集的大城市,由于交通比较方便,要尽可能使学校规模达到 1 200 人左右。

3. 合并或撤销生源不足的农村中小学

近年来我国农村经济有了较快的发展,经济结构发生了重大变化。大量农业过剩劳动人口正在转移,其中很多人到城市、县、镇务工经商,生源也随之向城市、县、镇集中。因此,必须调整农村中小学布局,及时扩建县、镇中小学,停办或合并生源不足的农村中小学。

4. 建立寄宿制学校

在生源分散、交通不便的山区、牧区建立寄宿制学校。这样,学校规模过小和学生就学距离较远的问题就都得到了解决。虽然办寄宿制学校要增加学校工作人员,修建校舍,添置学生生活设施,支出要比办走读学校大,但是由于集中办学又会实现节约,同时有利于提高教育教学质量,从而提高教育的效率。因此不少省、直辖市、自治区在规定中小学办学标准时,也同时规定了中小学的办学规模。例如,《北京市中小学校办学条件标准的通知》中就规定:为保证学校教育质量、管理效率和办学效益,一所学校的规模(班数规模、学生人数规模、用地及建设规模)应控制在一定范围以内。凡符合本《标准》规定规模的学校为"适宜规模学校"。新建或改建学校应以适宜规模为标准进行规划建设。

五、提高学校的管理水平

管理可以出效率。严格而科学的管理可以调动人的积极性,使人、财、物得到合理而充分的使用,既能减少消耗,又能增加产出。因此,提高学校工作的管理水平,是提高教育投资使用效率的重要途径。

1. 建立和完善学校的各项规章制度

使学校各项工作有章可循,严格按照规章制度办事,以提高工作效率。其中建立和健全岗位责任制有重要意义。通过责任制使教师和各类工作人员各司其职,各负其责,做到职、责、权统一。

2. 加强教师队伍的建设

教师的积极性能否充分调动,教师的潜力能否充分发挥,教师质量的高低,直接关系着教育投资的产出数量和质量。为调动教师的积极性,提高教师的质量,除了提高教师的物质待遇,改善教师的工作条件,学校还要加强和改进教师的思想工作,认真贯彻落实教师资格证书制度和教师专业化标准,多种途径提高教师的业务水平。这虽然会增加教育的投入量,但却可以得到更多更好的教育产出量,增加的产出必将大于增加的投入,从而可以提高教育效率。

3. 加强学校之间、学校与社会之间的横向联系

变封闭型教育为开放型教育。高等学校要加强教学与科研、生产、社会的联系,以提高教育质量。

4. 要贯彻素质教育,端正办学指导思想

面向全体学生,促使学生德、智、体全面发展。为提高教育质量,必须积极进行教育内容和教学方法的改革。

5. 提高学校领导人员的素质

加强学校领导班子的建设,这是提高学校管理水平的关键。

六、实行人才培养的成本核算

目前教育部门执行的是《行政事业单位会计制度》，是一种预算会计，采用收支记账法。它只看账面是否符合支出要求，而不管支出的效果；只管投入，不问产出。这样无法考核教育投资的使用效率。因此，应该对教育部门的财会制度进行必要的改革，逐步推行人才培养成本核算。根据人才成本核算的需要设置会计科目和统计项目，使投入、使用和产出挂钩，按不同种类学校分别核算学生培养成本。为此，应由教育主管部门对各级各类教育人、财、物的各种配置和使用规定合理的标准定额，使学校有章可循，减少人、财、物配置和使用上的盲目性。通过成本核算，可以更加自觉地把握和运用教育过程中的经济活动规律，使教育投资得到合理而充分的利用。

本章小结

作为人口大国，我国在教育资源尤其是优质教育资源稀缺的情况下，教育的效率问题成为尤为重要的问题。在教育经济学中，教育生产函数是与效率密切相关的问题。可以根据各投入要素的边际收益大小来调整投入要素的结构来提高教育效率。具体内容包括了教育效率的概念，有关教育效率的理论与实证研究，最后部分是教育效率中关于学校规模经济的研究。

关键概念及术语

教育效率　知识转化滞后期　毕业生发展潜力　规模经济　学校规模经济　学校规模不经济　教育资源利用的充分性　教育资源使用的适当性　学校规模扩大的有限性

引导性思考题

1. 研究教育效率时，计量教育成本和教育成果分别应该注意哪些问题？
2. 研究教育效率的目的和意义是什么？
3. 试述列文等人研究四种教育改革方案效率的方法。
4. 边际成本、平均成本与学校规模之间存在着哪三种关系？
5. 教育规模经济的形成应取决于哪三个条件？
6. 简述提高教育效率的途径。

文献选读

1. 杜育红，刘亚荣，宁本涛. 学校管理的经济分析[M]. 北京：北京师范大学出版社，2003.
2. 褚宏启. 教育公平与教育效率：教育改革与发展的双重目标[J]. 教育研究，2008(06).
3. 崔玉平，汪亮. 公立高等学校教育规模经济分析[A]. 2007 年中国教育经济学年会会议论文集，2007(10).

第十二章　教育服务与教育服务贸易

【案例导入】

“洋大学”带给我们怎样的灵感?

2013年的夏天,位于宁波、苏州、上海的三所“洋大学”:宁波诺丁汉大学、西交利物浦大学,上海纽约大学引起考生家长们越来越多的关注——全英文授课、教学,师资与国外高校接轨,学生收获的不仅有外语、能力、思维,还有国际视野……

“招生会人气爆棚啊!”由衷的感叹背后,透露出的是中外合作办学在中国欣欣向荣的现实。而在中国学生大军“走出去”与外国大学竞相被“请进来”的交错中,让人尤感迫切的还是对于国内高校的期待。

在经济全球化的背景下,“洋大学”究竟带给我们哪些挑战?我们如何以优质的教育服务促进教育改革,提高教育质量,使人才培养更加多元、更加国际化?本章将引导我们站在全球的视角思考教育服务和教育服务贸易问题。

【教师导读】

本章内容由三部分构成:一是教育服务的基本含义、主要特点;二是教育服务的过程即教育服务的提供和生产以及学校教育服务优势的形成和教育服务供给侧改革,该部分是本章的重点,也是难点;三是国际教育服务贸易重点阐述了国际教育服务贸易的理论来源、世界贸易组织《服务贸易总协定》中的教育服务贸易以及我国国际教育服务贸易的进展情况等。

【学习目标】

1. 掌握教育服务和教育服务贸易的概念和特征;
2. 理解并领会教育服务的产品提供和生产的过程;
3. 充分认识学校教育形成国际教育贸易的优势;
4. 了解加入WTO后我国加入服务贸易的方式和类别。

【课时分配】

4学时

在知识经济和信息化迅猛发展的时代,特别是在中国加入世界贸易组织之后,人们的教育理念也在发生急剧变化,按照 ISO 9000 国际标准,教育属于服务性产业,它的产品便是服务。随着我国市场经济的蓬勃发展,教育体制改革也日益深入,人们的经济意识、市场意识从各个层面渗透、融入教育服务过程中,教育服务的观念逐步被人们所认同。然而,教育作为人才的供给和教育资源的供给,目前很多供给是“无效”的,不能满足社会多样化、个性化的需求。这就要求在市场经济条件下,通过教育供给侧的改革给予受教育者更多、更好的选择,并提供优质的教育服务予以保障。

第一节 教育服务概述

当你走进一个大型超市,虽然琳琅满目的商品让你购物欲望大增,但你只能根据自身的支付能力在不同的物品和服务之间进行排序,让有限的支出达到最大的效用,获得最大的满足。在教育领域也是如此。教育通过为社会提供服务,为人们提供众多教育选择,提供给人们对不同教育服务进行甄选和消费。

一、教育服务的基本内涵

(一)教育服务的定义

服务是一种无形的特殊商品。如同其他服务商品一样,教育服务具有一般服务商品的特性。根据马克思主义劳动学说,教育服务定义为教育提供主体向受教育者提供知识技能性劳务,促进受教育者身心发展的服务性过程。教育服务作为教育活动的产品或者说是一种服务形态的产品包括教育物质产品服务、教育信息服务、教育技术服务、教育(服务产品)服务等①。作为一种服务形态的产品,也具有商品价值、使用价值和交换价值。

(二)教育服务的属性

教育服务作为一个科学概念,提供的非实物劳动成果也是一种产品,因此其属性是作为一种服务产品的性质决定的。

1. 教育服务的无形属性。教育不是物,而是一种服务活动,这种服务作为一种劳务性的产品,是难以数量化的;也注定了服务主体——教师的劳动是一种复杂劳动。

2. 教育服务具有商品属性。这种产品是为交换而生产的,同时具有使用价值和价值。其价值是教育服务产品的生产者(教师)的劳动力耗费的单纯凝结,是由教育工作者的劳动创造的,并非是从任何别的领域转移或再分配过来的。虽然它具有特殊性,但同物质商品一样具有商品价值,只是形式有所不同。

3. 教育服务具有消费属性。围绕教育服务发生的供求双方的交换关系形成了教育服务市场;作为生产者来说,在教育市场上所提供的是教育服务的质量、品牌和特色,而作为消费者来说,在教育市场上要求购买的是优质教育、特色教育和品牌教育消费品。从总体上来说,教育服务是消费品,但这种消费品需要学校去生产,教育服务产品的生产与消费是不可分割的。

在教育服务市场中交换双方的主体是学校(作为生产的组织及其生产者的教职员工)

---

① 田汉族.教育服务理论提出及其实践价值[J].大学教育科学,2005(5):5-11.

和学生及其家长,学校是教育服务产品的生产者和供给者,学生、家长、企业、政府则是教育服务产品的消费者和需求者。学校和学生之间的关系,从经济学角度看是围绕教育服务产品所发生的商品交换关系;教育服务的生产是教育产业的核心,学校作为教育服务产业的主要生产机构,其基本功能就是提供优质教育服务。

二、教育服务的特征

教育服务产品是特殊的服务产品,教育服务是整个服务产业的一个重要组成部分,它除了具有一般服务业的特征之外,还具有自身的一些特征。

(一)基础产业性

"十年树木,百年树人",教育服务具有基础产业性。教育属于第三产业,即服务业,但在服务业中教育服务又具有特殊性。教育服务在国民经济增长中的贡献日益增大,并在国民经济发展中具有全局性、先导性的作用。教育服务是一种为社会发展打基础的产业,其作用比起大型基本设施的物力建设来说,更具有基础性、间接性和长效性的特征。

(二)交换性与市场性

教育服务产品作为商品,适合在市场上交换,具有使用价值和交换价值。市场是商品交换的场所,教育服务在市场交换中形成教育市场。应该承认教育市场是存在的。在市场经济条件下,教育活动必然以教育服务进入社会市场。教育服务作为消费品,在市场上供购买者购买,必然形成教育市场。在教育市场中,高质量的教育,优质教育,有特色、有品牌的教育是社会稀缺资源,人们会竞相购买优良的高层次的教育,于是就形成了社会对教育的消费性选择。因此人们在进行社会消费性的选择中选择了教育,尤其选择了稀缺的优质教育,这就必然使教育服务在社会选择性消费中进入市场,使教育服务具有了交换性、市场性。

(三)生产和消费的同时性与复杂性

生产教育服务产品是在生产者和消费者同时参与下进行的,即教育者和被教育者共同劳动的结果。学校及教育者是教育服务产品的主要生产者,或者称生产的主导者,家长及学生是教育服务产品生产的参加者,若从学生主体性角度分析,学生应是积极参加者,教与学是在同一时空中进行的。生产教育服务产品与消费教育服务产品是不可分割的,是同时发生的。如在学校,作为"生产者"的教师提供教育服务的时候,那么作为"消费者"的学生则同时享用了这种教育服务,生产与服务同时发生,师生互动,情感交融。

作为以育人为目的的服务,以人的身心发展为宗旨,教育服务必须满足人的现在以及未来发展,而每个个体的心智和发展需求具有多样性与复杂性的;同时在教育服务生产中,教育服务要求作为生产者和消费者的共同参与,以教师为主导,学生为主体的教学过程完成,因此,教育服务与其他产品服务相比较,有着其必然的复杂性。

(四)消费者具有多层次性与多元性

教育作为一种准公共产品,既非纯粹的公共产品,亦非纯粹的私人产品。从效率角度分析,应按私人产品方式供给;若从公平性角度考虑,则应按公共产品方式供给。① 供给的多元性也促使教育服务产品在市场上消费时,其购买对象是多层次的、多方面的,从消费对象上来看,具有多元性,包括国家、社会、企事业单位、家庭及个人等。因此,教育既有投资性又

---

① 张铁明.浅论教育服务产品的特性[J].教育科学,1998(03):13-16.

具有消费性,其中国家和社会是最大的投资者和消费者,也是教育服务产品的最大消费者,或者称为购买者。企业和事业单位需要购买教育服务产品,特别是教育服务中的培训形式。这种教育服务培训形式既可以由企业投资举办,也可以在教育市场上购买。而家庭和个人在非义务教育阶段需要分担部分教育成本,即学费。学费虽然不完全是教育服务产品的价格,但它部分起着教育服务产品价格的作用,否则就不会出现择校问题和收费标准差异问题。

三、教育服务研究的价值

(一) 拓展了教育经济学理论研究

教育服务产品使教育服务理论观点具有更为科学的理论价值,是对教育理论的新发展,具有教育理论创新价值。在教育服务产品这一核心概念和观点的基础上,再去研究教育产品、教育市场、教育竞争、教育消费、教育成本、教育产权以及学校经营就有了根基,就有了逻辑起点。

(二) 促进了教育观念转变

对于提高教师在教学中的服务意识,提高教育教学服务质量,具有重要现实价值。同样,学生和家长珍惜所选择的学校的教育服务,对教育服务质量可以随时监督,要求学校提出改进服务质量,从而激发学生的学习动力,对提高教育质量也有重要的现实意义。

(三) 推动基于服务的教育体制改革

教育体制改革也是提高教育服务质量的关键。从办学体制上讲,就义务教育实行国家办学主体多元化体制,切实贯彻好“分级办学、分级管理、地方负责、以县为主”的体制;职业技术教育与民办学校建立好董事会领导下的校长负责制,运用好市场经营机制;高等教育应进一步处理好政府与大学的关系,逐步建立委托—代理制,减少政府行政过度干预,争取高校的独立自主办学的权利,逐步成为办学实体。同时教育服务的观点促进了教育领域自愿交易关系的形成。由此在拥有选择权的受教育者和拥有自主权的学校之间将形成一种自愿交易关系,这是教育领域市场化变革的集中表现。

(四) 促进国际教育服务贸易发展

我国已加入世界贸易组织,并且在《服务贸易总协定》上签字,承诺自己的义务。目前,世界各国都高度重视教育服务贸易的发展。目前,境外消费及留学生教育在国际教育服务贸易中占据了重要地位。同时境外支付及网络远程教育和境外办学教育服务也在快速发展。我国应彻底转变教育观念,真正树立教育服务理念,树立教育服务国际化全球化的理念观念,发挥我国在汉语、中医药及其他民族传统教育项目上的优势,加大教育服务贸易的输出量,发挥教育服务贸易经济作用,推进我国教育服务市场化贸易化和国际化的进程。

第二节 教育服务的提供与生产

一、教育服务产品的提供

谁是教育服务产品的供给主体? 表面看来,教育服务的供给者是学校,毕竟受教育者是直接从学校里接受教育的。同时,为教育服务提供必要的资金,使学校建立并运转起来的人，似乎也应该被看作是教育服务的供给者，这包括政府、为教育捐资集资的社会生产部门、团体组织以及私人机构，甚至也包括“缴费上学”制度下部分地承担了教育成本的学生和家长。那么究竟谁来提供教育服务产品，需要科学合理地进行界定。

（一）教育服务产品性质

美国经济学家保罗·萨缪尔森根据是否具有排他性与竞争性，将社会产品分为公共产品与私人产品，公共产品是一种具有非排他性、非竞争性的社会产品，与之相对应的便是私人产品，公共产品又可以进一步细分为纯公共产品与准公共产品，纯公共产品具有完全的非排他性与非竞争性，准公共产品具有一定的非排他性与非竞争性。

在社会主义市场经济体制下，教育服务提供以下三种类型的服务产品：

第一种是具有纯公共产品或叫免费产品性质的义务教育。其产品属性具有消费或使用的非竞争性和享用的非排他性，是能为绝大多数人共同消费或享用的产品或服务，如在我国目前实施的九年义务教育。该类教育服务产品不同于一般服务商品，具有公共性和正外部效益，因此不能完全由市场供给，还要依赖政府的公共政策来提供公共教育服务。

第二种是具有准公共产品性质的选择性教育。该类产品兼具公共产品和私人产品属性，具有一定的竞争性与排他性。即不是所有受教育者都能享受的教育，包括了非义务教育阶段的各级各类教育，以及义务教育阶段部分非营利性民办教育。

第三种是私人产品或全收费产品。这主要指营利性民办教育、教育培训等教育形式，这类教育国家一般不予补贴，并以政策监管和税收等方式予以规范。

按照教育服务产品的教育服务性质，可将其划分为公共教育服务、准公共教育服务和私人教育服务。公共教育服务是向社会公众所提供的具有公益性、普惠性、基础性的教育服务，具有很强的非排他性、非竞争性，比如义务教育。私人教育服务是伴随近年来社会公众教育需求的差异性、多元化的特点，为某些人群或某些个人所提供的具有个性化、可选择性、多元化特点的教育服务①。比如，满足不同个体需求的各类社会培训，如市场上提供的各类教育培训，享用这类教育服务是需要付费的，具有完全的竞争性与排他性。准公共教育服务是介于公共教育服务与私人教育服务之间的教育服务，其具有较强的非排他性、非竞争性。非义务教育大都属于此类，比如学前教育、中学后教育等，典型的如高等教育。

由于教育服务产品性质的不同，赋予教育服务提供主体不是单一主体，其主体必然包括政府提供和市场资源配置下的政府、社会组织、市场、公民个人等多元主体参与的教育服务供给格局。

（二）教育服务供给主体

明晰了教育服务的产品性质，那最终确定教育服务提供者的依据是什么？世界各国确定教育服务提供者的依据主要有两条，一是利益获得原则，即人们对于教育成本的负担应该与收益相配合，在教育中获益的人应该承担为教育融资的责任，成为教育服务的提供者。获益少的人负担较少的融资责任，获益多的人负担较多的融资责任。二是能力支付原则，是指所有从教育中获得了好处和利益的人（无论是直接还是间接的），都应该按照其支付能力的大小来提供教育经费。能力越大，支付越多；能力越小，支付越少。因为根据边际效用递减的规律，绝对数量相同的钱，对于富人和穷人具有不同的价值。

---

① 周翠萍.政府在教育服务供给中的定位[J].上海教育科研，2016(06)：29-32.

需要注意的是，上述两个原则并不是彼此孤立、各自独立存在的，而是互相联系、缺一不可的。确定教育服务的提供者，必须同时从利益获得和能力支付两个方面来考虑，单独考虑任何一个因素都是不科学的。而在这两个原则中，利益获得原则又是更根本的，它集中反映了等价交换的原则。

显而易见，政府和个人都是教育服务的受益者。个人作为教育服务的直接消费者，可以从教育中获取各种经济和非经济收益。社会公众受教育者接受教育带来的正外部效应，是教育服务的直接消费者。政府作为社会公众利益的代表，作为集体消费单位，为社会公众享受的教育服务的正外部性买单。

教育成为政府必须提供的公共服务之一。但是不是所有的教育服务都由政府来提供呢？

1. 政府提供的教育服务

对于公共教育服务，政府必须保障公共财政投入、均衡配置教育资源，采取必要的弱势补偿机制来保障公众不分性别、民族、种族、家庭财产状况、宗教信仰等，依法享有平等的公共教育服务。尤其是具有公共教育服务性质的义务教育，不仅是具有正外部效益的公共品，而且是公民基本的教育权利。从世界范围来看，完善与先进的公共教育服务体系已成为衡量一个国家文明与发达的重要标准。但是资源稀缺是经济学中的常态，如果把各级各类教育服务都由政府财政包揽，无论是发展中国家还是发达国家的财力都是难以为继的。政府需要通过不同的政策设计与安排提供满足大众多元的、多层次的需求的教育服务。

2. 公共教育服务供给方式

由于各个国家经济发展水平和国情不同，不同国家提供公共教育服务的能力与范围也不尽相同。主要有两种模式，一是由政府完全提供模式，尤其是在义务教育领域，这种方式强调政府的职责权威，如俄罗斯等；还有一种是政府主导、社会参与的模式，如英美国家率先在公共教育服务领域引入竞争机制和自由选择机制，形成政府主导、市场参与的多元化公共教育服务提供模式。在我国，当前政府主导提供的公共教育服务主要包括义务教育；特殊教育；政府投资建立的高级中学、职业学校、各级各类公办高等学校；政府提供经费的学前教育、成人教育以及其他形式的教育等。随着国力增强和社会发展需求变化，公共教育服务范围与内容也会随之发生变化。① 比如，美国实施 12 年免费义务教育，英国、法国实施 11 年免费义务教育；近年来在我国有关延长义务教育年限，将学前教育、中等职业教育等纳入政府公共教育服务范围，将教育资源配置向基础教育倾斜等的呼声越来越多。

（三）教育服务与市场接轨

在大家都想上学，而政府税收又不足以全面承担办学的费用时，就会出现所谓的"政府失灵"现象，此时，由市场来分担这种责任带来了教育的市场化、民营化改革。通过激烈的市场竞争，教育消费者成为最大的受惠者。因为当教育一旦成为一种服务业进入市场时，教育服务的提供者就会千方百计地降低成本、提高服务水平，学习者就会有更大的自主权和选择权，能在价格和服务水平上有更多的选择可能性。因此，公共教育的市场化、民营化改革

---

① 韩晓峰，周文辉. 论教育服务的不同视域[J]. 清华大学教育研究，2013(05)：99-102.

虽然一直争议不断,但是在相当多的国家中这种改革一直以很快的速度在发展,并形成了教育服务市场。

1. 教育服务与市场接轨的方式

从教育服务的理论分析,可以清楚地看出,教育服务的商品价值必须通过劳务市场才能实现。因此,从经济学的意义来讲教育服务是教育的基本产出与产品,教育服务是一种商品,具有使用与交换价值,在交换中形成教育服务市场。

教育服务买卖关系的实质内容是教育所培养的物质生产部门的劳动力,或劳动力的劳动能力。教育服务作为买方,它还需要培养劳动力的教育资金投入,即教育成本,也就是劳动能力的生产费用和再生产费用,也可称教育费用、学习费用。教育所培养的劳动力的价值,是伴随劳动力受教育程度及教育成本的提高而提高的。教育服务作为卖方则是将教育所培养的各种劳动力投入劳动力市场,供业主选择和聘用。不同教育程度具有不同劳动能力的劳动力,具有不同的价格即工资水平。

教育服务与市场接轨的方式主要体现在以下几个方面:

(1) 与物质生产领域结合紧密的各级各类职业教育技术教育、高等专业教育、成人教育等。这些学校教育主要通过培养生产部门所需要的各种劳动力和专门人才,为物质生产部门提供服务,与劳动市场劳务市场接轨。

(2) 各种形式的在职教育和培训市场,为大众提供个性化教育的劳务和服务,满足人们多元化的教育需求。比如受二胎政策开放、家长教育程度提升、家庭消费能力升级等因素的影响,我国目前教育培训在 Pre-K12(学龄前教育)和 K12(入大学前的基础教育)培训、低龄化留学、在职培训等市场领域异常火爆。

(3) 学校创办的产业或企业集团,他们所生产的各种形态商品投入市场,可以为繁荣市场经济提供服务,特别是高等教育可以通过生产、开发、推广科技产品与劳务市场科技市场接轨。科技产品作为商品,也可以直接投入市场出售、转让和推广。

(4) 教育与劳动劳务市场的接轨,还表现在教育可以提供知识信息服务、情报资料服务和各种智力咨询服务等。

(5) 通过现代信息技术手段深化了教育市场。在线教育通过数据科学、认知科学与教育的结合,使教学内容大数据和学习行为大数据的分析和利用紧密结合,直接切入学习环节,实现了学习内容精准匹配、极大地提升了教学效率和教学体验。信息技术介入教育服务市场也备受"80后"家长的青睐和追捧,集聚形成了在线教育产业,丰富了教育服务市场。截至 2016 年 6 月,中国网民规模达 7.10 亿,互联网普及率达到 51.7%;同时,在线教育用户规模达 1.18 亿,较 2015 年底增加 775 万,增长率为 7.0%;在线教育用户规模庞大且增长迅速。①

以上教育服务产品并没有涵盖教育市场经济接轨的所有方式,随着市场经济的不断发展,教育服务产品将不断通过服务升级与市场竞争,出现"千帆竞渡百舸争流"的局面。

2. 教育市场的蓬勃发展

随着市场经济发展的不断深化,其中的公平竞争机制和自由选择机制被引入了教育领域,改变了政府垄断教育的局面,实现了包括私人和民间团体在内的教育服务产品供给的多

---

① 嵇江夏.我国分享经济制度分析——以在线教育市场为例[J].中国商论,2017(06):150-151.

样化，通过社会、市场的力量来满足了社会公众日益增长的多元的、多层次的教育需求，由此也催生出多种形式的教育服务产品。如由于个性化需求市场中提供的中小学课程辅导、艺术特长培训、公务员考试培训、考研辅导以及民办学校教育等，这些教育服务提供方大都采用企业运营方式、以营利为目的，教育服务产品涉及培训、图书、影音等方面，甚至形成了颇具影响力的教育品牌，产生了巨大的经济效益。根据统计数据，2015 年全国教育培训行业的市场教育培训市场规模超过万亿，达到 16 600 亿元。（见图 12-1）。①

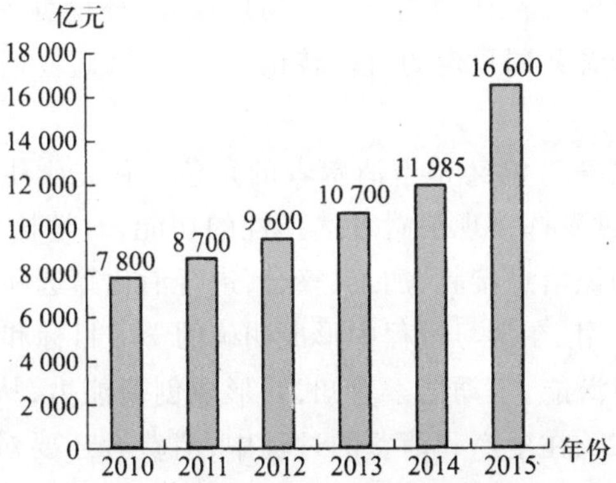

图 12-1　教育培训行业市场规模（亿元）

二、教育服务的生产

教育服务产品生产过程可简述为生产者（主要是教师）运用物质资料（校舍、教学设备、课程等服务工具）对由消费者（学生和家长）充当的服务对象进行教育服务的过程。其中学生和家长既充当服务对象又充当消费者的角色。

学校教学过程是生产教育服务产品的主要方式。教育服务产品生产过程也是教育服务产品消费的过程。教师是教育服务产品的生产者，学生是积极参加者，教学在教与学、生产与消费活动过程中进行。

（一）教育服务生产要素

教育服务生产区别于实物生产最显著的特点是消费者（学生与家长）介入生产过程。而一般产品的生产由工厂制造，作为消费者对于产品质量的信息是不对称的，因此常常出现因产品质量问题被消费者投诉和维权。而教育服务产品的生产则是在消费者直接参与下被制造出来的，教育服务产品的质量与生产者和消费者息息相关。

由于教育服务产品的生产过程与消费过程同步进行同时完结，而不需进入商品流通阶段，那么决定教育服务产品的质量主要在于其各个要素自身的质量及各要素优化组合状况，即教师、校长、学生、课程、校风、教学设备及校园建筑等要素的质量及优化组合状况。② 因此教育服务产品的生产过程就由生产者、物质资料、服务对象、消费者四要素构成。

1. 生产者

教师及其他教职工作为生产者的角色依然是处于教育服务生产的主力军。教师专业知

① 数据来源：http://www.chyxx.com/industry/201607/430640.html.

② Evans. 学校营销——从理论到实践[M]. 王烽，周玲，译. 北京：中国轻工业出版社，2005.1.

识与教学技能决定了教学服务质量的好坏。教师作为教育服务的提供者，在教育活动中起着主导作用。这种生产劳动具有无形性和差异性，即教师通过教学活动，将教育服务提供给消费者，中间过程均为无形状态。差异性指的是在教育服务过程中不同的教育服务提供者，会提供不同的教育服务品质，而不同的教育服务消费者，也会获得不同的教育服务产出。

2. 物质资料

主要包括教育内容（教材、课程等）和教育物资，如教育场所、教育设施、教育信息化手段等。这些物质资料通过信息整合、方法改进、物质保障、环境育人等内容使消费者德智体等方面按照劳动者和消费者共同预定的目标转化。

3. 服务对象

学生和家长既充当服务对象又充当消费者的角色。首先学生作为教育服务生产的主体，在教学过程中可以通过发挥体现消费者选择性的功能，对学校和教学活动有目的、有方向、有选择地，并能够对知识信息接收、加工、整合，进行消化筛选和优化组合；同时学生可以发挥自主性和能动性的作用，在学习过程中形成明确的学习目标和自觉的学习态度，充分发挥自我的聪明才智和学习潜能，主动探索新知，并形成创新能力，从而提高教育服务产品的质量和层次。其次作为家长在生产和消费的过程中，消费者还要对服务提出一些新的或修正原来的要求，在教育服务产品的生产过程中给出大量改进意见和建议，出现了如家长委员会等组织，参与学校管理。由此也可以看出学校生产过程中教育服务产品的生产和消费是不可分割的。

4. 消费者

教育服务的消费者包括直接消费者即受教育者和家庭，还有一个间接消费者——政府和社会公众。因为，学生接受学校提供的教育服务不仅给个人和家庭带来经济和非经济的各种收益，个人受教育程度的提高同时还有利于形成更加文明和有秩序的社会，生活在这个社会中的所有人都会因此受益。也就是说间接消费者虽然没有直接享受学校生产的教育服务，却间接地从教育服务中得到了好处。他们消费的不是教育服务本身，而是学生接受教育服务后带来的国家人力资本的积累、社会文明程度的提高和秩序的完善。

教育服务生产的四要素是开展任何教育服务产品生产都必不可少的，并且在生产过程中相互联系、相互影响。当四者都具备的情况下，作为生产者的教师与既是消费者又是服务对象的学生，这对主体因素是教育服务生产效率和质量的决定因素。

（二）教育服务优势形成

“教育承载着国家的未来、人民的期盼。”①教育能增加受教育者的人力资本存量，提高劳动能力，带来经济的和非经济的收益；促进经济发展，改变社会阶层固化，促进社会流动，阻断贫困代际传递，这已是社会共识。因此，更高质量更加公平的公共教育服务是广大人民群众的不懈追求和现实诉求②。

按照比较优势的原则，学校将必然要考虑如何尽快形成自己的教育服务优势，并充分发挥自己的优势，使自己在教育市场竞争中立于不败之地。面对竞争的教育产品市场，各级各

---

① 节选自李克强总理2016《政府工作报告》.

② 李子彦.公共教育服务多元主体合作供给模式的可能性与实现路径[J].广州大学学报（社会科学版），2017(02)：86-91.

类教育尤其是在非义务教育领域,学生具有较大的选择权,为了吸引优秀生源,提高办学效益,重视教育服务、塑造学校品牌成为学校办学的必由之路。教育服务的竞争就是教育服务质量和水平的竞争、教育服务特色和服务品牌的竞争。

1. 优质教育服务是形成学校教育服务优势的核心

学校高质量的教育服务的形成有多种因素,其中关键因素有三个,即学校现代化管理水平、教师队伍质量和结构、教育教学过程优化程度。人们常说一个好校长可以带来一所好学校,校长的现代化管理理念和能力起着重要的作用。目前,学校管理处在一种混合状态,包括行政管理、法律管理和经济手段,校长应该处理好这些关系,敢于引入竞争机制、激励机制和约束机制,使学校工作充满活力。教师队伍的质量是形成学校教育服务优势的关键。提高教育教学质量的关键在教师,这已经成为教育质量提升的共识。因为再好的教育计划和课程设置以及教材都需要教师一节课、一节课地去实施教学活动,需要教师的主导作用去调节学生的主体性发挥。优化教学过程是提高学校教育服务质量的根本途径。教学质量是在具体教学过程中形成的,包括合理的课程设置、教材内容更新、教学模式新颖、教学和实验现代手段现代化等,其中要特别注重信息化教学手段的综合利用。

2. 创造特色学校是形成学校教育服务优势的重要举措

特色学校是指学校所特有的文化模式经营特点和办学风格,创办特色学校,增强学校活力,就可以使其与众不同,提升教育服务优势程度,从某种意义上来说,学校特色就是学校教育服务优势,或者说学校教育服务优势就是通过办学特色表现出来的。形成特色的举措很多,包括新体制、新机制、新模式、新方法等。如北京十一学校的“国有民办特色”、万里学院的“国有非国投民营特色”、广州第一〇九中学的“艺术教育特色”、上海师大附中的“双轨协作教学特色”、成都七中的“三体教育模式特色”、上海建平中学的“合格+特长”和“规范+选择”的办学模式等。

3. 打造学校经营品牌是形成教育服务优势的有力手段

学校经营品牌实际上是说教育学校教育服务的品牌。学校创名牌、创品牌首先必须将经营理念引入学校,在经营中打造品牌。因为在教育市场中,学校不仅有管理问题,还出现了经营问题。学校管理是对学校已有教育资源优化配置,提高使用效率,学校经营除了包括学校管理的职能的同时,还包括从社会获取更多教育资源的功能。为了提升自己的教育服务优势,各校都在制定与实施各具特色的“品牌战略”,采取综合配套措施,树立学校品牌形象,扩大品牌效应,促进品牌增值。在实践中我们也看到教育服务品牌经营与开发日益为学校和教育管理部门所重视,目前许多地方机构和学校在布置、规划教育工作时提出“要实施教育品牌战略”“名校工程”“名师工程”等。

三、教育服务供给侧的改革

(一) 我国教育服务中的问题及成因

随着社会发展和市场经济深刻的变革,人民大众生活水平的提高,对于教育利益的诉求趋向多元化,对于高质量的、多样化和个性化的教育需求更加强烈,因此教育对促进社会和谐、进步的作用更加凸显。然而,在我国目前教育服务供给中还存在诸多问题,严重阻碍了教育事业的发展。如择校热、高价学区房、大班额、中小学生课外负担重、高考移民等教育资源配置问题,由此不仅加剧了教育的不公平,增加了家庭的教育支出负担,也伴随诸多民工荒、用工贵、招工难、创业难、就业难等社会问题的出现。其主要原因在于：

1. 教育服务供给主体职能模糊

据统计，全国现有小学和初中数量为 22.97 万所，比上年减少 113 187 所，而属于市场领域的民办小学、初中数量为 11 060 所，比上年增加 325 所。① 一减一增显示了在公共教育服务即义务教育阶段，国家投入和供给不足，导致优质教育资源的紧缺。在准公共产品服务供给中，“一公独大”的局面尚未改变，国家教育供给仍占据绝大比例。单一的教育服务供给主体难以满足人民群众不断升级的个性化教育需求。② 以可以提供个性化需求的高等教育为例，截至目前，全国普通高校数量为普通高等学校 2 596 所（含独立学院 266 所），民办高校 742 所（含独立学院 266 所），仅占总数的 28.5%；可以说明教育市场的开放度严重不足。

2. 教育服务需求与供给严重脱节

随着我国国民收入水平和家庭可支配收入的普遍提高，人民群众对教育有了更加多元和更高的需求。而教育服务供给却没有匹配和契合大众的教育需求，导致我国高端教育需求外溢严重。据统计 2014 年中国留学生境外消费接近 2 000 亿元。2014 年 7 月至 2015 年 2 月，前往美国接受基础教育的中国留学生增长了 23.5%，接受高中教育的增长了 50%，留学低龄化趋势日趋显著。这说明了教育领域存在的群众需求和有效供给之间的脱节。

3. 教育服务供给结构不合理

随着高等教育的大众化，大众学历需求上移，致使很多中职学校招生困难，一部分学校已无法运转，大量资源闲置。但与此同时，我国数以亿计的进城务工人员，却不能通过职业教育和培训切实提高自身收入水平，并出现了“用工荒”等困境。而从教育服务结构来看我国高等学校和职业院校的应用型、复合型、技能型人才培养规模偏小，应用型本科不足，导致企业招工难、大学生就业难的双重矛盾。即一方面社会发展、企业发展日益强烈的应用型高技能人才的需求得不到满足，另一方面高校毕业生因不能满足产业发展、企业转型升级的人才需求而难于就业。另外民办学校的发展还存在追求经济利益，办学方向不明确等诸多问题。

4. 教育服务供给资源不均衡

我国教育服务供给优质基础教育服务集中在城镇，高等教育优质资源过度聚集，东中西部区域之间、城乡之间、学校之间在办学条件、办学水平上存在着较大差异，优质教育资源严重不足；同时对于国外优质教育资源引进力度不够，导致国内教育国际合作办学项目无论从数量还是质量都不能很好地满足国际化人才培养需求。

【链接阅读】

近年来，全国各地频频发生的择校热、高价学区房、高考移民等现象，集中反映了公共教育服务供给的滞后和不足③。“×××小学，320 万元，8 平方米，名额未占用”。这套 8 平方米

---

① 教育部 2016 年全国教育事业发展公报，2017-07-10.

② 车富川，祁峰. 教育服务供给侧结构性改革的思考[J]. 现代教育管理，2017(05)：34-37.

③ 李子彦. 公共教育服务多元主体合作供给模式的可能性与实现路径[J]. 广州大学学报(社会科学版)，2017(2)：86-91.

的房子，竟然卖 320 万元，每平方米 40 万元！为什么这么贵？因为这套房子有一个异乎寻常之处，“名额未占用”。也就是说只要买了这套房子，孩子立刻就能进入大名鼎鼎的北京×××小学读书。更为重要的是从小学毕业之后可以便利的升入属于同一区域的同属北京名校佼佼者的××中学，而中学才是上大学的最关键环节。

据《中国青年报》社会调查中心的调查数据显示，已经购买和打算购买学区房的受访者分别占 16.3%和 22.3%，40.3%的受访者购置学区房主要考虑的因素是所在地的学区质量。

高考移民屡禁不止，层出不穷。据人民网 2015 年 4 月 14 日报道，2014 年乌鲁木齐市应、历届高三毕业生中，共有 1 500 余名疆外考生户籍不符合要求，学籍年限不够，没有通过审查。

以上这些现象无不折射出我国优质教育资源仍然稀缺，供求矛盾凸显。

除此之外，还存在教育服务的投入不足，教师教育水平不高、弱势群体子女教育的差异补偿力度不够、学校发展同质化严重缺乏特色等一系列教育服务质量问题。

这些疑难问题的关键在于，我国教育资源配置的方式、模式存在结构性矛盾，有效高效的教育服务供给总量和质量不足。因此，教育服务供给侧结构性改革是解决教育自身问题、全面深化教育改革的动力的根本出路。

（二）教育服务供给侧改革的对策

国家近年来提出“优先发展教育”“努力办好人民满意的教育”，推动教育内涵建设、质量提升、改革创新发展等要求，为教育事业发展指明了方向。

教育服务供给侧结构性改革的关键是建立完善合理、高效的供给机制，建立政府、市场主体和非营利机构的多元化供给体系，通过教育市场化的不断完善，引导和强化市场机制对教育资源的有效配置，促进教育系统优化和运行效率提升，进而提供更加优质、均衡、多元的教育资源与服务，满足社会多样化选择需求。

加大教育供给侧改革的对策：一是促进教育多样化发展，鼓励学校办出特色。二是发展民办教育，给学生提供更多选择机会。降低社会资本进入教育领域的“门槛”，放宽对民办教育办学层次和办学硬件的限制，进一步保护和调动社会力量参与和支持教育的积极性。提升民办学校和教育的服务质量与效率，鼓励其成为选择性教育的主要提供方。三是建立学校联盟，扩大优质教育服务的供给；四是允许第三方或优质的民办机构“托管”公办学校。以“双创”为契机，鼓励教育创业投资，促进创业创新型教育企业快速成长。在确保教育公益性属性前提下，允许各类资金投入教育领域，探索混合所有制，促进市场更有效配置资源。政府购买服务，利用民间的智慧、力量、技术来办学，增加学生和家长的选择。

目前教育供给侧改革的主要措施有：学区制，九年一贯制、12 年一贯制，普及高中教育，面向学生的课程设置和拓展资源的社会实践，鼓励学生自主创业，普职高的贯通培养等。

第三节　教育服务贸易及其在我国的发展

随着经济全球化的发展，教育服务国际市场逐渐形成，教育服务贸易成为国际贸易的重要组成部分，世界各国纷纷涌入国际教育市场，力求占有一定的份额，促进了国际教育服务贸易的兴盛。据统计,全球每年教育服务贸易额已经达到300亿美元以上①,教育服务贸易已经成为服务贸易的重要组成部分,并以其特有的形式保持着迅猛的发展势头。许多国家通过开展教育服务贸易大量获取外汇,使其成为促进本国经济增长的重要增长点。

2001年我国正式加入世界贸易组织以来,与各国的贸易往来得到迅速发展,特别是服务贸易的规模不断扩大,极大地促进了国民经济的快速增长。伴随着服务贸易总协定中关于教育服务贸易相关条款不断完善,教育服务贸易作为我国服务贸易中的新兴内容,越来越发挥着独有的不可替代的作用。

一、教育服务贸易概述

(一)国际教育服务贸易的概念

国际教育服务贸易是指发生在国家(地区)与国家(地区)之间的教育服务交易活动和交易过程。也可看成是国家之间相互提供的作为教育服务的特殊作用价值。这种贸易在实践中表现为以留学为主要标志、兼有教育产品或教育物资的进口与出口的服务贸易。即国家(地区)与国家(地区)之间主要出于经济目的而进行的教育服务输出与输入。

根据WTO《服务贸易总协定》的第13条规定,除了由各国政府彻底资助的教学活动之外,凡收取学费、带有商业性质的教学活动均属于教育贸易服务范畴。从经济学层面看,教育服务贸易也是一种跨国的教育选择,选择的主体可以是以学生及其家庭为主的教育消费人群,也可以是政府或社会机构。教育选择的客体是服务生产者提供的具有一定质量、品牌和特色的多样化的教育服务。它既包括正规的学历教育,又包括培训、进修等非学历教育,而且这种多样化还表现为存在大量的,具有不同办学特色的教育服务提供机构②。如留学教育中介机构,我国近年来异常火爆的国际学校等。

【知识拓展】

世界贸易组织与教育服务贸易

世界贸易组织成立于1995年1月1日,其前身是关税和贸易总协定(General Agreement on Tariffs and Trade,简称GATT,1947年10月30日在日内瓦签订,并于1948年1月1日开始临时适用),是全球性的,独立于联合国的永久性国际组织。截至2016年7月WTO成员方有164个成员,其总部在瑞士的日内瓦。

1994年乌拉圭回合谈判达成的《服务贸易总协定》正式将教育纳入"服务贸易"的范畴,并在谈判的最后文本中规范了教育服务的范畴。WTO教育服务贸易的达成在合理配置教育资源、促进教育公平展开、开放各成员方教育服务市场、提高教育服务产品质量等方面发挥了积极的促进作用。

我国于2001年12月11日成为WTO成员。整体接受所有的WTO《服务贸易总协定》及其附件关于服务贸易的基本规则。

---

① 司允虎.我国教育服务贸易对就业影响的研究:以中韩为例[D].山东大学,2015(11).

② 廖万红.服务贸易自由化趋势下中国教育服务贸易的开放与发展[D].广西大学,2006(05).

（二）国际教育服务贸易形成

20 世纪 80 年代中期以来，国际经济贸易机构或组织在统计国际服务贸易时，将教育贸易作为服务贸易的一部分来看待，列入统计范围，说明教育服务贸易是国际贸易额的一部分。20 世纪 80 年代末，英国、澳大利亚等发达国家相继取消了对海外留学生的学费优惠措施，采取了全成本收费政策，这一政策标志着教育服务国际交流从单纯的援助合作转为以营利为主要目的的贸易活动。1994 年乌拉圭回合谈判达成的《服务贸易总协定》正式将教育纳入“服务贸易”的范畴，并在谈判的最后文本中规范了教育服务的范畴，其中包括教育服务贸易市场开放和准入的规则。由此标志着国家教育服务贸易的形成。不言而喻，教育资源丰富的国家是教育服务贸易的主要出口国，而教育资源相对薄弱的国家是主要进口国，教育服务贸易进口国以发展中国家为主，如中国、印度及非洲一些国家等。

依据服务贸易协议框架，各个国家在进行教育服务贸易中，都根据自身的国情，在市场准入和国民待遇方面，要按照不同的服务行业分门类地做出承诺，并列入各国服务贸易减让表，并依据国内立法对有关服务的开放做出限制和保留。其目的在于以维护本国的教育主权，保护民族文化和教育产业不受毁灭性的冲击。

【知识拓展】

什么是教育主权

教育主权是指一个主权国家所固有的处理国内教育事务和国际上保持教育独立自由的最高权力。它是国家主权的一个部分，是一国处理教育方面国际事务的最高原则，但也不违背国际法的基本原则，其主要是对教育主权的维护，即对本国教育支配权的文化维护，包括对教育发展方向的决定、教育政策的制定等。主权国对教育具有立法权、行政权、司法权和监督权等。如在国际教育服务贸易中，中方承诺外方在合作办学中可以控股和担任董事长，但不可担任校长。

（三）国际教育服务贸易服务提供模式

教育服务贸易是世界贸易组织（WTO）体制下服务贸易的重要部门，可以通过跨境提供、境外消费、商业存在和自然人流动等四种服务提供模式进行。

1. 跨境交付（提供）

指从 WTO 成员方境内向任何其他成员提供服务。特点是服务提供者与服务消费者分别处于不同的国家，是以通过互联网进行的跨国远程教育、虚拟交易机构、教育软件、通过信息技术手段进行的跨境教育培训等形式提供的教育服务。学生在不出国的情况下，另一个国家的教育服务提供者提供广泛的课程设置和资格认证。如慕课形式授课的在线国际教育等。目前互联网的迅猛发展为该类贸易的繁荣提供了可能。

2. 境外消费

指在 WTO 成员境内向任何其他成员的服务消费者提供服务，其特点是教育服务消费者必须进入服务提供国进行教育服务消费，比如一国人员到他国的学校或科研机构留学、进修与学术访问等；目前市场份额最大的部分是出国留学。

3. 商业存在

指 WTO 成员的服务者在任何其他成员境内通过商业存在提供服务。其特点是服务者跨越国界，将对外直接投资和提供国际教育服务联系在一起，在东道国向教育服务消费者提供服务。较为典型的是国外大学以中外合作办学形式在国内建立的分校，如纽约大学上海分校、宁波诺丁汉大学、西交利物浦大学等，另外也包括在成员国开办的语言类培训及单独培训（证书培训）等。

4. 自然人流动

指教师或研究人员到另一成员国进行短时期工作。其特点是服务提供者以自然人身份进入并暂时居住在服务消费国。如各类教育机构聘用外籍教师（个人服务教育提供者）在我国任教，以及中国教师或科研人员到国外学校或科研机构就职等。

（四）教育服务贸易服务范畴

WTO《服务贸易总协定》第一条（“范围和定义”）和第三条规定：服务包括了任何部门所提供的任何服务，但政府职责内提供的非商业性、非竞争性服务除外。这也就是界定了在非市场基础上提供的社会保障安排、教育等公共服务不属于WTO《服务贸易总协定》所确定的服务范畴。WTO按照联合国暂定的主要产品分类，也将教育服务部门分为初级教育服务、中等教育服务、高等教育服务、成人教育服务和其他教育服务五个部门。

二、我国国际教育服务贸易及发展

（一）我国国际教育服务贸易的范畴

1. 中国对WTO教育方面所做的承诺

除12个贸易部分都要遵守的共同承诺和《服务贸易总协定》规定的基本原则以及我们承诺的义务外，教育部门的具体承诺为（见表12-1）：

（1）从承诺的范围上不包括国家规定的义务教育（《中华人民共和国义务教育法》中的九年制义务教育，指目前中国的小学教育和初中教育）和特殊教育服务（如军事、警察、政治和党校教育等）；

（2）对跨境支付方式下的市场准入和国民待遇均未作承诺。因此，对外国机构通过互联网或跨境发行教育软件等手段向中国公民提供教育服务，中国可以完全自主地决定开放尺度，不受WTO协议的约束；并对境外消费方式下的市场准入和国民待遇没有限制，即不采取任何措施限制中国及其他WTO成员的公民出境（入境）留学或者接受其他教育服务；

（3）“境外消费”这一教育服务贸易提供方式中没有做任何限制，中国公民可以到其他WTO成员方境内接受教育，相反其他WTO成员方的公民到中国境内接受教育也没有任何障碍。

（4）在教育服务的商业存在方面，不允许外国机构单独在华设立学校及其他教育机构，在市场准入上允许中外合作办学，并允许外方获得多数拥有权，但不承诺国民待遇；

（5）在自然人流动方面，要求外国个人教育服务提供者入境提供教育服务，必须受中国学校和其他教育机构邀请或雇佣，对其资格要求是：必须具有学士及以上学位，具有相应的专业职称或证书，具有2年专业工作经验。

2. 我国国际教育服务贸易主要媒介和载体

我国国际教育服务贸易主要媒介和载体，包括（1）国际远程异地教育，如国际网络学院、国际虚拟校园等；（2）跨国教育公司；（3）国际合作办学机构；（4）国际合作教育项目；（5）国际教育服务贸易园区；（6）国际各种教育培训机构。

综上所述，WTO《服务贸易总协定》的国际教育服务贸易规则以及我国对教育服务贸易的具体承诺，包含教育服务市场开放与保护两部分内容，是现阶段我国在维护教育主权的基础上，引导国际教育服务发展和稳定推进国际教育服务市场开放的基本规则和主要承诺。

表 12-1　我国教育服务贸易项目与相应的承诺

	市场准入	国民待遇
跨境交付	不做任何承诺	不做任何承诺
境外消费	没有限制	没有限制
商业存在	允许中外合作办学，外方可获得多数拥有权	不做任何承诺
自然人流动	自然人流动不做承诺，但以下情况除外： 1. 外国个人教育服务提供者受中国学校和其他教育机构邀请或雇用时可入境提供教育服务 2. 水平承诺下与自然人入境和临时居住有关的措施	外国个人教育服务提供者应具备以下资格： 1. 已具有学士或以上学位； 2. 具有相应的职称或证书； 3. 具有两年以上工作经验

从表 12-1 中以上承诺可以看出，我国对教育服务领域的开放承诺虽然只是部分承诺，比如对跨境交付采取审慎的态度，对商业存在也不一定给予国民待遇等，而对教育市场采取了选择开放的政策，对境外消费则是完全许可的，没有做任何限制。但对自然人流动的限制最为严格。

除以上承诺外，还有以下一些与教育服务有关的内容：在市场准入和国民待遇承诺方面，中国保留了对外资企业从事相关业务的审批权，在教育服务方面，政府将依据中国专门法规，对承诺的中外合作办学进行审批与管理，同时，对其他教育服务进行管理。教育服务无过渡期和地域限制，应当视为从 2001 年 12 月 10 日起生效。但是，由于中国保留了审批权，实际上须等待有关法律法规正式颁布以后才能执行。对初等、中等和高等教育服务实行政府定价。

（二）我国国际教育服务贸易的发展

加入 WTO 以来，我国的教育贸易有了突飞猛进的发展，但从总体来看，国际教育服务贸易还是一个新的领域，与发达国家相比还有差距。目前，我国正在进行的教育供给侧改革，将极大地促进中国教育服务贸易的发展。

1. 留学教育服务品质提升

留学教育服务是境外消费的主要形式。我国加入 WTO 之后留学教育服务无论数量还是品质都得到了大幅的提升。据统计，从 1978 年到 2016 年底，各类出国留学人员累计达 458.66 万人。其中 136.25 万人正在国外进行相关阶段的学习和研究；322.41 万人已完成学业；265.11 万人在完成学业后选择回国发展，占已完成学业群体的 82.23%。① 出国留学与留学回国人数比例从 2012 年的 1.46 : 1 下降到 2016 年的 1.26 : 1。逾八成留学人员学

① 教育部 2016 年度我国出国留学人员情况统计[EB/OL].(2017-03-01). http://www.moe.gov.cn/jyb_xwfb/xw_fbh/moe_2069/xwfbh_2017n/xwfb_170301/170301_sjtj/201703/t20170301_297676.html.

成后选择回国发展。留学回国与出国留学人数“逆差”逐渐缩小。

随着中国综合国力的提升,国际社会对中国的需求和倚重也在上升。近年来外国留学生无论数量还是来源地的结构显著提高。据统计 2016 年留学生规模突破 44 万,比 2012 年增长了 35%,中国已成为亚洲最大留学目的国,来华留学吸引力与国家经济实力和综合实力的匹配度进一步提升。另据统计,2016 年共有 13 万名外籍学生在我国学前教育机构和各类中小学就读,各级各类外籍学生总数已逾 57 万人①。

2. 中外合作办学规模有序增加

以中外合作办学为主要形式的商业存在实现了教育消费者不出国也能“留学”的愿望,并享受与国外同质的国际教育服务,这是众多学生和家长梦寐以求的事情。2013 年底,《教育部关于进一步加强高等学校中外合作办学质量保障工作的意见》,2016 年 2 月,中共中央办公厅、国务院办公厅印发了《关于做好新时期教育对外开放工作的若干意见》,是新中国成立以来第一份全面指导我国教育对外开放事业发展的纲领性文件,也是指导未来中外合作办学的纲领性文件,意味着我国教育服务贸易将进入新的发展时期。

2013 年国家主席习近平提出的“一带一路”发展倡议,为我国教育服务贸易的发展带来了新的机遇。我国教育服务贸易也从内涵提升模仿转向合作创新阶段。我国教育机构到国外的办学活动也取得了一定的进展。其中孔子学院已成为体现中国“软实力”的服务品牌,带动境外学习汉语的人数已超过 1 亿,成为中国“走出去”的窗口和缩影。截至 2015 年 9 月,在全球 134 个国家和地区共开设 495 所孔子学院和 1 000 所孔子课堂,共计 1495 所,② 2016 年 2 月,厦门大学马来西亚分校举行首批新生开学典礼,标志着中国知名大学第一所海外分校正式开始办学,是我国高等教育境外办学的一座里程碑。在专业设置方面,也将突破我国大多数境外办学机构和项目,开设的是具有中国传统特色的专业,挖掘和发挥我国专业特色和优势。截至 2017 年 1 月,我国依据《中外合作办学条例》和《中外合作办学条例实施办法》批准设立和举办的中外合作办学机构和项目总数为 2 469 项,其中高等教育中外合作办学约占 90%。③

3. 以接受或聘请外籍专家或教师为主的自然人流动快速发展

改革开放以来,来中国工作的外国专家从最初的每年不足 1 万人次,截止到 2013 年,全年来华工作的外国专家达到 61 万人次。为了吸引国际高层次人才来中国工作,我国通过实施“外专千人计划”“海外名师项目”,聘请国际公认的专家学者来华任教或从事科研活动,以此快速提高我国高等院校的学科建设研究水平和人才培养质量,使高校相应学科领域接近甚至达到世界先进水平,并增强我国教育服务在国际上的竞争力。例如在上海纽约大学授课的首批纽大教授中,就有 7 名美国艺术与科学院院士、2 名美国国家科学院院士。我国每年派遣赴国(境)外培训人员 5 万余人。④

---

① 教育部发布 2016 最新出国留学和来华留学大数据[EB/OL].(2017-03-02).http://www.sohu.com/a/127731648_479695.

② 江畅,孙伟平,戴茂堂,阮航.文化建设蓝皮书·中国文化发展报告(2015-2016)[M].北京:社会科学文献出版社,2016(6).

③ 李彤.我国经审批机关批准设立或举办的中外合作办学机构和项目有 2 400 多家[N].人民日报,2016-07-22.

④ 张建国.聚揽天下英才实现伟大梦想[EB/OL].(2014-01-10).http://www.safea.gov.cn/content.shtml?id=12746421.

在出口方面，随着中国国力的不断增强和经济高速发展，汉语热的盛行，近年来根据各国孔子学院（课堂）和国外大中小学的实际需求，每年我国正式派到海外任教的汉语教师达到5 000多人。另外我国的高科技领域的专家和各级各类优秀的教科研人员、教师通过合作项目和学习项目进行国际交流的数量和频次也日益增加。

4. 跨境交付贸易有所突破

随着多媒体网络技术逐步普及，信息技术的快速发展和广泛应用，使跨境支付贸易方式的教育服务贸易得以形成并得到了大力发展。作为现代新的教育服务方式之一，远程教育突破了时间、地域的限制，借助网络、多媒体使消费者拥有更加广阔的选择空间。信息技术不断发展，跨国远程教育必将成为教育服务贸易的重要形式。近年来，我国远程教育的基础设施得到巨大改善和升级，远程教育规模发展迅速，国内包括清华、北大在内的67所高校开办了网络学院，有些高校还开通了远程教学网，为优秀教育资源的传播开辟了新的途径，也为推广中华文化提供了便利①。

本章小结

教育作为服务性产业，是一种具有服务性质的实践活动，教育服务就是教育活动的产品，或者说是一种服务形态的产品，教育服务这种产品就是商品。和一般商品一样，它具有使用价值和交换价值，虽然它有特殊性，但同物质商品没有本质区别，只有形式的不同。作为生产者来说，在教育市场上所提供的是教育服务的质量、品牌和特色，而作为消费者来说，在教育市场上要求购买的是优质教育、特色教育和品牌教育消费品。从总体上来说，教育服务是消费品，但这种消费品需要学校去生产，教育服务产品的生产和消费是不可分割的。随着我国加入世界贸易组织，我国国际教育服务贸易迅速发展，竞争态势也越发严峻，要满足大众多样化、个性化的需求，亟待提升教育服务质量和水平。

关键概念及术语

教育服务　教育服务产品　教育服务优势　国际教育服务贸易

引导性思考题

1. 教育服务的内涵及其特征是什么？
2. 结合实际，说明教育服务的现实价值。
3. 简述教育服务的产品性质。
4. 教育服务以哪几种形式与市场接轨？
5. 教育服务生产要素包括哪几个方面？结合实际谈谈如何形成教育服务优势？
6. 加入WTO后，国际教育服务贸易有哪些方式和类别？
7. 我国国际服务贸易发展中问题是什么，应如何解决？

---

① 张悦．我国教育服务贸易发展的现状、问题及对策分析[J]．经济师，2015(01)：26-28.

8. 案例分析：江苏某市一位教育局长有一次到幼儿园调研，问男厕所在哪儿。园长说没有，并解释："多年没进过男职工，设男厕所闲置浪费。"根据案例中的问题以及当前我国青少年呈现'阴盛阳衰'现象，以及小学、幼儿园男教师比例太低等问题，结合教育服务供给侧改革，谈谈你的看法。

文献选读

1. 靳希斌. 论教育服务及其价值教育研究[J]. 教育研究，2002(01).
2. 韩晓峰，周文辉. 论教育服务的不同视域[J]. 清华大学教育研究，2013(05).
3. 周满生. 国际教育服务贸易的新趋向及对策思考[J]. 教育研究，2003(01).
4. 靳希斌. 国际教育服务贸易研究——理论、规则与行动[M]. 福建出版社，2005.

第十三章　教育财政体制

【案例导入】

"普九"欠债该谁还？

1998 年 3 月 24 日，河北唐县召开"普九"攻坚动员大会，提出了"一年'普九'，三年还债"的口号。黄石口乡的中学校长甄珠子和中心校校长陈东立一起，多次请乡政府与黄石口村委会协商，希望能迁址建校。迁址建楼的工程要开始了，乡政府却拿不出启动经费。乡领导说，学校先给工程队找点钱，先开工打地基。等乡里的"三提五统"收上来后，再把钱返给学校。甄珠子答应了。1998 年 9 月 10 日，新教学楼破土动工。1999 年 4 月，教学楼的地基打好了，主体工程却又因为经费不能到位而停了下来。受乡党委书记、乡长的委托，甄珠子和陈东立一起，到岭北村的一个亲戚家借了两万元，交给了包工头。1999 年 8 月，教学楼竣工了，但乡政府工程款不到位，承建者不让学校搬迁。"没办法，再借钱呗！"1 万元的借款交给了包工头，9 月 25 日，黄石口中学终于完成了迁址。

从破旧的校舍走进窗明几净的新楼，学校的教职工和甄珠子一样高兴。9 月 26 日，在全体教职工会议上大家一致同意，将 1999 年 8 月份的工资全部借给学校，搞"七室（包括图书阅览室、少先队和科技活动室、仪器室、实验室、计算机教室、音乐教室、劳动器材室）"建设，迎接即将到来的"普九"检查。"七室"建好了，要花钱的地方却仍不见少，借，借，借，还得借……欠账单在甄珠子的手里越积越厚。"为'普九'，学校借款 143 660 元，除去县教育局拨的 27 500 元和学校三年来累计还掉的 14 136 元，目前学校欠债总额仍有 102 024 元。在唐县"普九"攻坚时，县里资金紧缺，县财政局就向全县干部职工借款，利息 8%。学校欠了教师们 3.8 万元，打了一年的欠条，可快 3 年了还是还不起。一个校长，整天只想着躲债，还怎么管理学校，怎么开展工作？"①

案例中，甄校长为什么成了躲债校长，义务教育经费谁来保障？这是值得思考的问题。

【教师导读】

本章将从教育财政体制来分析教育由谁来投资，政府还是市场？如果是政府，应该是哪一级政府？对于各级各类教育，不同层级的政府有哪些事权，有哪些支出责任？如果属于政府共同事权，该如何分担支出责任？具体包括：第一节，从教育财政体制相关概念入手，阐述

---

① 周飞. 我咋成了躲债校长？[EB/OL]. (2002-02-04) [2006-03-23]. http://www.edu.cn/edu/ji_chu/ji_jiao_news/200603/t20060323_24095.shtml.

教育财政体制内涵,构建起教育财政体制分析框架;第二节,具体分析我国不同类别的教育财政体制;第三节,介绍世界主要发达国家的教育财政体制。

【学习目标】

1. 理解教育财政体制的内涵;
2. 掌握教育财政体制的分析框架;
3. 理解我国各级各类教育财政体制;
4. 理解世界主要国家的教育财政体制。

【课时分配】

4 课时

第一节　教育财政体制相关概念

教育财政体制是教育体制和财政体制共同作用的制度安排。通俗地讲,就是“教育的事”和“财政的钱”如何结合的制度。要真正理解教育财政体制的内涵,需要对相关概念进行界定。

一、财政体制

财政体制有广义与狭义之分。广义的财政体制是指处理政府与市场以及政府间财政关系的制度安排,狭义的财政体制仅指处理政府间财政关系的制度安排,其中,政府间事权与财权关系的处理是核心问题。

(一) 事权

“事权”就是办事的权力与责任。对政府而言,“事权”是指提供公共产品及服务的权力和责任。具体内容包括,什么样的公共产品和服务?谁来提供?政府提供还是市场提供?提供的数量、质量如何决定,谁来决定?谁来承担责任等。

公共产品和服务,由哪一级政府提供更合适呢?这里主要考虑受益范围及提供的便利及效率等因素。按照受益范围的不同,公共产品和服务可以区分为全国性公共服务与地方性公共服务。前者(如国防)受益范围涉及全国;后者(如垃圾处理)受益范围只涉及特定的地方辖区。就地方公共产品和服务而言,由于受益范围不同,也可区分为更多的层次。全国性公共产品和服务因其受益范围涉及全国,故由国家级(中央/联邦)政府承担比较合适;地方公共产品和服务因其受益范围只涉及特定辖区,由地方政府承担比较合适。

(二) 财权

“财权”就是财政权力,是指各级政府间财政收入与支出的权力。财政收入权力一般是指税权,比如开征税种、确定税率、税种在政府间的划分等。各级政府间财政收入权力的差异主要表现不是财政收入多少的问题,而是哪一级政府有决定开征税种、确定税率、划分税种的权力。财政支出权力一般是指预算编制、预算支出权力。现行财政体制下,中国财政支出权在地方政府间是相对自主的,一级政府、一级预算,“各吃各的饭。”比如居民要求修个街道或者办个学校,地方政府就可以通过预算支出来完成这些项目。

（三）政府间财政关系

政府间财政关系包括纵向财政关系和横向财政关系。纵向财政关系是指上下级政府间发生的财政关系，涉及四项核心内容：支出划分、税收划分、转移支付、地方债务。横向财政关系是指平行级次政府间发生的财政关系，主要包括辖区间外溢、税负输出、税收竞争和辖区间财政协调。一般而言，中央和地方政府之间复杂而重要的财政关系比政府间横向财政关系在经济分析中受到更多的关注。①

（四）事权与财权相匹配

理论上，事权的划分要求有相应的财权与之相匹配，但同等财权不等于具有同等的财力。比如经济欠发达地区和经济发达地区，拥有的财权是中央政府统一规定的，但政府间的财力却存在很大的差距，学者在谈论事权与财权相匹配时，实质上指的是事权与财力相匹配。某项公共产品及服务被确定由哪一级政府具体来办，那一级政府必须拥有相应的财力才能完成。当地方政府财力不能满足提供某项公共服务的资金需求时，上一级政府就需要给予相应资金支持。

二、教育财政体制分析框架

教育财政体制是处理政府与市场、政府间教育事权与教育财政支出责任关系的制度安排。在政府层面上，教育财政体制主要涉及不同层级政府间的教育事权与财政支出责任划分问题。一个国家是什么样的教育财政体制，主要是以教育事权与教育财政支出责任在政府间及政府与市场间如何划分为标准来界定的。政府间教育事权与教育财政支出责任的划分是教育财政体制的核心内容，当政府间教育事权不明晰时，财政支出责任就无从追究。

（一）教育事权与财政支出责任

1. 教育事权的界定

教育事权是指教育服务的提供（举办）权以及对教育服务提供的监管与调控权。在多层级政府承担教育事权的情况下，教育服务的提供、对教育服务提供的监管与调控往往是分离的。这一点在义务教育阶段体现得更为明显。基层地方政府往往承担提供义务教育服务的职责，但是，其上级政府乃至中央政府对义务教育服务的提供予以监管与调控，以保证全省（州）范围、全国范围内义务教育服务提供的均等化（或实现其他的政策目标）。因此，教育事权是教育服务的提供、对教育服务提供的监管与调控的集合权力，不是单一权力，而是一个“权力束”。

界定教育事权就是明晰“办教育的权力及责任属于谁”？是政府的权力和责任还是市场的权力和责任？如果是政府的权力和责任，又是哪一级政府的权力和责任。一般而言，教育事权界定主要依据教育服务的公共产品属性、外部性、教育管理的有效性三个因素。

（1）依据教育的公共产品属性。对教育的公共产品属性界定，大多数学者把教育归属为公共产品或准公共产品，认为教育产品（即教育服务）有下列五种类型：具有纯公共产品性质的教育服务（如义务教育）、基本具有公共产品性质的教育服务（如政府投资提供的各类学校教育等）、具有准公共产品性质的教育服务（如某个组织为自己的成员设立的学校和培训班等）、基本具有纯私人产品性质的教育服务（如在办学过程中获得一定数额补助的教

① 王雍君. 公共经济学[M]. 北京：高等教育出版社，2008. 28.

育服务)、具有纯私人产品性质的教育服务。① 从教育属于非营利的公共部门来看,教育提供的是公共产品或准公共产品而不是私人产品,义务教育属于公共产品,非义务教育属于准公共产品。② 从教育事权划分看,教育公共产品属性越强,政府承担的事权越多;教育公共产品属性越弱,市场承担事权越多,完全属于私人产品性质的教育服务,事权完全属于市场。

(2) 依据教育的外部性。依据教育服务的外部性可以把教育服务划分为全国性公共产品、地方性公共产品、俱乐部性公共产品三种,不同种类的教育服务事权在政府间划分主要依据教育外部性的大小。义务教育属于全国性公共产品,因为它关系到国民基本素质教育,正外部性强,社会效益外溢范围广。义务教育虽然由县级政府具体提供,但教育部对义务教育办学基本条件、质量标准都有明确的国家标准,所以事权属于县级及以上各级政府。

(3) 依据教育管理的有效性。教育管理的有效性与管理规模存在密切关系,管理规模越小,政府就越能够直接了解当地居民的教育需要,教育服务供给的有效性就较高。正因为如此,各国在义务教育的管理体制上基本都采用了分级管理的模式,与之相应的教育服务供给基本上也由基层地方政府来实施。需要说明的是,教育服务供给的有效性主要是从效率角度来分析的,但也并非义务教育由最基层的政府(比如乡镇政府)提供有效程度就会最高。因为教育服务供给需要尽可能保持一定范围、甚至是较大范围内的均衡,教育服务供给事权的过于分散,会不利于达到更大范围内教育公平的效用。我国义务教育提供"以县为主"的制度安排是科学和合理的。

2. 教育财政支出责任的界定

教育财政支出责任是指政府与市场、政府间为某一类和层次教育提供经费的责任。如何界定政府与市场间及政府间教育财政支出责任呢?

(1) 政府与市场教育财政支出责任界定。教育既可以给学生个人及家庭带来收益,也可以给整个社会带来收益。相应的,教育经费的支出和提供可以是政府,也可以是市场的私营部门及学生(家庭)。对于社会多元化的教育需求,政府与市场教育财政支出责任可以比较明确的界定。对于公民基本教育权利保障范围内的教育服务,政府有财政支出的责任。对于以满足公民个性化的教育需求的私立学校,举办者及学生(家庭)有财政支出的责任。对于被动进入私立学校的那部分学生的基本教育权利保障的经费支出,政府应通过各种财政补贴的方式来解决。

(2) 政府间教育财政收支责任界定。以义务教育为例来分析政府间财政支出责任。一般而言,基层地方政府承担提供义务教育服务的事权,并基于这一事权承担相应的教育财政支出责任。但义务教育事权包括义务教育服务提供(举办)权及对义务教育服务提供的监管与调控权。当我们界定,义务教育举办权属于基层地方政府(县级政府),对义务教育服务提供的监管与调控权属于县级以上政府,教育财政支出责任就明晰了。地方基层政府,上一级政府(直至中央政府)都对义务教育负有财政支出责任。通俗地讲,"谁请客、谁付钱",定标准的就是请客的人,只请客不付钱,或者强迫别人付钱是不合理的。这是教育财政收支责任转嫁。本章导入案例中,"普九"标准是中央政府定的,从中央到地方各级政府都应有财政支出责任,由于政府的财政支出责任没有尽到,甄校长成了躲债校长。

---

① 厉以宁.关于教育产品的性质和对教育的经营[J].教育发展研究.1999(10).

② 王善迈.社会主义市场经济条件下的教育资源配置方式[J].教育与经济.1997(3).

2018年1月,国务院办公厅颁布的《基本公共服务领域中央与地方共同财政事权和支出责任划分改革方案》提出,从2019年1月1日起,将把义务教育的4项事务纳入中央与地方共同财政事权范围,即保障义务教育阶段公用经费、免费提供教科书、为家庭经济困难学生提供生活补助、为贫困地区学生提供营养膳食补助。这既是一项利民的举措,也有助于明确政府间义务教育的财政支出责任。

3. 教育事权与财力的匹配

通俗地讲"办事要花钱,花钱才办事",前提是要有钱。提供数量质量满足居民要求的教育服务是教育事权的总目标,在界定了教育事权之后,明晰教育财政支出责任的目的是要获得教育经费的供给。失去这一根本目的,教育事权无论怎么界定都没有实质意义。

以义务教育为例,义务教育事权及财政支出责任主要是县级政府,但在区域之间经济发展水平存在较大差异的情况下,经济欠发达地区的县级政府是难以提供充足、甚至是最基本的教育经费。在政府间教育财政供给能力存在较大差异的情况下,依据义务教育服务供给公平的原则,各国大多是采用教育财政转移支付的方式,弥补一些基层地方政府教育财政供给能力的不足,实现教育服务供给的区域公平。

从私立教育事权、财政支出责任及财力匹配关系来看,当私立学校界定营利性和非营利性区别之后,营利性教育机构财政支出责任主要在举办者,非营利性教育机构在财力出现缺口时,政府应给予一定的财政支持。

(二)教育财政转移支付

政府与市场对教育财政支出责任分担前提主要是营利性与非营利性教育机构的界定。对于非营利性教育机构,政府通过财政补贴、税收优惠、金融支持等方式来实现。对于营利性教育机构承担政府委托教育项目,政府通过购买公共服务方式来实现。政府间分担教育财政支出责任目的是提供与教育事权相匹配的财力;这里主要阐述政府间分担教育财政支出责任的方式,即教育财政转移支付。

1. 教育财政转移支付的含义

教育财政转移支付是教育财政体制的重要组成部分。教育财政转移支付是指以实现各地公共教育服务水平均等化为根本目标,以政府之间存在的财政能力、收支差异为基础实行的一种财政资金的相互转移或财政平衡制度。具体而言,是上级政府为确保各地区之间教育支出和教育发展水平大体平衡,将自己的财政资金转作下级政府的一种经费援助制度,其目的是对经济欠发达地区的教育财政进行补助,以促进教育均衡发展,实现教育公平。

现阶段,我国区域间教育发展不平衡、不充分的矛盾突出,这种不平衡、不充分在内涵特征上,已经由过去的数量规模差异转化为教育质量与水平的差异,产生这种现象的根源在于区域间政府教育财政供给能力存在巨大差距。

2. 教育财政转移支付的模式

(1)纵向转移支付。即上下级政府之间的教育财政资金的转移。这种转移支付目的在于弥补由两种情况导致的政府纵向财政缺口。一种情况是由"税收相对集权、支出相对分权"而导致高级别政府形成财政盈余,低级别政府形成财政赤字的纵向财政缺口;另一种是由政府间错位的收支搭配(比如中央政府过于严格地控制税基和税率,导致地方政府尤其是基层政府几乎没有任何实质性的财权,财政处于一种脆弱的地位)造成的纵向财政缺口。

(2)横向转移支付。即同级政府之间的教育财政资金的转移。这种转移支付的目的是为了弥补横向财政缺口,即某些地方政府(通常是发达地区政府)有财政盈余,而其他地区(通常是贫困地区)有财政赤字。之所以会形成横向缺口,通常是地区间税基的差异和基本公共服务地区均等化的要求所致。

(3) 纵向与横向结合的转移支付。即将纵向和横向财政缺口混合在一起,一并测算纵向和横向财政缺口,以此测算的转移支付。实践中,这种转移支付模式通常也是通过纵向转移支付实现的。

3. 教育转移支付的类型

(1) 教育一般性转移支付。教育一般性转移支付是指上级政府对下级政府的教育财政财力性补助,对这类资金的用途上级政府不作具体要求,下级政府可以根据实际情况自主安排使用,目的是弥补教育财政实力薄弱地区的财力缺口,均衡地区间教育财政差距,实现地区间教育服务财政能力的均等化。

(2) 教育专项转移支付。教育专项转移支付是指上级政府为矫正辖区间外溢和对特殊因素进行调节的一种财政资金支付方式,一般是针对具体项目,对下级政府根据特定的教育财政政策目标安排的具有特定用途的转移支付。教育专项转移支付一般要求专款专用,受补助的下级政府不能改变资金的用途,否则将受到相应的处罚。

教育专项转移支付根据上级政府是否有配套要求又可以分为:教育开放式配套转移支付(受补助的下级政府需要配套一定比例的资金,上级政府转移支付数额视下级政府的配套资金数额而定,上不封顶);教育封闭式配套转移支付(上级政府就配套转移支付数额规定一个上限,即上封顶、超过以后不再给予相应的配套资金);非配套转移支付(上级政府为了某项教育服务目标提供一个固定的拨款,不要求下级政府配套资金)。

第二节 我国教育财政体制

我国学前教育、义务教育、高中教育、高等教育财政体制及民办教育财政体制中的教育事权、财政支出责任划分存在一定的差异,政府与市场的界限、教育财政的政府间关系界定逐渐明晰,初步形成了具有中国特色的教育财政体制。

一、学前教育财政体制

(一) 政府间学前教育事权

学前教育是国家公共教育体系的组成部分,政府具有学前教育的举办权及监督调控权。2015 年,新修订的《中华人民共和国教育法》规定,国家实行学前教育、初等教育、中等教育、高等教育的学校教育制度。2010 年,《国家中长期教育改革与发展规划纲要(2010—2020 年)》指出:明确政府职责,把发展学前教育纳入城镇、新农村建设规划;国家制定学前教育标准,加快学前教育,构建覆盖城乡,特别是农村的学前教育公共服务体系;各级政府应当采取措施,为适龄儿童接受学前教育提供条件和支持。从不同层级政府学前教育事权划分看,2017 年,中共中央办公厅、国务院办公厅印发《关于深化教育体制机制改革的意见》指出:理顺学前教育管理体制和办园体制,建立健全国务院领导、省市统筹、以县为主的学前教育管理体制。县级政府承担学前教育主要事权,省及中央政府都有学前教育事权。由于学前教育不属于义务教育,市场也具有部分学前教育事权(举办权)。比如,政府学前教育相关政策规定，建立政府主导、社会参与、公办民办并举的办园体制，大力发展公办幼儿园，积极扶持民办幼儿园；鼓励多种形式办园，有效推进解决入园难、入园贵问题。

（二）政府间学前教育财政支出责任

学前教育财政支出责任主体包括政府、社会及家庭，其中，政府承担主要的财政支出责任。我国政府间学前教育财政支出责任的划分确定为县级政府承担主要财政支出责任。2010年的《国家中长期教育改革与发展规划纲要（2010—2020年）》（简称《纲要》）对此做出了总体安排。《纲要》指出：加大政府投入，完善成本合理分担机制，对家庭经济困难幼儿入园给予补助；2017年中共中央办公厅、国务院办公厅发布的《关于深化教育体制机制改革的意见》进行了详细的阐述：（1）建立健全国务院领导、省市统筹、以县为主的学前教育管理体制；（2）落实县级政府主体责任，充分发挥乡镇政府的作用，以县域为单位制定幼儿园总体布局规划，新建、改扩建一批普惠性幼儿园；（3）省市两级政府要加强统筹，加大对贫困地区支持力度。

二、义务教育财政体制

（一）政府间义务教育事权

改革开放以来，义务教育事权划分是从1985年《中共中央关于教育体制改革的决定》颁布开始的。该《决定》提出：把发展义务教育的责任交给地方，有步骤地实行九年制义务教育。2001年，国务院《关于基础教育改革与发展的决定》规定：义务教育的管理体制是"在国务院领导下，由地方政府负责、分级管理、以县为主"，县级人民政府对义务教育负有主要责任，省、市等各级人民政府承担相应责任，中央政府承担全面领导责任。2006年修订实施的《中华人民共和国义务教育法》再次明确规定：义务教育实行国务院领导，省、自治区、直辖市人民政府统筹规划实施，县级人民政府为主管理的体制。

从政府间义务教育事权划分来看，义务教育属于中央、省、县政府的共同事权。县级人民政府负有义务教育服务提供（举办）责任，中央、省级政府负有对义务教育服务提供的监督与调控责任。中央政府规定全国义务教育基本办学标准、课程标准、教育质量标准、最低教育经费标准，省级政府根据地方经济发展水平、居民义务教育需求，制定高于中央政府标准的义务教育基本办学标准、课程标准、教育质量标准、最低教育经费标准等。比如，2010年《国家中长期教育改革与发展规划纲要（2010—2020年）》明确提出，省级政府教育统筹是教育管理体制改革的重要内容；省级政府要合理确定各级各类学校的办学条件、教师编制、成本分担等方面的实施标准。

（二）政府间义务教育财政支出责任

1. 义务教育财政支出责任的演进

改革开放以来，政府间义务教育财政支出责任划分经历了三个发展阶段。这三个阶段是以义务教育经费在个人和政府之间分担及财政支出责任在不同层级政府间分担两条主线来分担的。

第一阶段：农村税费改革前的义务教育财政支出责任（1985—2001年）。这一阶段，义务教育经费基本是政府与受教育者个人共同分担。从政府层面财政支出责任看，农村义务教育经费负担基本是以乡镇政府为主，城市义务教育经费负担基本是以区县级政府为主。中央政府只承担对贫困地区义务教育的扶持责任，省级政府也只承担少量贫困地区的经费补助责任;县级政府主要承担少数城区学校经费投入及对乡镇学校基建补助;乡镇级政府负责本地的中心小学及乡镇初中的经费投入;行政村则需负责村办小学部分经费。对受教育者个人而言,农村是农民个人直接承担教育经费(包括学费、杂费、教育费附加、教育集资);城市居民只承担学费和杂费。相对而言,农村的乡镇政府、城市的区县政府承担绝大部分政府财政支出责任,农村居民义务教育经费负担远远高于城市居民。由于不同地区经济发展水平差异、政府间义务教育财政支出责任不明晰,区域间、城乡间义务教育经费差异不断扩大。

第二阶段:农村税费改革后的义务教育财政支出责任(2001—2005 年)。这一阶段,义务教育主要由县级政府承担。2000 年 3 月,中共中央、国务院下发《关于农村税费改革试点工作的通知》,2003 年 3 月,国务院颁布《关于全面推进农村税费改革试点工作的意见》,全面实施农村税费改革。农村税费改革对义务教育财政支出责任的影响:一是取消了农村教育费附加、教育集资等专门面向农民征收的行政事业性收费和政府性基金,加剧了农村义务教育经费短缺;二是促进了中央和省级政府义务教育财政转移支付制度的发展;三是义务教育"以县为主"管理体制的确立。在这一阶段,政府间义务教育财政支出责任划分是:县级政府承担主要责任,省级政府加强统筹,中央政府加大对农村义务教育财政支持力度(主要是通过转移支付支持贫困地区、安排专项资金支持农村中小学危房改造等)。对受教育者个人实行"一费制",严格按照标准收取,治理农村义务教育的乱收费问题。由于农村县级政府财政供给能力存在差异及县级以上政府教育投入责任不明确,缺乏科学的经费分担机制,区域间、城乡间义务教育经费差距并未得到根本性的改善。

第三阶段:农村义务教育经费保障新机制实施后的义务教育财政支出责任(2006 年至今)。这一阶段,义务教育支出责任开始建立由中央和地方共同分担的体制。2005 年 12 月,国务院颁布《关于深化农村义务教育经费保障机制改革的通知》(简称新机制)要求义务教育财政支出责任划分:一是明确各级政府责任、中央地方共担、加大财政投入、提高保障水平、分步组织实施的基本原则;二是农村义务教育全面纳入公共财政保障范围,建立中央和地方分项目分担农村义务教育经费;三是中央重点支持中西部地区,适当支持东部部分困难地区。这一阶段义务教育财政支出责任的最大变化是全面实施免费义务教育和加大中央和省级政府投入责任。

2. 现行义务教育财政支出责任的具体界定

我国政府间义务教育财政支出责任划分,主要依据 2005 年教育部《关于进一步推进义务教育均衡发展的若干意见》、2005 年国务院《关于深化农村义务教育经费保障机制改革的通知》(新机制)和 2006 年实施的新的《义务教育法》。

(1) 各级教育行政部门要优先保障推进义务教育均衡发展所需资金,切实落实教育经费"三个增长"和新增教育经费主要用于农村的要求,在经费投入上对薄弱学校的改造采取倾斜政策,城市教育费附加要优先用于薄弱校改造。地方各级人民政府将义务教育经费纳入财政预算,及时、足额拨付义务教育经费。

(2) 省、自治区、直辖市人民政府可以根据本行政区域的实际情况,制定不低于国家标准的学校学生人均公用经费标准;省级教育行政部门重点支持农村地区、贫困地区、少数民族地区的义务教育发展,加大对经济困难地区的教育专项转移支付,督促辖区内中小学生均公用经费基本标准和预算内生均公用经费拨款标准的落实。

（3）县级要加强对各项教育经费的统筹，千方百计加大对农村学校和城镇薄弱学校的投入，切实改善农村学校和城镇薄弱学校的办学条件。县级人民政府编制预算，除向农村地区学校和薄弱学校倾斜外，应当均衡安排义务教育经费，义务教育经费严格按照预算规定用于义务教育，县级以上人民政府建立健全义务教育经费的审计监督和统计公告制度。

（三）政府间义务教育财政分担的关系

1. 我国政府间义务教育财政分担的关系

我国政府间义务教育财政分担的关系，主要体现在：

（1）国务院和省、自治区、直辖市人民政府规范财政转移支付制度。加大一般性转移支付规模和规范义务教育专项转移支付，支持和引导地方各级人民政府增加对义务教育的投入。

（2）地方各级人民政府确保将上级人民政府的义务教育转移支付资金按照规定用于义务教育。

（3）建立中央和地方分项目、按比例分担的义务教育经费保障机制。中央重点支持中西部地区，适当兼顾东部部分困难地区。

2. 我国政府间义务教育财政分担的具体比例

根据2018年1月，国务院办公厅颁布的《基本公共服务领域中央与地方共同财政事权和支出责任划分改革方案》（下称《分担方案》），从2019年1月1日起，实施新的规定。按照《分担方案》规定，中央政府对义务教育财政实行分档、分项目分担。具体分档如下：

第一档，包括的省份有12个：内蒙古、广西、重庆、四川、贵州、云南、西藏、陕西、甘肃、青海、宁夏、新疆；

第二档：包括的省份有10个：河北、山西、吉林、黑龙江、安徽、江西、河南、湖北、湖南、海南；

第三档，包括的省份有3个，即辽宁、福建、山东；

第四档，包括的省市有9个，即天津、江苏、浙江、广东、大连、宁波、厦门、青岛、深圳；

第五档，包括的省市有2个，即北京、上海。

中央和地方实施分项目支出，确定具体分担比例。项目和具体分担比例如下：

（1）义务教育公用经费保障，中央与地方按责任支出分担的比例是，第一档为8∶2，第二档为6∶4，其他为5∶5；如内蒙古自治区义务教育公用经费，中央分担80%，内蒙古自治区分担20%。

（2）家庭经济困难学生生活补助，中央与地方按比例分担支出责任，各地区均为5∶5；无论是哪一个省市，对家庭经济困难学生的生活补助，中央和地方都各自分担50%。

（3）对人口较少民族寄宿生增加安排生活补助所需经费，由中央财政承担；

（4）免费提供教科书，免费提供国家规定课程教科书和免费为小学一年级新生提供正版学生字典所需经费，由中央财政承担；免费提供地方课程教科书所需经费，由地方财政承担；

（5）贫困地区学生营养膳食补助，国家试点所需经费，由中央财政承担；地方试点所需经费，由地方财政统筹安排，中央财政给予生均定额奖补。

三、高中教育财政体制

（一）政府间高中教育事权

高中（或高中阶段）教育属于基础教育，1985年《中共中央关于教育体制改革的决定》明确了基础教育实行“地方负责、分级管理”的原则，高中教育事权属于地方政府。在地方政府高中教育事权划分上，该《决定》指出，省、市（地）、县、乡分级管理的职责划分，由省、自治区、直辖市政府决定。2010年，《国家中长期教育改革与发展规划纲要（2010—2020年）》强调了省级政府的统筹作用，重点扶持困难地区高中阶段教育发展。目前，政府间高中教育事权划分是县级政府承担教育主要事权，地市级及省级政府承担部分教育事权。由于高中教育不属于义务教育，市场具有部分高中教育事权（举办权）。

（二）政府间高中教育的财政支出责任

《2003—2007年教育振兴行动计划》提出：非义务教育的办学经费以政府为主渠道，由政府、受教育者和社会共同分担。2010年，《国家中长期教育改革与发展规划纲要（2010—2020年）》提出：普通高中实行以财政投入为主，其他渠道为辅的投入机制；中等职业教育实行政府、行业、企业及其他社会力量依法筹集经费的投入机制。由此可见，高中教育财政支出责任划分，县级政府承担主要财政支出责任，地市级及省级政府承担部分教育财政支出责任；受教育者通过交纳消费、住宿费，承担支出责任。同时，政府制定了高中阶段学生资助制度。2018年1月，国务院颁布的《基本公共服务领域中央与地方共同财政事权和支出责任划分改革方案》指出，中等职业教育国家助学金、中等职业教育免学费补助、普通高中教育国家助学金、普通高中教育免学杂费补助，实行中央与地方按比例分担。中央分担比例根据区域所在档位不同，分为五档，即80%、60%、50%、30%、10%。第一档地区如内蒙古、广西、重庆、四川等12个省（区、市），中央分担80%；第二档地区如河北、山西等10省，中央分担60%。……（具体细节参见本章“阅读链接 2009年1月1日开始实施的中央与地方财政事权分担清单）

四、高等教育财政体制

（一）政府间高等教育事权

政府间高等教育事权划分与教育管理体制改革密切相关。政府间高等教育事权划分经历了两个阶段。

（1）改革开放初期，高等教育事权由中央政府统管到部委办学、地方政府办学的“条块”分割模式。高等教育服务主要由部委及省级政府提供，教育部代表中央政府对高等教育服务进行监督和调控。

（2）1994年，国务院下发《关于〈中国教育改革和发展纲要〉的实施意见》。上述《纲要》及《实施意见》提出，高等教育改革重点要放在促进多种形式的联合办学，逐步改变高等学校在“条块分割”办学和管理体制方面存在的弊端上。1997年，全国30个省（自治区、直辖市）、48个中央部委、涉及400余所高校按照“共建、调整、合作、合并”的原则，积极进行以“共建、合并、划转、协作、合作”五种形式为主的管理体制改革，中央政府把原来所举办的许多院校交给了地方，以国家政策指导层面下的省级人民政府管理为主，高校面向社会独立自主办学的事权结构，中央与地方政府分级管理、分工负责的局面形成。

（二）政府间高等教育财政支出责任

改革开放初期，高等教育财政支出责任的格局是：各部委举办和所辖的高校，其经费由财政部直接拨付；地方财政负责地方政府举办和管理的高校，中央政府不再负担全部高等教育财政支出。1999年之后，高等教育财政支出责任初步形成了中央与地方政府共同分担高校办学经费、并以地方政府财政拨付为主的财政支出责任格局。教育成本分担与成本补偿制度及收费并轨政策全面实施后，政府高校接受教育者个体所支付的货币及高校自创收入的比例逐年增大，加上社会捐赠增加，最终初步形成了以“政府财政负担为主、多渠道筹资”的高等教育财政支出基本格局。

（三）政府间高等教育财政分担关系

高等教育政府间财政分担关系主要表现为中央对地方政府及高等学校的专项转移支付。从“211”“985”、中央地方共建到“双一流”建设，中央政府是以专项资金转移支付支持地方高等学校发展。2017年9月20日，教育部、财政部、国家发改委印发《关于世界一流大学和一流学科建设高校及学科建设名单》（即“双一流”建设），137所大学进入名单成为中央政府重点支持高校。除此之外，中央政府对中西部地区高校也制定专项资金支持政策和项目。

五、民办教育财政体制

改革开放以来，民办教育从无到有，办学类型、层次不断拓展，社会资本投入教育领域规模不断扩大。目前，民办教育涵盖了学历教育、非学历教育、社会培训领域。学历教育主要集中在高等教育专科学校，非学历教育主要集中在学前教育，社会培训范围很广，比如考试培训、职业培训、兴趣特长培训等。民办教育财政体制主要是界定政府与市场之间的教育事权与支出责任，这里以2017年9月1日实施的《中华人民共和国民办教育促进法》为依据进行界定。

（一）民办教育的事权划分

民办教育是指在国家机构以外的社会组织或者个人，利用非国家财政性经费，面向社会举办学校及其他教育机构的活动。民办教育事业属于公益性事业，是社会主义教育事业的组成部分。民办教育事权划分为：

（1）中央政府层面。国务院教育行政部门负责全国民办教育工作的统筹规划、综合协调和宏观管理；国务院人力资源社会保障行政部门及其他有关部门在国务院规定的职责范围内分别负责有关的民办教育工作。

（2）地方政府层面。县级以上地方各级人民政府教育行政部门主管本行政区域内的民办教育工作，县级以上地方各级人民政府人力资源社会保障行政部门及其他有关部门在各自的职责范围内，分别负责有关的民办教育工作。

（3）民办学校层面，民办学校的举办者可以自主选择设立非营利性或者营利性民办学校。但是，不得设立实施义务教育的营利性民办学校。

（二）民办教育财政支出责任

1. 政府间财政支出责任：（1）县级以上各级人民政府可以设立专项资金，用于资助民办学校的发展，奖励和表彰有突出贡献的集体和个人。（2）县级以上各级人民政府可以采取购买服务、助学贷款、奖助学金和出租、转让闲置的国有资产等措施对民办学校予以扶持；

对非营利性民办学校还可以采取政府补贴、基金奖励、捐资激励等扶持措施。(3) 人民政府委托民办学校承担义务教育任务,应当按照委托协议拨付相应的教育经费。(4) 国家采取措施,支持和鼓励社会组织和个人到少数民族地区、边远贫困地区举办民办学校,发展教育事业。(5) 民办学校的举办者可以自主选择设立非营利性民办学校或营利性民办学校。但不得设立实施义务教育的营利性民办学校。新建、扩建非营利性民办学校,因其不得取得办学利益,人民政府应当按照与公办学校同等原则,以划拨等方式给予用地优惠。人民政府应当按照国家规定供给土地。(6) 国家鼓励金融机构运用信贷手段,支持民办教育事业的发展。

2. 民办学校支出责任:(1) 民办学校享受国家规定的税收优惠政策,非营利性民办学校享受与公办学校同等的税收优惠政策。(2) 民办学校依照国家有关法律、法规,可以接受公民、法人或者其他组织的捐赠,国家对向民办学校捐赠财产的公民、法人或者其他组织按照有关规定给予税收优惠,并予以表彰。(3) 非营利性民办学校的举办者不得取得办学收益,学校的办学结余全部用于办学;营利性民办学校的举办者可以取得办学收益,学校的办学结余依照《公司法》等有关法律、行政法规的规定处理。

六、我国教育财政体制问题与改革

(一) 我国教育财政体制问题

1. 教育事权与教育财政支出责任有待进一步明确界定和调整。教育财政支出应由哪一级财政负担,是一个界定教育财政支出责任主体的问题,也是国家治理结构问题。现行的教育事权与支出责任的划分,高等教育基本上是中央和省两级管理、两级财政负担,基础教育则“以县为主”“省级统筹”,但何为“为主”、何为“统筹”,界定不明确、不合理。对流动人口子女教育的财政责任在流入地和流出地政府的划分上,流入地政府为解决流动人口子女教育问题面临着较大的基建投入和师资投入等财政压力,目前中央相关政策仅提出了实现公用经费的可携带性,对人员经费等花费更大的投入缺少相应的考虑。

2. 教育事权、财政收支责任与财政能力错位。在分税财政体制下,中央政府和省级政府控制较多的财权财力,县乡政府财力最弱。基础教育以县为主,县级政府为主要承担者,中央和省级政府对此却承担较少的责任。在中央与地方政府共同分担义务教育财政支出的体制下,地方政府无疑是承担了较多的投入责任,这种中央与地方政府义务教育财政支出分担比例和中央与地方政府财政收入比重是不相称的。如果中央政府教育财政转移支付不能有效到位,地方政府义务教育财政支出的困难和区域教育财政差距扩大就成为必然。

(二) 我国教育财政体制改革

教育财政体制的完善需要进一步规范政府间教育财政关系,其目的是要实行教育的事权、财权与财力统一,更重要的是教育事权与财力匹配。同时,建立并规范政府间教育财政转移支付制度。

从教育财政体制改革的趋势来看,政府间教育事权与财权的调整大致有三种思路。一是在教育财权安排格局基本不变条件下调整教育事权配置;二是在教育事权安排格局基本不变的条件下调整教育财权配置;三是教育事权安排与教育财权配置相互进行适应性调整的整体改革。从教育财政体制改革的顺序来看,近期适合在教育财权安排格局基本不变条件下调整教育事权配置,中期适合在教育事权安排格局基本不变的条件下调整教育财权配置,长期来看最好选择教育事权安排与教育财权配置相互进行适应性调整的整体改革。

2018 年 1 月,国务院办公厅颁布了《基本公共服务领域中央与地方共同财政事权和支出责任划分改革方案》(下称《分担方案》)。《分担方案》的指导思想在教育领域体现为:遵循相关法律法规规定,科学界定中央与地方权责,确定教育基本公共服务领域共同财政事权范围,制定教育基本公共服务保障国家基础标准,规范中央与地方支出责任分担方式,加大了教育基本公共服务投入,加快推进教育基本公共服务均等化,织密扎牢教育民生保障网。

1.《分担方案》在教育领域体现的基本原则

(1) 坚持以人民为中心,办人民满意的教育。坚持财政事权划分由中央决定,完善中央决策、地方落实的机制。教育基本公共服务领域共同财政事权范围、支出责任分担方式、国家基础标准由中央确定;明确地方政府职责,充分发挥地方政府区域管理优势和积极性,保障教育政策落实。

(2) 坚持保障标准合理适度。既要尽力而为,加快推进教育基本公共服务均等化,适时调整国家基础标准,逐步提高保障水平;又要量力而行,兼顾各级财政承受能力,兜牢教育基本民生保障底线。

(3) 坚持差别化分担。充分考虑我国各地经济社会发展不平衡、教育基本公共服务成本和财力差异较大的国情,中央承担的支出责任要有所区别,体现向困难地区倾斜,并逐步规范、适当简化教育基本公共服务领域共同财政事权支出责任的分担方式。

(4) 坚持积极稳妥推进。教育基本公共服务领域中央与地方共同财政事权和支出责任划分是一个动态调整、不断完善的过程,要加强顶层设计,明确改革路径和方式,还要加强与各领域管理体制改革的衔接。

2.《分担方案》确定的中央和地方共同分担的内容

《分担方案》确定了中央和地方共同分担财政事权和支出责任、分担比例的具体内容如下:

(1) 明确教育基本公共服务领域中央与地方共同财政事权范围:一是义务教育,包括公用经费保障、免费提供教科书、家庭经济困难学生生活补助、贫困地区学生营养膳食补助 4 项;二是学生资助,包括中等职业教育国家助学金、中等职业教育免学费补助、普通高中教育国家助学金、普通高中教育免学杂费补助 4 项。

(2) 制定教育基本公共服务保障国家基础标准。国家教育的基本标准由中央制定和调整,制定义务教育公用经费保障、免费提供教科书、家庭经济困难学生生活补助、贫困地区学生营养膳食补助、中等职业教育国家助学金、基本公共服务保障的国家基础标准。

(3) 规范教育基本公共服务领域中央与地方共同财政事权的支出责任分担方式。一是中等职业教育国家助学金、中等职业教育免学费补助、普通高中教育国家助学金、普通高中教育免学杂费补助实行中央分档分担,第一档 12 个省(区、市),中央分担 80%;第二档 10 个省,中央分担 60%;第三档 3 个省,中央分担 50%;第四档包括天津、江苏、浙江、广东 4 个省(市)和大连、宁波、厦门、青岛、深圳 5 个计划单列市,中央分担 30%;第五档包括北京、上海 2 个直辖市,中央分担 10%。二是义务教育公用经费保障等 6 个按比例分担、按项目分担或按标准定额补助的事项,暂行如下:义务教育公用经费保障,中央与地方按比例分担支出责任,第一档为 8 : 2,第二档为 6 : 4,其他为 5 : 5;家庭经济困难学生生活补助,中央与地方按比例分担支出责任,各地区均为 5 : 5;对人口较少民族寄宿生增加安排生活补助所需经费,由中央财政承担;免费提供教科书,免费提供国家规定课程教科书和免费为小学一年级新生提供正版学生字典所需经费,由中央财政承担;免费提供地方课程教科书所需经费,由地方财政承担;贫困地区学生营养膳食补助,国家试点所需经费,由中央财政承担;地方试点所需经费,由地方财政统筹安排,中央财政给予生均定额奖补。

上述教育共同财政事权支出责任地方承担部分,由地方通过自有财力和中央转移支付统筹安排。中央加大均衡性转移支付力度,促进地区间财力均衡。

(4) 调整完善教育转移支付制度。在一般性转移支付下设立教育共同财政事权分类分档转移支付,原则上将改革前一般性转移支付和专项转移支付安排的教育基本公共服务领域共同财政事权事项,统一纳入共同财政事权分类分档转移支付,完整反映和切实履行中央承担的教育基本公共服务领域共同财政事权的支出责任。

(5) 推进省以下教育支出责任划分改革。一是中央财政要加强对省以下共同财政事权和支出责任划分改革的指导。二是省级财政加强统筹。对地方承担的教育基本公共服务领域共同财政事权的支出责任,省级政府要考虑本地区实际,结合省以下财政体制,合理划分省以下各级政府的支出责任,适当增加和上移省级支出责任。三是县级政府要将自有财力和上级转移支付优先用于教育基本公共服务,承担提供教育基本公共服务的组织落实责任;上级政府要通过调整收入划分、加大转移支付力度,增强县级政府教育基本公共服务保障能力。

【阅读链接】

2019 年 1 月 1 日开始实施的中央与地方财政事权分担清单

共同财政事权事项		基础标准	支出责任及分担方式
义务教育	1. 公用经费保障	中央统一制定基准定额。在此基础上,继续按规定提高寄宿制学校等公用经费水平,并单独核定义务教育阶段特殊教育学校和随班就读残疾学生公用经费等。	中央与地方按比例分担。第一档为 8∶2,第二档为 6∶4,其他为 5∶5。
	2. 免费提供教科书	中央制定免费提供国家规定课程教科书和免费为小学一年级新生提供正版学生字典补助标准,地方制定免费提供地方课程教科书补助标准。	免费提供国家规定课程教科书和免费为小学一年级新生提供正版学生字典所需经费,由中央财政承担;免费提供地方课程教科书所需经费,由地方财政承担。
	3. 家庭经济困难学生生活补助	中央制定家庭经济困难寄宿生和人口较少民族寄宿生生活补助国家基础标准。中央按国家基础标准的一定比例核定家庭经济困难非寄宿生生活补助标准,各地可以结合实际分档确定非寄宿生具体生活补助标准。	中央与地方按比例分担,各地区均为 5∶5,对人口较少民族寄宿生增加安排生活补助所需经费,由中央财政承担。
	4. 贫困地区学生营养膳食补助	中央统一制定膳食补助国家基础标准。	国家试点所需经费,由中央财政承担;地方试点所需经费,由地方财政统筹安排,中央财政给予生均定额奖补。

续表

共同财政事权事项		基础标准	支出责任及分担方式
学生资助	5. 中等职业教育国家助学金	中央制定资助标准。	中央与地方分档按比例分担。第一档分担比例统一为 8 : 2;第二档,生源地为第一档地区的,分担比例为 8 : 2,生源地为其他地区的,分担比例为 6 : 4;第三档、第四档、第五档,生源地为第一档地区的,分担比例为 8 : 2,生源地为第二档地区的,分担比例为 6 : 4,生源地为其他地区的,与就读地区分担比例一致,分别为 5 : 5、3 : 7、1 : 9。
学生资助	6. 中等职业教育免学费补助	中央制定测算补助标准,地方可以结合实际确定具体补助标准。	中央统一实施的免学费补助所需经费,由中央与地方分档按比例分担。第一档分担比例统一为 8 : 2;第二档,生源地为第一档地区的,分担比例为 8 : 2,生源地为其他地区的,分担比例为 6 : 4;第三档、第四档、第五档,生源地为第一档地区的,分担比例为 8 : 2,生源地为第二档地区的,分担比例为 6 : 4,生源地为其他地区的,与就读地区分担比例一致,分别为 5 : 5、3 : 7、1 : 9。
学生资助	7. 普通高中教育国家助学金	中央制定平均资助标准,地方可以按规定结合实际确定分档资助标准。	所需经费由中央与地方分档按比例分担。第一档为 8 : 2,第二档为 6 : 4,第三档为 5 : 5,第四档为 3 : 7,第五档为 1 : 9。
学生资助	8. 普通高中教育免学杂费补助	中央逐省核定补助标准,地方可以结合实际确定具体补助标准。	中央统一实施的免学杂费补助所需经费,由中央与地方分档按比例分担。第一档为 8 : 2,第二档为 6 : 4,第三档为 5 : 5,第四档为 3 : 7,第五档为 1 : 9。

资料来源:国务院办公厅《基本公共服务领域中央与地方共同财政事权和支出责任改革方案》,2018-01-27

第三节 世界主要发达国家教育财政体制

根据教育事权、财政支出责任、财政供给能力相匹配的教育财政体制分析框架,可以对世界上有代表性国家的教育财政体制进行分析。这里主要分析美国、法国、英国的教育财政体制。

一、美国教育财政体制

（一）政府间教育事权

按照美国宪法规定教育权归州政府，由州教育委员会和州教育厅组成的州教育行政当局，承担协助地方完成教育计划、制定各种教育条件的具体标准、管理高等教育的办学与学位授予单位等职责。

从教育事权看，《联邦宪法》规定联邦政府没有直接领导或干涉地方教育的权力，对地方教育发展计划也不作指令性规定，只处于指导监督和财政拨款的资助地位。美国教育部没有直接领导教育的能力，只能通过立法和拨款将联邦政府教育政策渗透到各类学校中。

地方学区是美国最基层的教育行政单位，学区教育委员会在建立和管理公立中小学方面享有广泛的权利。就具体的基础教育提供而言，除了夏威夷州、哥伦比亚特区外，其他州的基础教育都由学区负责提供。

（二）政府间财政支出责任

联邦教育部负责管理联邦政府的教育经费，确定它的使用范围和重点。具体包括：(1) 管理和分配国家拨给各州的教育经费，可以根据国家对教育的特殊需要直接向公立和私立学校提供教育资金；(2) 可以对各类学校的捐款收入实行免税、为有关学校提供联邦剩余物资；对处境不利者和残疾人资助、对学生进行财政补助。(3) 联邦政府在基础教育财政方面的拨款主要着眼于对社会不利群体的资助和区域之间教育财政的均衡。(4) 在高等教育财政领域，美国的《联邦宪法》中没有明确规定联邦政府对高等教育的责任和权利，联邦政府教育部只是对高校提供宏观指导、咨询服务和经费资助。联邦政府对高等教育的经费资助主要表现在三个方面：设立和管理奖助学金和贷款项目等，援助学生特别是贫困家庭和少数民族背景的学生接受高等教育；设立资助项目，鼓励各州各高等院校的改革创新活动；提供研究开发经费，资助研究型大学科学研究和改革创新活动。

州政府是美国教育财政支出的主体，其权力也最大。州教育委员会负责管理州教育经费，具体包括：编制州教育财政预算，负责管理州立高等学校的教育经费，分配和管理对私立高等学校资助，分配和拨付州政府付给初等、中等教育的补助金，对州政府的教育拨款进行管理和监督使用。

地方学区委员会主要负责管理公立中小学的经费，主要包括：编制预算，负责征收居民的财产税用作教育经费，监督教育经费的使用。早在18世纪末期，州就开始授予地方学区通过税收支持学校预算的权力。就专门支持教育的税种而言，除了夏威夷州外，其他州的学区支持基础教育的税种主要是财产税。原则上，基础教育学校的财政支出责任属于学区。私立学校由其法人负责筹集和管理教育经费，联邦和州给予各种资助。

（三）政府间教育财政分担关系

1. 州政府与学区（地方政府）教育财政分担关系

州政府与地方政府教育财政分担关系是通过州教育转移支付来实现的。(1) 州教育转移支付包括教育均等化转移支付和教育专项转移支付。和联邦政府教育转移支付不同，州政府有教育均等化转移支付，旨在实现学区间财政能力的均等化。各州采用不同的教育均等化转移支付公式。(2) 州教育专项支付的类型和数量远少于联邦教育专项转移支付。主要集中在基建、交通、特殊教育、补偿教育、英语和双语教育等领域。(3) 有些州教育转移支付项目依托于联邦项目。例如：在很多情况下，有资格享受免费或减价午餐的学生数都被作为分配州教育专项转移支付资金的重要依据。(4) 州专项教育转移支付也考虑到了均等化因素。在很多项目的公式设计中都考虑到学区的财产价值，州的补助比例往往与学区的财产状况成反比，起到了均等化的作用。

2. 联邦政府与州、地方政府教育财政分担关系

从20世纪80年代至今，教育责任、标准和评估成为推进教育改革、扩张联邦政府教育角色的重要政策工具。联邦对基础教育的介入主要是通过转移支付来实现的。(1) 联邦教育转移支付在类型上都是专项教育转移支付，除了20世纪70年代实行过的一般性收入分享计划外，美国联邦政府也没有一般性转移支付。(2) 专项教育转移支付是美国联邦政府实现其教育角色的主要财政工具。在宪法框架下，联邦政府只能通过基于“支出权”的转移支付来实现其教育角色。(3) 专项转移支付的政策目标在不同历史阶段有所不同。进入20世纪80年代之后，开始重视教育领域的问责和教育质量问题。(4) 负责联邦教育转移支付管理的部门包括：教育部、农业部、健康和公共事业部、劳动部、国防部等，但大多数项目由教育部负责管理。(5) 联邦教育转移支付的类型繁多，几乎涉及各级各类教育的各个方面。比较重要的和有特点的联邦教育转移支付项目还包括：联邦营养午餐项目、学前教育“领先”项目、职业教育项目、流动人口教育项目、教育评估项目等。(6) 联邦教育专项转移支付主要通过公式进行分配，也采用竞争性资助方式。有的补助公式包括均等化的成分，如考虑贫困儿童比例等，有些项目有资金匹配要求。

(四) 美国教育财政体制评价

1. 美国教育财政体制有利于调动地方政府教育支出的积极性，不会因中央教育决策失误，造成全国所有地区教育受损；因地制宜地发展本地教育事业，能更好地发挥教育财政支出的效益。

2. 有的地区、有的时期，地方教育经费负担过重，经费难以得到保证；国家宏观调控力量薄弱，各地教育发展的不平衡状况难以克服。

3. 近几年，联邦和州政府在基础教育财政承担的责任不断扩大，比如联邦政府不断加大对基础教育的转移支付，均衡州之间的教育财政，州政府在均等财产税税率的基础上，实行均等化的教育拨款模式，实现学区之间的教育财政均等化。

二、法国教育财政体制

(一) 政府间教育事权

法国中央集权的政治体制决定了集权制教育管理体制，在教育组织和经费上都实行高度的中央集权。所有教育法令、政策、经费、课程表及教材教法等，全由中央决定，全国的教育设施都整齐划一。法国教育部拥有对全国教育进行全面直接领导的权利，是法国最大的中央部级单位，权力非常广泛。法国教育行政体制由教育部、学区、省、学校四级构成。

中央政府国民教育部的职责包括：规定所有层级教育的课程表明细；教师的聘任、培训和管理(大多数公立中小学教师都是国家公务员)；招收和培训监管人员，负责控制教育系统的质量；给学校分配合适的员工配额；是公立教育的主要出资方，并且补贴合同制下的私立学校；还负责组织考试和颁发国家的资格证书。由于国民教育部管理职能非常繁重，因此

就有了一些“外派”的教育行政机构，被称为“大学区”，它是国家教育部在地方的直辖机构。法国本土被分为26个大学区，它们的管辖范围相当于法国的行政大区，只有少数几个例外。另外还有4个大学区分别在法国的4个海外属地。

地方教育行政机构完全接受教育部的垂直领导和监督，地方学校处理一般事务的操作过程与具体方法都由国家教育部具体规定。

（二）政府间教育财政支出责任

法国的财权集中在中央，这使得中央政府有雄厚的实力支撑教育经费。地方当局对教育的投入主要在省和市镇两级，其经费来源主要是地方税。

法国的财政体制由中央预算和地方预算组成。地方预算包括大区预算、省预算和市镇预算。法国对义务教育的投入实行的是由中央与地方政府共同分担，又以中央为主的投入体制。在义务教育投入中承担主要责任的中央财政和省、市镇两级地方财政，均有各自稳定的经费来源。

法国中央政府负担高等教育经费总额的80%以上，由国民教育部负责分配与管理。法国大学都隶属于国民教育部，教育部掌握除科研经费单列以外的高等教育经费。大学在财政方面实行自治，但要接受国家的监督；所有公立教育机关的教员以及与国家缔结合同的私立教育机关的教员，都是国家公务员，其工资由国家支付和管理。

（三）政府间教育财政分担关系

中央政府对地方教育支出进行财政补助，省按照规划修建初中，市镇修建小学，在地方财政不足的情况下，均可申请中央财政的专项补助。中央政府对中小学的建筑、设施、设备等予以补助，并对其使用进行监督。地方教育行政机构负责由地方教育当局支出的经费项目，即支付学校建筑、设施和设备中国家补助不足部分的开支并进行管理，支付并管理地方当局雇佣的学校职工的工资。

相对于免费的公立学校，法国的私立学校可以收费，政府对收费标准没有规定，但是以非营利为原则。私立学校可以在法律允许的条件下获得公共经费。如果私立学校与国家签订了合同（大多数私立学校都如此），国家将负责提供教师的薪酬、社会保险以及教师的培训费用，大区和省也要资助合同制下的私立中学（初中和高中）。

（四）法国教育财政体制评价

法国的教育财政体制便于全国统一规划、统一分配和使用有限的教育资源，提高宏观调控的力度和效益；有利于均衡全国教育事业的发展。但教育经费来源渠道过于单一，不易于调动地方办学的积极性，影响了经费的筹集。在经费分配时容易产生过于集中使用或过于平均使用两种倾向；由于教育财政使用委托监督链过长容易产生官僚主义和教育财政效率损失。

三、英国教育财政体制

（一）政府间教育事权

英国实行也是中央集权与地方分权相结合教育管理体制。英国中央政府教育行政部门主管英格兰地区，而威尔士、苏格兰和北爱尔兰地区的教育管理则分别由这三个地区各自的议会和地方教育行政部门负责。

英国教育管理包括中央和地方两个层级。中央政府负责管理全国的教育，有权决定全国教育政策并规划整个教育体系的方向。议会颁布教育法,政府部门以国务大臣制定的命令和规章的方式来具体实施相关政策。教育部负责英格兰地区儿童的教育与服务,包括高等教育和继续教育政策、学徒制以及广泛技能培训。教育部设有政府平等办公室,确保为每个孩子提供平等的教育和服务机会。

地方当局负责实施和管理教育政策,并有其法定权力和职责。地方当局的教育职责包括:为适龄儿童和青少年提供充足而多样的学校和教育;确保公立学校的质量,提高教育标准;为公立学校提供资助;负责社区学校、自愿团体创办的受监管学校和特殊学校的教师和人员招聘以及招生工作;确保义务教育年龄的孩子接受适当的全日制教育;为特殊教育需求的学生提供特殊教育;为学生提供免费午餐等。

在义务教育阶段,大部分公立学校都是由地方当局负责运行及管理。特许学校和自主学校不受地方当局管理。在高等教育阶段,高等教育机构统一由中央政府负责。

(二)政府间教育财政支出责任

中央政府与地方政府共同负担教育经费。中央政府承担全部教育经费的60%,负责经费的分配并监督使用;对所有大学提供其经费总额80%的补助,中央设教育和科学部,主要负责制定高校的办学方向和拨款原则,而具体的拨款则由几个基金会来负责管理。其中,教学经费和经常性的科研经费主要由设立在英格兰、苏格兰和威尔士的三个高等教育基金会分别拨付,科研经费的拨付则是通过所谓的双重科研拨款体制来进行;对一些私立学校提供直接补助;支付地方机构为儿童提供膳食的费用;支付教师进修所需费用的60%;提供均衡拨款,对于达不到教育拨款水平的地方政府予以补贴。

地方教育当局负责初等与中等教育经费的40%和高等教育的公共部分经费。私立学校自行解决经费并负责管理,其中一部分接受国库的补助。

法定学龄(5—16岁)学生所接受的公共资助教育主要由公立学校提供。公立学校主要通过地方当局从中央政府那里获得教育经费。特许学校(Academies)不受地方当局管理,由教育部直接予以资助。学校获得的拨款用来支付经常性支出和资本性支出。经常性支出包括在教师、其他人员、图书、设备等上的支出,修缮和维护费用也属于经常性支出。资本性支出是指制造或维护一项持续很长时间的资产的支出,比如建筑、机器或大型设施。

地方当局负责公立学校的保养和维护,不过自愿团体创办的受资助学校一般要自己支付小部分资本性支出。教育部发放的资本性拨款有许多不同类型,大多数资本性拨款都是基于需求相关公式发放给学校和地方当局,因此地方当局和学校可以决定如何进行投资。在获得公共资金之外,学校还可以从家长或其他人的自愿捐款获得其他资金,或者通过出租学校场地或经营额外活动产生收入。

(三)政府间教育财政分担关系

中小学校的收入绝大部分都来自中央政府给地方当局的转移支付。公立学校从地方当局获得经常性拨款,为3—16岁的孩子提供教育。在中央政府给予地方政府的经常性拨款中,约90%是专门学校拨款。该项拨款是专项拨款,意味着必须全额支付给学校(除了地方当局集中提供的某些学校相关服务的拨款),是学校预算收入的主要来源,必须用于支持规定的学校预算,不能用于其他用途。专门学校拨款,是地方当局从中央政府获得的资助学校的核心拨款。中央政府给予地方当局的转移支付还包括学生补助等项目资助。公立学校通过地方当局从教育部获得拨款,特许学校和自由学校直接从教育部获得拨款。

除了来自中央的拨款,地方当局还可以从地方收入(税收)中向学校增加拨款。但在经费筹措上,地方政府的本级税收投入所占比例却不高。地方政府在基础教育财政投入过程中的作用主要体现在经费分配上,而非经费的投入上。

(四) 英国教育财政体制评价

英国中央集权与地方分权相结合的教育财政体制,应该说是综合了集权与分权的优点。比如可以调动中央和地方办学的积极性,加强教育经费的宏观调控、促进教育财政均衡,提高教育经费使用效益。但是在中央政府与地方政府教育财政负担和管理权限问题上也会出现摩擦和博弈,影响了其优势的充分发挥。

本章小结

教育财政体制是处理政府与市场、政府间教育事权与财政支出责任关系制度安排。教育事权是教育服务的提供(举办)权及对教育服务提供的监管与调控权。教育事权划分主要依据教育服务的公共产品属性、外部性、教育管理的有效性三个因素。教育财政支出责任是政府与市场、政府间为某一类或层级教育提供经费支持的法定责任。按照事权与财政支出责任对等的原则,确定政府间教育财政支出责任,首先必须确定教育事权在政府与市场以及政府间的划分。政府间转移教育财政支出责任目的是提供与教育事权相匹配的财力,主要是通过财政转移支付来实现。教育财政转移支付模式主要有纵向转移支付、横向转移支付、纵向与横向结合的转移支付三种。教育转移支付的类型分为一般性转移支付、专项转移支付。在教育事权、财政支出责任、财政供给能力相匹配的教育财政体制下,中国、美国、法国、英国的教育财政体制具有不同特色。

关键概念及术语

教育财政体制　教育事权　教育财政支出责任　教育财政转移支付　教育横向转移支付　教育纵向转移支付　教育一般性转移支付　教育专项转移支付

引导性思考题

1. 如何理解教育事权与财政支出责任?如何确定教育政府间的教育事权与财政支出责任?
2. 为什么教育事权、财政支出责任、财力要匹配?
3. 如何理解教育财政转移支付?简述教育财政转移支付模式。
4. 简述教育财政转移支付的类型。
5. 运用教育财政体制分析框架分别分析美国、法国、英国教育财政体制。
6. 结合实际分析我国教育财政体制问题及改革。
7. 结合实际,谈谈政府对民办教育财政支出责任有哪些?

文献选读

1. 王善迈. 公共财政框架下公共教育财政制度研究[M]. 北京:经济科学出版社,2012. 第1-5章.

2. 王蓉. 中国教育财政政策咨询报告(2010—2015)[M]. 教育科学出版社,2015(10).

3. 魏建国. 美国基础教育事权与财政支出责任划分[J]. 中国教育财政. 2016(12).

4. 袁连生. 中国教育财政体制的特征与评价[J]. 北京师范大学学报. 2011(5).

5. 王善迈,曹夕多. 重构我国公共财政体制下的义务教育财政体制[J]. 北京大学教育评论. 2005(4).

第十四章 教育产权

【案例导入】

如何看待转制学校?

20 世纪 90 年代中期之后,为了缓解教育经费不足难题,减轻政府财政负担,快速扩大教育资源,中小学出现了一批"民办公助""公办民助""国有民办"的"转制学校"。主要是重点名牌中小学举办"民办学校",许多重点中学的初中部变为高收费的"改制学校",如 2005 年 5 月 14 日,CCTV《焦点访谈》曝光的南通市重点学校"名校办民校"问题。这些由国家公办学校投资、出人、出地方、出工资、出牌子举办的初中"民办学校",实际是没有进行任何改制的"翻牌学校"。南通中学和南通一中向每个学生收取 1.8 万元,南通中学一年招生 1 200 人,就有 2 000 万元左右的收入。

如何看待这种现象的存在? 有人认为"转制学校"将大量教育质量较好的公立初中和小学,转变为高收费的学校,从而实际地剥夺了人民群众享受低收费教育的机会,影响了教育公平性。有人认为,转制学校打破了公立教育的垄断、增加了"市场选择",扩大了教育机会。转制学校的问题既涉及公立学校的产权问题,也涉及转制学校的产权主体界定和产权收益分割等问题。本章将从产权的角度帮助大家理解教育体制改革的实质。

【教师导读】

产权研究是教育经济学研究的前沿问题。本章以产权理论为基础具体分析了教育产权问题。包括三节,第一节介绍了产权的含义、类型、特点、结构与功能,产权的界定和保护等知识;第二节分析了教育产权的概念、内容与研究意义;第三节探讨了目前我国教育产权的主要问题及如何改革创新教育体制的思路。

【学习目标】

1. 理解产权的内涵与特征;
2. 识记产权的基本类型;
3. 简单分析产权的结构与功能、产权界定与保护的价值;
4. 理解教育产权的含义、结构与类型;
5. 识记教育产权研究的意义;
6. 简单分析我国教育产权存在的主要问题;

7. 综合分析教育产权与教育体制改革。

【课时分配】

4 课时

教育领域是否存在着产权分析、产权制度安排的社会价值？产权制度与教育体制之间存在着什么关系？我国教育产权制度的问题是什么？其应对的变革策略又应该如何设计？本章将西方的产权理论和中国的教育实际结合起来进行教育产权分析，对深化我国教育行政管理体制、办学体制、学校组织内部管理体制改革，具有十分重要的咨询、参考和应用价值。

第一节 产权理论概述

新制度经济学主要包括四个基本理论：产权理论；交易费用（成本）理论，也称社会成本、制度成本理论；委托—代理理论；契约理论。四个理论相互联系，其中产权理论与交易费用理论是核心和基础。产权理论在新制度经济学中是一个极其复杂的范畴，从经济学角度分析简称为财产权利，包括权利和利益。产权是由一组权利束构成，主要包括所有权、占有权、支配权、使用权、处置权和收益权等。产权制度是对人类产权关系和产权行为的规则界定，是保障人类社会实现秩序、效率的基础性制度。近 20 年来，产权问题受到了经济学家的广泛关注，几乎所有国家都在自觉或不自觉地进行产权制度变革，我国经济领域的产权制度变革推动了经济体制改革和经济效率的提升。伴随着中国社会的转型，教育产权也受到广泛关注。

一、产权的含义、类型与特点

（一）产权含义

产权作为与所有权相联系的古老范畴，不同时期有许多经济学家、政治学家如亚当·斯密、马克思、科斯、阿尔钦等从不同层面或角度论及过产权问题，特别是 20 世纪 20 年代现代产权经济学（又称新制度经济学、新自由主义经济学等）成为一个相对独立的经济学分支之后，对产权的研究逐渐深入，形成了许多高水平的研究成果。

1. 马克思关于产权的基本解释①

马克思产权思想既有对资产阶级产权制度的批判，也有对社会主义产权关系的描述。马克思关于产权的思想就是他的与所有制分析相联系的所有权思想。“给资产阶级的所有权下定义不外是把资产阶级生产的全部社会关系描述一番。”②其基本观点有：(1) 产权等同于所有权；(2) 产权属于上层建筑法权性质的权利，对应于所有制而有别于所有制，是所有制的法律形态和法律范畴；(3) 产权指排他性的可交易的资本属性的权利；(4) 产权指在动态的生产关系再生产全过程中存在的权利；(5) 广义的包含一系列关于资产权利在内的

---

① 刘伟. 产权通论[M]. 北京：北京出版社，1997：8.

② 马克思，恩格斯. 马克思恩格斯选集（第 1 卷）[M]. 北京：人民出版社，1995：177.

权利束。

2. 西方学者关于产权的定义①

20 世纪 30 年代罗纳德·科斯的产权理论提出以后，逐渐引起人们对产权问题的重新关注，特别是 20 世纪 70 年代之后，这种关注越来越普遍，对产权的定义也就越来越多样化。西方制度经济学关于产权的定义主要有以下几种观点：(1) 财产所有权观。产权即为财产所有权，并进一步把财产所有权解释为包含多方面权能的权利束。(2) 财产权观。产权是一个比所有权更为宽泛，包含一切关于财产权能在内的范畴。(3) 法权观。产权是法律或国家(政府)强制性规定人对物的权利。(4) 人权观。产权不仅包括人对物的权利，而是一个更广泛的人的各类权利的综合，是一种人与人的社会关系。(5) 产权制度观。产权是一种形成人们对资产的权威的制度方式，产权不是一种静态的客体，而是一系列旨在保障人们对资产的排他性权威的规则，进而是维持资产有效运行的社会制度。(6) 工具观。产权定义应从其功能出发，而不能抽象地加以解释，或者说真正的产权只能就其某种功能具体地定义，脱离对其功能的分析抽象地定义产权缺乏解释能力。产权是一种社会工具，其重要性在于它能帮助一个人形成他与其他人进行交易的合理预期，产权包括一个人或者他人受益或受损的权利，产权的一个主要功能是引导人们实现将外部性较大的内在化的激励。

3. 马克思的产权理论与西方现代产权理论比较

马克思的产权理论与西方现代产权理论的共同点就在于都将产权的本质看成人与人之间的关系，把经济利益问题作为产权的核心问题进行研究。由于二者建立在根本不同的世界观与价值观上，二者又有根本的差别：其一，研究的目的不同。马克思产权理论研究目的在于揭露资本主义产权制度的本质，阐明它产生、发展和灭亡的规律，为社会主义公有制的建立指明道路。现代西方产权理论研究的主要目的是为维护自由的市场制度，提高其运行的效率。其二，研究方法不同。马克思产权理论主要采用辩证唯物主义与历史唯物主义的方法，而西方产权理论则主要以成本—收益分析为主要方法，辅以均衡分析法和边际替代法对产权问题进行研究。其三，产权变革的动因分析不同。马克思产权理论将生产力与生产关系、经济基础与上层建筑之间的矛盾看成制度变迁的根本动因，西方产权理论则将效率作为产权制度变迁的动因。

4. 产权的基本特征

首先，产权是一种权利，而且是一种排他性的权利。其次，产权是规定人们相互行为关系的一种规则，并且是社会基础性的规则。第三，产权是一种权利束，它可以分解为多种权利并统一呈现一种结构状态。第四、产权具有可分割性和可转让性。对于一片林场的所有者，有些人可以通过付费获得进去休闲的权利(使用权)，另一些人可以通过支付土地、资金获得植树(用益权)或狩猎的权利。所有权可以通过出售或捐赠等方式实现转移。

(二) 产权类型

西方学者按照产权是否“完整”，将产权分为私有、共有和国有三类。所谓完整，是指产权所有者必须同时具有排他的使用权、收入的独享权、自由的转让权。②

---

① 刘伟. 产权通论[M]. 北京：北京出版社，1997：9-17.

② 吴燕. 西方产权理论综述[J]. 金融经济，2005(18)：92.

1. 私有产权

私有产权是指将资源的使用与转让以及收入的享用权界定给一个特定的人,使其享有完整的产权。私有产权关键在于对所有权利形式的决策完全是私人做出的,但并不意味着所有的权利都掌握在一个人的手里,它可以由两个或多个人拥有,同样是一种有形资产,不同的人可以拥有不同的权利。只要每个人拥有互不重合的不同权利,多个人同时对某一资源或资产行使的权利仍是私有产权。

2. 共有产权

共有产权指财产在法律上为公共所有,共同体内的每一个成员都分享这些权利,它排除了共同体外部其他主体对共同体权利的分享。如原始社会土地上耕种和狩猎的权利通常是共同拥有的。人行道的使用也是共有的。与私人产权相比,共有产权的突出特点是:共有产权在个人之间是完全不可分的,即完全重合的。因此,即使每个人都可以使用某一资源来为自己服务,但是每个人都没有权利声明这个资源是属于他的财产。不具有排他性,常常给资源带来外部效应。如清洁的空气是共有的,但结果是个人造成的污染却不对排放有害气体负责。

3. 国有产权

国有产权即产权归国家所拥有,由国家及其代理人来行使财产权利。这意味着只要国家按可接受的政治程序来决定谁可以使用或不能使用这些权利,他就能排除任何人使用这一权利。

二、产权的结构与功能

(一) 产权结构

马克思和西方学者都认为广义的产权是由终极所有权、占有权、支配权、使用权、处置权和收益权等构成的权利束,其内在结构可以有多种组合,如共有产权、国有产权、集体产权、合作产权、原始公有产权、个体私有产权、古典企业式单一私有产权、公司式复合私有产权等。①

(二) 产权功能②

产权功能是指产权在社会经济关系和经济运行中所显示出来的作用。产权的基本功能表现在以下几个方面:

1. 外部性的内部化功能

外部性最早是福利经济学的研究范畴,在现实世界中,存在着大量的外部性,这就意味着一些费用和收益不会被资源利用者所考虑,因而缺乏利用资源的动力,导致资源浪费和效率的损失。对外部性如何处理,经济学家有不同的看法,庇古主张对外部性(危害)一律实行政府干预,而科斯等产权经济学家则主张可以通过产权谈判和产权界定,使得外部性问题内部化。只有当内在化的收益大于内在化的成本时,产权的发展才有利于使外部性内部化,产权的重要功能就是在收益大于成本时,通过确立产权,将外部性内部化,使那些外部效应相关的成本和收益被有关主体考虑进去,形成它们的合理预期。例如:企业购买排污权,可

---

① 程恩富. 西方产权理论评析[M]. 北京:当代中国出版社,1997:83.

② 吴燕. 西方产权理论综述[J]. 金融经济,2005(18):93.

以弥补对河流沿岸居民的损失。

【链接阅读】

什么是外部性

外部性又称为溢出效应、外部影响、外差效应或外部效应、外部经济，指一个人或一群人的行动和决策使另一个人或一群人受损或受益的情况。经济外部性是经济主体（包括厂商或个人）的经济活动对他人和社会造成的非市场化的影响。即社会成员（包括组织和个人）从事经济活动时其成本与后果不完全由该行为人承担，分为正外部性和负外部性。正外部性是某个经济行为个体的活动使他人或社会受益，而受益者无须花费代价。如教育具有正外部性。因为完善的教育系统培育出的人才，会对社会建设做出贡献，这是对所有人都有益的。负外部性是某个经济行为个体的活动使他人或社会受损，而造成负外部性的人却没有为此承担成本。如工厂在生产中所排放的污染物就是一种负外部性。它所造成的社会成本包括政府治理污染的花费，自然资源的减少，以及污染物对人类健康造成的危害。

2. 激励和约束功能

产权实质上是一套激励和约束机制，它决定和规范人们的行为，决定人们拥有什么和不能拥有什么；可以做什么和不可以做什么。产权既包括所有者按他认为合适的方式使用财产的权利，也包括出售他的权利，当他做出正确决策时，他就会获利，反之，他就要亏损。所以，有什么样的产权安排，就有什么样的激励效果、行为方式和资源配置效率。在明晰的产权制度下，产权的界定，确定了他的利益边界，在确认和保证其可以得到什么的同时也限制了他不可能得到更多的利益。

3. 资源配置功能

产权的资源配置功能主要源于产权的排他性的使用权、让渡权和收益权三个要素。排他性意味着除非得到所有者的许可，除所有者外的任何人或组织无权使用该种资源；所有者占有资源，并对自己的行为和决策承担责任，这保证了所有者激励自己把资源配置用到使用效率最高的地方。让渡权是指将所有权再安排给其他人的权利，当所有者不善于使用资源时，可将资源转让给善于运用资源的人，从而提高资源的利用效率。而收益权则是不同权能的最终体现，获得最大的利润激励着资源的控制者合理配置资源。

4. 减少不确定性的功能

一是对于一些价值尚未被人们发现的物，人们对它的权利不确定，谁都有可能占有它、使用它，这就可能造成资源的不合理利用，通过设置产权，将其产权界定给某个主体，人们对它的权利就确定了。如公海或江河中鱼资源的过度捕捞，就是产权缺乏界定的结果。二是已经设置了产权，但不同产权主体之间权利不明确，呈现出混沌状态，通过界定不同产权主体之间的权利，使不清晰的产权界限变得清晰。

5. 收益分配功能

产权的每项职能都包含一定的收益，产权的产生就是在“经济人”为获得最大的收益而对制度进行改进过程中诞生的。但不能误以为私有产权绝对优于共有产权，因为并不是所有资源都能由私有产权得到满意的控制，如空气、水、噪声、风景、电磁发射等。

三、产权的界定与保护

(一)产权界定

产权界定是指在一定的成本约束条件下确认财产权利的行为。产权界定就其完整意义来说包括两层含义,第一层含义是财产所有权的界定,即终极归属权的界定,这包括明确规定的权利主体对权利客体——归属于自己的财产依法享有占有、支配、使用、收益、处置等权利。第二层含义是在所有权已定的前提下,对各种产权权能的界定,这包括不同权能主客体及相应的权利、职责界限的划分①。以科斯为代表的新制度经济学家认为,在存在交易费用的现实世界中,产权界定对资源配置产生影响,产权的清晰界定能够提高经济效率。

【链接阅读】

科斯定理

科斯定理是由罗纳德·科斯提出的一种观点,认为在某些条件下,经济的外部性或称非效率可以通过当事人的谈判而得到纠正,从而达到社会效益最大化。科斯本人从未将定理写成文字,而其他人根据他的两篇论文《企业的性质》《社会成本问题》及相关的一些表述,认为科斯定理是由相互联系的三个定理构成:

第一定理:假设交易费用为零,不管最初权利是怎么分配的,当事人之间的协商、谈判都会导致使财富最大化的制度安排,也就是市场机制会自动使资源配置达到最优。

第二定理:在交易费用大于零的世界里,不同的权利界定,会带来不同效率的资源配置。

第三定理:由于制度本身的设计、制定、实施与改革等也是有成本的,所以,对不同的制度,一种制度的不同设计,要不要建立相应的制度,要不要变革以及如何变革制度,同样存在着选择的必要。选择的标准就是制度成本最低化。

根据科斯定理,要解决共有资源使用的外部不经济问题,提高资源配置效益,可通过产权制度变革,达到产权归属明晰,使当事人承担他本该承担的费用。

产权界定的过程就是界定产权的交易费用和收益的比较过程,当界定产权的收益大于界定产权的交易费用时,产权就会被界定。界定产权有两种方式,一是诉诸法律,二是私下交易。但产权界定具有不完全性、相对性和渐进性。随着技术和知识的变化,资产的部分未界定的属性的价值会提高,以前被界定的属性价值也有可能因此消散,这样就会出现新一轮的产权界定。科斯认为国家在产权界定中起到重要的作用,但是国家也有追求自身租金最大化和提供有效的产权制度之间的悖论。因此,国家必须为产权运行提供公正安全的制度环境和规范,并利用宪法和法律制约利益集团,以提供利于经济增长的产权制度结构。

(二)产权的保护②

建立产权就是为了避免资源的过度自由使用。“如果不存在对于人力资本、非人力资本和自然资源的自由使用进行约束的制度,那么没有一个社会是能够生存的。自由使用减

① 屈兴锋.新制度经济学产权界定理论演进研究[D].湖南大学,2006.

② 卢现祥,朱巧玲.新制度经济学[M].北京:北京大学出版社,2007:205-209.

少了一个社会的财富,在一个资源稀缺的世界上,对于生存是有害的。"①财富的积累是经济发展的物质基础,一旦产权不能保证个人安全获取其所能创造的净收益,人们就会失去创造这些净收益的激励。人们对资产的权利不是永久不变的,它们是他们自己直接努力加以保护、他人企图夺取和政府予以保护程度的函数。在无国家的社会中(没有正式的政府机构和立法者、法官、政治家、检察官和行政官员等专门职位的原始社会),主要依靠自我强制、习惯法和价值体系阻止自由使用和有害掠夺财富的活动。而在有国家的社会中,政府对产权的保护主要是通过法庭和警察来实施。

第二节 教育产权的概念、内容与研究意义

把产权理论应用到教育领域,形成了教育产权理论。伴随着我国社会主义市场经济体制的建立,经济体制呈现了多元化格局,促进了教育体制的多元化的形成,在办学体制上出现了公立学校、私立学校、联办学校、中外合作制学校、民办学校、股份制学校、教育集团等,教育产权问题受到关注。什么是教育产权?与一般产权有何区别?这是教育产权研究的基本问题。

一、教育产权的概念

(一)教育产权的含义

教育产权是指举办教育机构拥有的财产权利,即人们围绕着教育财产所结成的权利关系。教育机构主要是指学校、幼儿园及各种培训机构等。"教育财产包括学校或其他教育机构的物质资料(硬财产),也包括教育机构在办学过程中的学校作风、教育特色以及由此形成的教学经验和教育思想,还有由整个办学(历史)过程凝聚成的良好名牌、社会效应等软教育财产。"②若从实际意义分析,教育产权主要是指学校及其他教育机构的财产权,简称学校产权或教育组织和机构的财产权利。从经济学角度分析则包括学校和教育机构财产的使用权、占有权、支配权、收益权和处置权等。

教育产权可以从以下几个方面来理解:

首先,教育产权具有一般产权所包含的全部内涵。教育产权指完整意义上的财产权利,也称广义所有权,即包括归属权、占有权、使用权、支配权等,以及伴随上述各项权能而产生的收益权。一般来说,教育产权不是指一项权利,而是指某一组权利。

其次,教育产权需要从主客体角度理解其内涵。从主体角度看,教育产权包括个人、学校、政府、企业等在投资、管理和使用教育资源中产生的财产权利。因此,教育产权包括个人教育产权、国家教育产权、学校教育产权和其他投资者教育产权。

第三,教育产权中的"教育"并不是指某项产权的主体。例如,不同于"教师权利"中的"教师"主体,或"学校产权"中的"学校"主体等。教育产权中的"教育"具有两方面含义:一是指产权的适用范围,即指教育领域内的财产权利;二是指产权的特定规则,即教育产权除了一般产权所必须遵守的规则外,还必须遵循教育领域中的特殊规则,包括教育法律法规和

---

① 艾格特森.新制度经济学[M].北京:商务印书馆 1996:254-255.

② 张铁明.教育产业论[M].广州:广东教育出版社,1997:281.

教育内外部关系规律约束。

（二）教育产权与企业产权的异同

1. 教育产权与企业产权的相同点

源于经济学的教育产权与企业产权具有相似的性质：(1) 产权形式的法律的权威性和强制性。(2) 产权结构的整体性和可分割性的统一。(3) 产权主体的责任与权利的统一。(4) 产权主体行为的自由和限制的统一。

2. 教育产权与企业产权的区别

第一，产权运营追求目标不同。企业产权界定、分解和运营所追求的价值目标是经济利润最大化；教育产权界定、分解和运营具有较强的外在性，其追求的价值目标具有多元性，除经济目标外，还有其他外溢目标，如社会效益、政治效益、文化效益等。

第二，产权重组的方式不同。公立学校进行产权重组的方式与国有企业不同。公立学校终极所有权属于国家，其产权重组方式可采用融资方式，例如学校可与其他经济组织联合、合作办学，但一般情况下不可出卖和转让。同时学校财产还具有整体不可分割性。私立学校的产权重组则一般可以借鉴企业产权重组方式。

第三，产权的稳定和持续性程度不同。学校财产的价值目标具有多样性，经营学校具有较为复杂的社会因素，它必须考虑生源、区域文化背景等，在一定意义上学校经营具有较大的风险性，加之学校效益的滞后性、迟效性、长效性等特征，很难在短期内对学校效益做出判断，所以必须保持学校产权的相对稳定性和持续性。

第四，产权结构不同。公立学校是一种非营利性组织，其财产所有权结构一般不是私人或私人合伙所有，其产权结构更多地为国家或集体所有，而企业特别是私人企业、合资企业的产权结构则更多表现为私人或混合私人所有。

（三）教育产权的特殊性

教育产权除了具有一般经济意义上产权的特性外，还具有自己的特性。

1. 产业性和公益性

学校所提供的教育服务若进入教育市场，表现出来的是产业性；学校若组成一个非营利性法人组织结构，不加入市场进行交易活动，则表现为共有或公有产权特性。

2. 强制性和排他性

教育产权具有一定的法权形式，可得到法律和契约的保护。教育产权主体若属于私人产权，则具有明显的排他性；教育产权主体若为国家或集体公有产权，则具有排斥其他人员侵占或分割的排他特性。

3. 公立与私立学校产权差异性

私立学校产权与公立学校产权有很大的不同。我国现阶段私立学校主要有两种形式，即捐资办学和投资办学，也称非营利学校和营利学校。捐资办学一般为非营利性学校，而投资办学则一般为非营利、准营利和营利学校，由于形式不同，其产权也不相同。社会捐资举办的学校，若属于非营利性质，其产权应归私立学校所有，学校财产由学校管理、支配和使用，不得转让或用于担保，任何组织和个人不得侵占它的财产。投资举办的私立学校其产权结构较为复杂，由于受私立学校不以营利为目的的约束，学校产权一直混沌不清，私立学校的产权，在办学时归举办者所有，不得分配、转让、担保和抵押。学校停办时，清算后的剩余财产除返还或折价返还举办者外，多余部分由审批机关统筹安排，主要用于发展社会力量办学事业,也就是说多余部分的财产不能归属举办者,应该说这是不合理的。我国《民办教育促进法》修订后,将民办学校分为营利性和非营利型两类。营利性民办学校产权结构将会以投资者为主体,产权关系将会明晰,将形成新的产权结构。

二、教育产权的内容

(一)教育产权的分类

产权结构就是在特定范围内产权的构成因素及其相互关系和产权主体的构成情况。①教育产权结构主要是指教育机构的产权结构,即国家和地方在学校产权权能上的分配关系。

从主体角度看,教育产权包括个人教育产权、国家教育产权、学校教育产权和其他投资者教育产权。个人教育产权可以看成是教育人力资本产权,如教师人力资本产权、校长人力资本产权、管理者人力资本产权等。教育人力资本产权是教育人力资本所有者在现有法律及其他制度规定的范围内,对其人力资本所享有的占有、使用、收益和处分的权利。国家教育产权就是国家对教育财产的最终所有权。学校教育产权,或学校产权是指学校对其财产的拥有、支配、收益等权利。

从客体角度看,教育产权包括物质资源形成的产权、财力资源形成的产权、人力资源形成的产权以及大量无形资产形成的产权等,如学校声誉就属于学校无形资产。

(二)我国教育机构的产权结构

在计划经济体制下,我国的办学体制是单一的公办学校,实行的是国家包揽办学,单一依靠国家财政投资办学,办学统一化和单一公有制模式,学校财产属于全民公有。

实行市场经济体制以来,办学体制出现了新局面,学校产权呈现了多元化格局,开始形成了以国家办学为主,社会广泛参与办学,公办学校、民办(私立)学校、联办学校、股份合作制学校等多种办学形式并存,不同的办学模式拥有不同的产权结构:

1. 公立学校产权结构

各级各类公立学校的产权为公有产权,即教育产权为全体国民所有,称为名义所有权。各级教育行政部门即政府为公有产权代理人,由国民委托其代理管理学校,而政府作为中间委托人再委托学校校长为代理人来经营管理学校,学校不直接分担教育成本,也不直接追求经济利润,实行学校所有权与管理权、经营权分离。由于我国教育行政管理实行多级行政管理体制,公立学校的产权主体主要是代表国家的各级政府和学校自身,因此,公立学校作为公有产权,是相关产权主体围绕对学校的教育投入和学校财产所形成的责权利关系。公有产权又分为多层次产权,主要包括政府间、政府与学校、学校内部三个层面。政府间产权关系反映为各级政府对学校资产的管理职责划分和教育投入职责确认上,政府与学校的产权关系反映为政府和学校对使用学校资产的管理权责划分和政府对学校产权行为的监督和管理上;学校内部的产权关系反映为学校对资产的管理权和使用权的内部重组和再分配。公立学校的办学资金来源于政府财政,办学资产归国家所有,并受政府及相应的各级教育主管部门直接管理。我国公立学校属于国有资产中非营利性的行政性资产,国有资产的"国家统一所有,政府分级管理"的产权模式和基础教育"地方负责,分权管理"体制,决定了公立学校的产权结构。公立学校所有权归国家,教育投入责任主要归地方政府。各级政府及相

① 黄少安. 产权经济学导论[M]. 济南:山东人民出版社,1995:194.

应的教育行政部门代表国家对公立学校行使经营管理权。①

2. 民办(私立)学校产权结构

私立学校与举办者的产权关系是指私立学校与举办者之间的财产关系。当前,我国私立学校办学形式多种多样,既有民办公助的转制学校,又有依托名校的独立学校;既有具有国家承认学历的民办学校,又有非学历的培训机构。私立学校产权与公立学校产权有很大不同。从私立学校与举办者产权关系的角度来看,主要有两种类型:捐资办学与投资办学,也称非营利性学校和营利学校。捐资办学主要为非营利性学校,而投资办学一般为非营利、准营利和营利学校,由于形式不同,其产权也不相同。社会捐资举办的学校若属于非营利性质,其产权应归私立学校所有,学校财产由学校管理、支配和使用,不得转让或用于担保,任何组织和个人不得侵占它的财产。投资举办的私立学校的产权应属于举办者,并享有学校财产的收益权与回报权。

3. 教育股份制学校产权结构

教育股份制学校办学体制有两种具体模式:一种为教育股份合作制学校,即以教育股份公司制形式进行办学运作的民间办学形式。此类学校全部资产由个人或团体集资入股组成;也有合作单位股份制形式的学校,学校以部分校产入股,合作单位以资金入股,产权由全体股东共同所有,全体学校股东均享有平等股权,利益共享,风险共担;还有一些股份制学校股权构成为法人基金权、创办人股、普通股,这三类股份均有同股、同值、同酬,共担风险。另一种为股份制企业集团举办的学校,股民持有该企业集团的股份,其子女具有优先入学和其他优惠待遇,其实质还不是完全意义上的教育股份制学校。例如新东方学校。

教育股份制学校借鉴了成熟的股份公司组织形式和法人代理结构,形成了教育投资股份公司和民办学校的"双法人"制的组织形式,办学产权清晰,责权分明,有利于举办者与学校的财产清晰。从教育产权角度分析,股份制学校的突出问题是教育资产增值部分的归属问题,其中,国有成分是否可以入股参加分配是一个值得深入探讨的问题。

4. 教育集团的产权结构

教育集团是相当经济化的组织,因此,其组织与管理更多地类似于经济组织。所有权与经营权分离是现代大型企业的重要特征之一,教育集团也实行所有权与经营权分离,财产权归集团,按办学需要交给学校使用;学校拥有财产的使用权,但无财产处置权。由投资者组成的董事会重点负责投资决策和经营战略,如负责事业发展规划、宣传与招生、办学经费筹措、校舍场地建设、评价和规范校长的办学质量和管理行为,督促其落实经营预算和工作计划等。学校则充分享有日常经费使用、教学改革和创新、教师考核和聘任等权利。学校管理者的精力则专注于教育,着力提升管理水平,改进教育质量,尽力提高集团的社会声誉,培植新的竞争力,扩大市场份额。

这种办学体制有两种。一种为全民所有制教育产业集团办学,教育产权属自收自支全民所有制事业单位所有。学校财产归国有,适当引入市场机制和民营机制,全部用于办学所需,学校拥有高度办学自主权。其突出特征是减轻了国家财政对教育的投资,调动社会力量办学的积极性。一种是为私人所有制教育集团办学,教育产权归私人或团体投资者所有,其办学模式为"非国有非国投民营"。这种办学体制将会加速发展,对办学体制的改革与创新

---

① 张娜. 论公立学校产权的主要问题[J]. 现代教育论丛,2010(11):27.

起到推动作用。

三、教育产权研究的意义

（一）产权分析是教育研究的一种新方法

随着教育实践的发展，传统经济学无法解释教育改革和发展中的新问题，如教育人力资本是否有学校利润的索取权和分配权，多个投资者如何承担教育的风险和分配教育的收益等。这就迫切需要教育经济学研究方法的创新。产生于20世纪的产权理论，对教育实践具有较强的解释力，无疑应成为教育经济学理论体系创新与发展的一个重要理论源泉。当然，产权理论主要是基于企业活动的分析生成的，当将其作为教育领域产权问题分析的工具时，也存在着相容性问题。因此，如何运用产权理论，需要在系统分析学校教育和企业活动的基础上，具体分析企业产权和学校产权，科学阐释产权理论应用于教育产权研究的边界问题。

（二）改革产权是教育制度创新的突破口

产权制度是关于产权界定、运营、保护等的体制安排和法律规定的总称。其主要特征是：(1) 归属清晰，即各类财产权的具体所有者明确并为相关法律法规所认定；(2) 权责明确，即产权具体实现过程中各相关主体权利到位、责任落实；(3) 保护严格，即保护产权的法律制度系统、完备，各种性质、各种形式的产权一律受到法律的严格保护；(4) 流转顺畅，即各类产权以谋求利益最大化为目的，依法在市场上自由流动、有效运营。我国在计划经济转向市场经济过程中，教育体制改革突出的问题就是缺乏有效的教育产权制度，“因教育产权问题而生成的各种矛盾和问题越来越多，并可能成为我国教育体制改革的一个主要制约瓶颈”。“教育的低效率，主要由于教育的权利与责任安排不合理，也可谓是产权与职能的错位。”①因此，教育改革的关键是必须深化教育产权制度改革，进行教育产权制度创新。

目前，学者们着力研究的是如何明确界定教育产权；切实保护教育产权；在教育产业中确立产权规则。学术界基本认同：在产权主体地位明确的前提下，在学校之间、学校与政府之间、学校内部之间以及学校与其他产权主体之间的交易过程中，进一步明晰交易双方的权利与责任。理顺教育产权关系，实现教育产权制度变革，是确立教育发展新机制，提高教育效率的必要前提条件。②

2010年，中共中央、国务院颁布实施《国家中长期教育改革和发展规划纲要（2010—2020年）》，对民办教育改革发展提出新要求，明确了积极探索非营利性和营利性民办学校分类管理的新任务。《中华人民共和国民办教育促进法》也对民办学校产权做出了规定。

【链接阅读】

《中华人民共和国民办教育促进法》中有关产权的条目

为了落实《国家中长期教育改革和发展规划纲要（2010—2020年）》要求，从法律层面破解民办教育发展面临的法人属性、产权归属、扶持政策、平等地位等方面的突出矛盾和关键问题，进一步鼓励社会力量兴办教育，促进民办教育健康发展，2017年9月1日起施行的《民办教育促进法》，有关产权方面的条目有：

---

① 范先佐. 教育的低效率与教育产权分析[J]. 华中师范大学学报（人文社会科学版），2002(3)：6-10.

② 范先佐. 教育的低效率与教育产权分析[J]. 华中师范大学学报（人文社会科学版），2002(3)：6-10.

第五条　民办学校与公办学校具有同等的法律地位，国家保障民办学校的办学自主权。国家保障民办学校举办者、校长、教职工和受教育者的合法权益。

第十九条　民办学校的举办者可以自主选择设立非营利性或者营利性民办学校。但是，不得设立实施义务教育的营利性民办学校。非营利性民办学校的举办者不得取得办学收益，学校的办学结余全部用于办学。营利性民办学校的举办者可以取得办学收益，学校的办学结余依照公司法等有关法律、行政法规的规定处理。

第三十六条　民办学校对举办者投入民办学校的资产、国有资产、受赠的财产以及办学积累，享有法人财产权。

第三十七条　民办学校存续期间，所有资产由民办学校依法管理和使用，任何组织和个人不得侵占。

任何组织和个人都不得违反法律、法规向民办教育机构收取任何费用。

第三节　教育产权与教育改革

加强教育产权研究，尤其是对教育民营化的产权分析，加强基于产权制度的教育管理体制改革、办学体制改革和学校内部管理制度的创新对策研究，对深化我国教育综合改革具有十分重要的意义。

一、目前我国教育产权的主要问题

从总体上看，我国教育产权问题可以分为对教育产权的价值认识问题、教育产权界定的科学性问题、教育产权制度落实及其效率问题。应该说，随着市场经济理念的深入，我国教育产权的意识更加明确，但还是有不少人将产权看成是企业固有的东西，不太接受教育产权这一概念，或者只讲私立学校的产权，不讲公立学校的产权。产权界定不清问题是目前的主要问题，不仅公立学校的产权一直比较模糊，而且民办学校的产权也不够清晰，混合私有制学校的产权更是缺乏界定。产权主体之间产权关系不明晰，意味着谁的权利都没有限度、没有边界，但谁都不能确保自己的产权，也就是等于事实上的“没有产权”。由于教育产权界定不够清晰，教育产权的制度效率必然不高。在教育产权重组和分解的过程中，部分国有教育资产被非法投入“国有民办”或“公办民校”等国有民办或民有民办学校中，造成国有资产流失和转移。教育产权制度缺失是教育低效的深层次原因。因为教育产权与责任、职权的模糊，教育活动缺乏有效的约束和规范，教育部门普遍缺乏动力机制和激励机制。教育产权问题是具体的，不同的办学体制有不同的产权问题，目前，我国教育产权的主要问题有以下几个方面：

（一）公立学校产权问题

当前公立学校产权的主要问题是产权界定模糊和对产权主体行为缺乏有效监督机制①。产权界定模糊使产权主体权责不明。主要反映在政府和学校间的产权划分上，多数地方缺乏针对公立学校产权方面的明确配套法规，多以地方行政政策的形式对政府之间的教育产权、政府与学校的产权关系进行规定。这种行政管理式的界定，使上下级政府部门之

① 张娜．论公立学校产权的主要问题［J］．现代教育论丛，2010(11)：27-30.

间、教育行政部门与学校的产权关系转化为管理与被管理的行政关系。缺乏有效监督机制，使产权主体行为失控，影响产权的激励和约束功能有效发挥，进而降低教育资源利用效率。

目前，由于公立高校产权结构比较复杂，其问题更加突出，主要表现在：(1) 产权主体单一，产权依附于行政管理权，造成产权主体行政化、产权行为行政化、资产运营方式行政化、产权客体的行政化①；(2) 产权权能缺失，造成产权激励不足与约束无力同时存在；(3) 产权结构残缺，如高校人力资本产权界限模糊②，剩余控制权和剩余索取权虚位现象③；(4) 产权资源配置效率不高，如资产闲置、浪费，导致办学普遍缺乏缺乏活力，教育效率低下，教育成本虚高，甚至教育寻租现象大量产生。

(二) 民办学校产权问题

2017 年 9 月开始实施的《民办教育促进法》对民办民营学校的产权问题有较为明确的规定，"民办学校对举办者投入民办学校的产权、国有资产、受赠的财产以及办学积累，享有法人财产权"；"民办学校续存期间，所有资产由民办学校依法管理和使用，任何组织和个人不得侵占"。但是，我国现行的《教育法》第二十五条第三款规定：任何组织和个人不得以营利为目的举办学校及其他教育机构。《高等教育法》第二十四条也做了类似的规定。因此，要拒绝民办教育的营利性，坚持和保障民办学校的非营利性。虽然《民办教育促进法》中提到"营利性民办学校的举办者可以取得办学收益，学校的办学结余依照公司法等有关法律、行政法规的规定处理"的规定，但是受上位法《教育法》的限制，《民办教育促进法》不能有与其相违背的条款，有关营利的条款不太明确，也就无法明确提及民办教育产权的保护问题。尽管《民办教育促进法》修改后，营利性民办学校的产权更加明晰起来，但由于教育的特殊性，民办教育的产权界定和保护还缺乏有效的制度安排。

(三) 独立学院产权问题

独立学院专指"由普通本科高校按新机制、新模式举办的本科层次的二级学院"，一些普通本科高校按公办机制和模式建立的二级学院、分校或其他类似的二级办学机构不属此范畴。④ 其中，新机制指的是独立学院采用的办学机制是民办机制，其经费来源主要是依靠社会力量承担或以民办机制共同筹措，而不靠政府投入，收费也是按照国家有关民办高校招生收费政策制定。独立学院的办学和管理上与校本部是相对独立的，具有独立的法人资格、独立颁发证书、独立的校园和独立的财务核算。独立学院的类型有：政校合作型、校企合作型、政校企合作型、兼并改制型。⑤ 在独立学院发展进入规范发展阶段后，独立学院的产权归属问题成为各方关注的焦点。

1. 产权结构不清晰

独立学院的产权结构复杂，公办和民办兼备，独立学院的产权主体是多元化的，至少有包括公立高等学校在内的两个或两个以上的主体，各主体围绕共同的办学目标存在相互合作以及互相监督和约束。母体高校对其投入应该具有所有权和增值的部分收益权，独立学

---

① 徐警武. 我国公立高校的组织效率损失与产权失灵析论[J]. 教育发展研究. 2007(2)：40.

② 徐文. 我国现行教育产权制度的弊端与对策[J]. 教育与经济. 2005(3)：20.

③ 陈志勇，陈姗姗. 我国公立高校产权残缺的分析与对策[J]. 华中师范大学学报，2006(5)：22.

④ 教育部. 关于规范并加强普通高校以新的机制和模式试办独立学院管理的若干意见[J]. 中国现代教育装备，2003(3).

⑤ 金彦龙，李福学，牛似虎. 独立学院管理模式与运行机制[M]. 北京：知识产权出版社，2008：5.

院举办者有创建学校时的前期投入的所有权、对投入资源增值部分的收益权、对学校运行过程中的经营权与经营责任。独立学院停办或解散后，举办者可以得到投入学校的资产。但是产权主体事实上是不明晰的。从法律上讲，独立学院的资产在法律上归学校所有，但学校的实际运行过程中产权是不明晰的，一是投资方对独立学院的投资数额等，未明确其权利和义务关系，不享有所有权；二是独立学院投资方对已经出资的财产及增值部分不享有法人财产所有权而造成独立学院缺乏活力丧失约束力。

2. 独立学院与母体学校的无形资产产权收益分割问题

独立学院发展的起点是依托办学质量高、办学条件好的普通本科高校与社会力量。母体高校对独立学院投入包括人力资源、无形资产等。无形资产是母体高校经过几十年甚至上百年形成的，其产权应界定为母体高校。但目前名校的无形资产产权不太明晰，收益的分割成为实践中的焦点和难点，如母体高校从独立学院获得回报如何界定，独立学院在运作过程中对母体高校无形资产造成的不良影响如何处理等。由于独立学院与母体公办院校的产权界定不明晰，已经开始影响社会资金向独立学院的引进，独立学院基础设施建设资金的投入，也影响了独立学院的生存和发展。

（四）集团化办学的产权问题

集团化办学是指以提升教育质量为目标、以资源共享为手段、由两个以上学校的合作、以名校带动一般学校的运营模式。集团内的学校与学校之间、学校与其他相关机构之间以各种各样的合约为纽带，实现战略联盟或资源重组。目前集团化办学已成为行政推进教育均衡发展的一种重要手段，无论在职业教育领域，还是基础教育领域、高等教育领域，都出现了集团化办学的趋势。从实践看，短期内，盘活了教育的存量，实现集团内各主体的资源共享、优势互补，发挥了名校的引领作用。但由于产权不清晰，难以根本改变教育资源不均衡的实质问题，“仍属于在学校外部做手术”。其产权问题表现在：首先，现有教育集团在产权性质方面基本不具有完全独立法人地位，政府往往充当了主要的角色，国家作为国有资产所有者，与教育集团之间的产权关系和国家作为社会经济管理者，对它们的管理关系不清；其次，集团内各主体责权利不对等，政府的国有资产产权、社会投资的收益权、集团内部学校经营的决策权等没有清晰界定，教育集团内部学校之间的产权不清，发展过多依靠政策和名校，对学校缺乏持续的产权激励，活力不足。

二、教育产权与教育体制创新

教育创新首要的是教育理论创新，关键是教育制度创新，即教育体系与教育体制创新。而要实现教育体制创新与改革，从根本上讲必须运用新制度经济学的理论，特别是产权理论。因为教育产权是教育体制改革与创新的基础，或根本所在，因为只有教育产权明晰、清楚，才能使教育体制发生根本性变革与创新。下面运用新制度经济学的产权理论，从教育产权与教育体制创新角度分析研究我国教育体制改革与创新的理论基础、实践及模式。

（一）教育产权与教育体制创新理论

关于教育产权问题，目前摆在我们面前还有两个经常遇到的理论问题。首先是关于部分公立学校教育产权要不要私有化的问题。我国公立学校仍然产权模糊，资源利用长期没有有限责任制度，存在教育资源浪费和利用效益低的现象。制度决定效率，若将部分办得不好的公立学校的教育资源逐步产权私有化，将会大大提高教育资源利用效率，推动教育事业更好地发展。

关于教育作为公共产品的私人投资问题。我们知道，社会公共物品生产主要是由政府通过税收支付的，市场机制相对不灵，虽然这有利于社会发展，但同时会出现以下两个问题：第一，这种公共产品富人可能享受得多些，获利多些；第二，政府提供公共物品经常会出现低效率。因此有人提出，有些公共部门可转由私人投资与管理为主，产权归私人所有，但不改变其公共产品的性质。由于教育具有公共产品的性质，同样也存在着长期低效率的问题，若它们由私人投资，既使教育产权明晰了，又没有使其公共性质发生变化，就有可能解决办学低效率问题。

制度或体制是指协调和维护人与人利益关系的一种行为规则。体制改革与创新，其实质是改变人们之间的利益分配关系。教育体制的改革与创新是通过改变教育资源配置的方式去影响教育体制。教育创新关键是教育制度创新。教育制度创新从宏观层面上讲，主要包括两方面的内容，一是教育体系创新，二是教育体制创新。教育体系在创新中，使我国将逐步形成新的教育体系，即现代化的国民教育体系，其构成除学历教育体系外，还将形成终身教育体系、网络信息教育体系、培训体系、继续教育体系等。而教育体制创新，其目标为：构建与社会主义市场经济体制和教育内在规律相适应，不同类型教育相互沟通、相互衔接的教育体制①。其核心主要包括教育行政管理体制改革、办学体制改革和学校组织内部管理体制改革。具体涉及的内容主要有教育资源配置问题，教育主管部门职能和管理模式问题，教育结构和学校自主办学的能力问题等。教育体制改革与创新决定办学效率和整个教育事业的发展。目前，我国教育体制有许多不合理的地方，阻碍了教育的发展。我国教育改革的深化与发展，会遇到种种困难，但关键是要排除教育体制上的障碍，推进教育体制的创新与改革。

产权理论对教育体制的改革与创新具有多层次、多方面的影响，包括对教育行政管理体制、办学体制和学校组织内部管理体制均具有直接的影响与作用。

（二）教育产权与教育行政管理体制改革和创新

我国教育行政管理主体是各级教育行政部门，各级各类公立学校的产权为公有产权，即教育产权为全体国民所有，称为名义所有权。各级教育行政部门即政府为公有产权代理人，由国民委托其代理管理学校，而政府作为中间委托人再委托学校校长为代理人来具体经营管理学校，学校不直接分担教育成本，也不直接追求经济利润，实行学校所有权与管理权、经营权分离。由于我国教育行政管理实行多级行政管理体制，因此，公立学校作为公有产权，就存在着分级责权利问题，即公有产权又分为多层次产权，主要是中央与地方之分。在改革开放和市场经济体制建立的大背景下，我国教育行政管理体制也在不断改革与创新。这里着重从教育财产体制管理上，仅对义务教育、职业技术教育和高等教育体制改革问题加以具体论述。

1. 关于义务教育的行政管理体制改革

从教育产权上讲，我国义务教育，即中小学学校财产属于国家资产，国有资产归全体人民所有，这是法律意义的规定，但实际运作上学校资产是分工分级管理的。在改革与创新实践过程中，我国曾实行过“人民教育人民办、办好教育为人民”的管理体制，后来又

① 邓晓春. 新世纪高等教育体制和机制创新论[J]. 辽宁教育研究，2002(8)：24-28.

改为“分级办学、分级管理”“三级办学、两级管理”的管理体制，现又改为“分级办学、分级管理、地方负责、以县为主”的新管理体制。从产权制度上分析，我国义务教育行政管理体制在不断改革与创新，特别是新的管理体制，比以前有了很大的发展。其突出表现为建立了以县为主的教育投资保障机制，包括教师工资由县统筹；保障必要的教育公用经费，保证学校正常运转；保障校舍维修，使学生有安全感。还表现为人事管理权上移，县级政府具有校长任命权、教师聘任权和晋升职务权等①。这一管理体制如果投入不足，制度安排不好，没有好的外部制度环境，各级教育行政部门责权利分配不合理，仍然会出现学校财产利用效率不高，办学效率低，义务教育发展受到制约的问题。因此，义务教育行政管理体制，特别是财产管理体制，仍需要不断改革与创新。我们建议可以提“以县为主”，但应加大中央政府财政与省市级政府财政责任。特别应该强调义务教育行政管理的均衡性，落实中央和省市政府财政对地方，特别是贫困地区转移支付制度。要明确义务教育三级行政管理体制中教育产权各自的有限责任制度，使义务教育行政管理体制逐步实现教育产权国家主体多极化的管理体制。

2. 关于职业技术教育行政管理体制改革

从教育产权上，分析职业技术教育较为复杂，就公立职业技术学校来说，其学校财产属于国家资产，归国民所有，包括国家所有、行业系统所有、国有企业单位所有以及集体所有等。因此，其资产在运作上也存在着分工分级管理的问题。由于职业技术教育与产业、企业以及劳动就业制度有着天然性关系，其职业化、社会化程度高，所以其行政管理体制的改革与创新，应该分两步走。第一步，即目前实行的“在国务院领导下，分级管理、地方为主、政府统筹、社会参与”的管理体制。第二步则需要进一步改革与创新，逐步取消政府统筹，加大市场机制的职能，将职业技术教育推向市场，实行市场管理体制，引入市场机制，建立董事会领导的校长负责制制度，使职业技术教育逐步实现以私有产权为主的多元化管理体制。

3. 关于高等教育行政管理体制改革

从教育产权角度分析，公立高等教育行政管理体制的改革与创新的核心，是处理好政府、学校、社会和市场的关系，特别是政府与学校的关系，即政府要转变职能，让高校自主发展。高等教育要面向社会，面向市场，发挥政府宏观调控与市场机制的共同协调作用。我国高等教育行政管理体制改革在不断深化，逐步形成了“中央和省两级管理、分工负责、以省为主，条块有机结合”的管理体制。接着要进一步将部分过去由中央政府管理的学校交给地方政府管理，或者是中央与地方共建共管，以地方管理为主；将过去中央业务管理部门或行业系统办的学校，进行大的调整，这些部门和行业不再办学和管理学校，交教育部或地方政府管理。未来学校行政管理体制改革的趋势，应该运用教育产权理论进一步创新，逐步实现学校与政府脱离，使学校成为办学法人实体，拥有教育产权，学校自主办学，或者运用委托—代理制度办学，政府只是对学校起宏观政策指导与监督作用。

（三）教育产权与办学体制改革和创新

从学校财产归属性质和教育投资体制方面分析，教育产权与办学体制有着更为直接的关系。在计划经济体制下，我国的办学体制是单一的公办学校，实行的是国家包揽办学，单

① 张德祥. 以“5.31”讲话为指针，开创辽宁教育发展新局面[J]. 辽宁教育研究，2002(9)：4-10.

一依靠国家财政投资办学,即办学统一化和单一化公有制模式,学校财产均属于全民公有。我国实行市场经济体制以来,办学体制出现新的局面,学校产权呈现了多元化格局,开始形成了国家办学为主,社会广泛参与办学,公办学校与私立学校、民办学校、联办学校、股份合作制学校等多种办学形式,呈现出了由于教育投资体制多元化而形成的教育产权结构多元化,从而带动了办学主体多元化和办学形式多样化①。随着办学主体多元化和办学形式多样化的发展,教育产权问题显得越来越重要,并得到越来越多的重视。

如营利性民办学校产权明晰后,学校可按企业方式来管理与经营,投资者拥有学校财产的所有权和收益权。学校的法人代表是投资者,学校在经营期间的营利,投资者可以获取合理的回报。按照谁投资、谁拥有、谁受益的原则,民办学校的产权应属举办者,并享有学校财产的收益权与回报权。

再如股份制学校的突出问题是教育资产增值部分的归属问题,其中,国有成分是否可以入股参加分配。对此有两种不同观点:一种认为学校资产增值部分归举办者所有,举办者有权决定它的分配;另一种观点认为应归学校所有,作为学校发展的基金。我们认为若允许学校营利,增值部分应归举办者、投资者所有。关于国有成分问题,应引起重视,不应忽略不管,因为举办民办学校,国家直接或间接的均给予了投入,例如国家对民办学校的土地划拨、税收减免、贴息贷款、减免建设配套费、教育收费特殊政策,以及开放教师资源和教师劳保待遇一视同仁等政策。因此,国有成分在股份制学校如何分配可采用多种形式,如设立国有股、教育统筹款提成、国有股累积控股等。

目前"中外合资"办学和公私混合制办学形式越来越多,如何确定产权结构,需要实践创新。

(四)教育产权与学校组织内部管理体制改革和创新

教育体制改革与创新微观层面的问题,即学校组织内部管理体制改革与创新问题,是整个教育体制改革与创新的基础,更应该引起重视。

从教育产权角度讲学校组织内部体制的改革与创新,其核心是学校组织内部如何处理好学校与教师、学生之间的利益关系,如何建立教师人力资本产权制度。其中主要会涉及竞争制度、激励制度、约束制度和报酬制度等。例如:实行校长负责制,逐步将学校的所有权与管理权、经营权分离;实行教师聘用制,将人才市场的竞争机制引入学校,按照市场公平竞争法则实行教师聘任制度;运用激励机制,逐步建立绩效工资制度;在招生、毕业分配方面实行淘汰制度等。所有这些都是建立在学校、教师、学生各自权力基础上的内部交易活动,也会涉及学校与教师、学校与学生之间的契约关系。在制度经济学理论指导下,学校内部管理体制会逐步减少行政管理色彩,凸显出科学管理的新体制。

本章小结

产权,也称为财产权利,包括权利和利益,它由所有权、占有权、支配权、使用权、处置权和收益权等一组权利束构成。产权制度是对人类产权关系和产权行为的规则界定,是保障人类社会实现秩序、效率的基础性制度。教育产权是指举办教育机构而拥有的财产权利,即

① 邓晓春.新世纪高等教育体制和机制创新论[J].辽宁教育研究,2002(8):24-28.

人们围绕着教育财产所结成的权利关系,包括学校和教育机构财产的使用权、占有权、支配权、收益权和处置权等。教育产权除具有产权的一般特点外,还具有特殊性。教育产权从主体角度分为个人教育产权、国家教育产权、学校教育产权和其他投资者教育产权;从办学形式或模式角度分为公立学校产权、私立学校产权、混合学校产权、集团教育产权等:加强教育产权研究对深化教育行政管理体制、办学体制和学校组织内部管理体制的改革与创新,深化我国教育综合改革具有十分重要的意义。

关键概念及术语

产权　产权类型　产权结构　产权功能　产权界定　产权保护　教育产权　教育产权结构　公立学校产权　私立学校产权　民办学校产权

引导性思考题

1. 为什么要界定产权?
2. 教育产权有何特殊性?
3. 公立学校产权和私立学校产权有何区别?
4. 怎样理解改革产权是教育制度创新的突破口?
5. 如何看待公立学校的产权问题?
6. 我国民办学校产权存在的主要问题有哪些?
7. 分析我国教育产权存在的主要问题及其解决对策?
8. 如何理解教师人力资本产权?
9. 目前制约我国教育产权改革的原因有哪些?

文献选读

1. 科斯,阿尔钦,诺斯. 财产权利与制度变迁[M]. 上海:上海三联书店. 1994.
2. 高金岭. 教育产权制度研究:基于新制度经济学的分析框架[M]. 桂林:广西师范大学出版社,2004.
3. 宁本涛. 中国民办教育产权研究[M]. 济南:齐鲁书社,2003.
4. 杨克瑞. 教育制度经济学引论[M]. 北京:中国言实出版社,2008.

第十五章 教师劳动与报酬

【案例导入】

好教师的作用

2014年9月9日,习近平在同北京师范大学师生代表座谈时指出:“邓小平同志曾经指出:‘一个学校能不能为社会主义建设培养合格的人才,培养德智体全面发展、有社会主义觉悟的有文化的劳动者,关键在教师。’教师重要,就在于教师的工作是塑造灵魂、塑造生命、塑造人的工作。一个人遇到好老师是人生的幸运,一个学校拥有好老师是学校的光荣,一个民族源源不断涌现出一批又一批好老师则是民族的希望。国家繁荣、民族振兴、教育发展,需要我们大力培养造就一支师德高尚、业务精湛、结构合理、充满活力的高素质专业化教师队伍,需要涌现一大批好老师。”“百年大计,教育为本。教育大计,教师为本。努力培养造就一大批一流教师,不断提高教师队伍整体素质,是当前和今后一段时间我国教育事业发展的紧迫任务。”

振兴民族的希望在教育,振兴教育的希望在教师。如何吸引优秀人才报考师范院校?教育部门如何留住优秀教师?如何有效提高教师素质?如何激励教师真正发挥立德树人、教书育人的作用?经济学视角将给我们许多新的启发。

【教师导读】

本章主要阐述教师劳动特点、教师劳动组织管理、教师劳动效率和教师劳动报酬等问题。

【学习目标】

1. 理解教师劳动的特点;
2. 掌握教师资格证书制度、教师专业标准和教师工作量的规定;
3. 了解教师工资制度的变迁和确定教师劳动报酬的基本原则。

【课时分配】

6课时

教师是教育过程的组织者与实施者。在教育过程中,教师居于主导地位,起着决定性的作用。建设一支具有良好政治业务素质、结构合理、相对稳定的教师队伍，是教育改革和发展的根本大计。要提高教育投资的利用效率，必须合理配置教师资源，必须充分发挥教师的积极性、主动性和创造性。为此，必须明确教师劳动的特点，科学管理、合理组织教师劳动，提高教师的社会地位和物质待遇。

第一节　教师劳动与管理

一、教师劳动特点

教师的劳动与其他行业的劳动相比，具有其自身的特点。正确认识教师劳动的特点是合理组织管理教师劳动、提高教师劳动效率的前提。

（一）独立性和自主性

学校教育是有计划、有目的、有组织、有系统地培养和影响学生的过程。教师在这一劳动过程中，主要是向学生传授知识，发展学生的能力，塑造学生的品格。教师劳动的目的是为了培养和造就有理想、有道德、有文化、有纪律的社会主义公民。教师劳动的对象是人，是学生。教师必须进行独立的艰苦劳动，才有可能对学生进行思想品德、科学知识和劳动技能等方面的教育，使学生得到全面发展。教师钻研教学大纲和教材，编写并修改教案，讲课和辅导，组织实验或实习，批改作业等，都是以个体为主的独立劳动。尽管要把学生培养成才，不是一个教师单独的作用，需要各学科教师互相配合，共同努力。但是，各学科教师并不是在同一时间、同一地点、同一对象共同劳动。至于教师集体备课、观摩教学、经验交流等集体活动，也必须以教师个人严肃认真的独立钻研为基础，否则，这些集体活动不可能收到好的效果，甚至会流于形式。由此可见，虽然教师劳动的成果具有集体性，但是就其劳动形式来说，是以个体为主的劳动，具有独立性和自主性的特点。

教师劳动的这一特点，要求教师必须具有较高的政治思想素质和科学文化素质，必须具有高度的劳动自觉性和事业心，否则，就不可能很好完成各个环节的教育教学工作，也不可能全面提高教育质量。教师劳动的这一特点，也要求学校管理者，在对教师的管理工作中，要注重提高教师的素质，注重调动教师的主观能动性，而不能简单地运用管、卡、压等手段。

（二）复杂性和创造性

1. 教师劳动的复杂性

教师的劳动是一种脑力劳动，教师的职责既要教书又要育人。教师的劳动成果集中体现在学生的成长发展过程中，体现在学生身上。培养人、塑造人的劳动是一种复杂而艰巨的脑力劳动。这主要体现在教师劳动的对象、教师自身素质以及教师所负担的任务上。

（1）教师的劳动对象的复杂性。从教师劳动的对象上讲，教师劳动的对象不是一般的劳动对象，而是活生生的人，是具有主动性、生动活泼发展的学生。在教师劳动中，不仅有教师的能动因素介入，而且还有学生的能动因素介入，教育过程如果不与学生的主观能动性发生任何联系，它就不能实现。这一特点决定了教师在促使学生发生有目的的变化时，首先要把他的目的化为其对象——学生自身目的的形式，形成学生有目的的活动。只有当教师有目的的活动与学生的有目的的活动发生规律性的联系时，教师才能在对象中实现其目的。其次,教师劳动对象又是发展变化中的学生,学生在其自身活动中又是不断发生变化的,学生的身心在不同时期有着不同的年龄特征和个性差异。再次,教师劳动的对象——学生,其成长过程还受到家庭、学校、社会等多方面环境的影响。作为教育的主体,学生的活动范围也总是超出教师影响所及的范围。因此,在学生身上所发生的变化,很多都不是由教师的劳动引起的。这就会在教师劳动中,常常形成许多变化着的,不可控制的因素。教师需要涉及这些因素并在自己的劳动中注意动态的调节。教师在工作中需要精心观察了解,周密调查研究,多方联系配合,综合利用各方面的积极因素,努力排除不利因素,促进学生健康成长。

(2) 教育内容的综合性和方法的灵活性。从对教师自身素质要求上讲,教师的劳动也是复杂和艰巨的。人们常说,要给学生一杯水,教师自己必须要有一桶水。教师必须具有多方面的科学文化知识,经常不断地刻苦学习,给自己充电,钻研教材,掌握教学规律和教学艺术等。教师劳动的这一特点决定了教师劳动的复杂性和艰巨性。

(3) 教育任务的多样性。教师所担负的任务是多方面、多角度的。教师既要教书,又要育人;既要传授知识,又要发展学生的智力;既要关心学生的学习、思想,又要关心他们的身体健康;既要使每个学生在集体中得到全面发展,又要使每个学生的个性、才能得以充分发展。这都体现出教师劳动的复杂性和艰巨性。

(4) 教师工作时空的广延性。教师的劳动不仅表现在脑力劳动上,而且兼有一定强度的体力劳动,劳神又费力。教师既要备课、上课,还要担任班主任;既要进行课外辅导,批改作业,还要组织各种校内外教育活动,进行个别谈话、家访等。可以说,课上课下,校内校外,都是教师活动的舞台;上班下班,白天夜晚,都是教师劳动的时间。教师的工作量在心理的天平上是无限的,教师的劳动是不可能用八小时工作量去计算的。

2. 教师劳动的创造性

(1) 教师劳动的创造性表现为教育的艺术性。无论是教学过程,还是教育过程,都是一个复杂的过程,也是教师精雕细刻发挥创造性的劳动过程,需要教师具有较高的教育能力和艺术。因为教育、教学虽然有一定的规律和原则可以遵循,但是由于教育的对象是具有思想感情的、受着社会多方面影响的人,是具有个性的,正在迅速成长中的儿童、青少年,是生动活泼的一代。况且教育环境也在不断地变化着。这就决定了教师在劳动中需要有极大的创造性,教师必须从实际情况出发,因人、因事、因时、因地创造性地去进行教育教学工作。

(2) 教师劳动的创造性表现在教学过程中。在教学过程中,教师不能简单地拿着课本照本宣科,而是要把凝聚在教材中的知识、能力、思想和情感等因素转化为自己的知识、能力、思想和情感,同时根据学生的特点重新安排和处理,才能在教学过程中传授给学生。这种创造性劳动是任何教学指导书都不能解决的。

(3) 教师劳动的创造性表现在因材施教上。教师劳动的对象是千差万别的,每一个学生就是一个特殊的世界。教师既要按统一的目标培养学生,又要注意学生的个性差异,采取不同的方法,发展他们的个性和特长。教师在劳动过程中,要根据不同的对象、不同的教育内容和不同的教育条件,运用自己的知识、经验和才能,进行独立钻研和反复实践,去设计各式各样的教育、教学方案和方法,进行独立的艺术创造,掌握教育技巧,形成不同的教育、教学风格和特色。随着时代的发展,科技的进步,教材内容不断更新，学生身心素质也在发生着变化。这就决定了在具体教育、教学过程中，不可能有什么不变的常规，即所谓“教有法而无定法”。需要教师在教育教学中去创造新的教学、教育艺术。

我国伟大的人民教育家陶行知先生认为，“教师的成功是创造出值得自己崇拜的人”“是创造出值得自己崇拜的学生”。正是在这种意义上，苏联教育家加里宁称誉教师是“人类灵魂的工程师”。纵观人类历史长河，无数功昭日月、名齐天地的英雄伟人，以他们的奇才大略给后世留下了不朽的丰碑，然而，正是在这高耸的丰碑上，深深镌刻着教师创造性劳动的徽记。

教师劳动复杂性和创造性的特点，要求教育管理者既要注意不断提高教师的政治素质和业务素质。又要注意不断改善教师的工作条件和生活条件，使教师能够精力充沛地从事教育教学工作。

（三）迟效性和长效性

教师劳动是见效缓慢的劳动。教师的劳动与物质生产部门劳动者的劳动不同。例如，在使用现代化机械的部门，劳动者可以在几秒钟的时间完成一件产品。农业生产部门，劳动者的劳动也会在不到一年的时间里看到成果。而教师的劳动效果则必须经过较长的时间才能显现出来。所谓“十年树木，百年树人”，正说明培养人才的周期是相当长的。教师劳动是培养劳动后备力量和专门人才的劳动。一个人从幼儿园，进小学、中学，乃至读大学，成长为合格的劳动者或专门人才，至少需要九至十几年时间。教师劳动的实际经济效果，一般要在学生离开学校，在其工作岗位上实践才能表现出来。所以说，教师劳动具有迟效性的特点。

教师劳动是效用长久的劳动。教师劳动的成果是由教育所形成的劳动者的思想信念、科学知识和劳动技能，在劳动者的一生中都会发挥作用，并且随着其实践经验的增长将在已有的基础上进一步深化和扩展。每一个劳动者或专门人才在其离开学校后的几十年中，都是以其青少年时期从学校教师的劳动中所获得的基本知识和技能为基础，不断深化，发明创新，为社会做贡献的。因此，教师的劳动具有长效性特点。

鉴于教师劳动的这一特点，全社会切不可急功近利，只见教师劳动见效缓慢，而忽视其效用持久的社会价值，从而轻视教师劳动。必须从长远的观点出发，从经济和社会发展的战略高度来看待教师劳动的意义，树立起全社会尊师重教的良好风尚。

二、教师劳动管理

国家繁荣、民族振兴、教育发展，需要我们大力培养造就一支师德高尚、业务精湛、结构合理、充满活力的高素质专业化教师队伍，需要涌现一大批好老师。为此，我们必须建立起科学的教师管理制度。

（一）建立教师资格证书制度

教师资格是国家对专门从事教育、教学工作人员的基本要求，它规定教育从业者的专业水平、教育水平、道德水平和身体素质等基本标准。教师专业化是教育发展的世界趋势，而教师资格证书制度是推进教师专业化的重要标志。

《中华人民共和国教师法》第十条规定：“国家实行教师资格制度。中国公民凡遵守宪法和法律，热爱教育事业，具有良好的思想品德，具备本法规定的学历或者经国家教师资格考试合格，有教育教学能力，经认定合格的，可以取得教师资格。”

1995 年 12 月 12 日，国务院颁布了《教师资格条例》，对教师资格证书制度做出了具体规定。

教师资格证书制度全面实施后，只有依法取得教师资格者，方有可能被教育行政部门依法批准举办的各级各类学校和其他教育机构聘任为教师。教师资格一经取得，非依法律规定不得丧失和撤销（只有按照《中华人民共和国教师法》第十四条、《中华人民共和国教师资格条例》第十九条规定才可能）。具有教师资格的人员依照法定聘任程序被学校或者其他教育机构正式聘任后，方为教师，享有教师的权利和义务。

中小学教师资格实行 5 年一周期的定期注册，每个注册有效期内完成不少于国家规定的 360 个培训学时或省级教育行政部门规定的等量学分。

2015 年起，教师资格认证考试不再由地方组织，将首次实现全国统考；教师资格考试合格证明不再终身有效，而是只有 3 年有效期限；当老师的教师资格证也必须每 5 年一审；师范生不再毕业就能拿证，也必须参加全国统考。

教师职业证书制度是推进教师专业化的重要标志，推动了教师培养模式发生变革，促进了教师队伍的建设和发展。

（二）构建教师专业标准体系

教师专业标准是国家对幼儿园、小学和中学合格教师专业素质的基本要求，是教师实施教育教学行为的基本规范，是引领教师专业发展的基本准则，是教师培养、准入、培训、考核等工作的重要依据。

为了落实教育规划纲要，构建教师专业标准体系，建设高素质专业化教师队伍，2012 年 2 月 20 日教育部研究制定了《幼儿园教师专业标准（试行）》《小学教师专业标准（试行）》和《中学教师专业标准（试行）》，并要求各学校要将《专业标准》作为教师管理的重要依据。制定教师专业发展规划，注重教师职业理想与职业道德教育，增强教师育人的责任感与使命感；开展校本研修，促进教师专业发展；完善教师岗位职责和考核评价制度，健全中学教师绩效管理机制。中等职业学校教师参照执行。同时，要求教师要将《专业标准》作为自身专业发展的基本依据；制定自我专业发展规划，爱岗敬业，增强专业发展自觉性；大胆开展教育教学实践，不断创新；积极进行自我评价，主动参加教师培训和自主研修，逐步提升专业发展水平。

（三）确定教师工作量标准

教师工作量是指在一定的学校物质条件基础上，教师在一定时期内按一定质量标准应该完成的教育或教学工作量。规定教师工作量是组织教师劳动的重要手段，对于提高教师劳动的效率具有重大的意义和作用。

1. 规定教师工作量的意义

首先，实行教师工作量制度有利于加强教师管理。有了教师工作量的规定，教师明确了自己的任务和劳动指标，可以有计划地分配和掌握自己的时间，合理地安排自己的工作。同时，有了教师工作量的规定，就有了衡量教师工作的尺度，学校管理者可以依据这个尺度对教师的工作进行监督、检查和考核，从而提高学校管理水平。

其次，实行教师工作量制度有利于提高师资队伍的质量。由于教师工作量制度规定了教师完成任务的数量、质量和期限，因而实际上规定了教师完成一定工作的社会必要劳动时间。每个教师为了完成工作量规定的定额,必须加强教材、教法研究,改进自己的教育、教学方法。为此,教师必须不断地努力学习,提高自己的政治水平和业务水平。这样就促进了教师队伍建设,使整个教师队伍的质量不断提高。

再次,实行教师工作量制度有利于贯彻按劳分配原则,提高教师劳动的积极性、主动性和创造性。实行工作量制度,把教师的工作量与其劳动报酬挂起钩来,可以促使教师从切身的物质利益的角度去关心自己劳动的数量和质量,推动教师充分发挥自己的积极性、主动性和创造性,努力完成自己所承担的任务,从而不断提高教育教学质量。

2. 规定教师工作量的主要原则

规定教师工作量,应该遵循以下几个主要原则:

(1) 全面贯彻教育方针的原则。我们的教育方针是教育必须为社会主义现代化服务,必须同生产劳动相结合,培养德智体全面发展的建设者和接班人。我们培养的学生不仅要掌握文化科学知识,而且要掌握先进的劳动技能;不仅要有社会主义思想觉悟和高尚的道德品质,而且要有健康的体魄。因此,在规定教师工作量时,必须坚持全面贯彻教育方针的原则。从这一原则出发,除了要计算教师完成教学任务的工作时间以外,还应该计算教师采用各种形式对学生进行思想教育和道德品质教育的时间,计算各学科教师结合课程内容进行思想教育的时间,计算教师为了增强学生体质、陶冶学生情操、提高学生审美能力、培养学生劳动技能而带领学生参加各种活动的时间。

(2) 学校以教学工作为主的原则。学校的基本任务是为社会主义建设培养劳动后备力量和专门人才。教学工作是学校的中心工作。以教学为主是学校教育的基本原则。因此,规定教师工作量必须坚持以教学为主的原则,正确处理教学工作和其他各项工作的关系,把教师的教学工作量作为全部工作量的主体。

(3) 以社会必要劳动时间为依据的原则。在教育过程中,由于教育对象不同、教学条件不同、教师的水平不同,因而教师完成一定教育教学工作量所需要的个别劳动时间也不同。因此,在规定教师工作量时,绝不能以个别劳动时间为依据,而必须以社会必要劳动时间为依据。所谓教师劳动的社会必要劳动时间,是指在社会一般正常的教学条件下,采用教师平均劳动熟练程度完成某一教育或教学任务所需要的必要劳动时间。以社会必要劳动时间为依据规定教师工作量,必然产生个别劳动时间与社会必要劳动时间的矛盾。在其他一切条件相同的条件下,水平较高的教师的个别劳动时间低于社会必要劳动时间,而水平较低的教师的个别劳动时间必然高于社会必要劳动时间。在正确贯彻按劳分配原则的条件下,个别劳动时间与社会必要劳动时间之间的矛盾可以起到激励后进、鼓励先进的作用,促使教师努力学习、刻苦钻研,不断提高自己的政治水平和业务水平。

3. 中小学教师工作量

到目前为止,全国没有制定过统一的教师工作量定额。但是,由于对中小学教师编制和课程设置有具体规定,也就对中小学教师承担的教学工作量规定了一个尺度。

1984年12月27日教育部颁布的《关于中等师范学校和全日制中小学教职工编制标准的意见》规定:小学教师编制,1.7人/班(农村,1.3人/班);初中教师编制,2.5人/班,高中教师编制,2.8人/班。国办发〔2001〕74号,国务院办公厅转发中央编办、教育部、财政部《关于制定中小学教职工编制标准意见的通知》规定了新的中小学教职工编制标准(见表15-1):

表 15-1 中小学教职工编制标准

学校级别	城市	县镇	农村
高中	1 : 12.5	1 : 13	1 : 13.5
初中	1 : 13.5	1 : 16	1 : 18
小学	1 : 19	1 : 21	1 : 23

资料来源：国务院办公厅转发中央编办、教育部、财政部《关于制定中小学教职工编制标准意见的通知》。

2014 年 11 月 13 日，中央编办、教育部、财政部联合颁布了《关于统一城乡中小学教职工编制标准的通知》，根据中央关于推进城乡发展一体化和基本公共服务均等化精神，将县、镇、农村中小学教职工编制标准统一到城市标准，即高中教职工与学生比为 1 : 12.5、初中为 1 : 13.5、小学为 1 : 19。省级机构编制部门会同同级教育、财政部门按上述要求，结合本地实际情况制定具体实施办法。鼓励有条件的地方，探索将一般性教学辅助和工勤岗位不再纳入编制管理范围，并相应适当降低教职工编制核定标准。

【知识拓展】

某校教师工作量计算方法

（一）课堂教学教分值计算。教师所授第 i 班学时数，乘以所授第 i 班课时折算系数。

计算以教务科正式下达的学期教学计划及实际授课学时数为基本依据。按不同情况取值如下：

1. 与教学内容有关的

（1）教师担任不同班级同一学科，但授课内容要求及侧重等差异较大，且按不同教学大纲、计划或教材授课，并编写了不同教案（简称“两个头”），则教分值 = 1.00。

（2）教师担任同教材同进度的重复课，其教分值 = 0.9。

（3）新开课（不包括新教师所开第一门课）教分值 = 1.2。

（4）教师同时讲授两门课，教分较少的课教分值 = 1.2。

（5）在学期进行中，因教学任务需要，临时安排接（代）课时，在前两周，所接（代）课与任课若为两门课，所接（代）课的教分值 = 1.4，所接（代）课与任课若为两个头，所接（代）课的教分值 = 1.2，否则所接（代）的课，教分值 = 1.0。其余课时按正常情况计算。

（6）其余情况授课，教分值 = 1.0。

2. 与授课班级内学生人数有关的

（1）1～20 人，教分值 = 0.8

（2）21～35 人，教分值 = 0.9

（3）36～50 人，教分值 = 1.0

（4）51～65 人，教分值 = 1.1

（5）66～80 人，教分值 = 1.2

（6）81 人以上以 20 人为间隔类推。

教师所担任的授课如涉及上述多种情况，则可根据其具体情况复合计算。

（二）在校外带领并指导学生野外操作实习按每周每班 40 教分计，由参加指导实习的教师按情况分配，但每个教师最高不得超过每周 22 教分。

（三）无课教师指导校内停课实习、毕业设计、课程设计、大型作业等教分按周学时×0.6进行计算。

（四）有授课任务的教师，同时又指导校内停课实习、毕业设计、课程设计、大型作业等，按如下标准核定教分。

（1）所任课时6学时，实习教分=（1周总学时-所任课时）×0.6

（2）所任课时6学时，实习教分=（1周总学时-6-所任课时/2）×0.6

（五）除教学授课计划以外所开展指导的各项文体活动，另计工作量，其计算标准为：

（1）每领做一次早操按0.5教分计。

（2）每领做一次课间操按0.2教分计。

（3）组织开展辅导课外文体活动每小时按0.5教分计。

（4）组织筹备校运动会，根据其工作量由体育组写出报告，经教务校长审核后由校长批准发给一次性奖金，不另计教分。

（5）练习代表队参加经学校批准的校外文体比赛活动，每次实际练习时间达1小时以上的计0.6教分；如比赛取得好成绩，可按取得的名次，由基础部写报告，经教学校长审核后由校长批准发给体育组一次性奖金。

（六）教师因公出差，每周工作量按10教分计。

（七）由专业科、教研室指定并经教学校长批准的指导教师，有指导计划并予以实施，有检查考核，期满有鉴定，视其指导情况每学期计0~12教分工作量。

（八）由学校安排教师编写教材（无稿酬）及其他教学资料，按全稿（包括审定、校核）每1 000字计1教分工作量。

（九）学校统一停课考试的学科，任课教师出考卷每套（包括标准答案、评分标准）2教分，改卷（包括成绩单、成绩分析、整理上交试卷）每班2教分。

（十）教师受学校委派在校外任课，其工作量计算与校内任课相同。

（十一）教师完成其他零星工作任务，一般均不再计算工作量，非凡情况可由专业科申报，由教务科会同教学校长决定其工作量。

（十二）教师工作量由所在专业科（部）填报，教务科核定和汇总。

（十三）教师业务档案中，工作量按实际授课时数及完成的其他教学任务填写。

（十四）假如教师每月教学工作量折合教分超过50分，超过部分每1个教分的效益工资增加5元（指导校内外停课实习、毕业设计、课程设计、大型作业等不计超教分）。

（十五）见习教师在见习期内任课，在18教分/月内，不计发任课效益工资，超过18教分/月，超出部分每1教分计发10元效益工资。

资料来源：会计网，2014-08-08 17:35，教师绩效工资计算方法 http://www.kuaiji.com/news/1709741

三、教师劳动效率

教师劳动的效率是指教师和学生花费一定的劳动时间所取得的教育成果。它可以用教师和学生单位劳动时间内取得的教育成果大小来衡量，也可以用为了取得单位教育成果教师和学生所花费的劳动时间的长短来衡量。教育成果是教师和学生二者劳动的产物，由于教师在教育过程中居于主导地位，因此，在其他条件相同的情况下教师劳动效率的高低主要取决于教师的水平。一名好的教师应该通过改进教育教学方法使自己花费较少的劳动时间，同时也使他的学生花费较少的劳动时间，取得较大的教育成果。如果教师通过加重学生课业负担的办法来取得教育成果，显然并不意味着教师劳动效率的提高。

提高教师劳动的效率，主要有以下几条途径：

（一）采用现代化教学手段和设施装备学校

教师劳动总是借助于一定的教学物质条件进行的。工欲善其事，必先利其器。学校有了现代化的教学手段和设施，教师就有可能用较少的劳动时间取得较大的教育成果。投影器、闭路电视、计算机等现代化设备在教学上的应用，已经大大提高了教师劳动的效率。学校的教学实验设备更是提高教师劳动效率的必要条件。从目前我国中小学的实际情况来看，多数学校的办学条件较差，必须增加教育投入，积极改善中小学的办学条件，力争按国家规定的标准配齐教学实验设备，逐步用现代化的教学手段和设施装备学校，为提高教师劳动的效率创造必要条件。

（二）提高教师的政治业务素质

教师政治业务素质的高低，以及由此决定的教学经验丰富程度和教学方法熟练程度直接决定着教师劳动的效率。教师自身具有较好的思想品德、广博的学识和较强的业务能力，就可以用较少的劳动时间取得较大的教育成果。所谓“名师出高徒”，就是这个道理。因此，加强师资培训，提高教师的素质是当前迫切需要解决的首要问题。

（三）加强教育教学管理工作

教育过程是一个细致而又严密的分工协作过程，包括一系列相互衔接、紧密联系的程序和环节。其中任何一个环节发生失误，都会影响教育的整体效果。因此，加强学校管理，做好教育教学的组织工作，是提高教师劳动效率的必要条件。学校领导必须懂得教育规律，熟悉教学业务，建立合理的学校内部管理体制，在教育方针的指导下，把教育过程的诸要素科学地组织起来，使全体教职工各司其职而又紧密配合。只有这样，才能提高教师的劳动效率。否则，如果学校管理不善，尽管教师付出了辛勤的劳动，却有可能事倍功半，得不到应有的教育成果。

（四）改善教师的物质生活条件

教师的劳动是一种以个体为主的、复杂的、富于创造性的劳动。教师在 8 小时工作日以外，仍然具有职业的目的性。例如，教师利用业余时间备课、批改作业等。在钻研教材、备课的某些环节上，教师需要夜以继日地连续工作。教师劳动的这种特点，就使改善教师的物质生活条件成为改善教师工作条件的一个组成部分。特别在住房条件方面，应该给教师某些必要的照顾，使教师需要在家里备课或批改作业时，能够有一个基本的工作条件。如果教师居住面积过窄，连放一张书桌的地方都没有，必然降低教师劳动的效率。因此，从教师劳动的特点出发，改善教师的物质生活条件，也是提高教师劳动效率的一条重要途径。

第二节　教师劳动报酬

一、我国中小学教师工资制度的变迁

建国初期中学教师实施的是薪粮制、工分制、工资米制和工资分制等多种工资形式并存的工资制度，而工资又是以实物为基本计算单位。这种“实物工资制”具有很强的过渡性，

在特定历史条件下对稳定教师生活、恢复教育秩序确实发挥了积极作用。但是,由于灵活性太强,规范性不够,造成各地工资水平难以科学比较,实际差距较大,不利于计划经济宏观调控与管理。因此,随着全国工资改革进程不断推进,教师工资制度也经历了几次重大变革。①

(一) 1956 年教师工资制度改革

为提高劳动生产率,促进社会主义建设全面展开,在 1955 年统一实行货币工资制后,国务院决定适当提高全国职工工资水平,于 1956 年 6 月 16 日发布了《关于工资改革的决定》。据此,同年 7 月,高等教育部和教育部发出《关于 1956 年全国普通教育、师范教育事业工资改革的指示》,要求实行货币工资制,制定并下发了全国中小学教员、行政人员工资标准表。这次工资改革的主要成绩,是建立了统一的货币工资制度,逐步缩小中学教师工资的地区差异。为此,国家尽可能统筹考虑各地自然条件、实际物价和生活水平、交通以及现有工资状况,适当照顾重点发展和生活条件艰苦地区,把全国分为 11 类工资区,物价高的地区实行津贴制,改变了以往同工不同酬现象。同时,强化工资的激励机制,尽可能寻求效率性与公正性的统一。这次改革,主要以克服平均主义为突破口,强调激励作用。对教师和行政人员规定了工资差别:教员执行 10 个等级,工资标准为 37~169 元;行政人员执行 15 个等级,工资标准为 26~175. 5 元。在减少等级、增大级差的同时,使工资与职务等级挂钩,利于调动教师工作积极性。在工资标准评定上,强调职务、才能及资历等多种因素,综合评定教师工资等级。教师工资水平有所提高,缓解了脑体倒挂矛盾。经过这次改革,中学教师工资第六类地区最高为 149. 5 元,最低 42. 5 元;而机械行业工人最高 104 元,最低 33 元。这样的差距,反映出国家依照按劳取酬原则,尽可能体现知识分子的劳动价值,在一定程度上提高了脑力劳动者和体力劳动者工资分配的公平性。

1957 年以后情况开始变化,由于正常的升级制度得不到保证,原有的工资标准失去了调节体脑劳动者工资差距的作用,工资中原有的差距逐步缩小,教师工资出现相对下降的趋势。1977 年以后,开始出现了教师与体力劳动者收入倒挂的现象。虽然教师的基本工资总体上与体力劳动者不相上下,但是后者基本工资以外的奖金、津贴和浮动工资等各种收入却远远高于前者。据国家统计局统计,1978 年,全国全民所有制 12 个行业平均工资为 644 元,而教育部门公办教师和职工的平均工资为 599 元,在 12 个行业中排倒数第一。尤其是企业实行承包经营责任制或租赁经营责任制以后,职工的劳动报酬与企业的经济效益挂钩,加上企业产权虚置、预算约束疲软、税后留利的处置动机偏重于奖金和福利支出等因素的作用,大部分企业职工的收入水平大幅度提高。教师的收入与体力劳动者收入倒挂的程度日趋严重。

此后政府采取了一些措施来改善教师的工资待遇。1977 年和 1979 年两次调整部分教职工工资;1982 年全部教职工人均升一级,部分人员升了两级;1985 年改革工资制度,中小学教职工人均增资 23 元;1986 年重点给部分专业技术人员提高一级工资;1987 年给中小学教师工资标准提高 10%,教师的货币工资水平有所提高。但是,在教师增加工资的同时,工人增加的收入远比教师多,教师与体力劳动者收入倒挂、教师工资待遇偏低的问题仍然没有得到解决。

---

① 田正平,杨云兰. 建国以来中学教师工资制度的改革[J]. 教育评论,2009(4).

（二）1985 年教师工资制度改革

随着国家政治、经济体制改革的全面推进，中共中央、国务院于 1985 年 6 月下达《关于国家机关和事业单位工作人员工资制度问题的通知》，决定普通中小学从 1985 年 1 月 1 日起执行新工资制度，即以职务工资为主要内容的结构工资制。这次工资制度改革，最重要的变化是废除了等级工资制，使中学教师逐步实行由基础工资、职务工资、工龄津贴和奖励工资四部分组成的结构工资制。其具体成绩在于，首先，既强调了职务工资，使工作人员劳动报酬与其职务紧密联系，又便于发挥工资各个组成部分的不同职能作用，体现"公平效率二者兼顾"的按劳分配原则，注意克服平均主义分配方式的某些弊端。其次，中学教师工资收入有较大提高，提出并实施教龄津贴。这不仅激励了教师工作的积极性，而且对稳定教师队伍发挥了积极作用。此后，国家还多次下发相关文件提高中学教师工资待遇。如 1987 年 11 月 28 日，国务院下发了《关于提高中小学教师工资待遇的通知》；1988 年 1 月，劳动人事部、国家教委制定《提高中小学教师工资标准的实施办法》，提出从 1987 年 10 月起将中学教师现行的各级工资标准（基础工资、职务工资之和）提高 10%。也可以在不超过工资标准提高 10%的增资范围内，将增资总额的大部分用于提高工资标准，小部分用于调整中学教师内部的工资关系。

1985 年教师工资制度改革，简化统一了工资标准，为以后逐步理顺工资关系创造了有利条件，但也存在一些问题。(1) 工资增长很不均衡。中学教师工资增量，与整个社会消费基金总量的增加和全国工资水平的提高幅度相比仍然偏低，反映出工资改革还没有与劳动生产率和国民收入的提高有机联系起来。(2) 在工资设计上过分强调职务因素，在一定程度上强化了"官本位"思想。(3) 等级偏少，难以反映同一等级教师素质、能力、水平和贡献的差别。此外，由于是比照国家机关制定的，没有体现出中学教育自身特点，也没有充分考虑到教师劳动的特殊性，如教师劳动很难在较短时间内以量化的方式加以评定等。这些，都影响到职务工资、奖励工资的评定。

（三）1993 年教师工资制度改革

随着国家在收入分配领域的改革逐步深入，原来的工资制度显然已与国民经济体制改革和教育发展不相适应。为此，1993 年 11 月，中共中央、国务院制定实施《事业单位工作人员工资制度改革实施办法》和《机关、事业单位艰苦边远地区津贴实施办法》，根据事业单位工作特点，教育行业实行专业技术职务等级工资制。工资主要被分为专业技术职务工资和津贴两部分，分别与工作职务高低和实际工作量大小挂钩。国家对津贴部分，按规定比例进行总额控制，各单位根据实际情况，在国家规定的津贴总额内，享有分配自主权。在中学内，则主要体现为课时津贴。国家还规定公立中学工资构成中津贴比例为 30%。

此次改革的贡献主要在于使中学建立起了独立的具有教师职业特点的工资制度，教师工资水平大幅度提高。同时，确立定期晋级增资制度，设立津贴工资，特别是教龄津贴。这在体现教师劳动特点的基础上也体现了按劳分配原则，强化了工资激励机制。除正式工资外，各级中小学教师外加教龄津贴和班主任费等。这次工资改革后，教师工资改由国家财政预算全部列支，并保证按月足额发放，这使国家的宏观调控与地方的微观分配自主权相结合，确实使长期难以解决的中学教师工资发放问题有了一定保障。

但是，从实际情况看，仍然存在着以下一些问题：

(1) 教师工资增长的很大一部分被物价上涨所抵消。在教师工资增长的 1994 年，物价也在大幅度地上涨。全国商品零售物价指数上升了21.7%,居民消费价格指数上升了25.5%。也就是说,教师工资增长的一半,被物价上涨所抵消。

(2)教师待遇偏低的问题仍然没有得到解决。在教师工资增长的同时,其他行业的工资及其他收入也在大幅度增长,相对来说,教师工资待遇偏低的问题,仍然没有得到解决。据国家统计局统计,1994年,在国民经济16个大行业中,教职工的平均工资排在第11位。

(3)教师工资中学校自筹部分占有很大比重。由于物价上涨,教师实际收入下降。为了稳定教师队伍、改善教师待遇,各地区运用地方财力加大了津贴的比重,同时,一些搞的比较好的校办产业或者有能力自筹经费的学校也把创收的一部分用于教师的津贴。在一些学校中国家财政拨款的教师工资(包括70%的固定部分和30%的津贴)全部变成了固定工资,并且其在教师全部收入中的比重大约只占一半左右。这样一来,新的工资制度很快失去了它的激励功能。由于教师工资中有相当一部分是学校自筹的,这样创收能力较强的学校教师工资就高,而创收能力较差的学校教师工资就低,各校教师之间收入的差距进一步加剧了。

(4)拖欠教师工资的现象依然存在。尽管新的工资制度规定,乡财政比较薄弱的地区,教师工资应由县一级统筹管理,但是,在实践中这个问题仍然没有得到彻底解决。在新的工资制度实施之后,一些地方拖欠教师工资的现象仍然时有发生。

(四)2006年教师工资制度改革

2006年6月29日,国家重新修订了《中华人民共和国义务教育法》,再次强调"各级人民政府保障教师工资福利和社会保险待遇,改善教师工作和生活条件;完善农村教师工资经费保障机制。""教师的平均工资水平应当不低于当地公务员的平均工资水平。"国家所进行的教师工资套改,要求从2006年7月起执行新的教师工资标准,实行岗位绩效工资制度,岗位工资和薪级工资代替原来的职务工资、津贴工资,其他原享受的各种津贴,如物价补贴、生活补贴、适当补贴等不变动。新的中学工资制度总称为中学职务(技术)等级工资制。工资由职务(技术)等级工资和津贴两部分构成。前者为工资中的固定部分,主要体现工作能力、责任、贡献、劳动的重复复杂程度,在工资总量构成中占70%。后者则主要体现各类人员的岗位工作特点、劳动的数量和质量,在工资总量构成中占30%。此次改革较多地考虑到教育行业特色,进一步建立起了与工资制度相配套的多劳多得、优劳优得的激励机制。

2006年的教师工资制度改革,明确了教师工资的结构是岗位工资、薪级工资、绩效工资和津贴补贴四部分。即便是做了部分改革,实际上教师的工资差异还主要体现在职称级别的差别上,即教师的职称级别升级同时意味着工资升级。

如果一个教师的职称长时间不变,其工资待遇也就很难变化。有不少教师好不容易评上了高级职称,却也中年已过,快退休了,要继续奉献,精力和心力已匮。这种现象不是个别的而是普遍的。职称绑架教师既得利益,还形成高级职称的竞争和评聘过程的种种歪风邪气,因为现行的教师职称评聘制度不能科学地综合地鉴定教师真实的教学教研水平,其功利功能远远大于甄别教师人才和激励教师人才的功能。而这种状态是不公平的,也是广大教师最为不满的方面。

(五)2008年教师工资制度改革

2008年底国务院颁布了《关于义务教育学校实施绩效工资的指导意见》,决定从2009年1月1日起,义务教育学校实施绩效工资制。

绩效工资制的主要内容

(1) 绩效工资总量暂按学校工作人员上年度12月份基本工资额度和规范后的津贴补贴水平核定。其中,义务教育教师规范后的津贴补贴平均水平,由县级以上人民政府人事、财政部门按照教师平均工资水平不低于当地公务员平均工资水平的原则确定。绩效工资总量随基本工资和学校所在县级行政区域公务员规范后津贴补贴的调整相应调整。

(2) 义务教育学校实施绩效工资同清理规范义务教育学校津贴补贴结合进行,将规范后的津贴补贴和原国家规定的年终一次性奖金纳入绩效工资总量。在人事、财政部门核定的绩效工资总量内,学校主管部门具体核定学校绩效工资总量时,要合理统筹,逐步实现同一县级行政区域义务教育学校绩效工资水平大体平衡。对农村学校特别是条件艰苦的学校要给予适当倾斜。

(3) 绩效工资分为基础性和奖励性两部分。基础性绩效工资主要体现地区经济发展水平、物价水平、岗位职责等因素,占绩效工资总量的70%,具体项目和标准由县级以上人民政府人事、财政、教育部门确定,一般按月发放。奖励性绩效工资主要体现工作量和实际贡献等因素,在考核的基础上,由学校确定分配方式和办法。根据实际情况,在绩效工资中设立班主任津贴、岗位津贴、农村学校教师补贴、超课时津贴、教育教学成果奖励等项目。

(4) 充分发挥绩效工资分配的激励导向作用。教育部门要制定绩效考核办法,加强对学校内部考核的指导。学校要完善内部考核制度,根据教师、管理、工勤技能等岗位的不同特点,实行分类考核。根据考核结果,在分配中坚持多劳多得,优绩优酬,重点向一线教师、骨干教师和做出突出成绩的其他工作人员倾斜。

(5) 学校制定绩效工资分配办法要充分发扬民主,广泛征求教职工的意见。分配办法由学校领导班子集体研究后,报学校主管部门批准,并在本校公开。

(6) 校长的绩效工资,在人事、财政部门核定的绩效工资总量范围内,由主管部门根据对校长的考核结果统筹考虑确定。

绩效工资制度实施之后,进一步体现了按劳分配原则和同工同酬原则,在一定程度上调动了广大教师的劳动积极性。同时,伴随着国民经济的发展,综合国力的增强,教师的平均收入不断提高。在19个行业中,2010年教师平均工资,排名第10位;2015年,排名上升到第9位。而且,在这两个年份,教师的平均工资均高于公共管理和社会组织人员的工资。这表明,《教师法》中关于“教师的平均工资水平应当不低于或者高于国家公务员的平均工资水平,并逐步提高”的规定,进一步得到落实。

(六) 乡村教师支持计划

为了实现义务教育的均衡发展,实现义务教育公平,必须采取有力措施,对乡村教师的待遇给予政策上的倾斜。为此,2015年6月1日国务院办公厅发出通知,颁布了《乡村教师支持计划(2015—2020年)》。

1.《乡村教师支持计划》的工作目标

到2017年力争使乡村学校优质教师来源得到多渠道扩充,乡村教师资源配置得到改善,教育教学能力水平稳步提升,各方面合理待遇依法得到较好保障,职业吸引力明显增强,逐步形成“下得去、留得住、教得好”的局面。到2020年,努力造就一支素质优良、甘于奉献、扎根乡村的教师队伍,为基本实现教育现代化提供坚强有力的师资保障。

2.《乡村教师支持计划》的主要举措

（1）全面提高乡村教师思想政治素质和师德水平。

（2）拓展乡村教师补充渠道。

（3）提高乡村教师生活待遇。

（4）统一城乡教职工编制标准。

（5）职称（职务）评聘向乡村学校倾斜。

（6）推动城镇优秀教师向乡村学校流动。

（7）全面提升乡村教师能力素质。

（8）建立乡村教师荣誉制度。

3.《乡村教师支持计划》的重要意义

到2020年全面建成小康社会、基本实现教育现代化，薄弱环节和短板在乡村，在中西部老少边穷岛等边远贫困地区。发展乡村教育，帮助乡村孩子学习成才，阻止贫困现象代际传递，是功在当代、利在千秋的大事。发展乡村教育，教师是关键，必须把乡村教师队伍建设摆在优先发展的战略地位。党和国家历来高度重视乡村教师队伍建设，在稳定和扩大规模、提高待遇水平、加强培养培训等方面采取了一系列政策举措，乡村教师队伍面貌发生了巨大变化，乡村教育质量得到了显著提高，广大乡村教师为中国乡村教育发展做出了历史性的贡献。但受城乡发展不平衡、交通地理条件不便、学校办学条件"欠账多"等因素影响，当前乡村教师队伍仍面临职业吸引力不强、补充渠道不畅、优质资源配置不足、结构不尽合理、整体素质不高等突出问题，制约了乡村教育的持续健康发展。实施乡村教师支持计划，对于解决当前乡村教师队伍建设领域存在的突出问题，吸引优秀人才到乡村学校任教，稳定乡村教师队伍，带动和促进教师队伍整体水平提高，促进教育公平、推动城乡一体化建设、推进社会主义新农村建设、实现中华民族伟大复兴的中国梦具有十分重要的意义。

2017年9月24日，中共中央办公厅、国务院办公厅印发《关于深化教育体制机制改革的意见》，进一步强调："要切实提高教师待遇。完善中小学教师绩效工资制度，改进绩效考核办法，使绩效工资充分体现教师的工作量和实际业绩，确保教师平均工资水平不低于或高于当地公务员平均工资水平。落实艰苦边远地区津贴、乡镇工作补贴，以及集中连片特困地区和艰苦边远地区乡村教师生活补助政策。完善老少边穷岛等贫困艰苦地区教师待遇政策，依据艰苦边远程度实行差别化补助，做到越往基层、越往艰苦地区补助水平越高。进一步完善特殊教育教师工资保障机制和职业院校内部收入分配激励机制，扩大高等学校收入分配自主权。"

【链接阅读】

一份关于教师工资制度改革的议案

全国人大代表、湖北省人大常委会副主任、华中师范大学教授周洪宇透露，今年他向两会提交了关于教师工资制度改革的议案。

一是优化教师工资结构。建议将70%的绩效工资与职称脱钩，与岗位工资合并，作为基础性工资；取消扣除30%的绩效工资的做法，将这部分金额独立，设为"绩效奖励金"，在有条件的地方增加"绩效奖励金"预算，奖励奋战在一线讲坛上的教师，劳者多得。

二是建议增加教龄补贴，3—10元的教龄补贴将使老教师寒心。切实落实《计划》中"对在乡村学校长期从教的教师予以表彰”和“鼓励”。

三是“国标”工资（包括岗位工资、10%工资和薪级工资）继续由中央统筹。我们建议各项补贴、绩效奖励金由市（地级市）一级或更高级的教育主管部门来统筹，确保同一地区（地级市）之内统一等量，有利于实现教育资源的优化配置和教育公平。教师的收入由以下组成：

1. 基本工资，教师按照教师资格定：小学教师3 000元，初中教师3 500元，高中教师4 200元，大专教师4 800元，大学教师5 500元。（随国民经济增长）

2. 教龄工资（含工龄），每年80元，随着教龄增长。关于工龄工资的实行，这不仅是对老教师的照顾问题，更重要的是鼓励终身从教的思想，有利于教师队伍的建设和教师队伍的稳定。

3. 课时工资，课时补贴按照实际上课按劳取酬原则，主要是鼓励教师多代课，特别是年轻教师精力充沛，他们多代课，并得到应有的报酬，不仅是心理的安慰，也是对他们的鼓励。

4. 绩效工资，学期和学年奖金（取代职称工资）。这部分奖金，只能占工资的10%左右。大家推荐竞比实绩，每学期学年评，不终身制。每个老师积极努力年年有希望，主要是激励工作出成效，优质优得，不仅要激励多代课，更要激励上好课。

5. 特优津贴，全体教师公认的特别优秀教师，无名额限制，县（市）以上部门高标准考核认定，像专家学者领国务院津贴那样领县（市）政府津贴，不终身制。主要是对那些在教育教学工作在有特殊研究成果，并得到很好的推广，对一所学校或一个地区的教育有一定的影响作用的教育及教学方法，可根据影响范围的大小确定等级，或者说是以国家及省级，地市、县确定不同的标准，使那些有才华的教师得到应有的报酬，真正起到激励作用。

6. 山区补贴，农村和边远地区的教师，另外给予补贴，应该是工资35%。正如国家干部下乡补贴，越偏僻地区，补贴越高，不终身制，离开就没有。

资料来源：无忧考网，2017年教师工资上调最新政策 https://www.51test.net/show/8524181.html.

二、确定教师劳动报酬的基本原则

回顾我国教师工资制度的历史变迁，有许多值得借鉴的成功经验，但是也有许多失败的教训。“国将兴，必贵师而重傅；贵师而重傅，则法度存”。培养造就一支师德高尚、业务精湛、结构合理、充满活力的高素质专业化教师队伍，确定教师劳动报酬，改革和完善教师工资制度必须遵循客观经济规律，必须贯彻以下一些基本原则：

（一）确定教师工资必须贯彻按劳分配的原则

教师是社会主义劳动者，教师的劳动是社会主义社会总劳动的重要组成部分。因此，社会主义劳动者个人消费品的分配原则——按劳分配，同样适用于教师群体的个人消费品分配。

所谓按劳分配，就是按照劳动者向社会提供的劳动的数量和质量（做了各项社会扣除之后）分配给劳动者相应数量的个人消费品，多劳多得，少劳少得，不劳动者不得食。按劳分配包括三层含义：（1）劳动是分配的前提；（2）劳动是分配的尺度；（3）按照劳动的数量和质量进行分配。劳动的数量视劳动时间的长短和劳动强度的大小而定。当然，这里所说的劳动时间不是指个别劳动时间，而是指社会必要劳动时间。劳动的质量则视劳动的复杂程度而定。劳动有简单劳动和复杂劳动之分。简单劳动是一般具有劳动能力的人都能从事的劳动。复杂劳动是必须经过专门教育或训练，具有一定专长的劳动者才能从事的劳动。“简单平均劳动虽然在不同的国家和不同的文化时代具有不同的性质，但在一定的社会里是一定的。比较复杂的劳动只是自乘的或不如说多倍的简单劳动，因此少量的复杂劳动等于多量的简单劳动。”①在劳动时间长度一定的情况下，复杂劳动的报酬要高于简单劳动的报酬。

如上所述，教师劳动是一种复杂的、创造性的脑力劳动，只有受过专门教育或训练的人才能从事教师劳动。根据按劳分配原则，教师的平均工资也应该是各行各业中较高的平均工资。正因为如此，《中华人民共和国教师法》第二十五条规定：“教师的平均工资水平应当不低于或者高于国家公务员的平均工资水平，并逐步提高。建立正常晋级增薪制度，具体办法由国务院规定。”

（二）确定教师工资必须遵循市场经济规律

市场经济体制的建立和发展，使教育的宏观经济背景发生了根本性的转变。在市场经济条件下，各种生产要素，包括人的全面流动成为必然，经济驱动在人力资源配置中的杠杆作用越来越明显。市场经济对教师队伍建设，既是良好的机遇，也是严峻的挑战。要提高教师素质和教育质量，要吸引优秀人才充实教师队伍，必须更新传统观念和管理方法，必须重视教师的物质利益和社会地位；必须依据价值法则和市场机制，解决教师待遇问题，使师资的供给与需求在动态中实现平衡。义务教育是一项特殊的公益事业，教育资源（包括人力资源——教师）的配置，不能“市场化”。但是，在市场经济体制的宏观经济背景下，在确定教师的工资时，必须遵循市场经济规律。无论承认与否，事实上存在着一个劳动力市场。尽管教育资源（包括人力资源——教师）现在还不是通过市场来进行配置的，但是，这并不等于说教师不受劳动力市场的价格信号的影响。如果教师工资低于其他行业，必然导致教师这种高质量的劳动力向其他部门流动，从而导致师资的短缺，进而导致教育质量的下降，间接制约了国民经济的发展。

（三）教师工资应该由财政拨款来保证

市场经济条件下教育资源的配置方式，说明了教育，尤其是义务教育资源的配置方式是政府行为，而不是市场行为。既然教育资源由政府来进行配置，那么显然教师的工资也应该由政府财政拨款来保证。在现阶段，我国实行多渠道筹措教育经费的方针，在一定程度上缓解了教育经费短缺的矛盾，但是必须看到，由于有一部分教育经费是学校自筹的，必然导致各校教师工资的不均等，于是质量较高的教师必然向收入较高的学校流动。这种流动的结果是好的教师向收入高学校集中，从而导致创收能力差的学校出现师资短缺的情况。尤其是在义务教育阶段，这种情况的出现必然造成义务教育机会的不均等，从而引发出一系列问题。若干年来出现的学校滥收费和以钱择校问题，与此不无关系。正因为如此，《中华人民共和国教育法》第五十四条规定：“国家建立以财政拨款为主、其他多种渠道筹措教育经费为辅的体制，逐步增加对教育的投入，保证国家举办的学校教育经费的稳定来源。”第五十六条规定：“各级人民政府教育财政拨款的增长应当高于财政经常性收入的增长，并使按在校学生人数平均的教育费用逐步增长，保证教师工资和学生人均公用经费逐步增长。”

① 马克思，恩格斯．马克思恩格斯全集（第23卷）[M]．人民出版社，1972：58.

（四）确保教师实际工资不受通货膨胀的影响

在市场经济体制下，物价是波动的。特别在从计划经济体制向市场经济体制转轨的过程中，容易诱发通货膨胀。我国改革开放以来的实践已经证明了这一点。1979—1989 年的 11 年间，我国货币发行总量累计达 2 132 亿元，平均每年增长 24.5%，特别是 1984—1988 年的 5 年间，货币发行量平均每年增长 32.2%，远远高于同期国民生产总值的增长速度。1989 年与 1983 年相比，全国零售物价总指数上涨了 77.6%，平均每年递增 10%。近年来，通货膨胀也时有发生。在通货膨胀情况下，工人和农民手中握有实物，可以在一定程度上以高价对高价，实际收入水平所受影响不大。而以固定工薪为生的教职工则不同，在通货膨胀条件下，他们的实际工资随着物价的上涨而下降。因此，在存在着通货膨胀的情况下，政府必须采取有效的措施，及时给教师发放物价补贴，弥补教师工资因物价上涨所受的影响，以保证教师的实际收入水平的不断提高。

本章小结

教师是教育过程的组织者与实施者。要建设一支政治业务素质良好、结构合理、相对稳定的教师队伍，必须明确教师劳动的特点，科学管理、合理组织教师劳动，提高教师的社会地位和物质待遇。教师劳动具有独立性、自主性、复杂性、创造性、迟效性、长效性等特点，必须根据这些特点对教师进行科学管理。主要包括：建立教师资格证书制度、构建教师专业标准体系和确定教师工作量标准。教师劳动的效率是指教师和学生花费一定的劳动时间所取得的教育成果。提高教师劳动的效率的主要途径有：采用现代化教学手段和设施装备学校；提高教师的政治业务素质；加强教育教学管理工作；改善教师的物质生活条件。支持优秀人才长期从教、终身从教，使教师成为最受社会尊重的职业，必须改革和完善教师工资制度。改革和完善教师工资制度必须贯彻按劳分配的原则；遵循市场经济规律；由财政拨款来保证；保证教师实际工资不受通货膨胀的影响。

关键概念及术语

教师劳动的特点　教师资格证书制度　教师专业标准　教师工作量　教师劳动效率　按劳分配

引导性思考题

1. 教师劳动具有哪些特点？
2. 提高教师劳动效率的途径有哪些？
3. 规定教师工作量，应该遵循哪些主要原则？
4. 确定教师劳动报酬应该遵循哪些基本原则？
5. 试述《义务教育学校实施绩效工资制》的主要内容。
6. 结合你所在地区的实际情况，谈谈义务教育学校实施绩效工资制度的优点和不足。
7. 试述《乡村教师支持计划》的目标和主要举措。

8. 如果你是乡村教师,联系实际,谈谈《乡村教师支持计划》的实施给教师队伍建设带来了什么变化。

文献选读

1. 靳希斌. 教育学[M]. 北京:中央广播电视大学出版社,1994,第二十章.
2. 王玉崑. 教育经济学[M]. 北京:华文出版社,1998,第十章.
3. 靳希斌. 市场经济大潮下的教育改革[M]. 广州:广东教育出版社,1998,第八章.

主要参考文献

1. 科斯坦扬. 教育经济学的对象和方法[M]. 丁酉成，译. 北京：教育科学出版社，1981.
2. 舒尔茨. 教育的经济价值[M]. 长春：吉林人民出版社，1982.
3. 厉以宁. 教育经济学[M]. 北京：北京出版社，1984.
4. 林文达. 教育经济学[M]. 三民书局发行，1984.
5. 贝克尔. 人力资本[M]. 梁小民，译. 北京：北京大学出版社，1987.
6. 李少元. 教育经济学纵横谈[M]. 南京：江苏教育出版社. 1987.
7. 王善迈. 教育经济学概论[M]. 北京：北京师范大学出版社，1988.
8. 韩宗礼. 教育经济学[M]. 陕西人民出版社，1989.
9. 科恩. 教育经济学[M]. 王玉崑，等，译. 上海：华东师范大学出版社，1989.
10. 布劳格. 教育经济学导论[M]. 韩云，等，译. 北京：春秋出版社，1989.
11. 曾满超，曲恒昌，等. 西方教育经济学流派[M]. 北京：北京师范大学出版社，1990.
12. 舒尔茨. 人力资本投资：教育和研究的作用[M]. 蒋斌，张衡，译. 商务印书馆. 1990.
13. 科斯，阿尔钦，诺斯，等. 财产权利与制度变迁[M]. 北京：三联书店，1994：205.
14. 黄少安. 产权经济学导论[M]. 济南：山东人民出版社，1995.
15. 艾格特森. 新制度经济学[M]. 北京：商务印书馆，1996.
16. 王善迈. 教育投入与产出研究[M]. 河北教育出版社，1996.
17. 张铁明. 教育产业论[M]. 广州：广东教育出版社，1997.
18. 程恩富. 西方产权理论评析[M]. 北京：当代中国出版社，1997.
19. 刘伟. 产权通论[M]. 北京：北京出版社，1997：8.
20. 王玉崑. 办学效益督导与评估[M]. 北京：华文出版社，1999.
21. 蒋鸣和. 教育成本分析[M]. 北京：高等教育出版社，2000.
22. 袁连生. 教育成本计量探讨[M]. 北京：北京师范大学出版社，2000.
23. Carnoy. 教育经济学百科全书（第2版）[M]. 闵维方，等，译. 北京：高等教育出版社，2001.
24. 崔玉平. 高等教育制度创新的经济学分析[M]. 北京：北京师范大学出版社，2002：88-104.
25. 从人口大国迈向人力资源强国编写组. 从人口大国迈向人力资源强国[M]. 北京：高等教育出版社，2003.
26. 萨缪尔逊. 经济学（第16版）[M]. 北京：华夏出版社，2003.
27. 杜育红. 学校管理的经济学分析[M]. 北京：北京师范大学出版社，2003.
28. 靳希斌. 教育资本——规范与运作[M]. 成都：四川教育出版社，2003.

29. 刘社建. 中国教育消费经济研究[M]. 河南:河南人民出版社,2003.

30. 符国群. 消费者行为学[M]. 武汉:武汉大学出版社,2004.

31. Evans. 学校营销——从理论到实践[M]. 王烽,周玲,译. 北京:中国轻工业出版社,2005.

32. 王玉崑. 教育经济学(第2版)[M]. 北京:华文出版社,2005.

33. 刘志民. 教育经济学[M]. 北京:北京大学出版社,2007.

34. 贝磊. 教育补习与私人教育成本[M]. 杨慧娟,等,译. 北京师范大学出版社,2007.

35. 卢现祥,朱巧玲. 新制度经济学[M]. 北京:北京大学出版社,2007.

36. 王雍君. 公共经济学[M]. 北京:高等教育出版社. 2008.

37. 陶美重. 高等教育消费研究:基于"学生消费者"的视角[M]. 武汉:华中师范大学出版社,2008.

38. 刘泽云. 教育经济学[M]. 上海:华东师范大学出版社,2008.

39. King R,金,等. 教育财政——效率、公平与绩效[M]. 曹淑江,等,译. 北京:中国人民大学出版社. 2009.

40. 柯佑祥. 教育经济学[M]. 武汉:华中科技大学出版社,2009.

41. 靳希斌. 教育经济学[M]. 北京:人民教育出版社,2009.

42. 栗玉香. 教育财政学[M]. 北京:经济科学出版社,2009.

43. 科恩,盖思克. 教育经济学[M]. 范元伟,译. 上海:上海人民出版社,2009.

44. 曲恒昌,曾晓东. 西方教育经济学研究[M]. 北京:北京师范大学出版社,2000.

45. 卡诺伊,莱文. 教育经济学[M]. 杜育红,曹淑江,孙志军,译. 重庆:西南师范大学出版社,2011.

46. 赖德胜. 教育经济学[M]. 北京:高等教育出版社,2011.

47. 王蓉. 中国教育财政政策咨询报告(2005—2010)[M]. 北京:教育科学出版社,2011:476.

48. 伊志宏. 消费经济学(第二版)[M]. 北京:中国人民大学出版社,2012.

49. 王善迈. 公共财政框架下公共教育财政制度研究[M]. 北京:经济科学出版社,2012.

50. 王蓉. 中国教育财政政策咨询报告(2010—2015)[M]. 北京:教育科学出版社. 2015.

51. 袁连生. 转轨时期的教育财政[M]. 北京:经济科学出版社. 2016.

后记

经全国高等教育自学考试指导委员会同意，由教育类专业委员会负责高等教育自学考试教育类专业教材的审定工作。

《教育经济学》自学考试教材由北京师范大学靳希斌教授主编。

参加本教材审稿讨论会并提出修改意见的有北京大学丁小浩教授，北京师范大学杜育红教授、胡咏梅教授。

他们付出了辛勤劳动，在此一并深表谢意。

全国高等教育自学考试指导委员会

教育类专业委员会

2018 年 1 月